经管华信 创优系列·会计

U0826335

财务会计学

（第2版）

Financial Accounting，Second Edition

高锦萍　徐慧娟　田　耒　主编

電子工業出版社
Publishing House of Electronics Industry
北京·BEIJING

内 容 简 介

会计是一门通用的商业语言。现代市场经济环境下，人们无论是从事社会经济活动还是个人理财活动，掌握一定的财会知识、正确理解并应用会计信息是十分必要的。对于高等院校经济类、管理类专业而言，财务会计学是一门不可或缺的专业基础课。本书以财务会计学的基本理论为出发点，与会计改革步伐同行，紧密结合中国2006年颁布的企业会计准则体系和2014年最新修订的准则内容，系统介绍会计核算的原理、企业日常活动的会计核算以及会计报表等有关知识，力求概念阐述简洁、清晰，各章前的案例与导引提出问题以便引起读者对所学章节知识的兴趣。本书配套电子课件等教学辅助资源，读者可登录华信教育资源网免费注册下载。

本书可作为高等院校经济类、管理类专业本科生的教材，也可作为MBA和EMBA等工商管理专业研究生的教材。同时，可作为广大财会从业者、爱好者的参考及自学用书。

图书在版编目(CIP)数据

财务会计学/高锦萍，徐慧娟，田末主编. —2版. —北京：电子工业出版社，2015.3
(华信经管创优系列)
ISBN 978-7-121-25684-4

Ⅰ.①财… Ⅱ.①高… ②徐… ③田… Ⅲ.①财务会计－高等学校－教材 Ⅳ.①F234.4

中国版本图书馆CIP数据核字(2015)第047744号

策划编辑：王志宇(wangzy@phei.com.cn)
责任编辑：王志宇
印　　刷：涿州市京南印刷厂
装　　订：涿州市京南印刷厂
出版发行：电子工业出版社
　　　　　北京市海淀区万寿路173信箱　邮编　100036
开　　本：787×1 092　1/16　印张：20.5　字数：545千字　插页：1
版　　次：2010年2月第1版
　　　　　2015年3月第2版
印　　次：2015年3月第1次印刷
印　　数：3 000册　　定价：42.00元

凡所购买电子工业出版社图书有缺损问题，请向购买书店调换。若书店售缺，请与本社发行部联系，联系及邮购电话：(010)88254888。

质量投诉请发邮件至zlts@phei.com.cn，盗版侵权举报请发邮件至dbqq@phei.com.cn。

服务热线：(010)88258888。

前言
PREFACE

会计作为人类的一项专业活动，具有悠久的历史，会计的产生与发展深受其所处的社会经济等环境影响。现代会计特别是财务会计是以提供财务信息为主的经济信息系统，它以专门的方法与程序对组织的经济活动进行记录与反映，主要通过会计报表的形式向各类会计信息使用者提供通用的会计信息。《财务会计学》这本教材正是从会计信息的生成与报告的角度来组织内容的，自2010年第一版出版以来，得到全国众多高等院校老师和同学以及其他读者的认可与厚爱，一些读者还对本教材的内容和结构等方面提出了宝贵的改进建议。我们谨向选用本教材和提出修改建议的广大读者朋友，表示衷心的感谢！

第2版《财务会计学》在编写时仍然力求突出第1版的特色和要求。

(1)会计基本原理与现行会计准则紧密结合。本书以财务会计学的基本理论为出发点，紧密结合中国现行的会计准则体系和最新的会计改革，阐述有关会计核算与会计报表的知识。

(2)内容结构满足不同的教学要求。本书由三部分内容组成：第一部分会计基础篇，主要介绍会计的基本理论、会计核算的基本方法和会计核算的基本程序等会计学基础知识；第二部分会计要素核算篇，主要结合我国最新的企业会计准则体系，阐述企业日常业务活动的会计要素确认、计量、核算等内容；第三部分会计报表篇，主要讲述资产负债表、利润表、现金流量表和所有者权益变动表等基本会计报表的编制与阅读分析。三部分内容既相互联系又具有一定的独立性，可以满足高等院校经济类、管理类专业本科生、研究生、MBA和EMBA学员等的初级和中级财务会计知识学习。同时，可作为广大财会从业者、爱好者的参考及自学用书。本书配套电子课件等教学辅助资源，读者可登录华信教育资源网免费注册下载。

(3)编写体例有助于学生的学习。本书每章前都列出学习目的，并配有章前案例与导引，章后进行章节小结，并配有思考题和练习题。章前案例与导引提出问题，可以引发学生对本章内容的学习兴趣，章后小结与思考题、练习题有助于学生加深对本章知识的认识与理解。

2014年我国企业会计准则发生了较大规模的修订和变化，财政部先后颁布了《企业会计准则第39号——公允价值计量》、《企业会计准则第40号——合营安排》、《企业会计准则第41号——在其他主体中权益的披露》三项新会计准则，并对《企业会计准则第2号——长期股权投资》、《企业会计准则第9号——职工薪酬》、《企业会计准则第30号——财务报表列报》和《企业会计准则第33号——合并财务报表》等五项会计准则进行了修订，为了更好地满足教学和读者的需要，我们在上一版的基础上做了进一步完善。与第1版相比，第2版的变化主要体现在教材的结构以及内容等方面。

教材结构的变化

调整了部分章节的结构。将第1版中的第4章即会计规范删除，该部分内容更新减缩后放入第1章中，并对第1章的结构做适当调整；增加可供出售金融资产的核算。调整后的章节结构更科学、合理和完整。

教材内容的变化

更新了全书每章的章前案例、讲解案例和章后练习题的时间，并扩充了部分内容。

在第 1 章中更新了我国会计准则体系的内容、突出了国际会计准则协同的意义。

在第 2 章中重新编写了会计账户的分类、增加了会计账簿的基本内容与记账规则、会计账簿的格式与登记方法、错账的更正方法以及账簿的保管等内容。

在第 5 章中根据《企业会计准则第 2 号——长期股权投资》，对控制、共同控制和重大影响的概念进行了重新界定，更新了长期股权投资后续计量的成本法和权益法核算；增加了可供出售金融资产的核算。

在第 6 章中根据《企业会计准则第 9 号——职工薪酬》，更新了应付职工薪酬的核算，界定了职工的范畴，将职工薪酬划分为短期薪酬和长期薪酬，增加了短期带薪缺勤等方面的核算；增加了“营改增”方面的内容。

在第 7 章中根据《企业会计准则第 30 号——财务报表列报》，更新了所有者权益的结构，增加了其他综合收益的核算。

在第 11、12、15 章中根据《企业会计准则第 30 号——财务报表列报》，更新了资产负债表、利润表、所有者权益变动表的内容和结构。

此外，对第 1 版中存在的个别错漏进行了校正。

本次修订由北京邮电大学高锦萍副教授、徐惠娟副教授和田未三位教师担任主编，由高锦萍负责确定教材的修订大纲并负责稿件的校对和最后总纂。各章节编写具体分工如下：

第 1 章	彭晓峰　韩利燕
第 2 章、第 3 章、第 13 章和第 14 章	徐慧娟
第 4 章、第 5 章、第 11 章和第 12 章	高锦萍
第 8 章、第 9 章、第 10 章和第 15 章	田　未
第 6 章	兰　君　傅四保　徐慧娟
第 7 章	兰　君　傅四保　田未

由于时间仓促，加上我们对会计学的理解与把握所限，本书难免存在不足之处，敬请读者不吝赐教，邮件可发至 doc.gao@126.com。

高锦萍

目　录

CONTENTS

会计基础篇

会计要素核算篇

会计报表篇

会计基础篇

第1章 会计基本理论

学习目的

本章主要阐述会计学的基本理论。通过本章学习应：

- ⊙ 认识会计的本质和目标
- ⊙ 了解企业会计准则体系的内容
- ⊙ 掌握会计要素及其恒等式
- ⊙ 掌握会计假设与会计核算基础
- ⊙ 掌握会计信息质量特征

章前案例与导引

"经济越发展，会计越重要"。随着我国市场经济的建立与不断完善，会计的作用越来越重要。关于这一点，仅从当今人们的社会职业选择与发展中就可窥视一斑。CPA(注册会计师)正成为社会上越来越多的人尤其是年轻人青睐的职业；通过ACCA(特许执业会计师)、CMA(注册管理会计师)等会计执业资格考试成为许多人进入经济领域高级管理者队伍的桥梁。

P教授是国内某所大学的会计学教授，长期从事会计学方面的教学与研究工作。在为大学生或者MBA、EMBA学员讲授会计学课程前，他都会问学生们这样的问题：对会计有哪些认识？会计是做什么的？对于这些问题，同学们会给出各种各样的回答。那么，应该如何认识会计的本质？如何认识当今社会经济中人们所从事的会计活动？

1.1　会计的本质

1.1.1　会计的产生与发展

会计产生于人类社会早期的生产活动中。当生产有了剩余时，作为生产活动的附带行为，人们把收获和消耗的财物记录下来，作为对所发生事件的一种记载。当社会生产力发展到一定程度，对剩余产品的考量成为必要时，会计就逐渐从附带行为演变成一种必要的活动，从生产职能中分离出来成为由专职人员去完成的一项特殊任务。

会计经历了漫长的发展过程，它随着所处的社会经济环境的改变而不断发展变化。在自然经济占主导地位的社会经济体制下，会计旨在保护拥有者的财产物资安全，明确财产管理者的职责。此时，由于各个经济主体之间互相独立、自给自足，会计行为产生的数据是私密的，不对外报告。在相当长的时间里，会计被称为"簿记"，像欧洲的封建宫廷一样，中国的簿记官主要为宫廷的税收和各种支出服务，根据"量入为出"的原则为皇室提供相关数据。

随着商品经济的出现与发展，特别是生产规模的日益扩大和经济活动日益复杂以及货币的使用，会计的内涵有了长足发展。会计可以利用货币作为计量标准对经济活动进行"记录、计算、报告、分析、控制"，衡量、记录财产物资的使用情况和生产经营活动的耗费及其经营成果。马克思指出："过程越是按照社会的规模进行，越是失去纯粹个人的性质，作为对过程的控制和观念总结的簿记就越是必要；因此簿记对资本主义生产，比对手工业和农民的分散生产更为必要，对公有生产比对资本主义生产更为必要。"

复式簿记及其相应会计概念和方法的产生与广泛应用，标志着现代意义上的会计出现。会计可以系统地记录各项经济业务，并且能够核对检查账簿记录的准确性，会计的数据资料能够为经济活动提供有价值的信息，它的职能已经成为管理所不可缺少的一部分。

资本市场的出现与发展，进一步促进了会计的发展。越来越多的人开始关心企业的经济活动，不管是投资人、债权人还是管理部门，这些利益主体越来越需要了解企业的财务状况和经营成果，由此资产负债表和利润表等会计报表应运而生，并且成为比账簿本身更为重要的公开的会计信息。

1.1.2　会计的含义

对于会计含义的认识，反映了人们对会计本质的认识，而会计本质决定了会计的作用与职能。在漫长的历史发展过程中，会计的内涵与外延在不断丰富。由于所处历史环境不同，人们对会计的含义也就产生了不同的认识。概括而言，人们对于会计的认识主要有以下观点。

1. 计量活动论

会计是一种计量的活动，它是应用特有的会计方法与程序对组织的经济活动进行衡量、记录的活动。从说文解字来看，"会计"两字，我国古籍中有"日计、月要、岁会"、"零星算之为计，总合算之为会"等记载，它反映了会计古已有之的特征，即会计是用数字记录组织或者个体的财产及其变动的一项活动。随着人类商品经济的出现与发展，会计更多得以货币为计量单位。计量活动论反映了会计的簿记特征。

2.管理活动论

会计是一种管理活动，它是人们基于特定目的、利用特定方法对特定内容进行管理的一种管理活动。会计是经济管理的重要组成部分，它通过收集、处理和利用经济信息对经济活动进行组织、控制、调节和指导，促使人们权衡利弊、比较得失、讲求效果。管理活动论强调了会计的反映和监督的基本职能，会计包括会计核算与会计控制两方面主要活动。

3.信息系统论

会计是一种提供财务信息为主的经济信息系统，它通过特有的会计方法与程序对组织的经济活动(交易或事项)进行记录与反映，为组织的利益相关者提供有用的会计信息。信息系统论强调了会计收集、处理、储存、分析和提供有关财务信息的职能。

从当代各国的会计实践来看，将会计看作一种提供财务信息为主的经济信息系统得到了更广泛的认可。

1.1.3 会计信息使用者与会计信息

1.1.3.1 会计信息使用者

会计作为一种经济信息系统，应该提供什么信息取决于会计信息使用者的需要。不同的会计信息使用者关注或需要的会计信息也有所不同。以赢利为目的的企业组织作为考察对象，其会计信息的使用者如下。

1.投资者

投资者即企业的所有者(或者称为业主、股东)。他们对会计信息格外关注，是因为作为企业永久性资本的投资者，他们必须对自己投入企业资本的风险和回报进行判断和估计。在所有权和经营权产生分离的现代企业制度下，会计信息成为投资者可以从管理者那里获得的非常有用的信息，是其判断投资风险、选择投资方案的重要媒介。作为企业投资者，他们有权要求企业提供有用的会计信息，据以了解企业的经营情况、资本结构、投入资本的保值增值情况、利润分配情况和现金流动情况，以便为下一次投资决策提供参考依据：是增加投资还是保持原有投资规模？是放弃投资转让股权还是考虑其他资本运作？因此，企业投资者是企业第一位最为重要的会计信息使用者。

2.债权人

债权人也是企业会计信息的主要使用者之一。债权人包括向企业提供信贷资金的银行、其他金融机构、企业债券的持有人、企业往来资金的债权人等，这些债权人作为企业信贷资金的提供者，必须对自己所做的信贷风险以及回报进行分析和判断，以便估计出企业偿还信贷资金的能力和时间。债权人通过对企业会计信息的阅读和分析，可以了解企业的资产负债率、偿还债务能力、资产的流动性、现金流转情况、权益资金比例等，进而对自己的信贷行为做出准确的判断，并且为以后是否与该企业保持信贷投资债权、债务关系做出决策。

3.政府有关部门

政府有关部门，比如工商行政管理部门、统计部门、审计部门、税务部门等也是企业会计信息的主要使用人。首先，作为社会经济活动的管理者，各级政府部门需要企业的会计信息据以了解整个社会资源配置情况、资源利用效率情况、国民经济的宏观走势。其次，政府的有关部门还担任着维护社会经济秩序的角色。通过对企业会计信息的审核，检查监督各个经济主体在各项经济活动中对政府制定的法律法规的执行情况，规范各个经济主体在社会经济活动中的合法性与合规性行为，保证国民经济的有序、稳定发展。

4.管理层

管理层成为会计信息的使用者有其必然性。由于自身的受托管理者和经营者的身份，使得企业管理层必须时刻关注所受托经营企业的财务状况和经营成果。通过对会计信息的解读与分析，发现经营管理中存在的各种问题，比如企业投资报酬问题、理财问题、产品成本问题、产品销路问题等，从而为找到解决问题的途径、调整经营方针与决策提供依据。会计信息还是反映企业管理层经营业绩的主要载体。作为受托人，企业管理层可以用会计信息所反映出来的经营成果展示和评价自己的工作业绩，反映其在受托经营管理期间所实现的利润（或亏损），承诺对投资人委托财产的保值增值实现情况等。

5.员工

员工付出劳动从企业获得报酬以维持自己及家庭的生活。他们从自身利益出发必然关注其劳动报酬、福利水平及其未来的增长。现有的工资、福利水平是否合适？未来的工资、福利水平如何变化？是否在企业中有不断接受教育和培训的可能？员工所关心的这些问题，都离不开会计信息。

6.潜在投资者和债权人

除了以上几类会计信息使用者以外，还存在一些打算对企业进行投资的组织或个人。这些潜在投资者和债权人出于获得投资收益和有效利用有限资源的考虑，对未来的投资方向和具体投资项目必然要做出慎重的考虑。他们考察投资项目的参考依据之一就是企业的会计信息，根据他们所感兴趣的企业财务状况、经营成果等做出自己的判断和分析，从而为是否投资找到可靠的依据。

从会计信息使用者与企业生产经营活动的参与程度来分，企业会计信息使用者可以分为"内部使用者"和"外部使用者"。企业的管理层和企业员工属于内部会计信息使用者，其他为外部会计信息使用者。

1.1.3.2　会计信息分类

会计系统提供的会计信息可以按照不同标准进行分类。

1.按照会计信息的记载或者呈现形式划分

(1)原始会计信息

原始会计信息是指会计系统未经整理和登记的记录经济业务发生情况的原始凭证上记载的会计信息。原始会计信息通常可以告知经济业务发生的原貌，包括发生的时间、地点、主要经手人、业务内容、数量、金额等。通过对原始会计信息的采集和审核，会计系统首先要判断原始凭证上记载的经济业务是否符合国家的法律法规或者组织内部的有关规定，对违法、违规经济业务应及时予以揭示和制止，对合法、合规经济业务根据会计核算程序进行下一步相关处理。

(2)凭证和账簿会计信息

凭证和账簿会计信息是指经过会计系统的初步审核后，对合法合规的原始会计信息依据会计原则和方法做出相应账务处理的会计信息。记载在记账凭证上的会计信息属于凭证会计信息。与原始会计信息不同的是，凭证会计信息是经过专业会计人员依据会计准则和职业判断加工处理后的会计信息，其所提供的数据资料具有条理性和分类性的特点，不再是散乱无序的；记载在账簿上的会计信息属于账簿会计信息，账簿会计信息是会计系统根据凭证会计信息登载到账簿上以后所形成的分类、汇总的会计信息。与凭证会计信息有所不同的是，即使很专业的会计人员去阅读账簿会计信息，也无法准确掌握每一项经济业务的概貌，因为在账簿中，我们所看到的是经过又一次加工整理后，按照会计要素和经济业务类别归类汇总的企业在一定时期内发生的全部经济业务的集合信息。但是，账簿会计信息又无法提供企业财务状况和经营成果的总括情况。

(3)报表会计信息

报表会计信息是指记载在财务报表上的会计信息。报表会计信息是会计系统对凭证会计信息、账簿会计信息进一步加工处理形成的有一定格式表现的会计信息，是会计系统向会计信息使用者提供会计信息的主要形式。

(4)其他会计信息

其他会计信息包括会计报表分析信息、会计预测信息等。

2.按照会计信息的主要服务对象划分

(1)财务会计信息

财务会计信息是会计系统主要为外部信息使用者需要而提供的会计信息。它是在一定会计规范(会计准则或者会计制度)约束下会计系统记录和反映组织经济活动所生成的会计信息，具有规范性、总括性的特征。某一组织特别是以赢利为目的的企业组织，其会计系统一般都是以提供财务会计信息为基础来组织和建立的。

(2)管理会计信息

管理会计信息是会计系统主要为内部会计信息使用者所提供的会计信息，是满足内部管理需要而提供的会计信息。其不同组织经济特征、规模大小和管理的内容千差万别，内部管理所需要的会计信息具有非规范性、详细性的特征。大量的管理会计信息是在会计系统提供的财务会计信息基础上进一步分析、加工、处理而形成的。

(3)税务会计信息

税务会计信息是会计系统主要为纳税人纳税和满足税务部门对纳税人纳税行为进行监管需要而提供的会计信息。从会计的发展历史来看，簿记以及会计资料是纳税人纳税和税务部门对纳税人进行税收征管的重要基础。

3.按照会计报表信息反映的经济内容划分

(1)财务状况信息

财务状况信息包括财务结构和资本结构等信息，是资产负债表所要反映的主要内容。企业的财务状况受其所控制的经济资源、财务结构、资产流动性和偿债能力以及其适应所处经营环境变化的能力的影响。企业所控制经济资源的会计信息，有助于会计信息使用者预测企业将来产生现金和现金等价物的能力。企业财务结构的会计信息，有助于会计信息使用者预测企业未来借款的需要以及了解今后的利润和现金流量是如何在对企业拥有权益的那些人中间进行分配的，同时还有助于预测企业将来筹资成功的可能性。企业资产流动性的会计信息，有助于会计信息使用者预测企业承兑其到期财务承诺的能力。

(2)经营成果信息

经营成果信息包括经济产出、耗费及其差额等信息，是利润表所要反映的主要内容。企业经营活动的产出、耗费及其差额等信息是评估企业今后有可能控制经济资源的潜在变动所必需的资料，它有助于会计信息使用者预测企业在现有资源基础上产生现金流量的能力，同时还有助于判断企业利用新增资源可能取得的效益。

(3)现金流量信息

现金流量信息包括现金流入、现金流出及其差额等信息，是现金流量表所要反映的主要内容。企业的现金流量信息有助于评价企业在报告期内投资、筹资和经营等方面的活动，有助于会计信息使用者评估企业产生现金的能力以及企业对使用那些现金流量的需要。

(4)所有者权益变动信息

所有者权益变动信息包括投资者投入资本变动和经营成果分配等会计信息，是所有者权益变动表所反映的主要内容。企业的所有者权益变动信息，有助于会计信息使用者了解企业投资者投入资本的变化和企业经营成果的分配等情况。

1.2　会计目标

1.2.1　会计目标的概念

会计目标，是指作为以提供财务信息为主的会计系统所要达到的预期结果，是关于会计系统所要达到目的的抽象范畴。由于会计系统向会计信息使用者提供信息主要是通过会计报告(也称财务报告)形式，因此会计目标常常是指会计报告的目标。

会计目标是会计基本理论的出发点，因为系统是为实现一定目的而形成的相互关联的集合，会计目标决定了会计系统的建立。会计要素的设置、权责发生制的采用、会计信息的质量要求等都取决于会计目标的确定。

1.2.2　会计目标的确定

不同的社会经济发展阶段和发展形态，会计目标会有不同的表述和确定。

美国财务会计准则委员会在其1978年发布的《财务会计概念公告第1号——企业财务报告目标》中提出：财务报告本身并非目的而是要为企业决策和经济决策提供有用信息。财务报告的目标不是一成不变的，它将受财务报告发生的经济、法律、政治和社会环境的影响；而且财务报告的目标还受到财务报告所能提供的信息类型特征和限制的影响。公告中特别提出企业的一般对外财务报告目标是：应该提供现在和潜在投资者、债权人和其他使用者进行合理投资、信贷及类似决策有用的信息；应该为现在和潜在投资者、债权人和其他使用者评估分红、利息等可能的现金收入和证券、贷款的销售、赎回、到期中利益的数量、时间性和不确定性等提供有用信息；应该提供企业经济资源、经济资源索取权和改变经济资源及其索取权的交易、事件及环境等影响信息。国际会计准则委员会2002年发布的《编制和呈报财务报表的结构》中提出：财务报表的目标是提供关于企业财务状况、经营业绩和财务状况变动方面的信息，这种信息对于很大一批使用者进行经济决策是有用的。财务报表还反映了管理当局对交托给它的资源的保管责任或受托责任的实施成果。使用者之所以希望评估管理当局的保管责任或受托责任，是为了能够做出经济决策。例如，这些决策包括是保存还是出卖其对企业的投资，是延聘还是调换管理人员。1992年我国制定的《企业会计准则》第11条提出："会计信息应当符合国家宏观经济管理的要求，满足各方了解企业财务状况和经营成果的需要，满足企业加强内部经营管理的需要。"2006年财政部颁布的《企业会计准则——基本准则》第四条规定：财务会计报告的目标是向财务会计报告使用者提供与企业财务状况、经营成果和现金流量等有关的会计信息，反映企业管理层受托责任履行情况，有助于财务会计报告使用者做出经济决策。

从会计理论与会计实践的发展来看，关于会计目标可以抽象概括为以下两种观点。

1.决策有用观

决策有用观认为会计信息主要是满足会计信息使用者进行各种投资、信贷或者类似经济决策的需要，特别是经济资源如何有效配置和使用的经济决策需要，会计系统应该提供有助于人们衡量、评估会计主体资源的价值信息。在决策有用观下，会计系统的信息生成与提供强调资产的价值保全，强调会计信息的相关性。

2.受托责任观

受托责任观认为会计信息主要是满足会计信息使用者明确和解脱委托和受托经济责任的需要，会计系统应该以恰当的方式有效地反映资源受托者经管责任及其履行情况。在受托责任观下，会计系统的信息生成与提供更强调资产的实物保全，强调会计信息的可靠性。

以上两种观点下强调的信息"相关性"和"可靠性"存在矛盾，因为某些与使用者决策相关的信息目前可能缺乏公允的方法来计量，会丧失一部分可靠性；而强调可靠性，某些与决策相关的信息就无法提供，会丧失一部分相关性。但是决策有用观与受托责任观并不完全相互排斥，而是可以相互融合的，在关注受托责任的同时必然需要做出有关决策以评估代理人履行受托责任的好坏；而要关注决策有用，做出决策时也必然受委托代理关系的直接或间接影响。以上融合需要一种机制来调节，而这种机制就是会计规范。

1.3 会计规范

所谓会计规范，是指权威部门或者机构制定的、在一定范围（国家、地区、地域等）对会计主体进行会计核算、会计信息披露等活动的处理原则、标准与方法，是对人们会计行为进行约束的各种法律、法规、准则及制度等统称。

1.3.1 我国的会计规范

我国的会计规范，是由不同层次的、一系列的法律、法规、准则和制度等组成的，这些不同层次构成的会计规范称为会计规范体系。从会计规范的制定和作用的角度来看，目前我国的会计规范体系可以分为以下两个层次：会计规范体系的第一个层次，是由国家立法机构审议通过的规范会计行为的各项法律，如《会计法》、《注册会计师法》和《公司法》、《证券法》、《税法》等中对于会计的规范等。会计规范体系的第二个层次，是财政部发布的各项会计规定，主要包括各项会计准则和会计制度等。

2006 年 2 月 26 日，财政部颁布了新的企业会计准则体系，即《企业会计准则(2006)》，它包括一项基本准则和三十八项具体准则，2006 年 10 月 30 日发布了《企业会计准则——应用指南》，随后又于 2007 年 11 月 16 日发布了《企业会计准则解释第 1 号》，到目前已发布了六项会计准则解释。这标志着我国新的会计准则体系框架结构的建立与完善。基本准则明确了会计核算的前提条件、一般原则，会计要素及其确认、计量和报告的原则，财务报告的内容等；具体准则是对各个会计要素和具体的、特殊的经济业务或会计事项的会计处理所做的规范；《企业会计准则——应用指南》是对会计准则做出具体解释，并就会计科目和主要账务处理做出统一规范，用以指导企业的具体实施；而会计准则解释公告是对于会计准则实施过程中出现的具有普遍意义的有关问题所做的进一步解释。《企业会计准则(2006)》于 2007 年 1 月 1 日起在我国的上市公司中实行，并逐步应用到中国大陆所有企业。实施新的企业会计准则体系后，财政部发布的有关企业会计制度和会计核算办法相应废止。

2014 年财政部对企业会计准则进行了较大规模的修订，新颁布了《公允价值计量》、《合营安排》和《在其他主体中权益的披露》三项具体会计准则，并对《长期股权投资》、《职工薪酬》、《财务报表列报》、《合并财务报表》和《金融工具列报》五项具体准则进行了修订。

目前为止，我国已颁布的企业会计准则体系具体内容见表 1-1。

表 1-1　我国的企业会计准则体系(截至 2015 年 1 月)

分　类	编号及主要内容
企业会计准则	《企业会计准则——具体准则》
	《企业会计准则第 1 号——存货》
	《企业会计准则第 2 号——长期股权投资》
	《企业会计准则第 3 号——投资性房地产》
	《企业会计准则第 4 号——固定资产》
	《企业会计准则第 5 号——生物资产》
	《企业会计准则第 6 号——无形资产》
	《企业会计准则第 7 号——非货币资产交换》
	《企业会计准则第 8 号——资产减值》
	《企业会计准则第 9 号——职工薪酬》
	《企业会计准则第 10 号——企业年金基金》
	《企业会计准则第 11 号——股份支付》
	《企业会计准则第 12 号——债务重组》
	《企业会计准则第 13 号——或有事项》
	《企业会计准则第 14 号——收入》
	《企业会计准则第 15 号——建造合同》
	《企业会计准则第 16 号——政府补助》
	《企业会计准则第 17 号——借款费用》
	《企业会计准则第 18 号——所得税》
	《企业会计准则第 19 号——外币折算》
	《企业会计准则第 20 号——企业合并》
	《企业会计准则第 21 号——租赁》

（续表）

分　类	编号及主要内容
	《企业会计准则第 22 号——金融工具确认与计量》
	《企业会计准则第 23 号——金融资产转移》
	《企业会计准则第 24 号——套期保值》
	《企业会计准则第 25 号——原保险合同》
	《企业会计准则第 26 号——再保险合同》
	《企业会计准则第 27 号——石油天然气开采》
	《企业会计准则第 28 号——会计政策、会计估计变更和差错更正》
	《企业会计准则第 29 号——资产负债表日后事项》
	《企业会计准则第 30 号——财务报表列报》
	《企业会计准则第 31 号——现金流量表》
	《企业会计准则第 32 号——中期财务报告》
	《企业会计准则第 33 号——合并财务报表》
	《企业会计准则第 34 号——每股收益》
	《企业会计准则第 35 号——分部报告》
	《企业会计准则第 36 号——关联方披露》
	《企业会计准则第 37 号——金融工具列报》
	《企业会计准则第 38 号——首次执行企业会计准则》
	《企业会计准则第 39 号——公允价值计量》
	《企业会计准则第 40 号——合营安排》
	《企业会计准则第 41 号——在其他主体中权益的披露》
企业会计准则应用指南	《企业会计准则——基本准则》重点难点说明
	《企业会计准则第 1 号——存货》等 41 个具体准则应用指南
	附录：会计账户和主要账务处理
企业会计准则解释	《企业会计准则解释第 1 号》
	《企业会计准则解释第 2 号》
	《企业会计准则解释第 3 号》
	《企业会计准则解释第 4 号》
	《企业会计准则解释第 5 号》
	《企业会计准则解释第 6 号》

1.3.2　世界各国的会计规范

世界各国会计规范的形式、内容和制定模式存在着差异，它与各国的政治、经济、法律体制有着紧密的关系。从会计规范的制定模式来看，可以将世界各国的会计规范分为两种类赢利：以习惯法为特征的美英法系国家的会计规范和以成文法为特征的大陆法系国家的会计规范。以习惯法为特征的美英法系国家，其会计规范主要是由官方支持和干预下的民间组织和机构来制定的，代表性的国家有美国、英国等；以成文法为特征的大陆法系国家，政府对本国的会计规范一般实施直接的干预和制约。虽然民间的会计组织也颁布一些与会计规范有关的公告等，但其影响力和制约力远远比不上美国、英国等，这类代表性的国家有法国、德国等。

1.3.3 国际会计准则

1973 年 6 月 29 日，由澳大利亚、加拿大、美国、法国、德国、英国、荷兰、墨西哥、日本等国的会计团体之间达成一项协议，成立国际会计准则委员会（International Accounting Standard Committee，IASC），负责制定并发布国际会计准则（the Statement of the International Accounting Standards，IASs）。国际会计准则委员会的日常事务是由下属的国际会计准则理事会（International Accounting Standard Board，IASB）负责执行的。

国际会计准则本身不具有任何法律效力，其能否在世界各国实施、执行取决于各国准则制定机构、证券监管机构的认可。世纪之交，国际会计准则委员会开始实施“重塑未来”计划。2001 年起，国际会计准则委员会仿照“FASB”模式，建立起新的组织架构和运作机制，并改名为国际会计准则理事会（International Accounting Standard Board，IASB）。国际会计准则理事会加强了高质量国际会计准则的制定，并积极与其他国际会计职业组织和国际证券监管机构组织合作，努力赢得国际会计准则在世界更多国家、国际资本市场的接受和认可。

会计准则国际趋同已经成为世界各国的共识，并正在转化为实际行动。据统计，世界上已经有包括欧盟各成员国、澳大利亚、南非等在内的 117 个国家和地区要求或允许采用国际财务报告准则，其他国家和地区也纷纷推出了与国际财务报告准则趋同的路线图，尤其是在 2008 年国际金融危机爆发后有加快之势。美国证券交易委员会（SEC）于 2008 年 11 月 14 日推出了趋同路线图征求意见稿，2010 年 2 月 24 日又发布了一份委员会声明，重申了其对建立一套全球统一的高质量会计准则的支持，为在美国推动采用国际财务报告准则制订了一套具体的工作计划。2005 年，我国已经建成了与国际财务报告准则（IFRS）趋同的企业会计准则体系，并自 2007 年起逐步在上市公司和其他大中赢利企业得到持续平稳的有效实施。2010 年 4 月 2 日，财政部发布了《中国企业会计准则与国际财务报告准则持续趋同路线图》，强调我国企业会计准则已经实现了与国际财务报告准则的趋同，持续趋同是在已有趋同基础上的后续趋同。我国作为当今世界最大的发展中国家和新兴市场经济国家，顺应会计国际趋同大势，推动会计准则持续国际趋同，是全球化背景下做出的理性选择，是大势所趋、潮流所向。

1.4 会计要素与会计恒等式

1.4.1 会计要素的概念

会计要素，是人们对会计对象的基本分类。会计要素是日常会计核算的基础，用会计的方式记录和反映组织经济活动及其结果，就是要确认和计量该活动对相关会计要素的影响。会计要素也是会计报表编制的基础，会计报表应该具有什么形式、包括哪些内容都需要会计要素的建立，因此会计要素也被称为会计报表要素。

如何对会计对象进行基本分类即应该建立哪些会计要素，取决于会计信息系统所提供会计信息要满足的目的以及会计信息的性质。不同的会计信息使用者对会计信息的内容、关注点等需求可能不同。但从会计目标的确定来看，他们都有一些共同的会计信息需求。其中存在两种不同性质的会计信息需要：一是反映组织某一特定时点财务状况的静态会计信息需要，二是反映组织在某一时期经营成果的动态会计信息需要。

1.4.2 我国的企业会计要素

按照我国企业会计准则的规定，企业的会计要素应该包括如下要素。

1.4.2.1 反映财务状况的会计要素

1.资产

资产是企业过去的交易或者事项形成的、由企业拥有或控制的、预期会给企业带来经济利益的资源。资产是企业开展生产经营活动的经济基础，其规模大小和结构反映了企业的经营规模和经济特征。

企业开展经营活动需要拥有各种各样的资源，它包括各种货币性资产(现金、银行存款)、原材料、库存商品、机器设备等有形资产，也包括专利技术、商标、特许权等无形资产。企业的采购、生产、销售、投资、筹资、分配等活动都会导致资产的变化。

2.负债

负债是企业过去的交易或者事项形成的、预期会导致经济利益流出企业的现实义务。负债反映了企业债权人对企业财产的要求权。

企业赊购原材料、商品、设备等会产生负债；从银行借款、发行债券筹集资金也会产生负债；企业开展各项业务，会产生相应纳税义务；员工付出了劳动应该从企业获得相应报酬，而企业尚未支付也会产生负债等。未来企业以资产或者劳务偿付了各项义务，相应负债就会减少。

3.所有者权益

所有者权益又称股东权益或净资产，是指企业资产总额扣除负债总额后由所有者享有的剩余权益 。企业净资产是从价值量角度所体现的资产总额与负债总额的差额。投资者投入资本、企业经营活动带来的收益等都会带来所有者权益的增加，相应地，投资者抽回资本、企业向投资者分配收益也会导致企业所有者权益的减少。

1.4.2.2 反映经营成果的会计要素

1.收入

收入是企业日常活动中形成的、会导致所有者权益增加但与所有者投入资本无关的经济利益的总流入。收入可以反映企业经营活动所产生成果的价值表现，是企业弥补费用、获取收益的来源。

企业销售商品、提供劳务、让渡资产使用权可以获得相应的经济利益，从而带来企业的收入增加。

2.费用

费用是企业日常活动中发生的、会导致所有者权益减少但与所有者分配无关的经济利益的总流出。费用反映企业获得相应收入而发生的各种耗费。

3. 利润

利润是企业收入扣除费用后的净额，它是企业经营活动带来的收益，反映了企业经营活动的最终财务成果，是进行成果分配的基础。

1.4.3　会计恒等式

会计恒等式，是指会计要素之间存在的等式关系。以企业组织而言，其会计要素存在以下等式关系：

$$资产=负债+所有者权益 \tag{1}$$

$$资产-负债=所有者权益 \tag{2}$$

$$收入-费用=利润 \tag{3}$$

$$资产-负债=所有者权益+(收入-费用) \tag{4}$$

会计恒等式体现了会计要素所反映会计对象中存在的各种经济关系。等式(1)是从静态角度反映某一特定时点企业拥有或者控制的资产都有其一定来源，企业的资产或者是所有者投入或者是举债所形成的。它体现了会计“主体理论”的思想。等式(2)反映了企业所有者是对企业净资产的要求权，揭示了债权人对企业资产的要求权优先于所有者，它体现了会计“所有权理论”的思想。等式(3)是从动态角度反映某一期间企业的日常经营活动对于所有者权益的增减变动影响，它反映了组织在一定期间经营活动的最终成果。等式(4)是等式(1)的扩展，它既从静态反映了企业资产、负债和所有者权益的关系，也从动态反映了企业日常经济活动对企业资产、负债的影响。

等式(1)中资产＝负债＋所有者权益反映了市场经济中企业最基本的产权关系，是基本的会计等式。对于某一组织，任何时点、任何活动的发生都不会破坏这种等式关系，故称为“恒等式”。会计恒等式是账户设置、复式记账和编制会计报表的理论基础。

1.4.4　会计要素及会计恒等式概念的应用

我们以一个企业的发展过程来认识会计要素和会计恒等式的概念。世纪公司是一家从事电子产品贸易的公司。张明和李刚各自投资 50 万元资金注册成立了这家公司。注册成立后世纪公司开始了经营活动。它从某电子生产厂家购进 5 000 件电子产品，每件的购进成本是 150 元，用于对外销售。当年共对外销售了 5 000 件，每件销售价格 300 元。期间，公司支付经营场地租金、水电费等共 30 万元，支付员工工资等共 20 万元，缴纳各种税费共 10 万元。为来年扩大业务需要，世纪公司通过担保方式从银行借入资金 60 万元。第二年，公司又从厂家购进 1 万件电子产品，每件购进成本 140 元。由于与厂家建立了一定的信任，世纪公司从厂家进货中有 2 000 件是赊账，可以在第二年支付。当年共对外销售了 9 000 件，每件销售价格 280 元。期间，公司支付经营场地租金、水电费等共 32 万元，支付员工工资等共 25 万元，缴纳各种税费共 15 万元，偿还银行借款本息共 68 万元。年底，张明和李刚想从公司分些红。公司有没有分红能力，今年能够分红多少？这些都需要了解公司的财务状况和经营成果信息，而这正是会计系统所要提供的。

根据上述资料，会计系统记录并反映的世纪公司经营活动的情况如下：

资产		= 负债		+ 所有者权益	+ 收入	− 费用
现金	库存商品	应付账款	银行借款	投入资本		
+100 万				+100 万		
−75 万	+75 万					
	−75 万					+75 万
+150 万					+150 万	
−30 万						+30 万
−20 万						+20 万
−10 万						+10 万
+60 万			+60 万			
−112 万	+140 万	+28 万				
+252 万					+252 万	
	−126 万					+126 万
−32 万						+32 万
−25 万						+25 万
−15 万						+15 万
−68 万			−60 万			+8 万
现金	库存商品	应付账款	银行借款	投入资本	收入	费用
175 万 +	14 万 =	28 万	+0 +	100 万 +	402 万 −	341 万

根据上面记录所提供的信息，张明和李刚可以了解世纪公司的财务状况和经营成果，据此制定世纪公司的分红方案。

1.5 会计假设与会计核算基础

1.5.1 会计假设

会计假设，也称会计前提，是对会计信息系统运行所依据的客观环境中与会计相关因素进行的抽象与概括，是会计信息系统运行与发展的前提与制约条件。

任何一门科学都有其特定的研究目的与对象，并建立起具有逻辑的、可验证的概念与方法体系，而这种具有逻辑的概念与方法体系都有一定的不需验证或者不能验证的假设或前提。会计假设或会计前提，是人们建立会计概念与方法等理论体系用于解释和指导人们日常会计信息生成、加工与报告等活动所做的限定和起点。会计假设主要包括内容如下。

1. 会计主体假设

会计主体假设是指会计信息系统所反映的空间范围和界限。会计主体假设要求会计信息系统所反映的会计信息必须针对一个特定的、独立的或者相对独立的核算主体。

会计主体可以是一个法律主体，也可以不是法律主体，这取决于会计信息系统提供会计信息的用途和需要。只有在一定的会计主体前提下，针对组织的某一活动所影响的要素确认才有了判断的基础。

2. 持续经营假设

持续经营假设是指在可预见的将来，会计系统所反映的某一会计主体的活动能够持续不断地进行。会计持续经营假设使会计信息处理原则与程序保持一致性与稳定性。持续经营环境下对企业资产、负债、所有者权益或者收入、费用的确认与计量和非持续经营环境下是不同的。比如，在持续经营环境下对设备等固定资产应该采用历史成本计量，而在清算状态下则需要采用公允价值如市价、评估价值等。

3.会计分期假设

会计分期假设就是人为地把持续不断的某一会计主体的活动人为地划分为一定的会计期间，以便人们能够按照会计期间来衡量某一会计主体的财务状况与经营成果。会计持续经营假设和会计分期假设是会计上的递延、应计、预提、待摊等处理方法存在的基础。

4.货币计量假设

货币计量假设是指会计信息系统所提供的会计信息是以货币为度量单位来计量某一会计主体的经济活动(会计事项)的结果；货币作为一种特殊商品，在会计计量中其币值应该相对稳定。企业会计信息系统是一个以提供财务信息为主的经济信息系统，其会计信息的生成、存储等按照复式记账的原理进行，而货币计量假设是复式记账的基础。

1.5.2　会计核算基础

会计核算基础，是指在会计主体持续经营与会计分期假设下，人们进行某一会计期间的经营成果核算时所遵循的原则。会计核算基础主要有权责发生制和收付实现制。

1.5.2.1　权责发生制

所谓权责发生制也称应计制，是指会计主体在某一会计期间收入与费用应该以“发生”而不是以实际“收付”为基础进行确认，进行经营成果核算的一种会计核算原则。凡是本期已经发生或拥有权力获得的收入和已经发生或应该负担的费用，不论相应的款项是否收付，都应该作为本期的收入与费用进行记账；凡是不应该归属于本期的收入与费用，即使相应的款项已经收取或者支付，也不应该作为本期的收入与费用加以入账。

1.5.2.2　收付实现制

所谓收付实现制也称现金制，是指以收到或者支付现金的时间为标准来确认收入与费用，进行经营成果核算的一种会计核算原则。

按照权责发生制，交易和其他事项的影响应当在它们发生时，而不是当现金或现金等价物收到或支付时加以确认，并且将它们在会计系统中加以记录，以及在与它们相关期间的会计报表中予以报告。按权责发生制编制的会计报表，不仅向使用者反映了涉及现金收付行为的过去发生的交易，而且也反映了将来支付现金的义务，代表将来可以收到现金的资源。因此，它有助于持续经营前提下评价会计主体一定期间的经营成果和对未来经营成果进行分析预测。但是，权责发生制也存在一定的问题，主要是在某一会计期间基于其核算的经营成果和现金流不一致。当以会计核算的经营成果作为向投资者分红和缴纳税金的依据时，权责发生制下核算的某一期间经营成果与现金流的不一致有可能引起会计主体的财务困境。

从会计目标的角度看，会计系统提供的信息不仅要反映会计主体现在的经营成果，而且要有助于会计信息使用者预测会计主体未来经营成果。在持续经营的环境下，权责发生制所确定的收益信息比收付实现制所确定的收益信息更有助于人们对会计主体未来经营成果的预测。因此现今世界各国的会计核算主要采用的是权责发生制。

应用权责发生制进行经营成果核算，就会产生应计收入、费用和递延(或者待摊)收入、费用等概念。

1.6 会计信息质量特征

会计目标的实现需要会计系统提供高质量的有用会计信息。高质量的有用会计信息应该具备必要的特征。对于会计信息质量特征的认识，有助于人们判断会计系统提供的会计信息是否有用，也有助于会计系统对会计主体发生的交易或事项怎样进行会计处理。

1.6.1 可靠性

所谓可靠性，是指会计系统要以实际发生的交易或事项为依据生成、提供会计信息。可靠性是会计信息有用的最重要特征之一。

当信息没有重要错误或偏向并且能够真实反映其拟反映或理当反映的情况以供使用者作为依据时，信息就具备了可靠性。会计信息可靠性可以进一步表现为客观性、中立性和可验证性等。客观性是指会计信息必须以客观存在的经济活动(会计事项)存在为依据，不能无中生有，虚构经济活动的发生来编造会计信息；中立性是指会计系统提供会计信息特别是会计报表信息时要不带有偏向。如果为了达到预定的成果或结果，通过对信息的选择和列报，使会计报表影响了人们的决策或判断，那么会计报表所提供的会计信息就不是中立的了。可验证性是指会计系统提供的会计信息可以事后进行核对、检验。

1.6.2 相关性

所谓相关性，是指会计信息应该与信息使用者的决策相关。相关性是会计信息有用的另外一个重要特征。

会计信息相关性可以进一步表现为反馈作用和预测作用。当会计信息能够帮助使用者证实、验证或者修正过去的计划、决策，则会计信息就具有反馈价值；当会计信息有助于使用者对未来的判断，从而帮助他们进行正确的决策，则会计信息就具有预测价值。

1.6.3 可理解性

所谓可理解性，是指会计系统提供的会计信息应该便于使用者阅读与理解。会计信息如果表达不够清晰、明了，其有用性就会受到影响。

会计信息的可理解性是与会计信息使用者的特征相关联的，即不同的使用者对于会计系统提供的同样会计信息的可理解性认识有可能不同。作为会计信息质量特征的可理解性，要求会计系统提供的会计信息能够为对商业和经济活动以及会计有恰当的了解并且愿意花费适当的精力去研究信息的广大会计信息使用者所理解。当然，有些复杂事项的信息由于它们与使用者做经济决策的需要相关，尽管对于一般使用者而言理解起来可能有困难，但是通过专业认识的帮助就可以理解，会计系统仍然应该提供这些信息并认为这样的会计信息具有可理解性。

1.6.4 可比性

所谓可比性，是指会计系统提供的会计信息在不同会计主体或者同一会计主体不同会计期间之间可以比较。

会计系统对会计主体的经济活动记录并生成会计信息时可能有许多会计处理的原则、方法(会计政策)可以选择。会计信息要有用，需要会计信息具有可比性，即同一会计主体不同时期发生的相同或者相似的交易或者事项，应当采用一致的会计政策，不得随意变更。不同会计主体发生的相同或者相似的交易或者事项，应当采用一致的会计政策，确保会计信息口径一致、相互可比。

会计信息可比性的质量特征，不应混同于单纯的统一性。如果采用的会计政策不符合相关性和可靠性的质量特征，会计主体就不宜继续以相同的方式核算某一交易或其他事项。当存在更具相关性和更具可靠性的备选方法时，如果会计主体仍保持会计政策不变，也是不适宜的。

1.6.5 实质重于形式

所谓实质重于形式，是指会计系统对于会计主体发生的交易或事项进行会计处理不应仅以表面形式或者法律形式为依据，而应以交易或事项的经济实质作为其处理的依据。

如果会计信息想真实反映它所拟反映的交易或事项，那就必须根据交易或事项的实质和经济现实，而不是仅仅根据它们的法律形式进行核算和反映。在现实生活中，有些交易或事项的实质不总是与它们的法律或设计形式的外在面貌相一致。例如，企业将一项资产处理给另一单位，可以在文件中声称将法律所有权转让给该单位；然而，还可能存在协议，可以保证企业继续享有该项资产所包含的未来经济利益。在这种情况下，报告一项销售就不可能真实反映所达成的交易。

1.6.6 重要性

所谓重要性，是指会计系统提供的会计信息应该反映与会计主体财务状况、经营成果和现金流量相关的所有重要交易或事项。

会计信息的重要性与会计信息的相关性有着紧密的联系。如果会计系统提供的会计信息足以影响会计信息使用者的决策，这样的会计信息具有相关性，也具有重要性。但是重要性的质量特征更强调的是，会计系统提供的会计信息在发生遗漏或错报的特定环境是否会对会计信息使用者决策产生影响。如果信息的遗漏或错报会影响使用者根据会计系统提供的会计信息所做的经济决策，信息就具有重要性。

会计信息重要性的质量特征为会计系统能够按照成本-效益原则简化处理会计主体某些交易或者事项提供了依据，即会计系统对于会计主体的一些不重要的交易或者事项，其不按照保证可靠性、相关性、可比性等质量特征要求进行的会计处理也不会影响会计信息使用者的判断，那么就可以进行简化处理。因此，重要性与其说是会计信息要成为有用所必须具备的基本质量特征，倒不如说是提供了一个门槛或取舍点。

1.6.7 谨慎性

所谓谨慎性，是指当处于某种不确定性或者存在风险的情况下会计系统提供会计主体的财务状况、经营成果等会计信息应保持应有的谨慎，不应高估资产或收益、低估负债或者费用。

会计信息谨慎性特征要求对有可能导致会计主体资产贬值、费用增加的交易或事项，会计系统应该进行充分的估计并进行必要的会计处理；相反，有可能导致会计主体资产升值、收入增加的交易或事项，在没有获得可靠的证据前不应进行会计处理。

1.6.8 及时性

所谓及时性，是指会计信息必须在没有失去价值前提供。信息的价值与时间有着紧密的联系，在报告信息的过程中如果有不恰当的延误，信息就失去了其相关性。

会计系统需要权衡及时报告与提供可靠信息这两者的相对优点。为了在及时的基础上提供信息，往往在了解某一交易或其他事项的所有方面之前，就可能必须做出报告，这样就会损害可靠性。相反，如果要延误到所有方面都了解以后才予以报告，信息可能会相当可靠，但对于必须在事中做出决策的使用者来说，用处可能就会很小。为了在相关性和可靠性之间做出权衡，首先需要考虑的是如何最好地满足使用者做出经济决策需要的问题。在会计实务中，质量特征之间进行平衡或做出取舍经常是有必要的。通常来说其目的是在各质量特征之间取得适当平衡，以便达到会计目标。在不同的场合下判定质量特征的相对重要性，是一种专业判断的问题。

小结

本章主要介绍了会计的一些基本理论。会计是人类社会生产活动的产物，它随着社会经济环境的变化与发展而不断变化与发展。现代社会，会计是以提供财务信息为主的经济信息系统。不同的会计信息使用者需要的会计信息是不同的，会计系统是以财务会计信息为基础来建立和组织的，是以会计报表作为会计信息的主要提供方式。以赢利为目的的企业组织，财务会计报表提供的是反映其财务状况、经营成果、现金流量和所有者权益变动等通用的、总括的会计信息。会计要素是对会计对象的基本分类，也是财务会计报表的基本构成要素。会计系统记录经济活动（交易或者会计事项）就是要用货币的形式记录经济活动（交易或者会计事项）对会计要素的影响。我国企业会计准则规定的会计要素包括反映企业财务状况的资产、负债、所有者权益和反映企业经营成果的收入、费用和利润等，这些要素之间存在着一定的等式关系。会计系统生成与提供会计信息需要建立必要的会计前提与假设，只有在一定的会计假设和前提下会计系统的建立与运行才能保持逻辑的一致性。会计核算的基础有权责发生制和现金收付制，当今全球普遍采用的是权责发生制。会计目标决定了会计系统提供会计信息的目的，决策有用观和受托责任观是不同会计环境下人们对会计系统提供会计信息目标的主观认定，要实现会计目标，会计信息应该具备必要的特征与要求。

思考题

1.会计的本质是什么？应该如何认识会计在现代社会经济中的作用？

2.会计报表主要提供哪些会计信息？

3.什么是会计要素？会计要素存在哪些等式关系？

4.什么是会计假设？建立会计假设有什么意义？

5.什么是权责发生制？什么是现金收付制？核算与反映经营成果，为什么全球普遍采用的是权责发生制？

6.什么是会计目标，它有哪些不同观点？会计信息质量特征有哪些？明确会计信息质量特征有什么意义？

7.什么是会计规范？我国的会计规范体系包括哪些？什么是会计准则国际趋同？

练习题

1.每年春节期间，北京都会举办各式庙会，庙会上各种活动以及各种小吃摊点会吸引大量市民和游客。在短短的几天庙会期间，许多摊点都为摊主赚得可观收入。小张在鼠年春节来临前3个月，向工商部门申请办理了个体工商营业证，他将自己几年所积累的现金5万元投入到春节庙会的准备中。首先，小张通过竞拍花费4万元获得一庙会摊位经营特许权，获准出售家乡的风味小吃。他用了3 500元购买有关材料来制造摊点，预计庙会结束时摊点的剩余价值为500元。另外，他用1 500元买了许多一次性餐具并向供应商买进价值8 000元的小吃原料。此时，他仅有现金5 000元，无法完全支付供应商的货款。由于它与供应商有很好的个人关系和自身良好的信誉，供应商只收取了4 000元货款，并允许庙会结束后即刻结算。如果卖不出去的原料可以退回，届时余款当即支付。由于小张的摊位位置优越，风味小吃深受欢迎，庙会期间他共获得10万元营业收入。在此期间，小张向庙会组织者支付卫生费800元，支付火炊等费用2 000元。收摊时，小张付给两位雇来的帮手各3 000元；还有成本价为700元的小吃原料尚未售出，需要退给供应商。要求：

(1)根据上述信息说明一下小张在春节庙会上的经营情况；

(2)小张在这次庙会期间赢利是多少？

2.小李大学毕业后应聘到一家国内有名的大公司。工作了两年后他辞职了，原因是他感到公司的工作环境严重压制了自己的创造力。辞职后，小李利用自己的积蓄作为资本申请注册了一家创意策划公司。公司开业第二个月的有关信息为：

(1)对外提供创意策划，获得劳务收入10万元，已收款60%；

(2)收到客户上个月欠款2万元；

(3)预收客户定制款3万元；

(4)支付当月水电费1万元；

(5)预付全年办公室租金12万元；

(6)应付未付本月工资2万元；

(7)支付上月所欠利息1万元。

要求：

(1)请分别按照权责发生制和收付实现制来计算小李开业第二个月的经营业绩；

(2)如何评价两种不同的经营成果。

第2章 会计核算的基本方法

学习目的

本章主要介绍会计核算的基本方法。通过本章学习应：

- ⊙ 了解会计科目和账户的含义与关系
- ⊙ 掌握复式借贷记账法的基本原理，能够准确运用借贷记账法，编制会计分录
- ⊙ 了解会计凭证的作用和种类
- ⊙ 了解会计账簿的作用和种类

章前案例与导引

假如你大学毕业后，准备和几个伙伴投资开办一个软件开发公司。由于软件开发公司刚成立，需要首先做建账的工作。结合本章学习的会计核算知识，描述一下该软件开发公司可能发生的经济业务大致有哪些？应该开设哪些基本会计科目与账户？应该如何建账？

会计系统需要应用一系列专门的会计核算方法，对各项经济业务数据进行归类、加工、汇总，以生成会计信息使用者所需要的会计信息。会计核算的专门方法包括：设置会计科目与账户、复式记账、审核与填制会计凭证、登记会计账簿、成本计算和编制会计报表等。本章将主要介绍会计科目与账户、复式记账、会计凭证与会计账簿等基本的会计核算方法。

2.1　会计科目与会计账户的设置

2.1.1　会计科目与账户的定义

会计系统要对经济业务进行全面、连续、系统地核算，首要的任务就是对会计核算的对象进行全面、系统的分类。尽管会计要素已经是对会计核算对象的分类，但是几个简单的会计要素仍不能满足会计核算的需要，不能满足人们对会计信息的多样化需要，因此还需要在会计要素的基础上做进一步的分类。

会计科目就是对会计要素按照经济内容所做的进一步分类。例如，对于资产要素，按照流动性的不同进一步分类为流动资产、固定资产与无形资产等；流动资产中按照经济内容的不同又可以进一步分为货币资金、应收款项、存货等；而货币资金可以进一步分为库存现金、银行存款等。

会计科目是对会计要素按照经济内容所作分类的名称或标志。要对经济业务产生的原始数据加工成有用的会计信息，还需要按照一定的结构登记经济业务引起的会计要素增减变动及其结果。

账户就是按照会计科目设置的，具有一定格式和结构，用于分类反映会计要素增减变动及其结果的一种工具，是对经济业务进行会计记录、对会计信息进行加工的基础。

2.1.2　会计科目的设置

会计系统必须设置一套适合自身特点的会计科目体系，以便于对其所反映的会计主体的各项经济业务(会计事项)进行核算。在英、美等国家，国家一般不制定统一的会计制度与会计科目体系，而是由企业根据会计准则的要求自行制定会计科目。而在我国，目前企业会计科目体系的设置需遵循2006年财政部颁发的《企业会计准则——应用指南》中关于会计科目和主要账务处理的要求。但在不影响会计核算要求、会计报表指标汇总以及对外提供统一会计报表的前提下，企业可以根据实际情况自行增加、减少或者合并某些会计科目。

2.1.2.1　会计科目设置的原则

从企业角度讲，会计科目设置一般需要满足以下要求。

1. 有利于企业经营管理和经济核算

企业会计准则规定了会计确认、计量、记录和披露等会计核算的原则与方法。会计科目的设置应当全面正确地反映企业的财务状况和经营成果，便于提供经济核算指标，确定内部经济责任，有利于核算和理财活动的开展。使企业会计准则的会计核算原则和方法更具可操作性。

2.能够反映会计要素的特点

会计科目作为对会计要素具体内容分类核算的项目，其设置应保证能够全面、系统地反映会计要素的全部内容，不能有遗漏。同时，科目的设置还必须反映会计要素的特点。除了需要设置共性的科目外，还应根据企业各自的经营活动的特点，设置相应的会计科目，不能千篇一律。

3.满足统一性和灵活性相结合的要求

为了保证会计核算指标口径的一致，便于指标的可比和逐级汇总，提供宏观经济管理需要的会计信息，企业应当统一按照会计准则的要求设置会计科目。同时，在会计科目设置过程中，企业要结合单位的具体情况和经营特点，结合内部经营管理对会计信息的需要，在不违背会计准则的前提下，在不影响会计核算的要求和会计报表指标汇总的条件下，根据实际情况自行设置一些科目进行会计核算。

4.力求简明实用、相对稳定

在设置会计科目时，应当严格界定每一科目的核算内容，力求做到简明扼要、通俗易懂，以便于记清账目，正确反映会计个体的生产经营活动。会计科目的设置不宜分得过细，以避免会计核算过于烦琐。但也不能设置过少，使会计核算指标不能满足经济管理的要求。

2.1.2.2 企业常用的会计科目

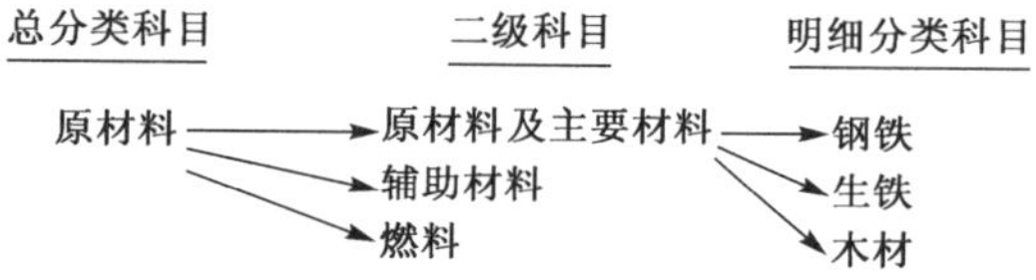

图 2-1　总分类账户与明细分类账户的关系

企业设置会计科目体系应该具有层次性，即企业的会计科目体系应该包括总分类科目（一级会计科目）、明细会计科目（二级、三级等会计科目）。所谓总分类科目与明细分类科目，是根据会计科目所反映经济内容的详细程度所做的分类。总分类科目反映的是总括的经济内容，明细分类科目反映的是详细的经济内容；明细分类科目受总分类科目的控制，是对总分类科目所反映的经济内容进一步的细化。如图 2-1 所示为一个制造赢利企业的总分类科目与其所控制的明细分类科目之间的关系。

在我国《企业会计准则——应用指南》(2006)中，企业常用的会计科目汇总见表 2-1。

表 2-1　企业常用会计科目表

编号	名称	编号	名称
一、资产类		二、负债类	
1001	库存现金	2001	短期借款
1002	银行存款	2101	交易性金融负债
1012	其他货币资金	2201	应付票据
1101	交易性金融资产	2202	应付账款
1121	应收票据	2205	预收账款
1122	应收账款	2211	应付职工薪酬
1123	预付账款	2221	应交税费
1131	应收股利	2231	应付利息
1132	应收利息	2232	应付股利
1231	其他应收款	2241	其他应付款
1241	坏账准备	2501	长期借款
1401	材料采购	2502	应付债券
1402	在途物资	2701	长期应付款
1403	原材料	2702	未确认融资费用
1404	材料成本差异	2711	专项应付款

（续表）

编号	名称	编号	名称
1406	库存商品	2801	预计负债
1407	发出商品	2901	递延所得税负债
1410	商品进销差价	三、共同类	
1411	委托加工物资	四、所有者权益类	
1412	包装物及低值易耗品	4001	实收资本
1461	存货跌价准备	4002	资本公积
1501	持有至到期投资	4101	盈余公积
1502	持有至到期投资减值准备	4103	本年利润
1503	可供出售金融资产	4104	利润分配
1511	长期股权投资	五、成本类	
1512	长期投资减值准备	5001	生产成本
1521	投资性房地产	5101	制造费用
1531	长期应收款	5201	劳务成本
1541	未实现融资收益	5301	研发支出
1601	固定资产	六、损益类	
1602	累计折旧	6001	主营业务收入
1603	固定资产减值准备	6051	其他业务收入
1604	在建工程	6101	公允价值变动损益
1605	工程物资	6111	投资收益
1606	固定资产清理	6301	营业外收入
1701	无形资产	6401	主营业务成本
1702	累计摊销	6402	其他业务成本
1703	无形资产减值准备	6403	营业税金及附加
1711	商誉	6601	销售费用
1801	长期待摊费用	6602	管理费用
1811	递延所得税资产	6603	财务费用
1901	待处理财产损益	6701	资产减值损失
		6711	营业外支出
		6801	所得税费用
		6901	以前年度损益调整

我国企业会计准则不仅对会计科目的名称进行了规定，为了便于计算机的处理，还对总分类会计科目进行了统一编号。

2.1.3 账户的基本结构与内容

为了记录经济业务的发生所引起的会计要素和会计科目的增减变化，需要设置一系列账户，并为账户设置一定的格式和结构。在会计实务中，账户的具体格式并不完全相同，可以按照实际需要进行设计。

2.1.3.1 账户的内容

账户的格式设计中，一般都包括如下栏目及内容：(1)账户的名称，即会计科目；(2)登账日期栏，记录经济业务发生的时间；(3)编号栏，登记作为登记账户的来源和应依据的记账凭证的编号；(4)摘要栏，记录经济业务的简要内容说明；(5)金额栏，登记会计科目的增加、减少的金额和余额。

2.1.3.2 账户的结构

在账户的金额栏，通常分为左、右两方，用来分别登记该账户所对应的会计科目金额增加和减少变动的结果。在借贷记账法下，账户的左方称为“借方”，右方称为“贷方”。账户的借方、贷方和账户的名称形成了账户的基本结构。在教科书和实务对账工作中，通常用简化的格式“T”形账户来表示账户的结构。企业在一定期间发生的经济业务对某一会计科目的增加、减少影响金额及其结果可以通过该会计科目对应的账户进行记录。在“T”形账户结构下，记录方式如图 2-2 所示。

借方　　　　账户名称　　　　贷方

期初余额	期末余额
本期增加额或者减少额 ……	本期减少额或者增加额 ……
本期借方累计发生额	本期贷方累计发生额
期末余额	期末余额

图 2-2　“T”形账户基本结构及其记录内容

账户分为借方与贷方，其中一方用来登记增加的金额，另一方用来登记减少的金额；期初余额、期末余额往往存在于登记增加额的一方。究竟哪一方登记增加额、哪一方登记减少额取决于账户所反映的经济内容，即账户的性质。

1.资产类账户的结构

资产类账户的结构如图 2-3 所示。

借方　　　　资产类账户　　　　贷方

期初余额	
本期资产增加额 ……	本期资产减少额 ……
本期借方累计发生额	本期贷方累计发生额
期末余额	

图 2-3　资产类账户的结构

2.负债类账户的结构

负债类账户的结构如图 2-4 所示。

借方　　　　负债类账户　　　　贷方

	期末余额
本期负债减少额 ……	本期负债增加额 ……
本期借方累计发生额	本期贷方累计发生额
	期末余额

图 2-4　负债类账户的结构

3.所有者权益类账户

所有者权益类账户如图 2-5 所示。

借方　　　　所有者权益类账户　　　　贷方

	期末余额
本期所有者权益减少额 ……	本期所有者权益增加额 ……
本期借方累计发生额	本期贷方累计发生额
	期末余额

图 2-5　所有者权益类账户

4. 费用类账户

费用类账户如图 2-6 所示。

借方	费用类账户　　　　贷方
本期费用增加额 ……	本期费用减少额 或者本期费用转销额 ……
本期借方累计发生额	本期贷方累计发生额

图 2-6　费用类账户

5. 收入类账户

收入类账户如图 2-7 所示。

借方	收入类账户　　　　贷方
本期收入冲减额 或者本期收入转销额 ……	本期收入增加额 ……
本期借方累计发生额	本期贷方累计发生额

图 2-7　收入类账户

6. 本年利润账户

本年利润账户如图 2-8 所示。

借方	本年利润账户　　　　贷方
由费用类账户转入的金额 ……	由收入类账户转入的金额 ……
本期发生的亏损额	本期实现的利润额

图 2-8　本年利润账户

资产、负债与所有者权益类账户主要反映企业的财务状况，期末一般有余额，被称为“实账户”；而费用、收入类账户主要用以反映一定期间实现的经营成果，期末所发生的借方累计发生额与贷方累计发生额的差额需要结转到“本年利润”账户，故没有余额，一般被称为“虚账户”。

由于会计期间首尾相连，实账户的本期期末余额就是下期的期初余额。期初余额、期末余额、本期增加额、本期减少额四个指标之间存在如下的关系：

$$期末余额 = 期初余额 + 本期增加额 - 本期减少额$$

对资产类账户而言，上式可以演变为下面等式：

$$期末余额 = 期初余额 + 本期借方累计发生额 - 本期贷方累计发生额$$

对负债、所有者权益类账户而言，上式可以演化为下面等式：

$$期末余额 = 期初余额 + 本期贷方累计发生额 - 本期借方累计发生额$$

2.1.4　账户的分类

可以将账户体系中的各账户按照一定标准进行分类，常见的账户分类如下。

2.1.4.1 按照账户反映的经济内容不同划分

1.资产类账户

资产类账户，是用于反映企业拥有或控制的各种资产价值增减变化及其结果的账户，如库存现金、交易性金融资产、应收账款、原材料、固定资产、无形资产等。

2.负债类账户

负债类账户，是用于反映企业承担的各种债务增减变化及其结果的账户，如应付账款、应付债券、短期借款、长期借款、长期应付款等。

3.所有者权益类账户

所有者权益类账户，是用于反映由企业所有者享有的企业权益增减变化及其结果的账户，如实收资本、资本公积、盈余公积、利润分配、本年利润等。

4.成本类账户

成本类账户，是用于反映企业产品生产或劳务提供过程中消耗的各种费用以便于计算产品的生产成本或者劳务的消耗成本的账户，如生产成本、制造费用、劳务成本等。

5.损益类账户

损益类账户，是用于反映一定期间企业经营成果的账户，它包括：收入类账户，如主营业务收入、其他业务收入、营业外收入、投资收益等；费用类账户，如主营业务成本、营业税金及附加、其他业务成本、营业外支出、财务费用、管理费用、销售费用、所得税费用等。

账户按照经济内容进行分类，有助于了解和掌握各账户核算的内容以及账户的性质。

2.1.4.2 按照账户提供指标的详细程度不同划分

1.总分类账户

总分类账户，是按照总分类会计科目设置的账户，是对会计核算对象的具体内容所作的总括的分类，它提供的会计信息比较概括。

2.明细分类账户

明细分类账户，是按照明细分类会计科目设置的账户，是对某一总分类账户核算内容所作的、进一步的详细分类，它提供的会计信息更加具体、详细。明细分类账户按照提供指标信息的更详细程度，进一步划分为二级明细账户、三级明细账户，必要时可以设置四级、五级明细账户。

账户按照其提供会计信息的详细程度进行分类，有助于了解各账户反映的具体经济内容，满足经营管理的会计信息需要。

2.2 复式借贷记账法

2.2.1 复式记账的概念

在设置了会计科目与账户后，还需要采用一定的记账方法对经济业务的发生情况在账户中按照一定的记账规则进行记录和加工，以生成有用的会计信息。从会计的发展历史来看，人们的记账方法主要包括两大类：单式记账法和复式记账法。

在单式记账法下，当经济业务发生后，人们往往只在一个账户中进行登记，或者同时在两个账户中不存在联系地分别进行登记。比如，人们用现金 1 000 元购买材料，只在现金账户上记录金额减少 1 000 元，而不在材料账户上记录增加 1 000 元，或者既登记现金账户又登记材料账户，但是两个账户之间没有联系。早期的生产经济活动比较简单，人们主要关注货币资金以及一些债权、债务的变动情况。采用单式记账，人们主要反映现金、银行存款的收付与结余，以及债权、债务的存在与结算情况，而其他财产物资的记录与反映则相对不被重视。采用单式记账法记账相对简单，但是它没有一套完整的账户体系；账户之间的记录一般没有直接的联系；由于账户之间没有“对应关系”，账户之间也不存在数字平衡关系。因此，单式记账法不能全面、系统地反映经济业务的来龙去脉，也不便于检查账户记录的正确性，不能适应复杂的商品生产与交换的需要。

所谓“复式记账法”，是指当经济业务发生后人们需要在两个或者两个以上相互联系的账户中同时进行登记与反映的一种记账方法。比如，以银行存款 5 000 元购买材料，人们必须在银行存款账户中登记减少金额 5 000 元，同时在材料账户中登记增加 5 000 元，两个账户是相互对应的。相对于单式记账，复式记账需要设置完整的账户体系，对每一笔经济业务都要以相等的金额在两个或者两个以上相互联系的账户中做双重登记，账户之间存在对应的关系和数字平衡关系。因此，复式记账可以全面、系统地反映经济业务的来龙去脉，有利于进行试算平衡和检查账户记录的准确性。

从会计实践来看，根据记账符号与记账规则的不同，复式记账法又包括：复式借贷记账法、复式增减记账法和复式收付记账法等。复式借贷记账法相对而言，记账更加科学、严密，为世界各国普遍采用。我国从 1993 年 7 月 1 日起，所有企业一律采用复式借贷记账法，1998 年，所有事业单位一律采用复式借贷记账法。

2.2.2 复式借贷记账的规则

复式借贷记账法，是以“借”、“贷”为记账符号，对每一笔经济业务都必须按照特有的记账规则在两个或者两个以上、相互联系的账户中进行登记的一种复式记账方法。

复式借贷记账法的记账规则为“有借必有贷、借贷必相等”，即一项经济业务要在两个或者两个以上相互联系的账户中进行登记，必须在一个账户的借方登记一定的金额，同时在另一对应账户的贷方登记相同的金额；或者在一个账户的借方登记一定的金额，同时在另外两个或者两个以上对应账户的贷方登记相同的金额；或者在两个或者两个以上账户的借方登记一定的金额，同时在另外一个对应账户的贷方登记相同的金额。这种经济业务发生后所形成的借方账户与贷方账户之间的相互依存关系，成为账户的对应关系。具有对应关系的账户，称为对应账户。通过账户的对应关系，可以了解到经济业务发生所引起的资金运动的来龙去脉。

在复式借贷记账法中，“借”、“贷”仅仅是一种记账符号，表示“增加”或“减少”，究竟是增加或是减少取决于账户的性质。按照借贷复式记账法进行经济业务的记账处理，不会破坏“会计平衡等式”，同时能够保证任何时候账户体系中所有账户的借方金额与贷方金额相等。

2.2.3 会计分录

会计主体存在着各种各样的经济业务，会计系统为了准确、及时地将经济业务登记到相应的账户中，需要在经济业务发生后编制会计分录。所谓“会计分录”，是指对每一笔经济业务按照借贷记账法的规则，分别列示应借、应贷会计账户及其金额的一种记录。根据经济业务涉及账户多少的不同，会计分录可以分为：简单会计分录、复合会计分录。

简单会计分录记录一笔经济业务只涉及一个借方会计账户、一个贷方会计账户，即“一借一贷”的会计分录。

复合会计分录有：“一借多贷”的会计分录，即记录一笔经济业务需要一个借方会计账户和多个贷方会计账户；“多借一贷”的会计分录，即多个借方会计账户和一个贷方会计账户。同时不允许企业把不同的业务合并起来编制“多借多贷”的会计分录。

会计分录是登记账户的依据；会计分录编制是否正确直接关系账户记录的正确性以及整个会计信息的质量。为了正确编制某一经济业务的会计分录，应该遵循以下步骤：

(1)分析经济业务的内容，确定其所影响的会计要素及其增加或者减少的变化数量；

(2)进一步确定经济业务所涉及的会计账户及会计账户的增减变化；

(2)根据涉及会计账户的结构特点，确定应借会计账户和应贷会计账户；

(4)确定应记入会计账户的金额，保证应借会计账户的金额与应贷会计账户的金额相等。

下面举例说明会计分录的编制。

例 2-1 某企业开出一张现金支票从银行提取现金 5 000 元，以备零星之用。

分析：该笔业务影响到一项资产的增加、一项资产的减少；增加的资产是库存现金、减少的资产是银行存款；根据资产类账户的结构特点，应借会计账户为“库存现金”、应贷会计账户为“银行存款”。该项业务的会计分录为一项简单会计分录，其具体表示如下：

借：库存现金	5 000	
贷：银行存款		5 000

例 2-2 某企业购入一批材料，价款 20 000 元，货款尚未支付。

分析：该笔业务影响到一项资产的增加、一项负债的增加；增加的资产是材料、增加的负债是应付账款；根据资产与负债类账户的结构特点，应借会计账户为“原材料”、应贷会计账户为“应付账款”。该项业务的会计分录为一项简单会计分录，其具体表示如下：

借：原材料	20 000	
贷：应付账款		20 000

例 2-3 某企业支付李玲报销差旅费 1 200 元，李玲已经预借差旅费 1 000 元，不足部分企业以现金支付。

分析：该笔业务影响到一项费用的增加，两项资产的减少。增加的费用是管理费用，减少的资产一项是其他应收款，另一项是库存现金。根据资产和费用账户的结构特点，应借会计账户为“管理费用”，应贷会计账户为“其他应收款”和“库存现金”。该项业务的会计分录为“一借多贷”复合会计分录，其具体表示如下：

借：管理费用	1 200	
贷：其他应收款		1 000
库存现金		200

例 2-4 某企业收到投资者的投资，其中银行存款 300 000 元，一台精密仪器设备评估作价 700 000 元，手续已经办妥。

分析：该笔业务影响到一项所有者权益的增加、两项资产的增加；增加的资产是银行存款和固定资产，增加的所有者权益是实收资本；根据资产与所有者权益类账户的结构特点，应借会计账户为“银行存款”、“固定资产”，应贷会计账户为“实收资本”。该项业务的会计分录为“多借一贷”复合会计分录，其具体表示如下：

借：银行存款　　300 000
　　固定资产　　700 000
　贷：实收资本　　1 000 000

在实际工作中，会计人员对经济业务进行会计核算时，一般并不单独编制其会计分录，而是通过填制记账凭证来完成的。

2.3 编制会计凭证

2.3.1 会计凭证的含义

会计凭证是记录经济业务、明确经济责任、按一定格式编制的据以登记会计账簿的书面证明。

作为记账根据的书面证明，有原始凭证和记账凭证。前者是在经济业务最初发生之时即行填制的原始书面证明，如销货发票、款项收据等。后者是以原始凭证为依据，作为记入账簿内各个分类账户的书面证明，如收款凭证、付款凭证、转账凭证等。

2.3.2 会计凭证的作用

会计凭证是用于记录经济业务、明确经济责任并作为记账依据的书面文件。会计信息系统要向利害关系者提供有用的会计信息，必须保证会计信息的质量。可靠性和相关性是会计信息最重要的两个质量特征。为了保证会计信息的可靠性和相关性，进入会计信息系统进行加工的每个数据都需要有根据、有来源，能够明确经济责任。会计人员审核和填制记账凭证，是实现会计监督职能的一项重要途径。通过记账凭证，人们可以对已进入会计信息系统的数据进行事后的核对、查验，以确保会计信息的真实、客观。

在会计核算工作中，记账凭证的作用可以归纳如下：

(1)可以及时地记录经济业务的发生情况，为加工会计信息提供原始依据；

(2)可以监督经济业务的合法性、合理性；

(3)可以明确经济责任，加强岗位责任制。

2.3.3 会计凭证的分类

会计凭证种类繁多、形式多样。一般可以根据取得和填制会计凭证的程序与用途不同将会计凭证分为两大类：一类被称为“原始凭证”，另一类被称为“记账凭证”。

2.3.3.1 原始凭证

原始凭证，是在经济业务发生时，由业务经办人员直接取得或者填制、用于表明某项经济业务已经发生或者完成，并明确经济责任的一种凭证。原始凭证是填制记账凭证和账簿的原始依据。在经济业务发生时，需要取得或填制原始凭证，并且必须及时将原始凭证送交会计部门或专职会计人员，以保证会计核算工作的顺利进行。

人们为了更有效地认识和使用原始凭证，可以根据不同的标准对其进行分类。根据取得的来源不同，可以分为："外来原始凭证"与"自制原始凭证"。前者是经济业务发生或完成时，从企业外部的单位或个人取得的凭证，如购买材料是取得的发货票、银行转来的收款通知，等等；后者是企业内部各部门自行填制的凭证，如购入材料验收入库时填制的入库单、领用和发出材料时填制的领料单、支付员工工资时填制的工资单、销售商品时开出的销货发票、职工出差借支的借款单，等等。

根据填制次数和填制方法的不同，可以分为：一次凭证、累计凭证和汇总凭证。

所谓"一次凭证"，是指经济业务发生时一次填制完成、不能再次填制的原始凭证，它只能一次填制一项经济业务或者一次填制多向同类经济业务。外来凭证一般属于一次凭证。"累计凭证"是对一定时期连续发生的相同业务，为了方便简化填制手续而设计的、可以在一定期间多次使用的原始凭证，如限额领料单。"汇总凭证"，又称"原始凭证汇总表"，是为了简化核算手续，将一定时期内若干张相同经济业务的原始凭证汇总成一份的凭证，如发料凭证汇总表、工资汇总表、差旅报销单等。累计凭证、汇总凭证一般属于自制凭证。

日常经济业务繁杂多样，用来反映经济业务发生或者完成情况的原始凭证也千差万别、形式多样。不同种类、形式的原始凭证，格式与内容都会存在差异。为了能够客观地反映经济业务的发生或完成情况，表明经济业务的性质，明确有关部门和个人的经济责任，我国《会计工作基础规范》对原始凭证的基本内容进行了规定。

原始凭证必须具备的基本内容如下。

(1)凭证的名称。如销货发票、材料领用单等都是原始凭证的名称，用以表明原始凭证所记录经济业务内容的种类、反映原始凭证的用途。

(2)填制凭证的日期。填制凭证的日期应该是经济业务发生或者完成的日期，经济业务发生或者完成时即是填制原始凭证的时期，对保证会计信息的客观性、及时性都是非常重要的。

(3)填制凭证单位的名称或者填制个人的姓名。

(4)经办人员的签名或盖章。

(5)接收凭证单位的名称。接收凭证单位与填制凭证单位与个人相联系，可以表明经济业务的来龙去脉。

(6)经济业务的内容。经济业务的内容主要表明经济业务的项目、名称及有关的附注说明。

(7)经济业务的数量、单价和金额。此项为原始凭证的核心内容，是会计系统对经济业务进行核算生成有用会计信息的基础。

2.3.3.2 记账凭证

记账凭证，是根据审核无误的原始凭证填制的、载有会计分录并作为登记账簿依据的会计凭证。原始凭证所记录的内容不能直接体现所要登记的账户以及账户的增减方向、金额，因而难以直接作为登记账簿的依据。会计人员需要对原始凭证进行归类、整理，并在此基础上填制记账凭证。根据企业的业务繁简、记账分工以及简化核算手续等需要的不同，记账凭证可以设置成不同的样式。

常见的记账凭证可以分为：通用记账凭证和专用记账凭证。

通用记账凭证，是指可以记录所有经济业务的记账凭证。如果会计主体规模较小，经济业务数量不多，所需填制的记账凭证数量也不会太多。这类组织可以设置通用记账凭证，其格式见表 2-2。

如果组织规模较大，经济业务量较多，一定时期内所需填制的记账凭证数量也会很大。对于这样的组织，需要对记账凭证进行适当的分类，以利于记账凭证的保管和记账工作的分工。相对于通用记账凭证，可以将这类记账凭证称为“专用记账凭证”。

专用记账凭证常常可以按照是否涉及货币性资金分为：收款凭证、付款凭证和转账凭证。能够导致库存现金或者银行存款等货币资金增加的经济业务，应该填制收款凭证；涉及库存现金或者银行存款的经济业务，应该填制付款凭证；凡是不涉及现金或者银行存款的增加或者减少的经济业务，应该填制转账凭证。按照经济业务是否涉及货币性资金填制不同的专项记账凭证，有利于出纳对库存现金与银行存款的专门记账与管理。收款凭证、付款凭证与转账凭证的格式分别见表 2-3、表 2-4 和表 2-5。

表 2-2　记 账 凭 证

20　年　月　日　　　　记账第　号

摘　要	借方科目		贷方科目		金　额								记账符号
	总账账户	明细账户	总账账户	明细账户	十	万	千	百	十	元	角	分	

会计主管：　　记账：　　复核：　　出纳：　　制证：

表 2-3　收 款 凭 证

借方账户：　　20　年　月　日　　　　银收第　号

摘　要	贷方科目		金　额								记账符号
	总账账户	明细账户	十	万	千	百	十	元	角	分	

会计主管：　　记账：　　复核：　　出纳：　　制证：

表 2-4　付 款 凭 证

贷方账户：　　20　年　月　日　　　　现付第　号

摘　要	借方科目		金　额									记账符号
	总账账户	明细账户	百	十	万	千	百	十	元	角	分	

会计主管：　　记账：　　复核：　　出纳：　　制证：

对于涉及库存现金与银行存款之间相互转化的经济业务，比如将库存现金交存银行，既可以填制银行收款凭证，又可以填制库存现金付款凭证。如果既填制收款凭证，又填制付款凭证就会造成同一业务的重复记账。按照会计惯例，此类经济业务只需填制付款凭证，如从银行提取现金，只需填制银行付款凭证，而不需填制库存现金收款凭证。

表 2-5 转 账 凭 证

20 年 月 日 转账第 号

摘要	借方科目		贷方科目		金额								记账符号
	总账账户	明细账户	总账账户	明细账户	十	万	千	百	十	元	角	分	

会计主管： 记账： 复核： 出纳： 制证：

2.4 登记会计账簿

2.4.1 会计账簿的含义

会计账簿简称账簿，是由具有一定格式、相互联系的账页组成的，用来序时、分类地全面记录一个企业、单位经济业务事项的会计簿籍。

填制会计凭证后之所以还要设置和登记账簿，是由于二者虽然都是用来记录经济业务，但二者具有的作用不同。在会计核算中，对每一项经济业务，都必须取得和填制会计凭证，因而会计凭证数量很多，又很分散，而且每张凭证只能记载个别经济业务的内容，所提供的资料是零星的，不能全面、连续、系统地反映和监督一个会计主体在一定时期内某一类和全部经济业务活动情况，且不便于日后查阅。会计系统须在凭证的基础上设置和运用登记账簿的方法，把分散在会计凭证上的大量核算资料，加以集中和归类整理，生成有用的会计信息，从而为编制会计报表、进行会计分析以及审计提供主要依据。

2.4.2 会计账簿的作用

账簿提供的资料，是编制会计报表的直接依据，其详细程度介于会计凭证与会计报表之间，对于管理当局和审计部门而言，是十分重要的会计信息。通过设置和登记账簿，可以起到保护货币资金以及其他财产物资安全、完整的作用。比如，通过设置和登记现金日记账和银行日记账，可以了解库存现金和银行存款的来龙去脉以及结存情况，起到保护库存现金和银行存款的作用；又如，通过设置和登记原材料账簿，可以得到一定时期内原材料的数量和金额的增加变动信息以及某一时点上原材料的结存情况。

设置与登记会计账簿的作用可以归纳为：

(1)账簿可以全面、系统、连续地反映经济业务，提供总括指标和明细指标的数据；

(2)账簿提供的会计信息，是进行日常管理的主要依据；

(3)账簿提供的会计信息，是编制会计报表的基础；

(4)利用账簿提供的信息，有助于会计分析、会计检查与审计工作。

2.4.3　会计账簿的分类

设置账簿，需要依据设置的账户体系，还需要考虑各会计主体自身的特点以及管理的需要。不同的会计主体由于自身特点和管理要求不同，其设置账簿的数量和种类以及各账簿中账页的格式可能并不相同。可以按照不同的标准，对会计账簿进行分类。

2.4.3.1　按用途进行分类

1.总分类账

总分类账，又称“总账”，是根据总分类会计账户开设的账簿。登记总分类账，就是按照一级会计账户所规定的核算内容对企业的经济业务进行总括的记录与反映，从而利用价值指标（货币指标）提供总括的会计核算资料。

常见的总分类账主要有三栏式、对应账户式和多栏式等，其账页格式见表 2-6、表 2-7 和表 2-8。

2.明细分类账

明细分类账，又称“明细账”，是根据总账账户所属的明细账户开设的账簿。它按照明细会计账户所规定的核算内容进行详细的核算，通常既使用价值指标又使用实物指标，提供较总账更详细的核算资料。

表 2-6　总分类账（三栏式）

会计账户：　　　　　　　　　　　　　　　　　　　　　　　　　　　第　　页

年		凭证号	摘要	借方	贷方	借/贷	余额
月	日						

表 2-7　总分类账（对应账户式）

会计账户：　　　　　　　　　　　　　　　　　　　　　　　　　　　第　　页

年		凭证号	摘要	借方		贷方		借/贷	余额
月	日			对应账户	金额	对应账户	金额		

表 2-8　总分类账（多栏式）

账号	会计账户	月初余额	1～10日 汇总编号			11～20日 汇总编号			21～31日 汇总编号		
			借方	贷方	余额	借方	贷方	余额	借方	贷方	余额

总账对其所属的明细账起统驭作用，明细账是对总账的补充说明。通过总账和明细账既可以获得总括的核算资料，又可以获得详细的核算资料；根据总账和明细账之间的钩稽关系，可以增强账簿记录的正确性。

明细账常见的格式主要有：三栏式明细账、数量金额式明细账和多栏式明细账。三栏式明细账与三栏式总账的格式一样，数量金额式明细账和多栏式明细账的格式见表 2-9、表 2-10 和表 2-11。

表 2-9 账簿名称

类别：　　编号：
品名或规格：　　存放地点：
储备定额：　　计量单位：

年		凭证		摘要	收入			发出			结存		
月	日	字	号		数量	单价	金额	数量	单价	金额	数量	单价	金额

表 2-10 应交税金——应交增值税明细账(多栏借贷式)

年		凭证编号	摘要	借方			贷方				借/贷	余额
月	日			进项税额	已交税额	合计	销项税额	出口税额	进项税额转出	合计		

表 2-11 管理费用明细账(多栏合计式)

年		凭证号	摘要	水电费用	工资薪酬	办公费用	差旅费用	……	合计
月	日								

3. **日记账**

日记账，又称“序时账簿”，是按照经济业务发生的时间顺序逐笔登记的账簿。在企业的会计实践中，有两种不同的日记账：一种是作为特殊明细账的日记账，如现金日记账、银行存款日记账；另一种是作为分录簿的普通日记账。

为了加强库存现金与银行存款的管理与核算，应该设置现金日记账和银行存款日记账，它们可以逐日反映库存现金、银行存款的收入与来源、支出与用途和结余情况，以利于对库存现金、银行存款的日常收支管理与监督。现金日记账与银行存款日记账的常见格式见表 2-12、表 2-13。

表 2-12 现金日记账　　第　页

年		凭证号数		摘要	对方账户	收入	支出	结余
月	日	收款	付款					

表 2-13 银行存款日记账　　第　页

年		凭证号数		摘要	结算凭证		对方账户	收入	支出	结余
月	日	收款	付款		种类	号数				

作为分录簿的日记账，是将每天发生的经济业务，按照时间发生的先后顺序，在日记账簿中登记相应的会计分录，作为过入总分类账和明细账的依据。

4.辅助性账簿

辅助性账簿，又称“备查账簿”，是补充登记日记账、分类账中未能记录的经济业务，以便日后查考而进行辅助性登记的账簿，如“租入固定资产备查簿”、“代销商品登记簿”、“受托加工材料登记簿”和企业合并中被收购企业“可辨认资产、负债的公允价值备查簿”等。是否需要设置辅助性账簿取决于企业的实际需要，辅助性账簿的格式往往可以根据需要自行设计。

2.4.3.2 按外形特征分类

1.订本账

订本式账簿简称订本账，是在启用前将编有顺序页码的一定数量账页装订成册的账簿。这种账簿，一般适用于重要的和具有统驭性的总分类账、现金日记账和银行存款日记账。

2.活页账

活页式账簿简称活页账，是将一定数量的账页置于活页夹内，可根据记账内容的变化而随时增加或减少部分账页的账簿。活页账一般适用于明细分类账。

3.卡片账

卡片式账簿，简称卡片账，是将一定数量的卡片式账页存放于专设的卡片箱中，账页可以根据需要随时增添的账簿。卡片账一般适用低值易耗品、固定资产等的明细核算(在我国一般只对固定资产明细账采用卡片账形式)。

2.4.4 会计账簿的基本内容与记账规则

2.4.4.1 会计账簿的基本内容

各单位均应按照会计核算的基本要求和会计规范的有关规定，结合本单位经济业务的特点和经营管理的需要，设置必要的账簿，并认真做好记账工作。各种账簿的形式和格式多种多样，但均应具备下列组成内容。

1.封面

主要标明账簿的名称，如总分类账簿、现金日记账、银行存款日记账。

2.扉页

标明会计账簿的使用信息，如科目索引、账簿启用和经管人员一览表等。

3.账页

账簿用来记录经济业务事项的载体，其格式反映经济业务内容的不同而有所不同。但其内容应当包括：

(1)账户的名称，以及科目、二级或明细科目；

(2)登记账簿的日期栏；

(3)记账凭证的种类和号数栏；

(4)摘要栏，所记录经济业务内容的简要说明；

(5)金额栏，记录经济业务的增减变动和余额；

(6)总页次和分户页次栏。

2.4.4.2 会计账簿的记账规则

1.登记账簿的依据

为了保证账簿记录的真实、正确，必须根据审核无误的会计凭证登账。各单位每天发生的各种经济业务，都要记账，记账的依据是会计凭证。

2.登记账簿的时间

各种账簿应当每隔多长时间登记一次，没有统一规定。但是，一般的原则是：总分类账要按照单位所采用的会计核算形式及时登账；各种明细分类账，要根据原始凭证、原始凭证汇总表和记账凭证每天进行登记，也可以定期(三天或五天)登记。但是现金日记账和银行存款日记账，应当根据办理完毕的收付款凭证，随时逐笔顺序进行登记，最少每天登记一次。

3.登记账簿的规范要求

(1)登记账簿时，应当将会计凭证日期、编号、业务内容摘要，金额和其他有关资料逐项记入账内，同时记账人员要在记账凭证上签名或者盖章，并注明已经登账的符号(如打"√")，防止漏记、重记和错记情况的发生。

(2)各种账簿要按账页顺序连续登记，不得跳行、隔页。如发生跳行、隔页，应将空行、空页画线注销，或注明"此行空白"或"此页空白"字样，并由记账人员签名或盖章。

(3)登记账簿时，要用蓝黑墨水或者碳素墨水书写。不得用圆珠笔(银行的复写账簿除外)或者铅笔书写。红色墨水只能用于制度规定的"按红字冲账的记账凭证、在不设减少金额栏的多栏式账页中，登记减少数、在三栏式账户的余额栏前，如未印明余额方向的，在余额栏内登记负数金额"等情况。

(4)记账要保持清晰、整洁，记账文字和数字要端正、清楚、书写规范，一般应占账簿格距的二分之一，以便留有改错的空间。

(5)凡需结出余额的账户，应当定期结出余额。现金日记账和银行存款日记账必须每天结出余额。结出余额后，应在"借或贷"栏内写明"借"或"贷"的字样。没有余额的账户，应在该栏内写"平"字并在余额栏"元"位上用"0"表示。

(6)每登记满一张账页结转下页时，应当结出本页合计数和余额，写在本页最后一行和下页第一行有关栏内，并在本页的摘要栏内注明"转后页"字样，在次页的摘要栏内注明"承前页"字样。

2.4.5 会计账簿的格式和登记方法

2.4.5.1 日记账的格式和登记方法

1.现金日记账的格式和登记方法

(1)现金日记账的格式。现金日记账是用来核算和监督库存现金每天的收入、支出和结存情况的账簿，其格式有三栏式和多栏式两种。无论采用三栏式还是多栏式现金日记账，都必须使用订本账。

(2)现金日记账的登记方法。现金日记账由出纳人员根据同现金收付有关的记账凭证，按时间顺序逐日逐笔进行登记，并根据"上日余额＋本日收入－本日支出＝本日余额"的公式，逐日结出现金余额，与库存现金实存数核对，以检查每日现金收付是否有误。

借、贷方分设的多栏式现金日记账的登记方法是：先根据有关现金收入业务的记账凭证登记现金收入日记账，根据有关现金支出业务的记账凭证登记现金支出日记账，每日营业终了，根据现金支出日记账结计的支出合计数，一笔转入现金收入日记账的“支出合计”栏中，并结出当日余额。

2.银行存款日记账的格式和登记方法

银行存款日记账是用来核算和监督银行存款每日的收入、支出和结余情况的账簿。银行存款日记账应按企业在银行开立的账户和币种分别设置，每个银行账户设置一本日记账。

银行存款日记账的格式和登记方法与现金日记账相同。

2.4.5.2　总分类账的格式和登记方法

1.总分类账的格式

总分类账是按照总分类账户分类登记以提供总括会计信息的账簿。总分类账最常用的格式为三栏式，设置借方、贷方和余额三个基本金额栏目。

2.总分类账的登记方法

总分类账可以根据记账凭证逐笔登记，也可以根据经过汇总的科目汇总表或汇总记账凭证等登记。

2.4.5.3　明细分类账的格式和登记方法

1.明细分类账的格式

明细分类账是根据二级账户或明细账户开设账页，分类、连续地登记经济业务以提供明细核算资料的账簿，其格式有三栏式、多栏式、数量金额式和横线登记式(或称平行式)等多种。

(1)三栏式明细分类账。三栏式明细分类账是设有借方、贷方和余额三个栏目，用以分类核算各项经济业务，提供详细核算资料的账簿，其格式与三栏式总账格式相同，适用于只进行金额核算的账户。

(2)多栏式明细分类账。多栏式明细分类账是将属于同一个总账科目的各个明细科目合并在一张账页上进行登记，适用于成本费用类科目的明细核算。

(3)数量金额式明细分类账。数量金额式明细分类账其借方(收入)、贷方(发出)和余额(结存)都分别设有数量、单价和金额三个专栏，适用于既要进行金额核算又要进行数量核算的账户。

(4)横线登记式明细分类账。横线登记式明细分类账是采用横线登记，即将相关的业务登记在一行，从而可依据每行各个栏目的登记是否齐全来判断该项业务的进展情况。该明细分类账适用于登记材料采购业务、应收票据和一次性备用金业务。

2.明细分类账的登记方法

不同类赢利经济业务的明细分类账可根据管理需要，依据记账凭证、原始凭证或汇总原始凭证逐日逐笔或定期汇总登记。固定资产、债权、债务等明细账应逐日逐笔登记；库存商品、原材料、产成品收发明细账以及收入、费用明细账可以逐笔登记，也可定期汇总登记。

2.4.5.4　错账的更正方法

账簿记录应做到整洁，记账应力求正确，如果账簿记录发生错误，应按规定的方法进行更正。更正错账的方法有：画线更正法、红字更正法、补充登记法。

1.画线更正法

在结账以前，如果发现账簿记录有错误，而记账凭证没有错误，仅属于记账时文字或数字上的笔误，应采用画线更正法。更正的方法是：先将错误的文字或数字用一条红色横线划去，表示注销；再在画线的上方用蓝色字迹写上正确的文字或数字，并在画线处加盖更正人图章，以明确责任。但要注意划掉错误数字时，应将整笔数字划掉，不能只划掉其中一个或几个写错的数字，并保持被划去的字迹仍可清晰辨认。

2.红字更正法

红字更正法是指由于记账凭证错误而使账簿记录发生错误，而用红字冲销原记账凭证，以更正账簿记录的一种方法。红字更正法适用于以下两种情况。

(1)记账以后，如果发现账簿记录的错误，是因记账凭证中的应借、应贷会计科目或记账方向有错误而引起的，应用红字更正法进行更正。更正的方法是：先用红字金额填写一张会计科目与原错误记账凭证完全相同的记账凭证，在“摘要”栏中写明“冲销错账”以及错误凭证的号数和日期，并据以用红字登记入账，以冲销原来错误的账簿记录；然后，再用蓝字或黑字填写一张正确的记账凭证，在“摘要”栏中写明“更正错账”以及冲账凭证的号数和日期，并据以用蓝字或黑字登记入账。

(2)记账以后，如果发现记账凭证和账簿记录的金额有错误(所记金额大于应记的正确金额)，而应借、应贷的会计科目没有错误，应用红字更正法进行更正。更正的方法是：将多记的金额用红字填制一张记账凭证，而应借、应贷会计科目与原错误记账凭证相同，在“摘要”栏写明“冲销多记金额”以及原错误记账凭证的号数和日期，并据以登记入账，以冲销多记的金额。

3.补充登记法

记账以后，如果发现记账凭证和账簿记录的金额有错误(所记金额小于应记的正确金额)，而应借、应贷的会计科目没有错误，应用补充登记法进行更正。更正的方法是：将少记的金额用蓝字或黑字填制一张应借、应贷会计科目与原错误记账凭证相同的记账凭证，在“摘要”栏中写明“补充少记金额”以及原错误记账凭证的号数和日期，并据以登记入账，以补充登记少记金额。

2.4.6 会计账簿的保管

会计账簿是各单位重要的经济资料，必须建立管理制度，妥善保管。账簿管理分为平时管理和归档保管两部分。

2.4.6.1 账簿平时管理的具体要求

各种账簿要分工明确，指定专人管理，账簿经管人员既要负责记账、对账、结账等工作，又要负责保证账簿安全。会计账簿未经领导和会计负责人或者有关人员批准，非经管人员不能随意翻阅查看会计账簿。会计账簿除需要与外单位核对外，一般不能携带外出，对携带外出的账簿，一般应由经管人员或会计主管人员指定专人负责。会计账簿不能随意交与其他人员管理，以保证账簿安全和防止任意涂改账簿等问题发生。

2.4.6.2 旧账归档保管

年度终了更换并启用新账后，对更换下来的旧账要整理装订，造册归档。归档前旧账的整理工作包括：检查和补齐应办的手续，如改错盖章、注销空行及空页、结转余额等。活页账应撤出未使用的空白账页，再装订成册，并注明各账页号数。旧账装订时应注意：活页账一般按账户分类装订成册，一个账户装订成一册或数册；某些账户账页较少，也可以合并装订成一册。装订时应检查账簿扉页的内容是否填写齐全，装订后应由经办人员及装订人员、会计主管人员在封口处签名或盖章。旧账装订完毕应编制目录和编写移交清单，然后按期移交档案部门保管。各种账簿同会计凭证和会计报表一样，都是重要的经济档案，必须按照制度统一规定的保存年限妥善保管，不得丢失和任意销毁。根据《会计档案管理办法》的规定，总分类账、明细分类账、辅助账、日记账均应保存15年。其中，现金、银行存款日记账要保存25年，涉外和对私改造账簿应永久保存。保管期满后，应按照规定的审批程序报经批准后才能销毁。

小结

本章主要介绍了会计科目和账户、复式借贷记账法、会计凭证和会计账簿的内容。会计科目是对会计要素按照经济内容所作分类的名称或标志。账户就是按照会计账户设置的，具有一定格式和结构，用于分类反映会计要素增减变动及其结果的一种工具。复式借贷记账法，是以"借"、"贷"为记账符号，对每一笔经济业务都必须按照特有的记账规则在两个或者两个以上、相互联系的账户中进行登记的一种复式记账方法。会计凭证是用于记录经济业务、明确经济责任并作为记账依据的书面文件。会计凭证一般可以根据取得和填制会计凭证的程序与用途不同分为"原始凭证"和"记账凭证"两大类。会计账簿是由格式相同的账页组成的"簿籍"，是用来分类、连续、系统地记录经济业务、加工会计信息的账户体系的载体。账簿提供的资料，是企业编制会计报表的直接依据。常见的会计账簿分类是按照会计账簿的用途进行的分类，可以分为：总分类账、明细分类账、日记账和辅助性账簿。

思考题

1. 什么是会计科目和会计账户？两者存在什么样的联系？
2. 请用"T"形账户法说明账户的基本结构。不同性质账户的结构有何不同？
3. 按照经济用途和结构进行划分，账户有哪些类赢利？
4. 什么是借贷记账法？
5. 什么是借贷记账规则？怎样理解借贷记账规则的记账规则？
6. 什么是会计分录？如何编制会计分录？
7. 什么是账户的对应关系？什么是对应账户？
8. 按照用途划分账簿有哪些种类？

练习题

已知2×13年10月初，有关账户余额见表1，并已知10月发生的10笔经济业务：

表1　2×13年10月初账户余额表

资产账户	借方余额	负债和所有者权益	贷方金额
库存现金	500	短期借款	90 000
银行存款	180 000	应付账款	70 500
原材料	110 000	实收资本	100 000
		资本公积	30 000
合计	290 500	合计	290 500

(1)从银行提取现金 1 000 元备用；
(2)购入材料一批计 30 000 元，贷款尚未支付，税率 17%；
(3)收到某投资者投入货币资金 50 000 元，并存入银行；
(4)用银行存款归还前欠应付账款 6 000 元；
(5)向银行借入短期借款 30 000 元，直接用来偿还应付账款；
(6)经协商，将所欠某单位的账款 60 000 元转作本企业的资本；
(7)用银行存款 2 000 元支付广告费；
(8)维修公司办公楼发生修理费 8 000 元，款项尚未支付；
(9)用资本公积 20 000 元，转增资本；
(10)用银行存款 30 000 元，归还银行短期借款 27 500 元，偿还前欠货款 2 500 元。
要求：利用已知数据，编制会计分录，并编制余额试算平衡表。
2. 资料：康健公司 2×13 年 9 月发生下列经济业务：
(1)以银行存款支付本月办公用房屋租金 2 000 元；
(2)向银行借入半年期限的借款 100 000 元，存入银行存款户；
(3)收到国家投资 200 000 元存入银行存款户；
(4)赊购设备一台 370 000 元；
(5)偿还上月所欠部分贷款 58 000 元；
(6)从银行存款户中提取现金 96 750 元；
(7)用银行存款购入材料一批 66 700 元，材料已经入库；
(8)本月销售产品取得收入共计 294 560 元，款项已经存入银行；
(9)用银行存款支付本月总务部门水电费 2 300 元；
(10)支付本月短期银行借款利息 2 600 元；
(11)收到客户偿还上月所欠货款 54 000 元存入银行；
(12)以现金发放职工工资 96 750 元；
(13)计提本月行政办公用设备折旧费 500 元；
(14)开出支票支付本月行政办公电话费 700 元；
(15)以银行存款上交所得税 5 000 元。
要求：根据上述资料编制会计分录。

第 3 章 会计核算的基本程序

学习目的

本章主要介绍会计核算的基本程序。通过本章学习应：

- ⊙ 了解会计循环的概念和会计核算的基本程序
- ⊙ 掌握会计信息处理的四个基本环节
- ⊙ 了解会计调账、对账和结账的概念

章前案例与导引

假如你大学毕业后，和几个伙伴在校园投资开办的软件开发公司成立后发生了以下业务：公司接受的投资人投资的 8 万元和向银行借款的 3 万元全部存入了银行，买入设备价值 5.5 万元，支付房屋租金 3 000 元，为准备开业发生的各项费用 5 000 元，购买用品 2 000 元，支付专利费用 5 000 元。根据你所学知识告诉我们公司应该设置哪些账簿？应该如何登账？如何向投资人和债权人披露公司信息？

会计系统要全面地、正确地记录和反映企业的经济活动，为会计信息使用者提供有用的会计信息，不仅需要专门的会计核算方法，而且需要遵循一定的会计核算程序。本章将主要介绍会计循环的基本概念和会计核算的程序组织形式。

3.1 会计循环概述

3.1.1 会计循环的概念

会计系统主要通过会计报表的形式向会计信息使用者提供会计信息。为了编制会计报表，会计系统必须应用专门的会计核算方法、按照一定的程序对实际发生的经济业务进行会计核算。会计核算的基本程序可以用图 3-1 进行表示。

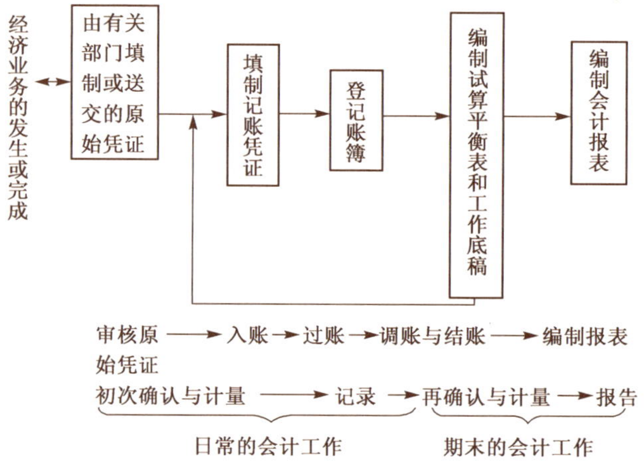

图 3-1 会计核算的基本程序

会计系统对一定期间发生或者完成的经济业务数据进行会计处理以生成有用的会计信息，是应用专门的会计核算方法、按照一定的程序逐步进行的，并且在加工和生成会计信息的过程中周而复始地循环使用。人们习惯上将这种按照一定的程序依次继起的账务处理方法体系，通俗的说也就是从填制凭证到登记账簿，直至编出会计报表周而复始的变化过程，称为“会计循环”。

3.1.2 会计信息处理的基本环节

从会计信息生成的角度来抽象地认识会计循环，会计信息处理有四个基本环节：会计确认、会计计量、会计记录和会计报告。

3.1.2.1 会计确认

会计确认，是指企业的会计系统对于发生的经济业务是否对某一会计期间的会计要素增减变化产生影响进行辨认与确定，以确定该经济业务的数据是否作为会计信息进行正式记录并计入会计报表的过程。会计确认包括初次确认和再次确认。

会计的初次确认，是指会计系统对发生的各种经济业务进行辨认与确定，以决定经济业务的数据是否应该输入会计信息系统的过程。在一定的会计期间里会计主体会发生大量的经济业务，对其财务状况和经营成果产生影响。但是，并非所有的经济业务数据都能够应用专门的会计核算方法输入的会计系统。只有符合会计确认标准以及能够以货币计量的经济业务，才能够应用专门的会计方法记录到会计系统之中。这种经过初次确认的经济业务，常被称为“会计事项”。会计应对会计事项按照会计账户进行分类，运用复式记账法编制记账凭证，将经济业务的数据转化为会计信息。

会计的再次确认，是指对会计信息系统经过加工、需要输出的会计信息进行确认，以决定是否应该作为某一项目正式列入会计报表的过程。会计系统的一个重要目的在于为会计信息使用者的决策提供有用的会计信息。由于会计信息使用者类别众多、各自的信息需求也有不同，会计系统特别是财务会计主要提供的是通用的会计信息，如财务状况、经营成果和现金流量等，以满足会计信息使用者的普遍需求，而不是提供会计信息使用者特殊需要的信息。因此，会计系统对会计事项进行系统分类、加工、记录、整理的会计信息，主要以会计报表的形式提供给会计信息的使用者，需要按照会计信息使用者的普遍需要所确定的会计报表项目进行再次的确认。

会计确认的标准主要包括以下四个方面。

1. 符合定义

符合定义即一项经济业务在某一会计期间是否对某些会计要素增减变化产生影响，辨认与确定时必须按照这些会计要素的定义进行判断。

2. 可计量性

可计量性即一项经济业务要进入的会计系统，其对某些会计要素增加变动影响的大小必须具有一个相关的计量属性，可以充分、可靠地用货币予以计量。

3. 相关性

相关性即在会计报表中输出的信息，必须是相关的才能予以确认。会计报表某一项目的信息只有具备反馈性和预测性，并且是及时提供的才能具有相关性。

4. 可靠性

可靠性即信息是真实的、可核实的、无偏向性的。如果一项经济业务对于某个会计要素的增减影响具有很大的不确定性，就有可能影响该经济业务的确认时间，需要等到获得追加信息使其具有可确定性时再进行确认。但这有可能会影响信息的及时性，因此，会计系统在进行会计确认时应该在相关性与可靠性之间进行权衡。

3.1.2.2　会计计量

会计系统向会计信息使用者提供的主要是数量化的、以货币形式表现的价值信息。当某项经济业务发生后，在完成了会计确认（该项经济业务是否应该纳入企业的会计信息系统）后，就需要进行会计计量环节。

所谓“会计计量”，是指会计系统对某一会计事项引起会计要素、会计账户增减变化的金额大小及其余额进行确定的过程。在填制与审核会计凭证、复式记账、登记账簿、编制会计报表等诸多会计核算方法和会计核算程序中，都贯穿着会计计量的问题，因此会计计量成为企业会计信息系统生成利害关系者所需要的有用会计信息的核心。进行会计计量，涉及两个方面的问题：计量单位和计量属性。

计量单位，是指计量尺度的量度单位。会计系统在以货币作为计量尺度的前提下，计量单位会随记账本位币的不同而不同。如果涉及非记账本位币业务，需要进行统一计量单位的处理，即货币的折算记账处理。计量属性，是指能够反映会计要素特性、并能够用货币量化的方面。比如，对于企业购入的一台设备，可以按照最初取得该固定资产时的交易价格（实际成本或者历史成本）进行计量，也可以按照现在市场上取得它的交易价格（重置成本）进行计量，还可以按照出售它时的售价（现行价格）进行计量。在会计实践中，采用不同的计量属性，同一会计事项涉及的会计要素就可能会有不同的计量金额。会计计量属性主要包括如下项目。

1.历史成本

在历史成本计量下，资产按照购置时支付的现金或者现金等价物的金额，或者按照购置资产时所付出的对价的公允价值计量。负债按照因承担现时义务而实际收到的款项或者资产的金额，或者承担现时义务的合同金额，或者按照日常活动中为偿还负债预期需要支付的现金或者现金等价物的金额计量。

2.重置成本

在重置成本计量下，资产按照现在购买相同或者相似资产所需支付的现金或者现金等价物的金额计量。负债按照现在偿付该项债务所需支付的现金或者现金等价物的金额计量。

3.可变现净值

在可变现净值计量下，资产按照其正常对外销售所能收到现金或者现金等价物的金额扣减该资产至完工时估计将要发生的成本、估计的销售费用以及相关税费后的金额计量。

4.现值

在现值计量下，资产按照预计从其持续使用和最终处置中所产生的未来净现金流入量的折现金额计量。负债按照预计期限内需要偿还的未来净现金流出量的折现金额计量。

5.公允价值

在公允价值计量下，资产和负债按照在公平交易中熟悉情况的交易双方自愿进行资产交换或者债务清偿的金额计量。

3.1.2.3 会计记录

会计记录，是指会计信息系统对企业发生的、已确认的经济业务信息转化为会计信息进行储存的过程。会计主体发生的经济业务信息，通过会计分录的编制、账簿的过账等方法转化为凭证信息、账簿信息等会计信息。因此，会计凭证与会计账簿是会计信息的主要记录载体。

信息系统必须建立一套有效的会计凭证、会计账簿的簿籍体系，全面、准确、及时地记录有关的经济业务信息与相应的会计信息，以便进一步加工、生成能够满足会计信息使用者需要的会计报表信息。

3.1.2.4 会计报告

会计报告，是指会计系统向会计信息使用者披露会计信息的过程。从会计信息的表现形式上看，会计信息有会计凭证信息、会计账簿信息、会计报表信息和其他会计信息等。会计系统需要向会计信息使用者提供通用的会计信息，以满足不同会计信息使用者对会计信息的共同需要。通用的会计信息主要是以会计报表的形式来提供的，因此，会计报告重要的任务在于采取什么样的会计报表的格式、结构，提供什么样的会计信息内容以更好地向会计信息使用者提供有用的会计信息。

3.2　平行登记与试算平衡

3.2.1　平行登记

和会计账户的分类一样，账户按照所提供经济核算指标的详细程度进行分类，一般分为总分类账户和明细分类账户。总分类账户是所属明细分类账户资料的总和，对所属明细分类账户起着统驭的作用。两者的对象相同，登记的根据也相同；一个是总括地说明，一个是详细地说明；两者相辅相成，共同构成一个完整的账户体系。因此，总分类账户和明细分类账户必须进行平行登记。

所谓平行登记，就是对发生的每项经济业务，都要根据同一依据在同一会计期间内，既计入总分类账户，又计入所属明细分类账户。

总分类账户和明细分类账户平行登记的要点可概括如下。

1.同时期登记

对发生的有关经济业务，根据会计凭证，在同一会计期间内，一方面在有关总分类账户进行总括登记，另一方面在各该总分类账户所属的明细分类账户中进行明细登记。

2.同方向登记

对发生的有关经济业务，计入有关总分类账户的借、贷方向，必须与计入其所属明细分类账户的借、贷方向一致，即总分类账户计入借方，所属明细分类账户也应计入借方；总分类账户计入贷方，所属明细分类账户也应计入贷方。

3.同金额登记

对发生的每项经济业务，计入总分类账户的金额，应与计入所属的明细分类账户的金额之和相等。

通过平行登记，总分类账户和明细分类账户在金额上就形成了以下的数量关系：

1.总分类有关账户本期发生额的合计数与其所属各个明细分类账户本期发生额的合计数必然相等；

2.总分类有关账户期末余额合计数与其所属各个明细分类账户期末余额合计数必然相等。

总分类账户和明细分类账户这种数量关系，也称为总分类账户和明细分类账户的钩稽关系，是检查总分类账户和明细分类账户登记是否完整和准确的重要方法。下面以“原材料”和“应付账款”账户为例来说明总分类账和明细分类账的平行登记和相互核对。

例 3-1　假设 E 工厂 2×13 年 1 月份“原材料”和“应付账款”的期初余额如下。

原材料：70 000 元。其中：甲种材料 1 000 千克，每千克 50 元，计 50 000 元；乙种原材料 500 千克，每千克 40 元，计 20 000 元。应付账款：10 000 元。其中：F 工厂 6 000 元，D 工厂 4 000 元。

1 月份发生下列经济业务。

(1)1 月 2 日仓库发出甲种材料 400 千克，每千克 50 元，计 20 000 元；乙种材料 100 千克，每千克 40 元，计 4 000 元。共计 24 000 元，用于生产 A 产品。

(2)1 月 5 日向光明工厂购入材料一批，货款 36 000 元，材料已验收入库，但货款尚未支付。其中：甲种材料 600 千克，每千克 50 元，计 30 000 元；乙种材料 150 千克，每千克 40 元，计 6 000元。共计 36 000 元。

(3)1 月 20 日以银行存款偿还前欠货款 32 000 元。其中：F 工厂 30 000 元，D 工厂2 000元。

上述经济业务，编制如下会计分录。

(1)1 月 2 日仓库发出材料时编制会计分录：

借：生产成本——A 产品　　24 000
　贷：原材料——甲种材料　　20 000
　　　　　——乙种材料　　4 000

(2)1 月 5 日向光明工厂购入材料时编制会计分录：

借：原材料——甲种材料　　30 000
　　　　——乙种材料　　6 000
　贷：应付账款——F 工厂　　36 000

(3)1 月 20 日以银行存款偿还前欠货款时编制会计分录：

借：应付账款——F 工厂　　30 000
　　　　　——D 工厂　　2 000
　贷：银行存款　　32 000

根据上例有关资料，开设登记有关总分类账户及其所属明细分类账户，平行登记的结果见表 3-1～表 3-6。

表 3-1　总分类账户

账户名称：原材料　　第　页

2×13 年		凭证号	摘　要	借　方	贷　方	借/贷	余　额
月	日						
1	1		月初余额			借	70 000
1	2	略	发出材料		24 000	借	46 000
1	5		购入材料	36 000		借	82 000
1	30		发生额及余额	36 000	24 000	借	82 000

表 3-2　材料明细分类账户

账户名称：甲材料　　第　页

2×13 年		凭证		摘　要	收　入			发　出			结　存		
月	日	字	号		数　量	单　价	金　额	数　量	单　价	金　额	数　量	单　价	金　额
1	1			月初余额							1 000	50	50 000
		略	略	发出材料				400	50	20 000	600	50	30 000
				购入材料	600	50	30 000				1 200	50	60 000
				发生额及余额	600	50	30 000	400	50	20 000	1 200	50	60 000

表 3-3　材料明细分类账户

账户名称：乙材料　　第　页

2×13 年		凭证		摘　要	收　入			发　出			结　存		
月	日	字	号		数　量	单　价	金　额	数　量	单　价	金　额	数　量	单　价	金　额
1	1			月初余额							500	40	20 000
		略	略	发出材料				100	40	4 000	400	40	16 000
				购入材料	150	40	6 000				550	40	22 000
				发生额及余额	150	40	6 000	100	40	4 000	550	40	22 000

表 3-4 总分类账户

账户名称：应付账款 第 页

2×13 年		凭证号	摘 要	借 方	贷 方	借/贷	余 额
月	日						
1	1		月初余额			贷	10 000
1	5	略	购料欠款		36 000	贷	46 000
1	20		偿还欠款	32 000		贷	14 000
1	30		发生额及余额	32 000	36 000	贷	14 000

表 3-5 应付账款明细分类账户

账户名称：F 工厂 第 页

2×13 年		凭证号	摘 要	借 方	贷 方	借/贷	余 额
月	日						
1	1		月初余额			贷	6 000
1	5	略	购料欠款		36 000	贷	42 000
1	20		偿还欠款	30 000		贷	12 000
1	30		发生额及余额	30 000	36 000	贷	12 000

表 3-6 应付账款明细分类账户

账户名称：D 工厂 第 页

2×13 年		凭证号	摘 要	借 方	贷 方	借/贷	余 额
月	日						
1	1		月初余额			贷	4 000
1	20		偿还欠款	2 000		贷	2 000
1	30		发生额及余额	2 000	0	贷	2 000

3.2.2 试算平衡

试算平衡，是指在会计核算中，根据会计恒等式和借贷记账规则，检查账户记录正确与否的一种验证方法。

从会计核算程序整体性角度看，试算平衡包括三个环节：

第一，调整前试算平衡，即在根据本期发生的经济业务编制记账凭证并依据记账凭证登账后，对账簿记录进行试算平衡，以验证分类账的正确性；

第二，调整后试算平衡，即在编制调整分录并据以登账之后，对账簿记录进行试算平衡，以验证调整后账簿记录的正确性；

第三，结账后试算平衡，即在编制结账分录并结清账户后，对账簿记录进行试算平衡，以验证结账后账簿记录的正确性。

经济业务发生后，按照借贷记账法“有借必有贷、借贷必相等”的记账规则，如果不发生差错，借贷两方的发生额必然相等。不仅每一笔经济业务会计分录的借贷发生额相等，而且一定会计期间的全部经济业务的会计分录都计入相关账户后，所有账户借方发生额的合计数与贷方发生额的合计数也必然相等。根据账户余额与发生额之间的关系，会计期末，所有账户的借方余额与贷方余额也必然相等。人们可以利用这种平衡关系，检查每笔会计分录的编制是否正确，登记账簿是否有错。

试算平衡一般是通过编制试算平衡表来完成的。试算平衡表的形式见表 3-7。

表 3-7 试算平衡表

账户名称	期初余额		本期发生额		期末余额	
	借方	贷方	借方	贷方	借方	贷方
合计						

通过试算平衡，如果所有账户借方、贷方的发生额或者余额不相等，则可以肯定会计核算存在差错，应该及时找出原因并加以更正。通常可以从以下几方面入手查找差错：

(1)检查试算平衡表本身有无差错；

(2)检查总分类账上的有关账户的金额是否都已抄入试算平衡表；

(3)检查所有账户的发生额和余额是否在抄入试算平衡表时抄错；

(4)检查并重复计算每一个账户的发生额合计与期末余额。

由于试算平衡表的局限性，有些记账差错并不能通过试算平衡发现。常见的差错有：

(1)某个会计分录被整个漏记；

(2)某个会计分录被整个重记；

(3)在编制会计分录或登记账户时颠倒了记账方向或用错了账户名称；

(4)借贷双方发生差错的金额正好相等。

因此，除了进行试算平衡之外，还应该对一切会计凭证、会计账簿的记录定期或不定期地进行复核，以保证会计数据的正确性。

3.3 会计调账、对账与结账

会计期末，企业的会计信息系统需要对一些账户的数据进行调整，并且对所有的账户进行结账。只有在此基础上，会计人员才能编制最终的会计报表。

3.3.1 调账

调账，又称“账项调整”，是指会计系统为了准确地计量当期的收入、费用以及资产、负债，在会计期末按照权责发生制、谨慎性要求和会计惯例对有关账户记录进行调整的过程。账项调整而编制的会计分录，称为调整分录。账项调整的会计事项主要包含以下几种类赢利。

3.3.1.1 应计收入的调整

应计收入是指在会计核算期内已经取得，但是由于没有收到款项而未入账的收入，如应收利息收入、应收租金收入等。会计期末，应将应计收入调整入账，有关会计事项的会计分录举例见例 3-2。

例 3-2 甲公司于 2×13 年 12 月 1 日向乙公司销售一批商品，销售价税款共计 500 万元。双方以商业汇票的方式进行结算，当日甲公司收到乙公司开具的票面利率为 6%，期限为 60 天的商业汇票。

该项经济业务引起的账项调整分析如下：

双方按照带息商业汇票方式结算，甲公司持有的乙公司开具带息商业汇票到期承兑，除了获得销售价税款外，还将获得两个月的票据利息收入。2×13 年 12 月 31 日，按照权责发生制甲公司应该计算一个月的票据利息收入进行入账处理。该账项调整会计事项的调整分录如下：

借：应收利息　　　　25 000

　贷：财务费用　　　　25 000

3.3.1.2 应计或预提费用的调整

应计费用是指在会计核算期内已经发生，但由于没有支付款项而未入账的费用，如应计利息费用、应付服务费用等。会计期末，应将应计费用调整入账，有关会计事项的调整分录举例见例 3-3。

例 3-3 甲公司 2×13 年 3 月 1 日从银行借款 3 000 万元，票面利率 5%，期限两年。借款协议规定甲公司到期一次还本付息。

该项经济业务引起的账项调整分析如下：

甲公司此笔借款将于 2×15 年 3 月 1 日到期，届时需要向银行偿还借款本金 3 000 万元，两年的利息费用共 300 万元。2×13 年 12 月 31 日，按照权责发生制甲公司应该计算此笔借款 2×13 年所经历的 10 月的应计利息费用 125 万元进行入账处理，该账项调整会计事项的调整分录如下：

借：财务费用　　　　1 250 000

　贷：长期借款——应计利息　　　　1 250 000

同样，2×14 年 12 月 31 日甲公司应该计算此笔借款 2×14 年一年的应计利息费用 150 万元进行入账处理，该账项调整会计事项的调整分录如下：

借：财务费用　　　　1 500 000

　贷：长期借款——应计利息　　　　1 500 000

3.3.1.3 预收款项的调整

企业有时根据合同规定在向客户提供商品或者劳务之前，收取部分或者全部的款项。这种预售款项，会计期末需要根据企业实际向客户提供商品或者劳务的情况，确定本期实现的营业收入，有关会计事项的调整分录举例见例 3-4。

例 3-4 甲公司 2×13 年 3 月 1 日与乙公司签订供货合同，规定在半年内甲公司向乙公司提供某种商品 1 000 件，每件价款为 5 000 元(假设不考虑税款情况)，乙公司于合同签订次日预付全部价款 500 万元。3 月内甲公司向乙公司实际供货 200 件。

该项经济业务引起的账项调整会计事项分析如下：

2×13 年 3 月 3 日，甲公司收到乙公司预付款 500 万元时，所做会计分录如下：

借：银行存款　　　　5 000 000

　贷：预收账款　　　　5 000 000

2×13 年 3 月底，根据实际供货情况确定已经实现的营业收入 100 万元(200 件×5 000 元/件＝1 000 000 元)，所作调整分录如下：

借：预收账款　　　　1 000 000

　贷：主营业务收入　　　　1 000 000

3.3.1.4 预付费用的调整

预付费用是指企业先支付，受益期在后的费用，即支付与发生不在同一会计期间的费用，如预付保险费、预付报刊杂志费、预付房租等。会计期末，企业需要按照受益情况确认本期已经发生的费用进行入账处理，其调整会计分录的编制举例见例 3-5。

例 3-5 甲公司于 2×13 年 6 月 25 日与乙公司签订房屋租赁协议，租借乙公司拥有的一栋建筑物用于办公用房，租期两年，每年租金 100 万元，租期从 2×13 年 7 月 1 日开始计算。协议规定，租金于 2×13 年 6 月 25 日一次支付。

该项经济业务引起的账项调整会计事项分析如下：

2×13 年 6 月 25 日甲公司支付两年租金时，编制的会计分录如下：

借：长期待摊费用　　2 000 000

　贷：银行存款　　2 000 000

2×13 年 12 月 31 日，按照实际租赁的时间确定本期应该分担的费用，所做调整分录如下：

借：管理费用　　500 000

　贷：长期待摊费用　　500 000

3.3.1.5　备抵账户的调整

按照历史成本原则，资产购置或取得时按照实际发生成本(即原始成本或者历史成本)计价入账。由于耗损、市场供需变化等原因，随着时间的推移，企业资产的实际价值与原始成本并不一致。按照谨慎性原则，会计期末，应该根据资产的原始成本与实际价值(如市场价值、可变现金额或者可回收金额等)孰低计提资产的跌价或者价值准备，其调整会计分录举例见例 3-6。

例 3-6 甲公司 2×13 年 12 月初购入 A 商品 100 件，单位购买成本 2 000 元/件。甲公司当月对外销售 A 商品 80 件，还有 20 件库存。由于市场环境的变化，期末，A 商品的价格有了较大下降，公司估计 A 商品可出售价格为 1 800 元/件。假设甲公司销售 A 商品不涉及其他相关费用。

2×13 年 12 月 31 日，甲公司库存的 20 件 A 商品每件的可收回金额为 1 800 元，低于其购入成本 200 元。从谨慎性要求出发，甲公司应该编制相关调整分录：

借：资产减值损失　　4 000

　贷：存货跌价准备　　4 000

3.3.2　对账

对账就是核对账目，是指在会计核算中为保证账簿记录正确可靠，对账簿中的有关数据进行检查和核对的工作。对账应该将会计账簿记录的有关数字与库存实物、货币资金、有价证券往来单位或个人等进行相互核对，保证账证相符、账账相符、账实相符，对账工作每年至少进行一次。

3.3.2.1　账证核对

账证核对是根据各种账簿记录与记账凭证及其所附的原始凭证进行核对。核对会计账簿记录与原始凭证、记账凭证的时间、凭证字号、内容、金额是否一致，记账方向是否相符。账证核对的主要内容包括：

(1)总账与记账凭证汇总表是否相符；

(2)记账凭证汇总表与记账凭证是否相符；

(3)明细账与记账凭证及所涉及的支票号码及其他结算票据种类等是否相符。

3.3.2.2 账账核对

账账核对是指对各种账簿之间的有关数字进行核对，核对不同会计账簿记录是否相符。账账核对主要内容包括：

(1)总分类账各账户本月借方余额合计数与贷方余额合计数是否相等；

(2)总分类账各账户余额与其所属明细分类账各账户余额之和是否相等；

(3)现金日记账和银行存款日记账的余额与总分类账各账户的余额是否相等。

会计系统有关财产物资的明细分类余额，应该同财产物资保管或使用部门的登记账簿所记录的内容，按月或定期进行核对，保证相等。

3.3.2.3 账实核对

账实核对是指各种财产物资的账面余额与实存数额相互核对，核对会计账簿记录与财产等实有数额是否相符。它主要包括：

(1)现金日记账账面余额与出纳人员保持的现金实际库存数是否相符；

(2)银行存款日记账账面余额与开户银行转来的对账单是否相符；

(3)各种材料、物资明细分类账账面余额与材料、物资实存数额是否相符；

(4)各种应收、应付款明细分类账账面余额与债权、债务单位的账目是否相符。

通过上述对账工作，做到账证相符、账账相符和账实相符，使会计核算资料真实、正确、可靠。在实际会计核算工作中，账实核对一般是通过财产清查进行的。

3.3.3 结账

3.3.3.1 结账的概念

所谓“结账”，是指会计期间结束时，在把该期间所发生的经济业务全部登记入账的基础上，计算并记录各账户本期发生额和期末余额的过程。为了核算一定会计期间内的经济活动和财务收支状况，必须定期进行结账工作。

按照账户性质，结账分为两类。

1.资产类、负债类和所有者权益类等“实账户”

结账就是在会计期末(月末、季末、年末)分别结出每一账户本期的借、贷累计发生额和期末余额，并且画线以示与其他会计期间的划分。这类账户的余额跨越各个会计期间持续存在，账户的本期期末余额结转为下期的期初余额，该种结账不用做会计分录。

2.收入、费用类的“虚账户”

结账就是在会计期末(月末、季末、年末)分别结出每一账户本期的借、贷累计发生额，并将借、贷累计发生额的差额结转到“本年利润”账户，以便计算本期实现的盈亏。结账后画线以示结账完成，该类账户结账后没有余额，下期从零开始记录。结清虚账户需要编制会计分录，并据以登记入账，此类会计分录称为“结账分录”。

3.3.4 结账的程序

财政部制定的《会计基础工作规范》规定了结账程序。

(1)结账前，必须将本期内所发生的各项经济业务全部登记入账。

(2)结账时，应当结出每个账户的期末余额。需要结出当月发生额的，应当在摘要栏内注明“本月合计”字样，并在下面通栏划单红线；需要结出本年累计发生额的，应当在摘要栏内注明“本年累计”字样，并在下面通栏划单红线；12月末的“本年累计”就是全年累计发生额，全年累计发生额下应当通栏划双红线；年度终了结账时，所有总账账户都应当结出全年发生额和年末余额。

3.4 工作底稿与会计报表编制

从会计核算程序整体性看，试算平衡包括了调账前的试算平衡、调账后的试算平衡和结账后的试算平衡。在实际工作中，会计人员为了简化工作量，往往是编制工作底稿进行试算平衡。通过编制工作底稿，既可以保证账簿记录的正确性，又可以为下一步编制会计报表提供必要的准备。

3.4.1 工作底稿

3.4.1.1 工作底稿的概念

所谓工作底稿，指的就是一种具有多种用途的会计资料汇总、分析计算表。它是将试算平衡、账项调整、结账等项工作程序与编制会计报表结合在一起的一种工作底稿。在一个会计期间内，会计处理程序以分析会计事项、编制会计分录、过账、调整有关账项、编制调整账项后试算表，然后通过结清临时性账款，编制结账后试算表，再编制会计报表。这就完成了一个会计期间的会计工作，提供出反映这一会计期间内企业经营活动状态的会计信息。

对于业务量少而且简单的企业来说，以上要求并非难事。但是对于那些业务复杂、会计事项发生频繁的企业来说则非易事。在账项结束的阶段，账项调整、结账、试算平衡等工作，经手人多，工作集中，反映的内容又分散，这样登账时就难免出现错误，而且查找时又费时费力，不利于及时准确地编制会计报表。于是，工作底稿便应运而生。

3.4.1.2 工作底稿的作用

工作底稿在会计期末编制，有利于及时确定企业的经营成果，同时又能保证账页、账表的整洁，避免对账、结账工作中的差错，为及时编制会计报表做好准备。工作底稿的具体作用如下。

1.可以避免调整、结算账项工作中出现差错

在账务结束阶段，调整账项、结账、试算平衡等工作是分散进行的，而且工作量大，经手人多，这就难免发生差错。有时即使发现有差错，也难于查明更正。通过编制工作底稿，将每个工作程序都在同一张表格上进行，便于集中查找错误，而且工作底稿上的结账、调整分录可以直接作为编制记账凭证、调整账簿记录的依据，工作既省时又省力，保证了账页、账表的清洁，从而可以避免调整、结算账项工作中出现差错。

2.可以及时反映企业经营期内的财务成果

在工作底稿上，通过调整账项、结转分录、试算平衡，将企业在会计期间发生的经济业务以引进的资产、负债、权益、收入、费用和利润项目全期增减变动的结果同时反映在一张表上，因而便于集中了解企业的经营状况，确定财务成果。

3.有助于加速会计报表的编制工作

工作底稿中有损益表和资产负债表的有关栏目，这两个表内的各个栏目，直接可以根据日常的核算账簿来编制。而日常的账簿资料分散反映着企业的有关经营成果因素和财务状况因素，编制会计报表前，这些项目还必须在账项调整的基础上进行多次的试算平衡，这就需要一定时间，会影响会计报表的及时编制。

编制工作底稿，因账项调整、试算平衡、结账和编制会计报表结合了起来，集中在同一张工作底稿上进行，这就减少了编制会计报表前的资料整理工作，从而有助于加速会计报表的编制工作。

3.4.1.3　工作底稿的格式

工作底稿的格式因其用途不同而异。这里介绍的是会计期末编制的结账式工作底稿。这种工作底稿一般采用的是棋盘式格式。表内的栏次按照会计处理过程的顺序进行排列，包括试算表、账项调整、账项结转、会计报表等。工作底稿的具体格式见表3-8。

表3-8　工 作 底 稿

账户名称	调整前试算表		调整分录		调整后试算表		利润表		资产负债表	

3.4.2　会计报表编制

3.4.2.1　财务会计报告的概念、组成与作用

财务会计报告是企业对外提供的反映企业某一特定日期财务状况和某一会计期间经营成果、现金流量等会计信息的文件。

财务会计报告一般包括会计报表、会计报表附注和财务情况说明书。

编制财务会计报告是对会计核算工作的全面总结，也是及时提供合法、真实、准确、完整会计信息的重要环节。

3.4.2.2　会计报表的种类

会计报表是财务会计报告的主要组成部分，包括资产负债表、利润表、现金流量表和所有者权益变动表及相关附表。

(1)按反映经济内容不同分为资产负债表、利润表、现金流量表、所有者权益变动表。

(2)按其反映资金运动状态的不同分为静态报表和动态报表。

(3)按编制的时间不同分为月份报表、季度报表、半年度报表和年度报表。

(4)按编报单位不同分为单位报表、汇总报表和合并报表。

3.4.2.3 会计报表的编制要求

数字真实、计算准确、内容完整、编报及时、指标可比。

3.4.2.4 基本会计报表

1.资产负债表

资产负债表是反映企业某一特定日期财务状况的会计报表，它是根据资产、负债、所有者权益之间的相互关系，按照一定的分类标准和一定的顺序，把企业一定日期的资产、负债、所有者权益各项目予以适当的排列，并对日常工作中形成的大量数据进行高度浓缩整理后编制而成的。它表明企业在某一特定日期所拥有或控制的经济资源、所承担的现有债务和所有者对净资产的要求权。

资产负债表一般采用“T”形账户式，即资产在报表的左方；负债和所有者权益在报表的右方。为了便于分析评价、预测企业的财务状况，资产负债表中资产项目一般按变现能力(或称流动性)强弱来排列，变现能力强者在前，弱者在后，即流动资产在前，固定资产、无形资产等在后。在流动资产中现金、银行存款及以公允价值计量且其变动计入当期损益的金融资产、应收账款、应收票据等变现能力强的项目在前，变现能力相对较弱的存货在后。负债按偿还日期远近排列，近者在前，远者在后，即流动负债在前，长期负债在后。所有者权益则按永久性大小排列，永久性大的在前，小的在后，即投入在前，留存利润在后。

2.利润表

利润表是汇集某一会计期间所有收入及费用账户金额的报表，它反映了该期的经营成果。因为该表报告的是某期间的动态情况，故为动态报表。

一个企业经营是否成功，可从获利大小及其趋势上了解，利润表是将该期的收入与有关的费用相配合，计算反映盈亏的报表。如果收入大于费用，即为利润，反之则为亏损。

利润表究竟应包括哪些项目，这些项目应如何排列，应视企业的规模、特点以及使用者的信息需求而定。规模小、业务比较单一、收入和费用种类较少的企业，一般采用单步式利润表，即将所有收入和所有费用分别汇总，两者相减得出该期利润。

3.现金流量表

除了财务状况和经营成果外，会计信息的使用者也十分关注企业的现金流转情况，包括企业在一定时期流入/流出的现金有多少，对财务状况的影响如何，现金的流转与利润的获得存在什么关系。因此，要求企业提供现金流转方面的信息。反映这种信息的报表为现金流量表，它是动态报表。

现金流量表是以现金流入和流出为基础，说明企业在特定时期内的经营活动、投资活动以及筹资活动引起现金流转的报表。

为了完整反映企业资金流转状况，除了应在现金流量表中报告经营、投资及筹资活动的现金流量外，还应补充反映不影响现金流量，但对资金流转有重大影响的筹资及投资事项。

有别于资产负债表及利润表的是，编制现金流量表采用现金制，而非应计制。

4.所有者权益变动表

所有者权益变动表属于动态报表，从左到右列示了所有者权益的组成项目，自下而上反映了各项目年初至年末的增减变动过程。

从反映的时间看，所有者权益变动表列示两个会计年度所有者权益各项目的变动情况，便于对前后两个会计年度的所有者权益总额和各组成项目进行动态分析；从反映的项目看，所有者权益变动表反映的内容包括：所有者权益各项目本年年初余额的确定、本年度取得的影响所有者权益增减变动的综合收益总额、所有者投入或减少资本引起的所有者权益的增减变化、利润分配引起的所有者权益各项目的增减变化、所有者权益内部项目之间的相互转化等。

小结

会计循环就是按照一定的程序依次继起的账务处理，即从填制凭证到登记账簿，直至编出会计报表周而复始的会计核算与报表编制过程。会计信息处理有四个基本环节：会计确认、会计计量、会计记录和会计报告。平行登记，就是对发生的每项经济业务，都要根据同一依据在同一会计期间内，既计入总分类账户，又计入所属明细分类账户。试算平衡，是指在会计核算中，根据会计恒等式和借贷记账规则，检查账户记录正确与否的一种验证方法。“调账”又称“账项调整”，是指企业的会计信息系统为了准确地计量当期的收入、费用以及资产、负债，在会计期末按照权责发生制对有关的账户记录进行调整的过程。“对账”就是核对账目，是指在会计核算中，为保证账簿记录正确可靠，对账簿中的有关数据进行检查和核对的工作。保证账证相符、账账相符、账实相符。“结账”，是指会计期间结束时，在把该期间所发生的经济业务全部登记入账的基础上，计算并记录本期发生额和期末余额的过程。工作底稿，指的就是一种具有多种用途的会计资料汇总、分析计算表。它是将试算平衡、账项调整、结账等项工作程序与编制会计报表结合在一起的一种工作草稿。

思考题

1.什么是会计循环？
2.企业的会计信息处理有哪些基本环节？
3.为什么说会计确认、会计计量是会计核算的核心问题？
4.会计的计量属性有哪些？在会计实践中，为什么要采用不同的计量属性？
5.为什么要平行登记？试述总分类账户与明细分类账户的平行登记的要点？结果如何？
6.会计期末，为什么要进行账户调整？企业主要有哪些会计调整事项？
7.什么是试算平衡？为什么试算平衡不能保证账户记录绝对正确？
8.什么是结账？结账的作用是什么？
9.什么是工作底稿？编制工作底稿有什么作用？

练习题

1.华光公司2×13年8月份各账户的有关资料见表1。

表 1　总分类账户本期发生额及余额试算平衡　　　单位：万元

账户名称	期初余额		本期发生额		期末余额	
	借方	贷方	借方	贷方	借方	贷方
库存现金	950		4 360	(　　)	960	
银行存款	2 690		(　　)	7 460	(　　)	
应收账款	(　　)		(　　)	18 400	0	
原材料	5 000		1 720	(　　)	4 100	
固定资产	(　　)		5 000	0	10 400	
短期借款		(　　)	2 000	0		0
应付账款		3 700	4 400	(　　)		2 000
应付票据		(　　)	4 000	2 600		3 600
实收资本		20 000	0	(　　)		20 000
合计	(　　)	(　　)	(　　)	(　　)	(　　)	(　　)

要求：根据上述资料，将正确的数字填入括号内。

2. 假设华宇工厂 2×13 年 5 月份“应付账款”总分类账户与所属明细分类账户期初余额见表 2。

表 2　“应付账款”总分类账户与所属明细分类账户期初余额　　　单位：元

账户名称		金额	
总账	明细账	总账	明细账
应付账款		79 000	
	星光工厂		40 000
	兴华工厂		39 000

本月应付账款相应业务如下：

(1)5 月 13 日用银行存款偿还上月前欠红旗工厂 40 000 元、兴华工厂货款 20 000 元；

(2)5 月 21 日向星光工厂购入甲材料 6 000 千克，每千克 30 元，价款 180 000 元；购入丙材料 50 吨，每吨 600 元，价款 30 000 元，材料验收入库，货款尚未支付；

(3)5 月 29 日用银行存款偿还本月欠星光工厂的部分货款 110 000 元，偿还兴华工厂货款 10 000 元。

要求：

(1)编制上述业务会计分录；

(2)用“T”形账户开设应付账款的总账及明细账并进行登记。

会计要素核算篇

第4章 流动资产的核算

学习目的

本章主要介绍流动资产及其会计核算知识。通过本章学习应：

- ⊙ 了解企业流动资产的分类和特点
- ⊙ 掌握各项流动资产的性质和具体内容
- ⊙ 掌握货币资金的核算与内部控制制度
- ⊙ 掌握交易性金融资产的核算方法
- ⊙ 掌握应收账款、坏账准备和应收票据的核算方法
- ⊙ 掌握存货发出的计价方法
- ⊙ 掌握期末存货成本的估计方法
- ⊙ 掌握存货取得、发出和期末的核算方法

章前案例与导引

张煜、李琪、王刚三人注册成立了W公司，主要从事小型电子消费品的生产和销售。三人各出资100万元。他们以货币资金购买材料后，直接或经过加工后销售给客户，从而取得货币资金；或采用赊销方式，产生应收款项，然后从客户那里收到货款。另外W公司为了有效利用资金，将多余的、暂时闲置的资金购入交易类证券作为投资，目的是赚取证券市价短期变化的差价。

企业正常经营需要或产生的货币资金、存货、应收款项等资产具体有哪些？各项资产如何确认、计量和报告？企业除了正常的主营业务之外，为什么还对外进行投资？本章将回答这些问题。

4.1 流动资产概述

资产按其流动性可以分为流动资产和非流动资产。凡满足以下条件之一，应当归类为流动资产：①预计在一个正常营业周期中变现、出售或耗用；②主要为交易目的而持有；③预计在资产负债表日起1年内变现；④自资产负债表日起1年内，交换其他资产或清偿负债的能力不受限制的现金或现金等价物。企业的流动资产一般包括货币资金、应收款项、交易性金融资产、存货等。

4.1.1 货币资金

货币资金是企业资产的重要组成部分，是企业资产中流动性最强的一种资产。持有货币资金是任何企业进行生产经营活动的基本条件，根据货币资金的存放地点及其用途的不同，货币资金分为库存现金、银行存款及其他货币资金。

4.1.1.1 库存现金

库存现金是流动性最强的一种货币性资产，可以随时用其购买所需的物资、支付有关费用、偿还债务，也可以随时存入银行。根据国务院发布的《现金管理暂行条例》的规定，库存现金管理制度主要包括以下内容。

1.规定库存现金的使用范围

用现金支付的款项有：①职工的工资、津贴；②个人的劳务报酬；③根据国家规定颁发给个人的科学技术、文化艺术、体育等各种奖金；④各种劳保、福利费用以及国家规定的对个人的其他支出；⑤向个人收购农副产品和其他物资的价款；⑥出差人员必须随身携带的差旅费；⑦结算起点(现行会计实务中为1 000元)以下的零星开支；⑧中国人民银行确定需要支付现金的其他支出。

2.根据业务需要核定库存现金限额

为了加强现金管理，保证各单位日常零星开支的需要，《现金管理暂行条例》规定：凡在银行开户的单位，银行根据实际需要，核定3～5天日常零星开支所需的库存现金限额；边远地区和交通不便地区的开户单位，可多于5天，但不得超过15天的日常零星开支。

3.库存现金日常收支控制

(1)现金收入应于当日送存开户银行。当日送存有困难的，由开户银行确定送存时间。

(2)支付现金，可以从本单位库存现金限额中支付或者从开户银行提取，不得从本单位的现金收入中直接支付(即坐支)。因特殊情况需要坐支现金的，应当事先报经开户银行审查批准，由开户银行核定坐支范围和限额。单位应定期向银行报送坐支金额和使用情况。

(3)从开户银行提取现金，应当写明用途，由本单位财会部门负责人签字盖章，经开户银行审核后，予以支付现金。

(4)因采购地点不固定、交通不便以及其他特殊情况必须使用现金的，应向开户银行提出申请，经开户银行审核后，予以支付现金。

(5)不准用不符合制度的凭证顶替库存现金，即不得“白条顶库”；不准谎报用途套取现金；不准用银行账户代其他单位和个人存入或支取现金；不准用单位收入的现金以个人名义存储，不准保留账外公款，不得设置“小金库”等。

4.1.1.2 银行存款

银行存款是企业存入开户银行或其他金融机构的货币资金。按照国家《支付结算办法》的规定，企业应在银行开立账户，办理存款、取款和转账等结算。企业在银行开立人民币存款账户，必须遵守中国人民银行《银行账户管理办法》的各项规定。银行存款账户分为基本存款账户、一般存款账户、临时存款账户和专用存款账户。

基本存款账户是企业办理日常结算和现金收付的账户。企业的工资、奖金等现金的支取，只能通过基本存款账户办理；一般存款账户是企业在基本存款账户以外的银行借款转存、与基本存款账户的企业不在同一地点的附属非独立核算单位的账户，企业可以通过本账户办理转账结算和现金缴存，但不能办理现金支取；临时存款账户是企业因临时经营活动需要开立的账户，企业可以通过本账户办理转账结算和根据国家现金管理的规定办理现金收付；专用存款账户是企业因特定用途需要开立的账户。一个企业只能选择一家银行的一个营业机构开立一个基本存款账户，不得在多家银行机构开立基本存款账户；不得在同一家银行的几个分支机构开立一般存款账户。

根据中国人民银行有关支付结算办法规定，目前企业发生的货币资金收付业务可以采用以下几种方式，通过银行办理转账结算。

1.银行汇票

银行汇票是汇款人将款项交存当地出票银行，由出票银行签发，并由其在见票时按照实际结算金额无条件支付给收款人或持票人的票据。银行汇票具有使用灵活、票随人到、兑现性强等特点，适用于先收款后发货或钱货两清的商品交易。单位和个人各种款项结算，均可使用银行汇票。

银行汇票可以用于转账，填明“现金”字样的银行汇票也可以用于支取现金。银行汇票的提示付款期限为自出票日起 1 个月内。超过付款提示期限或其他原因要求退款时，持票人须在票据权利时效内向出票银行做出说明，并提供本人身份证件或单位证明，持银行汇票和解讫通知向出票银行请求付款。

2.银行本票

银行本票是银行签发的，承诺自己在见票时无条件支付确定的金额给收款人或者持票人的票据。

银行本票由银行签发并保证兑付，而且见票即付，具有信誉高、支付功能强等特点。用银行本票购买材料物资，销货方可以见票付货，购货方可以凭票提货；债权债务双方可以凭票清偿；收款人将本票交存银行，银行即可为其入账。无论单位或个人，在同一票据交换区域支付各种款项，都可以使用银行本票。

3.商业汇票

商业汇票是出票人签发的，委托付款人在指定日期无条件支付确定的金额给收款人或者持票人的票据。在银行开立存款账户的法人以及其他组织之间须具有真实的交易关系或债权债务关系，才能使用商业汇票。商业汇票的付款期限由交易双方商定，但最长不得超过 6 个月。商业汇票的提示付款期限自汇票到期日起 10 日内。

商业汇票按承兑人不同分为商业承兑汇票和银行承兑汇票两种。

(1)商业承兑汇票

商业承兑汇票由银行以外的付款人承兑。商业承兑汇票按交易双方约定，由销货企业或购货企业签发，但由购货企业承兑。承兑时，购货企业应在汇票正面记载“承兑”字样和承兑日期并签章。承兑不得附有条件，否则视为拒绝承兑。汇票到期时，购货企业的开户银行凭票将票款划给销货企业或贴现银行。销货企业应在提示付款期限内通过开户银行委托收款或直接向付款人提示付款。对异地委托收款的，销货企业可匡算邮程，提前通过开户银行委托收款。汇票到期时，如果购货企业的存款不足以支付票款，开户银行应将汇票退还销货企业，银行不负责付款，由购销双方自行处理。

(2)银行承兑汇票

银行承兑汇票由银行承兑，由在承兑银行开立存款账户的存款人签发。承兑银行按票面金额向出票人收取万分之五的手续费。

购货企业应于汇票到期前将票款足额交存其开户银行，以备由承兑银行在汇票到期日或到期日后的见票当日支付票款。销货企业应在汇票到期时将汇票连同进账单送交开户银行以便转账收款。承兑银行凭汇票将承兑款项无条件转给销货企业，如果购货企业于汇票到期日未能足额交存票款时，承兑银行除凭票向持票人无条件付款外，对出票人尚未支付的汇票金额按照每天万分之五计收罚息。

4.支票

支票是单位或个人签发的，委托办理支票存款业务的银行在见票时无条件支付确定的金额给收款人或者持票人的票据。

支票结算方式是同城结算中应用比较广泛的一种结算方式。单位和个人在同一票据交换区域的各种款项结算，均可以使用支票。支票由银行统一印制，支票上印有“现金”字样的为现金支票。支票上印有“转账”字样的为转账支票，转账支票只能用于转账。未印有“现金”或“转账”字样的为普通支票，普通支票可以用于支取现金，也可以用于转账。在普通支票左上角划两条平行线的，为画线支票，画线支票只能用于转账，不得支取现金。

支票的提示付款期限为自出票日起10日内，中国人民银行另有规定的除外。超过提示付款期限的，持票人开户银行不予受理，付款人不予付款。转账支票可以根据需要在票据交换区域内背书转让。

5.信用卡

信用卡是指商业银行向个人和单位发行的，凭其向特约单位购物、消费和向银行存取现金，且具有消费信用的特制载体卡片。

信用卡按使用对象分为单位卡和个人卡；按信誉等级分为金卡和普通卡。凡在中国境内金融机构开立基本存款账户的单位可申领单位卡。单位卡可申领若干张，持卡人资格由申领单位法定代表人或其委托的代理人书面指定和注销，持卡人不得出租或转借信用卡。单位卡账户的资金一律从其基本存款账户转账存入，在使用过程中，需要向其账户续存资金的，也一律从其基本存款账户转账存入，不得交存现金，不得将销货收入的款项存入其账户。单位卡一律不得用于10万元以上的商品交易、劳务供应款项的结算，不得支取现金。

6.汇兑

汇兑是汇款人委托银行将其款项支付给收款人的结算方式。单位和个人的各种款项的结算，均可使用汇兑结算方式。

汇兑分为信汇、电汇两种。信汇是指汇款人委托银行通过邮寄方式将款项划转给收款人。电汇是指汇款人委托银行通过电报将款项划给收款人。这两种汇兑方式由汇款人根据需要选择使用。汇兑结算方式适用于异地之间的各种款项结算。这种结算方式划拨款项简便、灵活。

7.委托收款

委托收款是收款人委托银行向付款人收取款项的结算方式。无论单位还是个人都可凭已承兑商业汇票、债券、存单等付款人债务证明办理款项收取同城或异地款项。委托收款还适用于收取电费、电话费等付款人众多、分散的公用事业费等有关款项。

委托收款结算款项划回的方式分为邮寄和电报两种。

8.托收承付

托收承付是根据购销合同由收款人发货后委托银行向异地付款人收取款项，由付款人向银行承认付款的结算方式。使用托收承付结算方式的收款单位和付款单位，必须是国有企业、供销合作社以及经营管理较好，并经开户银行审查同意的城乡集体所有制工业企业。办理托收承付结算的款项，必须是商品交易，以及因商品交易而产生的劳务供应的款项。代销、寄销、赊销商品的款项，不得办理托收承付结算。

托收承付款项划回方式分为邮寄和电报两种，由收款人根据需要选择使用。收款单位办理托收承付，必须具有商品发出的证件或其他证明。托收承付结算每笔的金额起点为10 000元；新华书店系统每笔金额起点为1 000元。

9.信用证

信用证结算方式是国际结算的一种主要方式。经中国人民银行批准经营结算业务的商业银行总行以及经商业银行总行批准开办信用证结算业务的分支机构，也可以办理国内企业之间商品交易的信用证结算业务。

采用信用证结算方式的，收款单位收到信用证后，即备货装运，签发有关发票账单，连同运输单据和信用证，送交银行，根据退还的信用证等有关凭证编制收款凭证；付款单位在接到开证行通知时，根据付款的有关单据编制付款凭证。

4.1.1.3 其他货币资金

在企业的经营资金中，有些货币资金的存款地点和用途与库存现金和银行存款不同，如外埠存款、银行汇票存款、银行本票存款、信用证保证金存款、信用卡存款、存出投资款等，这些资金在会计核算上统称为“其他货币资金”。

4.1.2 交易性金融资产

4.1.2.1 金融资产的定义和分类

金融资产是一切可以在有组织的金融市场上进行交易、具有现实价格和未来估价的金融工具的总称。金融资产主要包括货币黄金和特别提款权、通货和存款、股票以外的证券（包括衍生金融工具）、贷款、股票和其他权益、保险专门准备金、其他应收款和预付款等。

企业应当结合自身业务特点、投资策略和风险管理要求，将取得的金融资产在初始确认时划分为以下几类：①以公允价值计量且其变动计入当期损益的金融资产；②持有至到期投资；③贷款和应收款项；④可供出售的金融资产。

本章不涉及以下金融资产的会计处理：①对子公司、联营企业、合营企业投资，其会计处理见 5.4 节“长期股权投资的核算”。②持有至到期投资，其会计处理见 5.5 节“持有至到期投资的核算”。③可供出售的金融资产，其会计处理见 5.6 节“可供出售金融资产的核算”。

4.1.2.2　以公允价值计量且其变动计入当期损益的金融资产概述

以公允价值计量且其变动计入当期损益的金融资产，可以进一步分为交易性金融资产和在初始确认时指定为以公允价值计量且其变动计入当期损益的金融资产。某项金融资产划分为以公允价值计量且其变动计入当期损益的金融资产后，不能再重分类为其他类别的金融资产；其他类别的金融资产也不能再重分类为以公允价值计量且其变动计入当期损益的金融资产。本章只讨论交易性金融资产的核算。

交易性金融资产主要是指企业为了近期内出售而持有的、在活跃市场上有公开报价、公允价值能够持续可靠获得的金融资产。通常情况下，企业以赚取价差为目的，利用闲置资金从二级市场购入的股票、债券、基金和权证等属于交易性金融资产。根据交易性金融资产的定义可知，交易性金融资产一般应具备三个基本特征：①持有目的主要是为了近期出售或交易；②活跃市场上有公开报价；③公允价值能够持续可靠获得。不具备这些特征的金融资产一般不属于交易性金融资产。

4.1.3　应收款项

应收款项泛指企业拥有的将来收取现金、商品或接受劳务的权利，一般包括以下四类。

1. 应收账款

应收账款指企业在正常经营过程中因赊销产品、商品、材料或提供劳务等业务而向客户收取的款项。

2. 应收票据

应收票据指企业因销售商品、产品、提供劳务等而收到的商业汇票。

3. 预付账款

预付账款指企业根据购货合同，预先付给供应商的货款。

4. 其他应收款

其他应收款指企业除应收账款、应收票据、预付账款等以外的其他各种应收、暂付款项，包括应收的各种赔款、罚款，应向职工收取的各种垫付款项。

4.1.4　存货

存货是指企业在日常活动中持有以备出售的产成品或商品，处在生产过程中的在产品，在生产过程或提供劳务过程中耗用的材料、物料等。企业的存货通常包括以下内容。

1. 原材料

原材料指企业在生产过程中经加工改变其形态或性质并构成产品主要实体的各种原料及主要材料、辅助材料、外购半成品（外购件）、修理用备件（备品备件）、包装材料、燃料等。为建造固定资产等各项工程而储备的各种材料，虽然同属于材料，但是由于用于建造固定资产等各项工程，不符合存货的定义，因此不能作为企业的存货进行核算。

2. 在产品

在产品指企业正在制造尚未完工的产品，包括正在各个生产工序加工的产品，已加工完毕但尚未检验或已检验但尚未办理入库手续的产品。

3. 半成品

半成品指经过一定生产过程并已检验合格交付半成品仓库保管，但尚未制造完工成为产成品，仍需进一步加工的中间产品。

4. 产成品

产成品指工业企业已经完成全部生产过程并验收入库，可以按照合同规定的条件送交订货单位或者可以作为商品对外销售的产品。企业接受外来原材料加工制造的代制品和为外单位加工修理的代修品，制造和修理完成验收入库后，应视同企业的产成品。

5. 库存商品

库存商品指商品流通企业外购或委托加工，完成验收入库，用于销售的各种商品。

6. 周转材料

周转材料指企业能够多次使用、逐渐转移其价值但仍保持原有形态不确认为固定资产的材料，如包装物和低值易耗品。其中，包装物是指为了包装本企业商品而储备的各种包装容器，如桶、箱、瓶、坛、袋等。其主要作用是盛装、装潢产品或商品。低值易耗品是指不符合固定资产确认条件的各种用具物品，如工具、管理用具、玻璃器皿、劳动保护用品以及在经营过程中周转使用的容器等。

4.2 货币资金的核算

4.2.1 库存现金的核算

1. 库存现金的总分类核算

为了总括反映库存现金的收入、支出和结存情况，应设置"库存现金"账户。该账户借方登记库存现金的增加，贷方登记库存现金的减少，期末借方余额反映库存现金的余额。

(1)库存现金收入的核算

企业收入库存现金的主要途径有：①职工交回的差旅费剩余款；②收取销售给不能转账的集体或个人销货款；③收取转账起点以下的小额销售款；④从银行提取库存现金等。

企业收入库存现金时，根据审核无误的记账凭证，借记"库存现金"账户，贷记有关账户。

(2)库存现金支出的核算

企业支出库存现金时，根据审核无误的记账凭证，借记有关账户，贷记"库存现金"科目。

例 4-1 某公司职工李强出差预借差旅费 1 000 元，以现金支付。

借：其他应收款——李强	1 000	
贷：库存现金		1 000

例 4-2　职工李强报销差旅费800元，余款200元归还公司。

借：库存现金　　200

　　贷：其他应收款——李强　　200

借：管理费用　　800

　　贷：其他应收款——李强　　800

例 4-3　某公司用现金1 000元，支付产品广告费。

借：销售费用　　1 000

　　贷：库存现金　　1 000

2.库存现金的明细分类核算

为了加强对现金的管理，随时掌握现金收付的动态和库存余额，保证现金的安全，企业必须设置“现金日记账”，按照现金业务发生的先后顺序逐笔序时登记。每日终了，应根据登记的“现金日记账”结余数与实际库存数进行核对，做到账实相符。月份终了，“现金日记账”的余额必须与“库存现金”总账账户的余额核对相符。有外币现金收支业务的企业，应当按照人民币现金、外币现金的币种设置现金账户进行明细核算。

3.库存现金清查的核算

每日终了结算现金收支、财产清查等发现的有待查明原因的现金短缺或溢余，应通过“待处理财产损溢”账户核算。

(1)属于现金短缺，应按实际短缺的金额，借记“待处理财产损溢——待处理流动资产损溢”账户，贷记“库存现金”账户。

(2)属于现金溢余，按实际溢余的金额，借记“库存现金”账户，贷记“待处理财产损溢——待处理流动资产损溢”账户。

待查明原因后分别以下情况处理。

(1)如为现金短缺

①属于应由责任人赔偿的部分，借记“其他应收款——应收现金短缺款(××个人)”或“库存现金”等账户，贷记“待处理财产损溢——待处理流动资产损溢”账户。

②属于应由保险公司赔偿的部分，借记“其他应收款——应收保险赔款”账户，贷记“待处理财产损溢——待处理流动资产损溢”账户。

③属于无法查明的其他原因，根据管理权限，经批准后处理，借记“管理费用——现金短缺”账户，贷记“待处理财产损溢——待处理流动资产损溢”账户。

(2)如为现金溢余

①属于应支付给有关人员或单位的，应借记“待处理财产损溢——待处理流动资产损溢”账户，贷记“其他应付款——应付现金溢余(××个人或单位)”账户。

②属于无法查明原因的现金溢余，经批准后，借记“待处理财产损溢——待处理流动资产损溢”账户，贷记“营业外收入——现金溢余”账户。

4.备用金制度

企业有内部周转适用备用金的，可以单独设置“备用金”账户，单独设置“备用金”账户的企业，由企业财务部门单独拨给企业内部各单位周转使用的备用金，借记“备用金”账户，贷记“库存现金”账户或“银行存款”账户。

自备用金中支付零星支出，应根据有关的支付凭单，定期编制备用金报销清单，财务部门根据内部各单位提供的备用金报销清单，定期补足备用金，借记“管理费用”等账户，贷记“库存现金”或“银行存款”账户。除了增加或减少拨入的备用金外，使用或报销有关备用金支付时不再通过“备用金”账户核算。

4.2.2 银行存款的核算

为总括反映银行存款增减变动和结余情况，企业应设置“银行存款”账户。该账户借方登记收入的存款数额，贷方登记支出的存款数额，月末借方余额反映企业银行存款的结余数额。

1.银行存款收支的核算

企业将款项存入银行等金融机构时，借记“银行存款”账户，贷记“库存现金”等账户；提取或支付在银行等金融机构中的存款时，借记“库存现金”等账户，贷记“银行存款”账户。

企业在银行的其他存款，如外埠存款、银行本票存款、银行汇票存款、信用证存款等，在“其他货币资金”账户核算，不通过“银行存款”账户进行会计处理。

2.银行存款的清查

企业应当设置“银行存款日记账”，按照银行存款收付业务发生的先后顺序逐笔序时登记，每日终了应结出余额。“银行存款日记账”应定期与“银行对账单”核对，至少每月核对一次。核对结果若企业和银行双方记账都无差错，但对账单与日记账的余额仍不相符，说明存在未达账项，应通过编制“银行存款余额调节表”进行调整。

所谓未达账项，是指在企业和银行之间，由于凭证传递上的时间差，造成一方已登记入账，而另一方尚未入账的账款。未达账款分为以下四种情况：

(1)银行已记作企业的存款增加，而企业尚未收到收款通知，因而尚未记账的款项，如托收货款、存款利息等；

(2)银行已记作企业存款减少，而企业尚未收到付款通知，因而尚未记账的款项，如银行代企业支付公用事业费、向企业收取的借款利息等；

(3)企业已记作银行存款增加，而银行尚未办妥入账手续的款项，如企业存入的转账支票；

(4)企业已记作银行存款减少，而银行尚未支付的款项，如企业已开出的转账支票，对方尚未到银行办理转账手续的款项等。

对查明的未达账项，应采用余额调节表将双方余额调节相符。余额调节表法是指在双方账面余额基础上，各自加上对方已收款记账而本单位尚未收款记账的数额，减去对方已经付款记账而本单位尚未付款记账的数额，将双方余额调节相符的方法。具体调节方法见表 4-1。

表 4-1 银行存款余额调节表

20××年××月××日　　　　单位：元

项目	金额	项目	金额
银行存款日记账余额		银行对账单余额	
加：银行已收而企业未收的款项 减：银行已付而企业未付的款项		加：企业已收而银行未收的款项 减：企业已付而银行未付的款项	
调节后的余额		调节后的余额	

例 4-4　某公司 2×13 年 5 月 31 日银行存款日记账余额为 99 100 元，而同日银行存款对账单余额为 109 700 元，经逐笔核对，发现以下情况：

(1)银行已于 5 月 30 日代公司支付电费 2 000 元，尚未通知公司；

(2)银行结算公司存款利息 3 600 元，银行已入账，但存款结息通知尚未送达企业；

(3)公司于 5 月 31 日收到外单位偿还欠款交来的转账支票一张，金额 5 000 元，但尚未送达银行；

(4)公司于 5 月 31 日签发一张 4 500 元的转账支票，持票人尚未到银行办理结算；

(5)公司支付罚款 200 元，误记为 2 000 元；

(6)银行误将外单位 7 700 元收款记入本公司。

要求：编制该公司 2×13 年 5 月 31 日的银行存款余额调节表。

根据上述资料编制的“银行存款余额调节表”见表 4-2。

表 4-2　银行存款余额调节表

2×13 年 5 月 31 日　　单位：元

项　目	金　额	项　目	金　额
银行存款日记账余额	99 100	银行对账单余额	109 700
加：银行已收而企业未收的款项	3 600	加：企业已收而银行未收的款项	5 000
减：银行已付而企业未付的款项	2 000	减：企业已付而银行未付的款项	4 500
加：多记罚款	1 800	减：误记收入	7 700
调节后的余额	102 500	调节后的余额	102 500

4.2.3　其他货币资金的核算

为反映其他货币资金增减变动及结余情况，企业应该设置“其他货币资金”总账账户，在该账户下设置外埠存款、银行汇票存款、银行本票存款、信用证保证金存款、信用卡存款、存出投资款等明细账户进行明细核算。

1. 外埠存款

外埠存款指企业到外地进行临时或零星采购时，汇往采购地银行开立采购专户的款项。企业汇出款项时，须填写汇款委托书，加盖“采购资金”字样。汇入银行对汇入的采购款项，以汇款单位名义开立采购账户。采购资金存款不计利息，除采购员差旅费可以支取少量现金外，一律转账。采购专户只付不收，付完结束账户。

企业将款项委托当地银行汇往采购地开立专户时，根据汇出款项凭证，编制付款凭证，进行账务处理，借记“其他货币资金——外埠存款”账户，贷记“银行存款”账户。

外出采购人员报销用外埠存款支付材料的采购货款等款项时，企业应根据供应单位发票账单等报销凭证，编制付款凭证，借记“在途物资”、“应交税费——应交增值税(进项税额)”等账户，贷记“其他货币资金——外埠存款”账户。

采购员完成采购任务，将多余的外埠存款转回当地银行时，应根据银行的收款通知，编制收款凭证。

2. 银行汇票存款

银行汇票存款指企业为取得银行汇票，按照规定存入银行的款项。企业向银行提交“银行汇票委托书”并将款项交存开户银行，取得汇票后，根据银行盖章的委托书存根联，编制付款凭证，借记“其他货币资金——银行汇票”账户，贷记“银行存款”账户。

企业使用银行汇票支付款项后，应根据发票账单及开户行转来的银行汇票有关副联等凭证，经核对无误后编制会计分录，借记“在途物资”、“应交税费——应交增值税（进项税额）”等账户，贷记“其他货币资金——银行汇票”账户。银行汇票使用完毕，应转销“其他货币资金——银行汇票”账户。如实际采购支付后银行汇票有余额，多余部分应借记“银行存款”账户，贷记“其他货币资金——银行汇票”账户。汇票因超过付款期限或其他原因未曾使用而退还款项时，应借记“银行存款”账户，贷记“其他货币资金——银行汇票”账户。

3.银行本票存款

银行本票存款指企业为取得银行本票，按照规定存入银行的款项。企业向银行提交“银行本票申请书”并将款项交存银行，取得银行本票时，应根据银行盖章退回的申请书存根联，编制付款凭证，借记“其他货币资金——银行本票”账户，贷记“银行存款”账户。企业用银行本票支付购货款等款项后，应根据发票账单等有关凭证，借记“在途物资”、“应交税费——应交增值税（进项税额）”等账户，贷记“其他货币资金——银行本票”账户。如企业因本票超过付款期等原因未曾使用而要求银行退款时，应填制进账单一式两联，连同本票一并交给银行，然后根据银行收回本票时盖章退回的一联进账单，借记“银行存款”账户，贷记“其他货币资金——银行本票”账户。

4.信用证保证金存款

信用证存款指采用信用证结算方式的企业为开具信用证而存入银行信用证保证金专户的款项。企业向银行申请开出信用证用于支付供货单位购货款项时，根据开户银行盖章退回的“信用证委托书”回单，借记“其他货币资金——信用证存款”账户，贷记“银行存款”账户。企业收到供货单位信用证结算凭证及所附发票账单，经核对无误后进行会计处理，借记“在途物资”、“应交税费——应交增值税（进项税额）”等账户，贷记“其他货币资金——信用证存款”账户。如果企业收到未用完的信用证存款余款，应借记“银行存款”账户，贷记“其他货币资金——信用证存款”账户。

5.信用卡存款

信用卡存款指企业为取得信用卡而存入银行信用卡专户的款项。企业申领信用卡，按照有关规定填制申请表，并按银行要求交存备用金，银行开立信用卡存款账户，发给信用卡。企业根据银行盖章退回的交存备用金的进账单，借记“其他货币资金——信用卡存款”账户，贷记“银行存款”账户。企业收到开户银行转来的信用卡存款的付款凭证及所附发票账单，经核对无误后进行会计处理，借记“管理费用”等账户，贷记“其他货币资金——信用卡存款”账户。

6.存出投资款

存出投资款指企业已存入证券公司但尚未进行投资的货币资金。企业向证券公司划出资金时，应按实际划出的金额，借记“其他货币资金——存出投资款”账户，贷记“银行存款”账户；购买股票、债券等时，根据持有金融资产的目的，按实际发生的金额，借记“交易性金融资产”或“可供出售金融资产”账户，贷记“其他货币资金——存出投资款”账户。

4.3 交易性金融资产的核算

交易性金融资产主要指企业持有的准备近期内出售的金融资产。例如，企业以赚取差价为目的从二级市场购入的股票、债券、基金等，就属于交易性金融资产。

企业应设置"交易性金融资产"、"公允价值变动损益"、"投资收益"等账户核算交易性金融资产的取得、收取现金股利或利息和处置等业务。"交易性金融资产"账户用来核算交易性金融资产的公允价值，借方登记取得交易性金融资产时按照公允价值确认的入账金额以及资产负债表日交易性金融资产的公允价值高于其账面余额的差额；贷方登记因出售而转出的交易性金融资产的成本和公允价值变动的金额。该账户期末借方余额，反映企业交易性金融资产的公允价值。该账户设"成本"和"公允价值变动"明细账户进行明细核算。

4.3.1 交易性金融资产取得时的核算

交易性金融资产初始确认时，应按取得时的公允价值作为初始确认金额，相关交易费用应当直接计入当期损益。交易费用是指可直接归属于购买、发行或处置金融工具新增的外部费用。所谓新增的外部费用，是指企业不购买、发行或处置金融工具就不会发生的费用。交易费用包括支付给代理机构、咨询公司、券商等的手续费和佣金及其他必要支出。企业取得交易性金融资产所支付的价款中，包含已宣告但尚未发放的现金股利或已到付息期但尚未领取的债券利息的，应当单独确认为应收项目。

取得交易性金融资产时，应按公允价值借记"交易性金融资产——成本"账户；按发生的交易费用借记"投资收益"账户；按已宣告但尚未发放的现金股利或已到付息期但尚未领取的利息金额借记"应收股利 "或"应收利息"账户；贷记银行存款等相关账户。

例 4-5 A 企业于 2×13 年 3 月 31 日购入甲公司股票 4 000 股，作为交易性金融资产，甲公司已于 3 月 20 日宣告分派股利(至 3 月 31 日尚未支付)，每股 0.2 元，企业以银行存款支付股票价款 48 000 元(含股利)，另付手续费 400 元。

其会计处理如下：

(1)确定交易性金融资产取得时的入账成本为 47 200 元；

(2)手续费作为投资损失，记入"投资收益"账户的借方；

(3)已宣告但未发放的股利 800 元，将在发放日收回，购入时记入"应收股利"的借方。

借：交易性金融资产——成本	47 200	
投资收益	400	
应收股利	800	
贷：银行存款		48 400

4.3.2 收到现金股利和利息时的核算

企业收到的交易性金融资产的现金股利和利息，包括两部分内容：一是取得交易性金融资产时实际支付的价款中包含的已宣告但尚未领取的现金股利，或实际支付的价款中包含的已到期尚未领取的利息；二是企业在交易性金融资产期间，被投资单位宣告发放的现金股利或债券利息。对于前者，在取得时已记入“应收股利”或“应收利息”账户，在实际收到这部分现金股利和利息时，应冲减“应收股利”、“应收利息”账户。对于后者，应按被投资单位宣告发放的金额，借记“应收股利”或“应收利息”账户，贷记“投资收益”账户。

4.3.3 资产负债表日，交易性金融资产公允价值变动的后续计量

企业应将交易性金融资产的公允价值变动计入当期损益。交易性金融资产的公允价值高于其账面余额的差额，借记“交易性金融资产——公允价值变动”账户，贷记“公允价值变动损益”账户；公允价值低于其账面价值余额的差额，做相反的会计分录。

4.3.4 交易性金融资产处置的核算

出售交易性金融资产时，应按实际收到的金额，借记“银行存款”账户，按该金融资产的账面余额，贷记“交易性金融资产”账户，按其差额，贷记或借记“投资收益”账户。同时，将原记入该金融资产的公允价值变动数额转出，借记或贷记“公允价值变动损益”账户，贷记或借记“投资收益”账户。

例 4-6 2×13 年 5 月 13 日，甲公司支付价款 1 060 000 元从二级市场购入乙公司发行的股票 100 000 股，每股价格 10.60 元(含已宣告但尚未发放的现金股利 0.60 元)，另支付交易费用1 000 元。甲公司将持有的乙公司股权划分为交易性金融资产，且持有乙公司股权后对其无重大影响。

甲公司其他相关资料如下：

(1)5 月 23 日，收到乙公司发放的现金股利；

(2)6 月 30 日，乙公司股票价格涨到每股 13 元；

(3)8 月 15 日，将持有的乙公司股票全部售出，每股售价 15 元。

假定不考虑其他因素，甲公司的账务处理如下：

(1)5 月 13 日，购入乙公司股票：

借：交易性金融资产——成本	1 000 000	
应收股利	60 000	
投资收益	1 000	
贷：银行存款		1 061 000

(2)5 月 23 日，收到乙公司发放的现金股利：

借：银行存款	60 000	
贷：应收股利		60 000

(3)6 月 30 日，确认股票价格变动：

借：交易性金融资产——公允价值变动	300 000	
贷：公允价值变动损益		300 000

(4)8 月 15 日，乙公司股票全部售出：

借：银行存款	1 500 000	
公允价值变动损益	300 000	

贷：交易性金融资产——成本	1 000 000
——公允价值变动	300 000
投资收益	500 000

4.4 应收款项的核算

4.4.1 应收账款的核算

应收账款是企业由于采用赊销方式销售商品或提供劳务而享有的向客户收取款项的权利。它是以商业信用为基础，因此应收账款的会计处理，需要解决应收账款的入账时间和入账价值这两个问题。应收账款的入账时间应与收入实现时间一致。关于收入实现的条件，将在第8章讨论，这里重点论述应收账款的入账价值及坏账的处理方法。

4.4.1.1 应收账款的入账价值

应收账款通常按照实际发生额计价入账。其入账价值包括：销售货物或提供劳务的价款、增值税，以及代购方垫付的包装费、运杂费等。在商品交易中，为了提高竞争能力和加快收款速度，企业通常会向客户提供商业折扣或现金折扣。

1.商业折扣

商业折扣是指企业为了鼓励客户多购商品而在商品标价上给予的扣除；或是根据商品的市场情况，针对不同的顾客，对商品价目单中所列的价格给予的扣除。

由于商业折扣的实质是重新确认实际销售价格，开出的发票价格是按扣除了商业折扣后的价格制定的，对应收账款的入账价值没有影响。因此，商业折扣在会计上不予反映。

2.现金折扣

现金折扣是指销货企业为了鼓励客户在规定的期限内早日付款，而向其提供的按销售价格的一定比率所作的扣除。

现金折扣通常发生在以赊销方式销售商品及提供劳务的交易中，一般用符号“折扣/付款期限”表示，写成“2/10，1/20，n/30”。其含义为：10天内付款给予2%折扣，第11天至第20天内付款给予1%折扣，第21天至第30天内付款，则不给折扣，付款期限为30天。

在现金折扣的情况下，应收账款入账金额的计价有两种方法。

(1)总价法

在企业销售产品时，销售收入和应收账款均按未扣除现金折扣的总价入账；如果客户在折扣期限内付款，才确认现金折扣。在这种方法下，销售企业把给予客户的现金折扣视为融资的理财费用，会计上作为“财务费用”处理。我国会计实务中采用该方法。

(2)净价法

企业销售产品时，按照扣减最大现金折扣后的净额确认应收账款。这种方法是把客户取得现金折扣视为正常现象，认为客户一般都会提前付款，而将由于客户超过折扣期限而多收入的金额，在会计上作为冲减财务费用处理。

4.4.1.2 应收账款的核算

为了反映应收账款的增减变动及其结存情况，企业应设置“应收账款”账户，该账户借方登记应收账款的增加数，贷方登记应收账款的收回数及确认的坏账数，余额一般在借方，表示尚未收回的应收账款数。

1. 企业发生的应收账款，在没有商业折扣的情况下，按应收的全部金额入账

例 4-7 A公司销售一批商品给B公司，按价目表标明的价格计算，金额为80 000元，适用的增值税税率为17%，已办妥委托银行收款手续。

其会计处理为：

借：应收账款——B公司　　93 600
　贷：主营业务收入　　80 000
　　应交税费——应交增值税（销项税额）　　13 600

收到货款时：

借：银行存款　　93 600
　贷：应收账款——B公司　　93 600

2. 企业发生的应收账款，在有商业折扣的情况下，应按扣除商业折扣后的金额入账

例 4-8 例4-7中假定A公司销售的产品是成批销售，销售方给予购货方10%的商业折扣，销售方应确认的收入为72 000元。

其会计处理为：

借：应收账款——B公司　　84 240
　贷：主营业务收入　　72 000
　　应交税费——应交增值税（销项税额）　　12 240

3. 企业发生的应收账款在有现金折扣的情况下，采用总价法入账，发生的现金折扣作为财务费用处理

例 4-9 A公司销售一批商品给B公司，售价为80 000元，增值税税率为17%，现金折扣条件为2/10、n/30，折扣期内收到应收账款总额的一半，其余款项在折扣期后收到。

A公司使用总价法的会计处理如下：

（1）销售发生时：

借：应收账款——B公司　　93 600
　贷：主营业务收入　　80 000
　　应交税费——应交增值税（销项税额）　　13 600

（2）在10天内收到一半货款时：

借：银行存款　　45 864
　财务费用（93 600×1/2×2%）　　936
　贷：应收账款——B公司　　46 800

（3）折扣期后收到另一半货款时：

借：银行存款　　46 800
　贷：应收账款——B公司　　46 800

4.4.1.3 应收账款坏账的核算

在市场经济条件下，企业越来越多地借助于商业信用扩大销售，提高产品的市场占有率。但是，商业信用的存在会不可避免地带来一定的风险，即应收账款有可能无法收回。无法收回的应收账款即坏账，由此产生的损失称为坏账损失。由于应收账款的减少而增加的损失，最终会影响企业的净利润。

1.坏账的确认

应收账款是否能如期收回，会不会发生坏账，受其特性、金额大小、信用期限、债务人的信誉和当时的经营情况等诸多因素的影响。一般情况下，只有确实证明收不回的应收账款才被确认为坏账。在我国，应收账款符合以下条件之一的，应确认为坏账：

(1)债务人发生严重财务困难；

(2)债务人违反了合同条款，如较长时间内未履行其偿债义务，并有足够的证据表明无法收回或收回的可能性极小；

(3)债务人很可能破产倒闭或进行其他财务重组；

(4)债务人死亡，以其遗产清偿后仍然无法收回。

由于应收账款是否发生坏账受债务人经营情况的影响，因此当债务人没有死亡或者没有破产时，对于收回应收账款的时间及可能性大小的标准，需要会计人员采用一些合理的方法加以判断。

2.坏账的会计处理

会计上处理坏账损失的方法有两种：直接转销法和备抵法。

(1)直接转销法

直接转销法是指发生坏账时，将坏账的实际金额直接从"应收账款"账户中转销，记入企业的"资产减值损失"账户。即借记"资产减值损失"，贷记"应收账款"。该方法下，平时不确认坏账损失，不计提坏账准备。

如果已经转销的应收账款以后又收回，则应借记"应收账款"，贷记"资产减值损失"，从而恢复企业的债权，冲减企业的损失；同时，借记"银行存款"，贷记"应收账款"。

直接转销法，会计处理简便。但此方法确认坏账的时间与实际确认销售收入的时间不一致，因此不符合配比原则。收入在销售时确认，但不确认相应的坏账损失，从而虚计了该期利润，同时应收账款也因未考虑坏账而虚增。所以现行会计实务并不允许使用直接转销法。

(2)备抵法

备抵法是指先按期估计坏账损失，计提坏账准备，当某一应收账款全部或部分被确认为坏账时，再冲减计提的坏账准备，同时转销相应的应收账款的一种核算方法。该方法下，应预先估计坏账损失，记入资产减值损失，同时设置"坏账准备"账户，即借记"资产减值损失"，贷记"坏账准备"。"坏账准备"账户是应收款项的抵减账户，贷方登记提取的坏账准备，借方登记实际发生坏账损失的冲减额；贷方余额表示期末已提取的坏账准备金额。待实际发生坏账时，再冲减坏账准备和应收账款。即借记"坏账准备"，贷记"应收账款"。备抵法遵循了配比原则。在备抵法下，估计坏账损失的方法一般有以下三种。

①销货百分比法

销货百分比法是指企业根据当期赊销金额的一定百分比估计坏账的方法。一般认为，企业当期赊销业务越多，坏账的可能性越大。企业可以根据以往的经验和有关资料确定百分比，乘以赊销净额，作为坏账估计数。其计算公式为：

$$估计坏账损失额 = 本期赊销净额 \times 估计坏账百分比$$

销货百分比法是按每一个会计年度实际发生的赊销金额确定坏账损失，但本期赊销所产生的应收账款在期末可能已经收回，不会再发生坏账损失，因此，此法估计坏账损失比较粗糙。

②余额百分比法

余额百分比法是指企业按期末应收账款余额的百分比来估计坏账损失的方法。应收账款余额百分比可以根据以往经验，结合目前、将来的有关情况加以确定。采用应收账款余额百分比法，应收账款余额与计提的坏账准备保持相应比例，因此每年计提时，要考虑调整前的坏账准备余额，然后再做调整。

该方法下，期末提取坏账准备的步骤为：

a. 确定期末"坏账准备"账户应保持的余额（期末应计提的金额）。

期末"坏账准备"账户应保持的余额（期末应计提的金额）＝"应收账款"的期末余额×计提比率。

b. 确定本期末计提坏账前"坏账准备"账户的账面余额（贷方的余额，即已计提的金额）。

c. 确定本期末应实际计提的金额（补提或冲回）。

如果 a＞b，实际补提的金额＝a－b；

借：资产减值损失

　　贷：坏账准备

如果 a＜b，本期不提取，并冲回其差额＝b－a；

借：坏账准备

　　贷：资产减值损失

各期末使"坏账准备"的贷方余额始终等于"应收账款"的期末余额与计提比率的乘积。

例 4-10　某企业采用应收账款余额百分比法核算坏账损失，坏账准备的提取比例为 2%，有关资料如下：

(1)该企业 2×10 年年末应收账款余额为 1 000 000 元；

(2)2×11 年和 2×12 年年末应收账款余额分别为 2 500 000 元和 2 200 000 元，2×11 年和2×12年均未发生坏账损失；

(3)2×13 年 6 月，经有关部门确认一笔坏账损失，金额为 18 000 元；

(4)2×13 年 10 月，上述已核销的坏账又收回 5 000 元；

(5)2×13 年年末应收账款余额为 2 000 000 元。

会计处理如下：

(1)2×10 年年末应计提的坏账准备＝1 000 000×2%＝20 000(元)

借：资产减值损失　　20 000

　　贷：坏账准备　　20 000

(2)2×11 年年末应计提的坏账准备＝2 500 000×2%＝50 000(元)

2×11 年年末需计提的坏账准备＝应计提的坏账准备－坏账准备贷方余额(已计提的)＝50 000－20 000＝30 000(元)

借：资产减值损失　　30 000

　　贷：坏账准备　　30 000

2×12 年年末应计提的坏账准备＝2 200 000×2%＝44 000(元)

2×12 年需计提的坏账准备＝44 000－50 000＝－6 000(元)(冲回)

冲回分录为：

借：坏账准备　　6 000

　贷：资产减值损失　　6 000

(3)2×13 年 6 月(确认坏账)：

借：坏账准备　　18 000

　贷：应收账款　　18 000

(4)2×13 年 10 月：

借：应收账款　　5 000

　贷：坏账准备　　5 000

借：银行存款　　5 000

　贷：应收账款　　5 000

(5)2×13 年应计提的坏账准备＝2 000 000×2%＝40 000(元)

2×13 年年末需计提坏账准备＝40 000－(44 000－18 000＋5 000)＝9 000(元)

借：资产减值损失　　9 000

　贷：坏账准备　　9 000

③账龄分析法

账龄分析法是根据应收账款入账时间的长短，并结合以往的经验来估计坏账损失、计提坏账准备的一种方法。一般来说，账款拖欠的时间越长，则发生坏账的可能性就越大，计提比率就越高。

采用这种方法，应先分析应收账款的拖欠情况，根据不同账龄的应收账款金额，以及相应账龄的估计坏账百分比，计算出各账龄段应收账款的坏账准备，然后结合坏账准备的本期计提前余额情况，确定本期应该计提的坏账损失。

4.4.2　应收票据的核算

应收票据是企业持有的、尚未到期兑现的商业汇票，是企业拥有的将来向付款人收回款项的一种权利。商业汇票按承兑人不同，可以分为承兑人为付款单位的商业承兑汇票和承兑人为银行的银行承兑汇票。商业汇票按计息的不同，又可分为带息票据和不带息票据。带息票据到期可以按票据的面值和规定的利率收取本金和利息，不带息票据到期按面值收取款项。

1.带息票据

带息票据是指票据上列明面值、利率和到期日的票据。票据形成时，按面值计价。票据收回时，由本金和利息两个部分组成。商业汇票的到期日一般有两种表示方法：一是在票据上写清具体日期，例如，款项于 2×13 年 5 月 20 日付清；二是写明出票日的某一段时间，例如，按日定期，出票日后 30 天到期，计算到期日可采用“算头不算尾”或“算尾不算头”的办法，如 2×13年 1 月 20 日开出的 90 天票据，到期日应为 4 月 20 日。

例 4-11　A 公司 2×13 年 5 月 15 日销售一批商品给 B 公司，按价目表标明的价格计算，金额为50 000元，适用的增值税税率为 17%，当日收到 B 公司开出的商业汇票一张，面值为58 500 元，年利率为 5%，半年期，用于支付货款。

(1)5 月 15 日，A 公司收到票据时，应编制会计分录如下：

借：应收票据　　58 500

贷：主营业务收入　50 000

应交税费——应交增值税(销项税额)　8 500

(2)11月15日，票据到期时计算到期利息，公式为：

利息＝58 500×5%×1/2＝1 462.5(元)

收回本金和利息时的会计处理：

借：银行存款　59 962.5

贷：应收票据　58 500

财务费用——利息收入　1 462.5

(3)假如上述票据是商业承兑汇票，到期遭到拒付，A公司应将票据退还给B公司协商解决。应编制会计分录如下：

借：应收账款　59 962.5

贷：应收票据　58 500

财务费用——利息收入　1 462.5

假如上述票据是银行承兑汇票，期末遭到拒付，则银行代B公司付款，同时将这部分款项作为B公司的贷款处理。

2.不带息票据

不带息票据是指票据上只标明票据的面值与票据的到期日，其面值一般含有利息，到期收回的就是面值。不带息票据的到期价值就等于应收票据的面值。

3.应收票据的贴现

票据贴现是指票据持有人将未到期的票据背书后转让给银行，银行受理后从票据到期值中扣除按银行贴现率计算确定的贴现利息，然后将余额付给持票人，作为银行对企业的短期贷款的一种行为。

应收票据贴现中，企业支付给银行的利息称为贴现息，采用的利率称为贴现率。企业收到银行实际支付的款项称为贴现所得。计算公式如下：

贴现息 = 票据到期值 × 年贴现率 × 贴现期

贴现所得 = 票据到期值 − 贴现息

4.4.3 其他应收账款的核算

其他应收款是指企业除了产品销售、劳务供应等款项以外的其他业务引起的结算款项。企业应设置“其他应收款”账户进行核算，并按应收内容、应收对象设置明细账进行明细分类核算。

4.5 存货的核算

4.5.1 存货的确认

存货的确认是指确定某项资产在性质上是否属于存货，在范围上是否是本企业的存货。存货必须在符合定义的前提下，同时满足下列两个条件，才能予以确认。

1. 与该存货有关的经济利益很可能流入企业

存货是企业的一项重要的流动资产，对存货的确认，关键是判断其是否很可能给企业带来经济利益或其所包含的经济利益是否很可能流入企业。一般情况下，企业拥有存货的所有权是与该存货有关的经济利益很可能流入本企业的一个重要标志。通常，根据销售合同已经售出(取得现金或收取现金的权利)、所有权已经转移的存货，因其所含经济利益已不能流入本企业，因而不能再作为企业的存货进行核算，即使该存货尚未运离企业。企业在判断与该存货有关的经济利益能否流入企业时，通常应结合考虑该存货所有权的归属，而不应当仅仅看其存放的地点等。

2. 该存货的成本能够可靠地计量

成本或者价值能够可靠地计量是资产确认的一项基本条件。存货作为企业资产的组成部分，要予以确认也必须能够对其成本进行可靠地计量。存货的成本能够可靠地计量必须以取得的确凿证据为依据，并且具有可验证性。如果存货成本不能可靠地计量，不能可靠确定其成本，就不能确认为购买企业的存货。

4.5.2　存货的初始计量

存货计量是存货会计的核心内容，即正确地确定收入、发出及结存存货的价值。

企业取得存货应当按照实际成本进行计量。存货成本包括采购成本、加工成本和其他成本三个组成部分。企业存货的取得主要是通过外购和自制两个途径。

4.5.2.1　外购存货的成本

企业外购存货主要包括原材料和商品。外购存货的成本即存货的采购成本，指企业物资从采购到入库前所发生的全部支出，包括购买价款、相关税费、运输费、装卸费、保险费以及其他可归属于存货采购成本的费用。

1. 购买价款

通常，企业购入的存货应根据发票金额确认购货价格。由于存在商业折扣与现金折扣等原因，可能出现发票价格与实际付款额不一致的情况。商业折扣不构成企业存货的成本；现金折扣构成存货的成本。

2. 采购费用

采购费用是指采购商品过程中发生的运输费、装卸费、保险费以及其他可归属于存货采购成本的费用等进货费用，应计入所购商品成本。企业采购商品的进货费用金额较小的，可以在发生时直接计入当期损益。

在实务中，商品流通企业也可以将发生的运输费、装卸费、保险费以及其他可归属于存货采购成本的费用等进货费用先进行归集，期末按照所购商品的存销情况进行分摊。对于已销售商品的进货费用，计入主营业务成本；对于未售商品的进货费用，计入期末存货成本。商品流通企业采购商品的进货费用金额较小的，可以在发生时直接计入当期销售费用。

3. 相关税费

企业在采购存货时要缴纳流转税，缴纳的流转税是否应该计入存货的入账价值，目前我国有两种处理情况。

（1）价内税

如采购存货时要缴纳的消费税、资源税及城市维护建设税等属于价内税。价内税即视采购价格内包含了上述流转税，是价格的组成部分。因此价内税应计入存货的成本。

（2）价外税

价外税主要是指采购存货时要缴纳的增值税。增值税是否计入存货的成本应区别情况处理。

第一，经确认为一般纳税人的企业，其采购存货支付的增值税，按照税法规定可以作为进项税额单独记账的，不计入存货采购成本。如增值税专用发票或完税凭证中注明的进项税额。购入存货不能取得增值税专用发票的企业，其采购存货支付的增值税一律计入所采购存货的成本。

第二，经确认为小规模纳税人的企业，其采购存货支付的增值税，无论是否在发票账单上单独列明，一律计入所采购存货的成本。

4.5.2.2 加工取得的存货的成本

企业通过进一步加工取得的存货，主要包括产成品、在产品、半成品、委托加工物资等，其成本由采购成本、加工成本构成。某些存货成本还包括使存货达到目前场所和状态所发生的其他成本，如可直接认定的产品设计费用等。通过进一步加工取得的存货的成本中，采购成本是由所使用或消耗的原材料采购成本转移而来的，因此，计量加工取得的存货成本重点是要确定存货的加工成本。

存货加工成本，由直接人工和制造费用构成，其实质是企业在进一步加工存货的过程中追加发生的生产成本。其中，直接人工是指企业在生产产品过程中直接从事产品生产的工人的职工薪酬。直接人工和间接人工的划分依据通常是生产工人是否与所生产的产品直接相关（即可否直接确定其服务的产品对象）。制造费用是指企业为生产产品和提供劳务而发生的各项间接费用。制造费用是一种间接生产成本，包括企业生产部门（如生产车间）管理人员的职工薪酬、折旧费、办公费、水电费、机物料消耗、劳动保护费、季节性和修理期间的停工损失等。

4.5.2.3 其他方式取得的存货的成本

企业取得存货的其他方式主要包括接受投资者投资、非货币性资产交换、债务重组、企业合并和盘盈等。

1. 投资者投入存货的成本

投资者投入存货的成本，应当按照投资合同或协议约定的价值确定，但合同或协议约定价值不公允的除外。在投资合同或协议约定价值不公允的情况下，按照该项存货的公允价值作为其入账价值。

2. 通过非货币性资产交换、债务重组、企业合并等方式取得的存货的成本

企业通过非货币性资产交换、债务重组、企业合并等方式取得的存货，其成本应当分别按照《企业会计准则第 7 号——非货币性资产交换》、《企业会计准则第 12 号——债务重组》和《企业会计准则第 20 号——企业合并》等的规定确定。但是，该项存货的后续计量和披露应当执行《企业会计准则第 1 号——存货》（以下简称存货准则）的规定。

3. 盘盈存货的成本

盘盈的存货，应按其重置成本作为入账价值，并通过“待处理财产损溢”账户进行会计处理，按管理权限报经批准后，冲减当期管理费用。

在确定存货成本的过程中应当注意，下列费用不应当计入存货成本，而应当在其发生时计入当期损益。

(1)非正常消耗的直接材料、直接人工及制造费用，应计入当期损益，不得计入存货成本。例如，企业超定额的废品损失以及由自然灾害而发生的直接材料、直接人工及制造费用，由于这些费用的发生无助于使该存货达到目前场所和状态，不应计入存货成本，而应计入当期损益。

(2)仓储费用是企业在采购入库后发生的储存费用，应计入当期损益。但是，在生产过程中为达到下一个生产阶段所必需的仓储费用则应计入存货成本。例如，某种酒类产品生产企业为使生产的酒达到规定的产品质量标准，而必须发生的仓储费用，就应计入酒的成本，而不是计入当期损益。

(3)不能归属于使存货达到目前场所和状态的其他支出，不符合存货的定义和确认条件，应在发生时计入当期损益，不得计入存货成本。

4.5.3　发出存货的计量

企业取得的存货入账以后，会被陆续地耗用或出售，因此企业存货总是处在不断流入和流出的流转之中。企业应当根据各类存货的实物流转方式、企业管理的要求、存货的性质等实际情况，合理地选择发出存货成本的计算方法，以合理确定当期发出存货的实际成本。

对于性质和用途相似的存货，应当采用相同的成本计算方法确定发出存货的实际成本。企业在确定发出存货的成本时，可以采用先进先出法、移动加权平均法、月末一次加权平均法和个别计价法等四种方法。根据目前企业会计准则的规定，企业不得采用后进先出法确定发出存货的成本。

1.先进先出法

先进先出法是以先购入的存货应先发出(销售或耗用)这样一种存货实物流转假设为前提，对发出存货进行计价。采用这种方法，先购入的存货成本在后购入存货成本之前转出，据此确定发出存货和期末存货的成本。

例 4-12　A 公司 2×13 年 3 月份购入存货的情况如下：

(1)3 月 2 日，购入 500 件，单价为 20 元；

(2)3 月 8 日，购入 400 件，单价为 22 元；

(3)3 月 16 日，购入 600 件，单价为 24 元；

(4)3 月 22 日，购入 500 件，单价为 25 元。

该公司发出存货的情况如下：

(1)3 月 5 日，发出 400 件；

(2)3 月 10 日，发出 500 件；

(3)3 月 26 日，发出 800 件。

假设存货 3 月初结存数量为 200 件，单位成本为 18 元。

采用先进先出法，A 公司 3 月份发出存货与期末存货的成本计算见表 4-3。

表 4-3　存货明细账

(先进先出法)

单位：元，件

日期		摘要	收入			发出			结存		
月	日		数量	单价	金额	数量	单价	金额	数量	单价	金额
3	1	期初余额							200	18	3 600
	2	购入	500	20	10 000				200 500	18 20	3 600 10 000

（续表）

日期		摘要	收入			发出			结存		
月	日		数量	单价	金额	数量	单价	金额	数量	单价	金额
	5	发出				200 200	18 20	3 600 4 000	300	20	6 000
	8	购入	400	22	8 800				300 400	20 22	6 000 8 800
	10	发出				300 200	20 22	6 000 4 400	200	22	4 400
	16	购入	600	24	14 400				200 600	22 24	4 400 14 400
	22	购入	500	25	12 500				200 600 500	22 24 25	4 400 14 400 12 500
	26	发出				200 600	22 24	4 400 14 400	500	25	12 500
	31	本期发生额 及期末余额	2 000	—	45 700	1 700	—	36 800	500	25	12 500

采用先进先出法确定的期末存货成本比较接近于当前的市场价值，但是，如果企业存货收发频繁，则工作量非常大。

2. 移动加权平均法

移动加权平均法，是指以每次进货的成本加上原有库存存货的成本，除以每次进货数量加上原有库存存货的数量，据以计算加权平均单位成本，作为在下次进货前计算各次发出存货成本的依据。计算公式如下：

$$存货单位成本=\frac{原有库存存货的实际成本+本次进货的实际成本}{原有库存存货数量+本次进货数量}$$

$$本次发出存货的成本=本次发出存货数量\times本次发货前的存货单位成本$$

$$本月月末库存存货成本=月末库存存货的数量\times本月月末存货单位成本$$

例 4-13 依据例 4-12 的资料，采用移动加权平均法计算存货成本，见表 4-4。

表 4-4 存货明细账

（移动加权平均法）

单位：元，件

日期		摘要	收入			发出			结存		
月	日		数量	单价	金额	数量	单价	金额	数量	单价	金额
3	1	期初余额							200	18	3 600
	2	购入	500	20	10 000				700	19.43	13 601
	5	发出				400	19.43	7 772	300	19.43	5 829
	8	购入	400	22	8 800				700	20.90	14 630
	10	发出				500	20.90	10 450	200	20.90	4 180
	16	购入	600	24	14 400				800	23.23	18 584
	22	购入	500	25	12 500				1 300	23.91	31 083
	26	发出				800	23.91	19 128	500	23.91	11 955
	31	本期发生额 及期末余额	2 000	—	45 700	1 700	—	37 350	500	23.91	11 955

表 4-4 中的有关计算如下：

(1)3 月 2 日结存存货的单价$=\dfrac{3\ 600+10\ 000}{200+500}=19.43$

(2)3 月 8 日结存存货的单价$=\dfrac{5\ 829+8\ 800}{300+400}=20.90$

(3)3 月 16 日结存存货的单价$=\dfrac{4\ 180+14\ 400}{200+600}=23.23$

(4)3 月 22 日结存存货的单价$=\dfrac{18\ 584+12\ 500}{800+500}=23.91$

采用移动加权平均法可以及时了解存货发出的成本和结存的成本，其单位成本接近市场价格，计算结果比较客观。但是，由于每次购入时都要重新计算一次单位成本，工作量比较大，因此，对存货收发频繁的企业不太适合。

3.月末一次加权平均法

月末一次加权平均法，是指以当月全部进货数量加上月初存货数量作为权数，去除当月全部进货成本加上月初存货成本，计算出存货的加权平均单位成本，以此为基础计算当月发出存货的成本和期末存货的成本的一种方法。

$$\text{存货单位成本}=\frac{\begin{pmatrix}\text{月初库存存货}\\\text{的实际成本}\end{pmatrix}+\sum\left(\begin{pmatrix}\text{本月某批进货}\\\text{的实际单位成本}\end{pmatrix}\times\begin{pmatrix}\text{本月某批}\\\text{进货的数量}\end{pmatrix}\right)}{\text{月初库存存货数量}+\text{本月各批进货数量之和}}$$

$$\text{本月发出存货的成本}=\text{本月发出存货的数量}\times\text{存货单位成本}$$

$$\text{本月月末库存存货成本}=\text{月末库存存货的数量}\times\text{存货单位成本}$$

例 4-14 沿用例 4-12 的资料，采用一次加权平均法确定存货成本。

采用一次加权平均法确定存货成本如下：

$$\begin{aligned}\text{存货单位成本}&=\frac{(200\times18)+(500\times20+400\times22+600\times24+500\times25)}{200+(500+400+600+500)}\\&=(3\ 600+45\ 700)/(200+2\ 000)\\&=22.41(\text{元})\end{aligned}$$

本期发出存货成本$=(400+500+800)\times22.41=38\ 097$(元)

期末结存存货成本$=500\times22.41=11\ 205$(元)

采用月末一次加权平均法，由于平时不计算发出存货的成本，到期末一次计算加权平均单位成本，简化了存货的日常核算。但是，对期中发出存货的成本平时无法在账簿中反映，影响了成本计算的及时性，不利于了解存货资金的日常占用情况。

4.个别计价法

个别计价法，亦称个别认定法、具体辨认法、分批实际法，其特征是注重所发出存货具体项目的实物流转与成本流转之间的联系，逐一辨认各批发出存货和期末存货所属的购进批别或生产批别，分别按其购入或生产时所确定的单位成本计算各批发出存货和期末存货的成本。即把每一种存货的实际成本作为计算发出存货成本和期末存货成本的基础。对于不能替代使用的存货、为特定项目专门购入或制造的存货以及提供的劳务，通常采用个别计价法确定发出存货的成本。在实际工作中，越来越多的企业采用计算机信息系统进行会计处理，个别计价法可以广泛应用于发出存货的计价，并且该方法确定的存货成本最为准确。

企业销售存货，应当将已售存货的成本结转为当期损益，计入营业成本。这就是说，企业在确认存货销售收入的当期，应当将已经销售存货的成本结转为当期营业成本。这种结转是为了符合收入与费用相配比的要求。

存货为商品、产成品的，企业应采用先进先出法、移动加权平均法、月末一次加权平均法和个别计价法确定已销售商品的实际成本。存货为非商品存货的，如材料等，应将已出售的材料的实际成本予以结转，计入当期其他业务成本。这里所讲的材料销售不构成企业的主营业务。如果材料销售构成了企业的主营业务，则该材料为企业的商品存货，而不是非商品存货。

4.5.4 期末存货的计量

4.5.4.1 存货期末计量原则

资产负债表日，存货应当按照成本与可变现净值孰低计量。

当存货成本低于可变现净值时，存货按成本计量；当存货成本高于可变现净值时，存货按可变现净值计量，同时按照成本高于可变现净值的差额计提存货跌价准备，计入当期损益。

成本与可变现净值孰低计量的理论基础主要是使存货符合资产的定义。当存货的可变现净值下跌至成本以下时，表明该存货给企业带来的未来经济利益低于其账面成本，因而应将这部分损失从资产价值中扣除，计入当期损益。否则，存货的可变现净值低于成本时，如果仍然以其成本计量，就会出现虚计资产的现象。

4.5.4.2 可变现净值的含义

可变现净值，是指在日常活动中，存货的估计售价减去至完工时估计将要发生的成本、估计的销售费用以及相关税费后的金额。存货的可变现净值由存货的估计售价、至完工时将要发生的成本、估计的销售费用和估计的相关税费等内容构成。

1.可变现净值的基本特征

(1)确定存货可变现净值的前提是企业在进行日常活动。如果企业不是在进行正常的生产经营活动，比如企业处于清算过程，那么不能按照存货准则的规定确定存货的可变现净值。

(2)可变现净值为存货的预计未来净现金流量，而不是存货的售价或合同价。企业预计的销售存货现金流量，并不完全等于存货的可变现净值。存货在销售过程中可能发生的销售费用和相关税费，以及为达到预定可销售状态还可能发生的加工成本等相关支出，构成现金流入的抵减项目。企业预计的销售存货现金流量，扣除这些抵减项目后，才能确定存货的可变现净值。

(3)不同存货可变现净值的构成不同。①产成品、商品和用于出售的材料等直接用于出售的商品存货，在正常生产经营过程中，应当以该存货的估计售价减去估计的销售费用和相关税费后的金额，确定其可变现净值。②需要经过加工的材料存货，在正常生产经营过程中，应当以所生产的产成品的估计售价减去至完工时估计将要发生的成本、估计的销售费用和相关税费后的金额，确定其可变现净值。

4.5.4.3 成本与可变现净值孰低法的实际应用

企业采用成本与可变现净值孰低法对存货计价时，有三种不同的计算方法。

1.单项比较法

单项比较法也称逐项比较法或个别比较法，是指对存货中每一种存货的成本和可变现净值逐项进行比较，每项存货均取较低者来确定存货的期末成本。

2. 分类比较法

分类比较法是指按存货类别的成本与可变现净值进行比较，每类存货取其较低者来确定存货的期末成本。

3. 总额比较法

总额比较法也称综合比较法，是指按全部存货的综合成本与可变现净值总额进行比较，以较低者作为期末全部存货的成本。

例 4-15 某公司有甲、乙两类 A、B、C、D 四种存货，各种存货分别按三种计算方式确定期末成本，见表 4-5。

表 4-5　成本与可变现净值孰低法的应用　　单位：元

项　目	数　量	成　本		可变现净值		单项比较法	分类比较法	总额比较法
		单　价	金　额	单　价	金　额			
甲类存货								
A	80	120	9 600	110	8 800	8 800		
B	40	400	16 000	410	16 400	16 000		
合计			25 600		25 200		25 200	
乙类存货								
C	40	300	12 000	310	12 400	12 000		
D	20	720	14 400	710	14 200	14 200		
合计			26 400		26 600		26 400	
总计			52 000		51 800	51 000	51 600	51 800

从表 4-5 中的计算结果可以看出，单项比较法计算的期末成本总计最低，为 51 000 元；分类比较法次之，为 51 600 元；总额比较法最高，为 51 800 元。这是因为单项比较法所确定的均为各项存货的最低价，据此计算的结果比较准确，但该方法的工作量最大，对于存货品种繁多的企业更是如此。总额比较法工作量虽小，但计算结果不够准确。分类比较法介于两者之间。

《企业会计准则第 1 号——存货》规定，企业应当按单个存货项目的成本与可变现净值计量；对于数量繁多，单价较低的存货，可以按存货类别计量成本与可变现净值。

4.5.5　存货的核算

4.5.5.1　原材料的核算

原材料是指企业通过采购或其他方式取得的，经加工改变其形态或性质并构成产品主要实体，或有助于产品形成的各种原料及主要材料、辅助材料、外购半成品、修理用备件、包装材料、燃料等。

原材料的核算方法又分为实际成本法和计划成本法。其中实际成本法是指企业对各种原材料的购入、发出和结存均按照实际成本在其总账和明细账中进行登记核算的一种方法。

1. 账户的设置

按实际成本计价进行材料核算时，主要设置“原材料”和“在途物资”账户。

“原材料”账户，用来核算企业库存的各种材料的实际成本。该账户借方登记入库材料的实际成本，贷方登记出库材料的实际成本，余额在借方，表示期末库存材料的实际成本。

“在途物资”账户，用来核算企业货款已经支付但尚未验收入库材料的增减变动情况。该账户借方登记支付的材料价款，贷方登记验收入库材料的金额，余额在借方，表示已经支付货款但尚未验收入库的材料金额。

2.取得材料的核算

(1)外购的原材料。企业外购材料时，由于结算方式和采购地点的不同，材料入库和货款的支付在时间上不一定完全同步，其账务处理也有所不同。

①发票账单与材料同时到达企业

例 4-16 A 企业经有关部门核定为一般纳税人，2×13 年 2 月 20 日该企业购入原材料一批，取得的增值税专用发票上注明的原材料价款为 10 000 元，增值税为 1 700 元，材料已验收入库，货款已通过银行转账支付。

其会计处理为：

借：原材料	10 000	
应交税费——应交增值税(进项税额)	1 700	
贷：银行存款		11 700

②已经付款或已经开出商业汇票，但材料尚未到达或尚未验收入库

例 4-17 假设例 4-16 中购入材料的业务、发票等结算凭证已经到达企业，货款已经支付，但材料尚未运到。

其会计处理为：

借：在途物资	10 000	
应交税费——应交增值税(进项税额)	1 700	
贷：银行存款		11 700

上述材料到达验收入库时：

借：原材料	10 000	
贷：在途物资		10 000

③存货已经验收入库，发票账单尚未到达企业

购买的货物已经运达企业，并已经验收入库，但由于尚未收到发票及账单，无法确知货物的实际成本，货款也无从支付，但为了保证账实相符，必须在月末对入库的原材料按估计价格入账，下月初再用红字冲销，待收到发票账单后，再按正常方法处理。

例 4-18 假设例 4-16 中所购入的原料已经验收入库，但 2 月 28 日发票账单尚未收到，货款也尚未支付。

其会计处理如下：

2 月 28 日，按原材料的估计价格 11 000 元入账：

借：原材料	11 000	
贷：应付账款		11 000

3 月 1 日，用红字将上笔分录冲回：

借：原材料	(11 000)	
贷：应付账款		(11 000)

3 月 8 日，收到有关专用发票等结算凭证，并通过银行转账支付：

借：原材料	10 000	
应交税费——应交增值税(进项税额)	1 700	

贷：银行存款　　11 700

(2)自制的原材料。在材料自制完工并验收入库时，按其实际成本，借记“原材料”账户，贷记“生产成本”账户。

3.发出材料的核算

企业发出材料业务频繁，为简化日常核算工作，通常在月末根据平时发出材料的有关原始凭证如领料单等，按用途、领用部门归类，汇总编制“发出材料汇总表”，月末一次做出发出材料的总分类核算。对于发出的各种原材料，企业应按照事先确定的发出材料的计价方法来计算其实际成本，根据材料发出的原因和不同用途进行会计处理。

生产经营领用、加工发出的原材料，根据“发出材料汇总表”记账时，借记“生产成本”、“制造费用”、“管理费用”、“销售费用”、“委托加工物资”等账户，贷记“原材料”账户。

基建、福利部门领用原材料，按实际成本，借记“在建工程”、“应付职工薪酬”等账户，贷记“原材料”账户。

出售原材料，于月度终了，按其实际成本，借记“其他业务成本”账户，贷记“原材料”账户。

例 4-19　A公司2×13年3月份的“发出材料汇总表”中列明各部门领用甲材料情况如下：生产车间生产产品领用90 000元，车间管理部门领用20 200元，产品销售部门领用16 000元，企业管理部门领用20 000元，基建工程部门领用20 000元，增值税为3 400元。

根据发出材料汇总表，其会计处理如下：

借：生产成本　　90 000
　　制造费用　　20 200
　　销售费用　　16 000
　　管理费用　　20 000
　　在建工程　　23 400
　贷：原材料——甲　　166 200
　　　应交税费——应交增值税(进项税额转出)　　3 400

除实际成本法外，原材料的收入、发出还可以按照计划成本法来计价。按计划成本法计价的原材料核算是指材料的收发凭证与总分类核算和明细分类核算都按计划成本计价。主要设置“原材料”和“材料采购”账户，其中“原材料”账户核算材料的计划成本，“材料采购”账户核算购入材料的实际成本，材料实际成本与计划成本的差异通过“材料成本差异”账户核算。本章不再对此进行论述。

4.5.5.2　库存商品的核算

库存商品是指企业库存的各种商品，包括库存的外购商品、自制的商品产品、存放在门市部准备出售的商品、发出展览的商品以及存在外库的商品等。工业企业的库存商品主要是产成品。为了反映和监督库存商品的增减变化及其结存情况，应设置“库存商品”账户，该账户借方登记验收入库库存商品的实际成本，贷方登记发出库存商品的实际成本，余额在借方，表示结存的库存商品的实际成本。

1.库存商品完工并验收入库的核算

企业生产完工的产品完工入库后，应结转完工产品的成本，借记“库存商品”账户，贷记“生产成本”账户。

2.库存商品发出的核算

库存商品发出主要指对外销售及企业内部的在建工程耗用等。

(1)对外销售库存商品，应根据不同的销售方式，进行会计处理。对于已经实现销售的产品，在结转其销售成本时，应借记"主营业务成本"账户，贷记"库存商品"账户。

(2)在建工程等部门领用库存商品，企业应根据其用途，记入"在建工程"等有关账户，贷记"库存商品"账户。

4.5.5.3 存货清查的核算

企业按规定对存货进行定期盘点后，盘点的结果可能与账面不符，应查明原因，并进行相应的会计处理。

1.存货盘盈的会计处理

存货的盘盈是指实际盘点的存货数量大于账面的结存数量。对于盘盈的存货应按计划成本或估计的成本，借记"原材料"、"库存商品"等账户，贷记"待处理财产损溢——待处理流动资产损溢"账户。批准后，借记"待处理财产损溢——待处理流动资产损溢"账户，贷记"管理费用"账户。

例 4-20 A公司在年末财产清查中盘盈原料一批，计划成本为60 000元，经查是由于计量原因造成的。

有关会计处理如下：

(1)盘盈时：

借：原材料　　60 000

　　贷：待处理财产损溢——待处理流动资产损溢　　60 000

(2)批准后：

借：待处理财产损溢——待处理流动资产损溢　　60 000

　　贷：管理费用　　60 000

2.存货盘亏的会计处理

存货的盘亏是指实际盘点的存货数量小于账面的结存数量。存货盘亏或毁损，按其实际成本，借记"待处理财产损溢——待处理流动资产损溢"账户，贷记"原材料"账户。批准后，应区分不同原因分别处理。

材料的残值、收取的保险赔偿款和责任人的赔偿款，应借记"原材料"、"其他应收款"账户，贷记"待处理财产损溢——待处理流动资产损溢"账户；对一般保管不善造成的盘亏，应借记"管理费用"账户，贷记"待处理财产损溢——待处理流动资产损溢"账户；对于非常原因造成的毁损，属于非常损失，应借记"营业外支出——非常损失"账户，贷记"待处理财产损溢——待处理流动资产损溢"账户。

例 4-21 B公司在年末财产清查中盘亏原料一批，实际成本为20 000元，经查是由于以下原因造成的：保管不善造成的亏损8 000元，遭受意外事故损失10 000元，仓库保管人员的责任损失2 000元。对意外事故造成的损失，经与保险公司交涉，应由保险公司赔偿金额10 000元。

有关业务的会计处理如下：

(1)盘亏时：

借：待处理财产损溢——待处理流动资产损溢　　20 000

　贷：原材料　　20 000

(2)批准后：

借：管理费用　　8 000

　　其他应收款　　2 000

　　其他应收款——保险公司　　10 000

　贷：待处理财产损溢——待处理流动资产损溢　　20 000

4.5.5.4　成本与可变现净值孰低法的会计处理

企业在每个会计期末，都要比较存货的成本与可变现净值。若期末存货的成本低于可变现净值，则仍以账面成本计价，不需要调整；若期末存货的成本高于其可变现净值，表明存货成本不能全部收回，应按其不可收回部分的金额，提取存货跌价准备。

提取存货跌价准备的会计处理方法也有直接转销法和备抵法两种。直接转销法是将可变现净值低于成本的损失直接转销存货账户，将计提的存货跌价准备借记“资产减值损失”账户，贷记相关的存货账户。目前，企业会计准则规定企业提取的存货跌价准备，应采用备抵法。

备抵法是对于存货可变现净值低于成本的损失不直接冲减有关“存货”账户，而是单独设置“存货跌价准备”账户，该账户是存货的抵减账户。贷方登记可变现净值低于成本的差额，借方登记已提取跌价准备的存货价值以后又得以恢复的金额，其贷方余额反映企业已经提取的存货跌价准备。

在计提准备时，如果“存货跌价准备”账户已有余额，就必须将期末应计提的准备与账户余额进行比较，若应提取数大于已提取数，则需要予以补提；若应提取数小于已提取数，应予以冲销，借记“存货跌价准备”账户，贷记“资产减值损失”账户，但应该以“存货跌价准备”账户的余额冲减至零为限。

例 4-22　某公司2×11年年末存货实际成本为500 000元，可变现净值为480 000元；2×12年年末存货实际成本为450 000元，可变现净值为425 000元；2×13年6月30日，该批存货的可变现净值升为440 000元；2×13年年末存货实际成本为600 000元，可变现净值为605 000元。

其会计处理如下：

(1)2×11年年末提取的存货跌价准备：

2×11年年末提取的存货跌价准备＝500 000－480 000＝20 000(元)

借：资产减值损失——计提的存货跌价准备　　20 000

　贷：存货跌价准备　　20 000

(2)2×12年年末计提的存货跌价准备：

2×12年年末计提的存货跌价准备＝450 000－425 000－20 000＝5 000(元)

借：资产减值损失——计提的存货跌价准备　　5 000

　贷：存货跌价准备　　5 000

(3)2×13年6月30日计提的存货跌价准备：

2×13年6月30日计提的存货跌价准备＝450 000－440 000－(20 000＋5 000)＝－15 000(元)

则冲销分录：

借：存货跌价准备　　15 000

　贷：资产减值损失——计提的存货跌价准备　　15 000

(4)2×13年年末计提的存货跌价准备：

2×13年年末的存货账面价值小于可变现净值，应按账面价值计价，则将存货跌价准备账户余额冲减至零。

借：存货跌价准备　　10 000

　贷：资产减值损失——计提的存货跌价准备　　10 000

小结

资产按其流动性可以分为流动资产和非流动资产。凡满足以下条件之一，应当归类为流动资产：①预计在一个正常营业周期中变现、出售或耗用；②主要为交易目的而持有；③预计在资产负债表日起1年内变现；④自资产负债表日起1年内，交换其他资产或清偿负债的能力不受限制的现金或现金等价物。企业的流动资产一般包括货币资金、应收款项、存货、交易性金融资产等。

货币资金是企业资产的重要组成部分，是企业资产中流动性较强的一种资产。持有货币资金是任何企业进行生产经营活动的基本条件，根据货币资金的存放地点及其用途的不同，货币资金分为库存现金、银行存款及其他货币资金。

应收款项泛指企业拥有的将来收取现金、商品或接受劳务的权利，一般包括以下四类：应收账款、应收票据、预付账款、其他应收款。

存货是指企业在日常活动中持有以备出售的产成品或商品，处在生产过程中的在产品，在生产过程或提供劳务过程中耗用的材料、物料等。企业的存货通常包括以下内容：原材料、在产品、半成品、产成品、商品、周转材料。

金融资产属于企业资产的重要组成部分，主要包括库存现金、银行存款、应收账款、应收票据、其他应收款项、股权投资、债权投资、衍生工具形成的资产等。金融资产满足下列条件之一的，应当划分为交易性金融资产：(1)取得该金融资产的目的，主要是为了近期内出售或回购，比如企业以赚取差价为目的从二级市场购入的股票、债券、基金等。(2)属于进行集中管理的可辨认金融工具组合的一部分，且有客观证据表明企业近期采用短期获利方式对该组合进行管理。(3)属于衍生工具，比如国债期货、远期合同、股指期货等，其公允价值变动大于零时，应将其相关变动金额确认为交易性金融资产，同时计入当期损益。

思考题

1. 简述流动资产的特征。
2. 货币资金包括哪些内容？
3. 库存现金的使用范围有哪些规定？
4. 简述银行存款转账结算方式的种类。
5. 如何实施货币资金的内部控制？
6. 什么是商业折扣和现金折扣？存在商业折扣和现金折扣的情况下，如何对应收账款进行计价？
7. 什么是应收票据的贴现？
8. 什么是坏账损失？如何进行坏账损失的核算？
9. 如何确定存货的入账价值？

10. 什么是存货发出计价的先进先出法、移动加权平均法？各自的优缺点有哪些？

11. 什么是成本与可变现净值孰低法？可变现净值如何确定？

12. 成本与可变现净值孰低法如何应用？

13. 什么是交易性金融资产？交易性金融资产如何核算？

练习题

1. 胜利公司2×13年4月30日的库存现金余额为4 500元。5月份发生的业务如下：

(1)采购员购买零星用料，支付现金850元；

(2)从银行提取现金45 000元；

(3)厂部办公室李某出差，预支差旅费15 000元；

(4)企业购买办公用品2 500元；

(5)收到职工违章罚款200元；

(6)李某出差回来，报销差旅费17 500元，差额以现金支付；

(7)月末，出纳员清点现金的余额为28 550元，与账面余额不符，按规定由出纳员赔偿，出纳员尚未缴入此笔款项。

要求：根据以上资料编制会计分录。

2. 龙腾公司2×13年5月31日收到银行存款对账单的余额为20 350元，通过核对，发现下列情况：

(1)公司5月25日开出购货支票一张，金额为12 000元，收款单位尚未兑现；

(2)委托银行代收劳务费5 400元，银行已存入龙腾公司账户，企业尚未接到通知；

(3)公司收到蓝天公司支票8 200元、新华公司支票12 500元，30日存入银行，银行尚未入账；

(4)公司支付税金开出的支票为15 350元，在账上误记为15 530元；

(5)银行将胜利公司的存款3 450元误记入本公司账上；

(6)银行于5月30日支付公司到期的银行承兑汇票24 000元，公司尚未到账；

(7)银行扣除公司本月的借款利息3 200元，公司尚未收到通知。

要求：根据上述资料，编制银行存款余额调节表，假定公司和银行的存款余额调整后相符，计算龙腾公司的企业银行存款日记账的余额。

3. 蓝天公司2×11年第一次计提坏账准备，年末应收账款的余额为1 000 000元，提取坏账准备的比例为1%；2×12年发生了坏账损失15 000元，其中甲企业9 000元，乙企业6 000元，年末应收账款为1 200 000元；2×13年，已冲销的上年乙企业应收账款6 000元又收回，期末应收账款1 300 000元。

要求：计算各年应提取的坏账准备及做出相应的会计处理。

4. 胜利公司是一般纳税人，其适用税率为17%。2×12年12月31日，应收账款余额为150 000元，该公司采用应收账款余额百分比法计提坏账损失，坏账准备的提取比例为5‰。2×13年的有关资料如下：

(1)公司出售商品一批，价款为150 000元，商品已发出，款项暂时未收；

(2)收到梅林公司交来的欠款50 000元，存入银行；

(3)公司向新华公司销售商品一批，价款140 000元，增值税23 800元，公司收到新华公司开出的一张面值为163 800元、时间为6个月、年利率为8%的商业汇票；

(4)公司收到威力公司开出的面值为58 500元、期限为3个月、年利率为8%的银行承兑汇票一张，抵付以前的应收账款；

(5)接到银行通知，公司持有的会联公司一张面值为30 000元、期限为3个月、利率为8%的商业承兑汇票遭到拒付；

(6)公司向友谊公司采购材料一批，价税共计58 500元，公司将持有的应向威力公司收款的票据背书转让给友谊公司；

(7)公司确认本期无法收回的应收账款为30 000元，经董事会批准，同意注销；

(8)去年确认核销的梅林公司应收账款，今年又收回了20 000元；

(9)计算应收账款期末余额及本期应计提的坏账准备。

要求：根据上述资料，编制相关会计分录。

5.天翔公司2×11年、2×12年、2×13年的存货资料见表1。

表1　资料表　　单位：元

日　期	成　本	可变现净值
2×11年1月1日	250 000	250 000
2×11年12月31日	320 000	310 000
2×12年12月31日	280 000	295 000
2×13年12月31日	300 000	305 000

要求：假定该公司采用成本与可变现净值孰低法计价，请编制相关会计分录。

6.胜利公司2×13年3月6日以银行存款购入华兴公司已宣告但尚未分派现金股利的股票30 000股作为短期投资，每股成交价为11.20元，其中0.20元为已宣告但尚未分派的现金股利，另支付相关税费1 000元，胜利公司于3月22日收到华兴公司上述发放的现金股利。3月末，华兴公司的股票为每股10元。6月20日，胜利公司将上述30 000股股票全部出售，成交价为每股12元，另支付相关税费800元。

要求：编制胜利公司3月6日购买股票、3月22日收到现金股利、3月末和6月20日出售股票的会计分录。

7.某企业材料的日常核算按实际成本计价。该企业发生以下业务：

(1)从本地购入原材料一批，增值税专用发票注明的材料价款为30 000元，增值税为5 100元，材料已验收入库，发票账单等结算凭证已收到，货款已通过银行支付；

(2)从外地购买原材料一批，发票账单等结算凭证已到，增值税专用发票注明的材料价款为20 000元，增值税额3 400元，货款已支付，但材料尚未到达；

(3)上述在途材料已经运达，并验收入库；

(4)从外地购入原材料一批，材料已验收入库，但结算凭证未到，货款尚未支付，暂估价为18 000元；

(5)收到上述结算凭证并支付货款20 000元及增值税3 400元；

(6)根据合同规定，预付材料款45 000元；

(7)上述预付款的材料已经运达并验收入库，收到发票账单等结算凭证，材料价款80 000元，增值税额13 600元，补付余额48 600元；

(8)自制材料完工验收入库，实际成本为50 000元。

要求：根据上述业务逐项编制会计分录。

第5章 非流动资产的核算

学习目的

本章主要介绍非流动资产及其会计核算等有关知识。通过本章学习应：

- ⊙ 了解非流动资产的种类及特征
- ⊙ 掌握固定资产取得的种类和计价
- ⊙ 掌握固定资产业务的会计处理
- ⊙ 了解无形资产的性质和种类
- ⊙ 掌握无形资产业务的会计处理
- ⊙ 了解长期股权投资的含义
- ⊙ 掌握长期股权投资业务的会计处理
- ⊙ 了解持有至到期投资和可供出售金融资产的含义和特点
- ⊙ 掌握持有至到期投资和可供出售金融资产的会计处理
- ⊙ 了解投资性房地产的内容和核算

章前案例与导引

企业开展经营活动除需要货币资金、存货等流动资产外，还必须拥有必要的经营场所和设备。固定资产在企业资产中所占的比例一般都较大。中国联合网络通信集团有限公司于2009年1月6日在原中国网通和原中国联通的基础上合并组建而成，在国内31个省(自治区、直辖市)和境外多个国家和地区设有分支机构，是中国唯一一家在纽约、香港、上海三地同时上市的电信运营企业，连续多年入选“世界500强企业”。2013年12月31日，该公司的固定资产在总资产中的比例达到69.76%，可见固定资产在该公司的重要程度。固定资产取得、使用和处置时如何进行会计处理，从而为企业固定资产的管理和控制提供必需的财务信息？

对于某些企业而言，除了固定资产外，无形资产可能是非常重要的一个资产项目。以深圳高速公路股份有限公司2013年的年报为例，其账面无形资产主要包括特许经营权和土地使用权，其期末无形资产账面净值占资产总额的78%。与实物资产相比，无形资产有何特点？如何进行会计处理？

此外某些公司除了主业以外，在房地产和金融领域都有一定的投资。从会计的角度看，企业对外投资如何计价？投资收益如何确定？以上这些问题都是本章所要回答的问题。

5.1 非流动资产概述

企业开展经营活动，除了需要货币资金、存货及应收款项等流动资产外，还拥有一些其他资产。流动资产以外的资产应当归类于非流动资产。非流动资产一般包括：可供出售金融资产、持有至到期投资、长期股权投资、投资性房地产、长期应收款、固定资产、无形资产、长期待摊费用等。本章主要讨论固定资产、无形资产、长期股权投资、持有至到期投资、可供出售金融资产和投资性房地产的内容和会计处理。

5.1.1 固定资产概述

固定资产是供企业长期使用、价值较高且不以出售为目的的资产。一般来讲固定资产是指同时具有下列特征的有形资产：①为生产商品、提供劳务、出租或经营管理而持有；②使用寿命超过一个会计年度。

5.1.1.1 固定资产的特征

从固定资产的定义看，固定资产具有以下三个特征。

1.为生产商品、提供劳务、出租或经营管理而持有

企业持有固定资产的目的是为了生产商品、提供劳务、出租或经营管理，即企业持有的固定资产是企业的劳动工具或手段而不是用于出售的产品。其中“出租”的固定资产，是指企业以经营租赁方式出租的机器设备类固定资产，不包括以经营租赁方式出租的建筑物，后者属于企业的投资性房地产，不属于固定资产。

2.使用寿命超过一个会计年度

固定资产的使用寿命，是指企业使用固定资产的预计期间或者该固定资产所能生产产品或提供劳务的数量。通常情况下，固定资产的使用寿命是指使用固定资产的预计期间，比如自用房屋建筑物的使用寿命表现为企业对该建筑物的预计使用年限。对于某些机器设备或运输设备等固定资产，其使用寿命表现为以该固定资产所能生产产品或提供劳务的数量，例如，汽车或飞机等，按其预计行驶或飞行里程估计使用寿命。

固定资产使用寿命超过一个会计年度，意味着固定资产属于非流动资产，随着使用和磨损，通过计提折旧方式逐渐减少账面价值。对固定资产计提折旧，是对固定资产进行后续计量的重要内容。

3.固定资产是有形资产

固定资产具有实物特征，这一特征将固定资产与无形资产区别开来。有些无形资产可能同时符合固定资产的其他特征，如无形资产为生产商品、提供劳务而持有，使用寿命超过一个会计年度，但是由于其没有实物形态，所以不属于固定资产。

5.1.1.2 固定资产的分类

企业的固定资产种类很多，对固定资产进行科学合理的分类，是实现固定资产管理和正确组织固定资产核算的重要手段之一，根据不同的管理需要和核算要求，固定资产的分类有如下几种标准。

1.按经济用途分类

按经济用途分类，可以分为生产经营用固定资产和非生产经营用固定资产。

（1）生产经营用固定资产，是指直接用于企业生产经营过程中的固定资产，如生产用的房屋、机器、设备、器具和工具等。

（2）非生产经营用固定资产，是指不直接用于生产经营过程的固定资产，如企业职工宿舍、食堂、浴室等使用的房屋、设备和其他固定资产。

2.按使用情况分类

按使用情况分类，可以分为使用中的固定资产、未使用的固定资产和不需用的固定资产。

（1）使用中的固定资产，是指正在使用的经营用与非经营用固定资产，季节性停用或大修理停用等固定资产仍属于企业使用中的固定资产。企业出租给其他单位使用的固定资产以及内部替换使用的固定资产，也属于使用中的固定资产。

（2）未使用的固定资产，是指已经完工或已经构建的尚未交付使用的固定资产以及因进行改建、扩建等原因暂停使用的固定资产。

（3）不需用的固定资产，是指企业多余或不适宜使用的各种需调配处理的固定资产。

3.按所有权分类

按所有权分类，可以分为自有固定资产和租入固定资产。

（1）自有固定资产，是指企业拥有的可供企业自由支配使用的固定资产。

（2）租入固定资产，是指企业采用租赁方式从其他单位租入的固定资产。

其中融资租入固定资产是指企业采用融资租赁方式租入的固定资产，在租赁期内，应视同自有固定资产进行管理。

4.按经济用途和使用情况综合分类

按经济用途和使用情况等综合分类，可以把企业的固定资产划分为七大类：

（1）生产经营用固定资产；

（2）非生产经营用固定资产；

（3）租出固定资产；

（4）不需用固定资产；

（5）未使用固定资产；

（6）土地，指过去已经估价单独入账的土地；

（7）融资租入固定资产。

5.1.2 无形资产概述

5.1.2.1 无形资产的定义与特征

无形资产是指企业拥有或者控制的没有实物形态的可辨认非货币性资产。无形资产具有以下特征。

1.由企业拥有或者控制并能为其带来未来经济利益的资源

通常情况下，企业拥有或者控制的无形资产应当拥有其所有权并且能够为企业带来未来经济利益。但在某些情况下并不需要企业拥有其所有权，如果企业有权获得某项无形资产产生的经济利益，同时又能约束其他人获得这些经济利益，则说明企业控制了该无形资产，或者说控制了该无形资产产生的经济利益，具体表现为企业拥有该无形资产的法定所有权或者使用权，并受法律的保护。比如，企业自行研制的某项技术通过申请依法取得专利权后，在一定期限内拥有了该专利技术的法定所有权；又如企业与其他企业签订合约转让某一商标权，由于合约的签订，使商标使用权转让方的相关权利受到法律的保护。

2.无形资产不具有实物形态

无形资产通常表现为某种权利、某项技术或是某种获取超额利润的综合能力。它们不具有实物形态，比如，土地使用权、专利权、非专利技术等。无形资产为企业带来经济利益的方式与固定资产不同，固定资产是通过实物价值的磨损和转移来为企业带来未来经济利益，而无形资产很大程度上是通过自身所具有的技术等优势为企业带来未来经济利益，不具有实物形态是无形资产区别于其他资产的特征之一。

3.无形资产具有可辨认性

要作为无形资产进行核算，该资产必须是能够区别于其他资产，可单独辨认的，如企业持有的专利权、非专利技术、商标权、土地使用权、特许权等。从可辨认性角度考虑，商誉是与企业整体价值联系在一起的，无形资产的定义要求无形资产是可辨认的，以便与商誉清楚地区分开来。企业合并中取得的商誉代表了购买方为从不能单独辨认并独立确认的资产中获得预期未来经济利益而付出的代价。从计量上来讲，商誉是企业合并成本大于合并中取得的各项可辨认资产、负债公允价值份额的差额，代表的是企业未来现金流量大于每一单项资产产生未来现金流量的合计金额，其存在无法与企业自身区分开来，由于不具有可辨认性，虽然商誉也是没有实物形态的非货币性资产，但不构成无形资产。符合以下条件之一的，则认为其具有可辨认性。

(1)能够从企业中分离或者划分出来，并能单独用于出售或转让等，而不需要同时处置在同一获利活动中的其他资产，则说明无形资产可以辨认。某些情况下无形资产可能需要与有关的合同一起用于出售、转让等，这种情况下也视为可辨认无形资产。

(2)产生于合同性权利或其他法定权利，无论这些权利是否可以从企业或其他权利和义务中转移或者分离。如一方通过与另一方签订特许权合同而获得的特许使用权，通过法律程序申请获得的商标权、专利权等。

4.无形资产能够给企业带来的未来经济利益具有很大的不确定性

无形资产的经济价值在很大程度上受企业外部因素的影响，其预期的获利能力不能准确地加以确定。无形资产确认的账面价值与其实际经济价值往往相差很大。例如，企业账面上记载的商标权金额也许很小，但如果经营有方，它为企业带来的利益远高于其账面价值。另一方面，企业所拥有的专利权，其账面价值可能很高，在某一段时期也确实能给企业带来经济利益，但一旦科学技术有了新的突破，原有专利的价值往往会丧失殆尽。

5.1.2.2 无形资产的内容

无形资产通常包括专利权、非专利技术、商标权、著作权、特许权、土地使用权等。

1.专利权

专利权，是指国家专利主管机关依法授予发明创造专利申请人，对其发明创造在法定期限内所享有的专有权利，包括发明专利权、实用新型专利权和外观设计专利权。发明，是指对产品、方法或者其改进所提出的新的技术方案。实用新型，是指对产品的形状、构造或者其结合所提出的适于实用的新的技术方案。外观设计，是指对产品的形状、图案或者其结合以及色彩与形状、图案的结合所做出的富有美感并适用于工业应用的新设计。发明专利权的期限为20年，实用新型专利权和外观设计专利权的期限为10年，均自申请日起计算。

2.非专利技术

非专利技术，也称专有技术。它是指不为外界所知、在生产经营活动中已采用了的、不享有法律保护的、可以带来经济效益的各种技术和诀窍。非专利技术一般包括工业专有技术、商业贸易专有技术、管理专有技术等。工业专有技术指在生产上已经采用，仅限于少数人知道，不享有专利权或发明权的生产、装配、修理、工艺或加工方法的技术知识，可以用蓝图、配方、技术记录、操作方法的说明等具体资料表现出来，也可以通过卖方派出技术人员进行指导，或接受买方人员进行技术实习等手段实现。商业贸易专有技术，指具有保密性质的市场情报、原材料价格情报以及用户、竞争对象的情况的有关知识。管理专有技术，指生产组织的经营方式、管理方法、培训职工方法等保密知识。非专利技术并不是专利法的保护对象，非专利技术用自我保密的方式来维持其独占性，具有经济性、机密性和动态性等特点。

3.商标权

商标是用来辨认特定的商品或服务的标记。商标权指专门在某类指定的商品或产品上使用特定的名称或图案的权利。经商标局核准注册的商标为注册商标，包括商品商标、服务商标和集体商标、证明商标。商标注册人享有商标专用权，受法律保护。集体商标，是指以团体、协会或者其他组织名义注册，供该组织成员在商事活动中使用，以表明使用者在该组织中的成员资格的标志。证明商标，是指由对某种商品或者服务具有监督能力的组织所控制，而由该组织以外的单位或者个人使用于其商品或者服务，用以证明该商品或者服务的原产地、原料、制造方法、质量或者其他特定品质的标志。注册商标的有效期为10年，自核准注册之日起计算。注册商标有效期满，需要继续使用的，应当在期满前6个月内申请续展注册；在此期间未能提出申请的，可以给予6个月的宽展期。宽展期满仍未提出申请的，注销其注册商标。每次续展注册的有效期为10年。

4.著作权

著作权又称版权，指作者对其创作的文学、科学和艺术作品依法享有的某些特殊权利。著作权包括作品署名权、发表权、修改权和保护作品完整权，还包括复制权、发行权、出租权、展览权、表演权、放映权、广播权、信息网络传播权、摄制权、改编权、翻译权、汇编权以及应当由著作权人享有的其他权利。著作权人包括作者和其他依法享有著作权的公民、法人或者其他组织。著作权属于作者，创作作品的公民是作者。由法人或者其他组织主持，代表法人或者其他组织意志创作，并由法人或者其他组织承担责任的作品，法人或者其他组织视为作者。作者的署名权、修改权、保护作品完整权的保护期不受限制。公民的作品，其发表权、复制权、发行权、出租权、展览权、表演权、放映权、广播权、信息网络传播权、摄制权、改编权、翻译权、汇编权以及应当由著作权人享有的其他权利的保护期，为作者终生及其死亡后50年，截止于作者死亡后第50年的12月31日；如果是合作作品，截止于最后死亡的作者死亡后第50年的12月31日。

5. **特许权**

特许权，又称经营特许权、专营权，指企业在某一地区经营或销售某种特定商品的权利或一家企业接受另一家企业使用其商标、商号、技术秘密等的权利。通常有两种形式：一种是由政府机构授权，准许企业使用或在一定地区享有经营某种业务的特权，如水、电、邮电、通信等专营权，烟草专卖权，等等；另一种指企业间依照签订的合同，有限期或无限期地使用另一家企业的某些权利，如连锁店分店使用总店的名称等。特许权业务涉及特许权受让人和让与人两个方面。通常在特许权转让合同中规定了特许权转让的期限、转让人和受让人的权利和义务。转让人一般要向受让人提供商标、商号等使用权，传授专有技术，并负责培训营业人员，提供经营所必需的设备和特殊原料。受让人则需要向转让人支付取得特许权的费用，开业后则按营业收入的一定比例或其他计算方法支付享用特许权费用。此外，还要为转让人保守商业秘密。

6. **土地使用权**

土地使用权，指国家准许某企业在一定期间内对国有土地享有开发、利用、经营的权利。根据我国土地管理法的规定，我国土地实行公有制，任何单位和个人不得侵占、买卖或者以其他形式非法转让。企业取得土地使用权的方式大致有行政划拨取得、外购取得(如以缴纳土地出让金方式取得)及投资者投资取得几种。通常情况下，作为投资性房地产或者作为固定资产核算的土地，按照投资性房地产或者固定资产核算；以缴纳土地出让金等方式外购的土地使用权、投资者投入等方式取得的土地使用权作为无形资产核算。

5.1.3 长期股权投资概述

长期股权投资是指通过投资取得被投资单位的股份。企业投资的目的，是企业为通过分配来增加财富，或为谋求其他利益，而将资产让渡给其他单位所获得的，持有时间超过一年的一项金融资产。本章所指长期股权投资，包括以下内容：①投资企业能够对被投资单位实施控制的权益性投资，即对子公司投资；②投资企业与其他合营方一同对被投资单位实施共同控制且对被投资单位净资产享有权利的权益性投资，即对合营企业投资；③投资企业对被投资单位具有重大影响的权益性投资即对联营企业投资。2014 年财政部对长期股权投资会计准则进行了修订，将投资企业持有的对被投资单位不具有共同控制或重大影响，并且在活跃市场中没有报价、公允价值不能可靠计量的权益性投资确认为可供出售金融资产，不再作为长期股权投资进行核算。

5.1.4 持有至到期投资概述

持有至到期投资，是指到期日固定、回收金额固定或可确定，且企业有明确意图和能力持有至到期的非衍生金融资产。通常情况下，能够划分为持有至到期投资的金融资产，主要是债权性投资，比如从二级市场上购入的固定利率国债、浮动利率金融债券等。股权投资因其没有固定的到期日，因而不能划分为持有至到期投资。持有至到期投资通常具有长期性质，但期限较短(1 年以内)的债券投资，符合持有至到期投资条件的，也可将其划分为持有至到期投资。

企业不能将下列非衍生金融资产划分为持有至到期投资：①在初始确认时即被指定为以

公允价值计量且其变动计入当期损益的非衍生金融资产；②在初始确认时被指定为可供出售的非衍生金融资产；③符合贷款和应收款项的定义的非衍生金融资产。

企业在将金融资产划分为持有至到期投资时，应当注意把握其特征。

1.该金融资产到期日固定、回收金额固定或可确定

"到期日固定、回收金额固定或可确定"是指相关合同明确了投资者在确定的期间内获得或应收取现金流量(如投资利息和本金等)的金额和时间。因此，从投资者角度看，如果不考虑其他条件，在将某项投资划分为持有至到期投资时可以不考虑可能存在的发行方重大支付风险。

2.企业有明确意图将该金融资产持有至到期

"有明确意图持有至到期"是指投资者在取得投资时意图就是明确的，除非遇到一些企业所不能控制、预期不会重复发生且难以合理预计的独立事项，否则将持有至到期。

存在下列情况之一的，表明企业没有明确意图将金融资产投资持有至到期。

(1)持有该金融资产的期限不确定。

(2)发生市场利率变化、流动性需要变化、替代投资机会及其投资收益率变化、融资来源和条件变化、外汇风险变化等情况时，将出售该金融资产。但是，无法控制、预期不会重复发生且难以合理预计的独立事项引起的金融资产出售除外。

(3)该金融资产的发行方可以按照明显低于其摊余成本的金额清偿。

(4)其他表明企业没有明确意图将该金融资产持有至到期的情况。

据此，对于发行方可以赎回的债务工具，如发行方行使赎回权，投资者仍可收回其几乎所有初始净投资(含支付的溢价和交易费用)，投资者可以将此类投资划分为持有至到期投资。但是，对于投资者有权要求发行方赎回的债务工具投资，投资者不能将其划分为持有至到期投资。

3.企业有能力将该金融资产持有至到期

"有能力持有至到期"是指企业有足够的财务资源，并不受外部因素影响将投资持有至到期。

存在下列情况之一的，表明企业没有能力将具有固定期限的金融资产投资持有至到期。

(1)没有可利用的财务资源持续地为该金融资产投资提供资金支持，以使该金融资产投资持有至到期。

(2)受法律、行政法规的限制，使企业难以将该金融资产投资持有至到期。

(3)其他表明企业没有能力将具有固定期限的金融资产投资持有至到期的情况。

企业应当于每个资产负债表日对持有至到期投资的意图和能力进行评价。发生变化的，应当将其重分类为可供出售金融资产进行处理。

企业将某金融资产划分为持有至到期投资后，可能会发生到期前将该金融资产予以处置或重分类的情况。这种情况的发生，通常表明企业违背了将投资持有至到期的最初意图。

5.1.5　可供出售金融资产

可供出售金融资产通常是指企业初始确认时即被指定为可供出售的非衍生金融资产，以及下列各类资产以外的金融资产。

(1)以公允价值计量且其变动计入当期损益的金融资产。

(2)持有至到期投资。

(3)贷款和应收款项。比如，企业购入的在活跃市场上有报价的股票、债券和基金等，没有划分为以公允价值计量且其变动计入当期损益的金融资产或持有至到期投资等金融资产的，可归为此类。

对于在活跃市场上有报价的金融资产，既可能划分为以公允价值计量且其变动计入当期损益的金融资产，也可能划分为可供出售金融资产；如果该金融资产属于有固定到期日、回收金额固定或可确定的金融资产，则该金融资产还可能划分为持有至到期投资。某项金融资产具体应分为哪一类，主要取决于企业管理层的风险管理、投资决策等因素。金融资产的分类应是管理层意图的如实表达。

5.1.6 投资性房地产概述

房地产是土地和房屋及其权属的总称。在我国，土地归国家或集体所有，企业只能取得土地使用权。因此，房地产中的土地是指土地使用权。房屋是指土地上的房屋等建筑物及构筑物。随着我国社会主义市场经济的发展和完善，房地产市场日益活跃，企业持有的房地产除了用作自身管理、生产经营活动场所和对外销售之外，出现了将房地产用于赚取租金或增值收益的活动。就某些企业而言，投资性房地产属于日常经常性活动，形成的租金收入或转让增值收益确认为企业的主营业务收入，但对于大部分企业而言，是与经营性活动相关的其他经营活动，形成的租金收入或转让增值收益构成企业的其他业务收入。

5.1.6.1 投资性房地产定义及特征

投资性房地产，是指为赚取租金或资本增值或者两者兼有而持有的房地产。投资性房地产主要有以下特征。

1.投资性房地产是一种经营性活动

投资性房地产的主要形式是出租建筑物、出租土地使用权，这实质上属于一种让渡资产使用权行为。房地产租金就是让渡资产使用权取得的使用费收入，是企业为完成其经营目标所从事的经营性活动以及与之相关的其他活动形成的经济利益总流入。

投资性房地产的另一种形式是持有并准备增值后转让的土地使用权，尽管其增值收益通常与市场供求、经济发展等因素相关，但目的是为了增值后转让以赚取增值收益，也是企业为完成其经营目标所从事的经营性活动以及与之相关的其他活动形成的经济利益总流入。按照国家有关规定认定的闲置土地，不属于持有并准备增值后转让的土地使用权。在我国会计实务中，持有并准备增值后转让的土地使用权这种情况较少。

2.投资性房地产在用途、状态、目的等方面区别于作为生产经营场所的房地产和用于销售的房地产

企业持有的房地产除了用作自身管理、生产经营活动场所和对外销售之外，还有可能将房地产用于赚取租金或增值收益的活动，甚至是个别企业的主营业务。这就需要将投资性房地产单独作为一项资产核算和反映，与自用的厂房、办公楼等房地产和作为存货(已建完工商品房)的房地产加以区别，从而更加清晰地反映企业所持有房地产的构成情况和赢利能力。

3.投资性房地产有两种后续计量模式

企业通常应当采用成本模式对投资性房地产进行后续计量，只有在满足特定条件的情况下，即有确凿证据表明其所有投资性房地产的公允价值能够持续可靠取得的，也可以采用公允价值模式进行后续计量。也就是说，投资性房地产准则适当引入公允价值模式，在满足特定条件的情况下，可以对投资性房地产采用公允价值模式进行后续计量，但是，同一企业只能采用一种模式对所有投资性房地产进行后续计量，不得同时采用两种计量模式。

5.1.6.2　投资性房地产的范围

投资性房地产的范围包括：已出租的土地使用权、持有并准备增值后转让的土地使用权以及已出租的建筑物。

1.已出租的土地使用权

已出租的土地使用权，是指企业通过出让或转让方式取得的、以经营租赁方式出租的土地使用权。企业取得的土地使用权通常包括在一级市场上以交纳土地出让金的方式取得土地使用权，也包括在二级市场上接受其他单位转让的土地使用权。对于以经营租赁方式租入土地使用权再转租给其他单位的，不能确认为投资性房地产。

2.持有并准备增值后转让的土地使用权

持有并准备增值后转让的土地使用权，是指企业取得的、准备增值后转让的土地使用权。这类土地使用权很可能给企业带来资本增值收益，符合投资性房地产的定义。例如，企业发生转产或厂址搬迁，部分土地使用权停止自用，管理层决定继续持有这部分土地使用权，待其增值后转让以赚取增值收益。

按照国家有关规定认定的闲置土地，不属于持有并准备增值后转让的土地使用权，也就不属于投资性房地产。

3.已出租的建筑物

已出租的建筑物是指企业拥有产权的、以经营租赁方式出租的建筑物，包括自行建造或开发活动完成后用于出租的建筑物。比如，甲公司将其拥有的某栋厂房整体出租给乙公司，租赁期3年。对于甲公司而言，自租赁期开始日起，这栋厂房属于其投资性房地产。企业在判断和确认已出租的建筑物，应当把握以下要点。

(1)用于出租的建筑物是指企业拥有产权的建筑物。企业以经营租赁方式租入再转租的建筑物不属于投资性房地产。例如，甲企业与乙企业签订了一项经营租赁合同，乙企业将其持有产权的一栋办公楼出租给甲企业，为期6年。甲企业一开始将该办公楼改装后用于自行经营餐馆。2年后，由于连续亏损，甲企业将餐馆转租给丙公司，以赚取租金差价。这种情况下，对于甲企业而言，该栋楼不属于其投资性房地产。对于乙企业而言，则属于其投资性房地产。

(2)已出租的建筑物是企业已经与其他方签订了租赁协议，约定以经营租赁方式出租的建筑物。自租赁协议规定的租赁期开始日起，经营租出的建筑物才属于已出租的建筑物，对企业持有以备经营出租的空置建筑物，只有企业管理当局(董事会或类似机构)做出正式书面决议，明确表明将其用于经营出租且持有意图短期内不再发生变化的，可视为投资性房地产。这里的“空置建筑物”，指的是企业新购入、自行建造或开发完工但尚未使用的建筑物，以及不再用于日常生产经营活动且经整理后达到可经营出租状态的建筑物。

(3)企业将建筑物出租，按租赁协议向承租人提供的相关辅助服务在整个协议中不重大的，应当将该建筑物确认为投资性房地产。

5.2 固定资产的核算

5.2.1 固定资产的确认条件

固定资产在符合定义的前提下，应当同时满足以下两个条件才能加以确认。

1. 与该固定资产有关的经济利益很可能流入企业

资产最重要的特征是预期会给企业带来经济利益。企业在确认固定资产时，需要判断与该项固定资产有关的经济利益是否很可能流入企业。如果与该项固定资产有关的经济利益很可能流入企业，并同时满足固定资产确认的其他条件，那么，企业应将其确认为固定资产；否则，不应将其确认为固定资产。

在会计实务中，判断与固定资产有关的经济利益是否很可能流入企业，主要判断与该固定资产所有权相关的风险和报酬是否转移到了企业。与固定资产所有权相关的风险，是指由于经营情况变化造成的相关收益的变动，以及由于资产闲置、技术陈旧等原因造成的损失；与固定资产所有权相关的报酬，是指在固定资产使用寿命内使用该资产而获得的收入，以及处置该资产所实现的利得等。

通常，取得固定资产的所有权是判断与固定资产所有权相关的风险和报酬转移到企业的一个重要标志。但是，所有权是否转移不是判断与固定资产所有权相关的风险和报酬转移到企业的唯一标志。在有些情况下，某项固定资产的所有权虽然不属于企业，但是，企业能够控制与该项固定资产有关的经济利益流入企业，这就意味着与该固定资产所有权相关的风险和报酬实质上已转移到企业。在这种情况下，企业应将该项固定资产予以确认。例如，融资租入的固定资产，企业虽然不拥有固定资产的所有权，但与固定资产所有权相关的风险和报酬实质上已转移到了企业（承租人），因此，符合固定资产确认的第一个条件。

2. 该固定资产的成本能够可靠地计量

成本能够可靠地计量是资产确认的一项基本条件。企业在确定固定资产成本时必须取得确凿证据，但是，有时需要根据所获得的最新资料，对固定资产的成本进行合理的估计。比如，企业对于已达到预定可使用状态但尚未办理竣工决算的固定资产，需要根据工程预算、工程造价或者工程实际发生的成本等资料，按估计价值确定其成本，办理竣工决算后，再按照实际成本调整原来的暂估价值。

5.2.2 固定资产的初始计量

固定资产的初始计量，指确定固定资产的取得成本。固定资产应当按照实际成本进行初始计量。

实际成本包括企业为购建某项固定资产达到预定可使用状态前所发生的一切合理的、必要的支出。在实务中，企业取得固定资产的方式是多种多样的，包括外购、自行建造、投资者投入以及非货币性资产交换、债务重组、企业合并和融资租赁等。固定资产取得的方式不同，其成本的具体构成内容及确定方法也不尽相同。

5.2.2.1 外购固定资产

1.外购固定资产的成本

企业外购固定资产的成本，包括购买价款、相关税费、使固定资产达到预定可使用状态前所发生的可归属于该项资产的运输费、装卸费、安装费和专业人员服务费等。企业收到税务机关退还的与所购固定资产相关的增值税款，应当冲减固定资产的成本。

外购固定资产是否达到预定可使用状态，需要根据具体情况进行分析判断。如果购入不需要安装的固定资产，购入后即可发挥作用，因此，购入后即可达到预定可使用状态。如果购入需要安装的固定资产，只有安装调试后，达到设计要求或合同规定的标准，该项固定资产才可发挥作用，才意味着达到预定可使用状态。

2.外购固定资产的核算

(1)账户设置

为了进行外购固定资产的核算，企业一般需要设置“固定资产”、“累计折旧”、“在建工程”等账户。

“固定资产”账户总括反映全部固定资产的增减变动和结存情况。该账户借方登记增加固定资产的原始价值，贷方登记减少固定资产的原始价值，余额在借方，表示实有固定资产的原始价值。

“累计折旧”账户属于“固定资产”账户的抵减账户，反映固定资产因耗损而转移的价值。该账户贷方登记计提的折旧，借方登记减少的固定资产已计提的折旧，余额在贷方，表示企业全部固定资产已计提折旧的累计数。累计折旧可以只进行总分类核算，不进行明细分类核算。如果需要查明某项固定资产已计提折旧的累计数，可以根据固定资产卡片上所登记的该项固定资产原价、折旧率和实际使用年数等资料进行计算。

“在建工程”账户核算企业为建造或修理固定资产而进行的各项基建工程、安装工程、技术改造工程、大修理工程等所发生的实际支出，包括需要安装设备的价值。该账户借方登记购建固定资产的实际支出，贷方登记转出的购建完工固定资产的实际支出，借方余额表示尚未购建完工的固定资产的实际支出。

(2)账务处理

企业购入的固定资产分为不需要安装的固定资产和需要安装的固定资产两种情形。前者的取得成本为企业实际支付的购买价款、包装费、运杂费、保险费、专业人员服务费和相关税费等，其账务处理为：按应计入固定资产成本的金额，借记“固定资产”账户，贷记“银行存款”、“其他应付款”、“应付票据”等账户。后者的取得成本是在前者取得成本的基础上，加上安装调试成本等，其账务处理为：按应计入固定资产成本的金额，先记入“在建工程”账户，安装完毕交付使用时再转入“固定资产”账户。

例 5-1 2×13 年 1 月 1 日，甲公司购入一台不需要安装的设备，取得的增值税专用发票上注明的设备价款为 100 万元，增值税进项税额为 17 万元，发生运输费 5 000 元，假设运输费用没有取得货物运输业增值税专用发票，款项全部付清。假定不考虑其他相关税费。

其账务处理如下：

借：固定资产	1 005 000	
应交税费——应交增值税(进项税额)	170 000	
贷：银行存款		1 175 000

甲公司购置设备的成本＝1 000 000＋5 000＝1 005 000(元)

例 5-2 2×13 年 2 月 1 日，甲公司购入一台需要安装的机器设备，取得的增值税专用发票上注明的设备价款为 50 万元，增值税进项税额为 85 000 元，支付的运输费为2 500元，假设运输费用没有取得货物运输业增值税专用发票，款项已通过银行支付；安装设备时，领用本公司原材料一批，价值 3 万元，购进该批原材料时支付的增值税进项税额为 5 100 元；支付安装工人的工资为 4 900 元。假定不考虑其他相关税费。

甲公司的账务处理如下：

(1)支付设备价款、增值税、运输费合计为 587 500 元：

借：在建工程　502 500

　　应交税费——应交增值税(进项税额)　85 000

　贷：银行存款　587 500

注：截止 2014 年 12 月 31 日，交通运输业全部实现营业税改征增值税试点，营改增后运输业适用的增值税税率为 11%，接受运输服务方获得增值税专用发票后，支付的运输费可以按 11%税率抵扣，如果未取得增值税专用发票，进项税额不得抵扣。营改增前运输费可按 7%作为进项税额抵扣政策同时废止。

(2)领用本公司原材料、支付安装工人工资等费用合计为 40 000 元：

借：在建工程　34 900

　贷：原材料　30 000

　　　应付职工薪酬　4 900

(3)设备安装完毕达到预定可使用状态：

借：固定资产　537 400

　贷：在建工程　537 400

固定资产的成本＝502 500＋34 900＝537 400(元)

5.2.2.2 自行建造固定资产

自行建造固定资产的成本，由建造该项资产达到预定可使用状态前所发生的必要支出构成。包括工程物资成本、人工成本、交纳的相关税费、应予资本化的借款费用以及应分摊的间接费用等。

企业自行建造固定资产包括自营建造和出包建造两种方式。无论采用何种方式，所建工程都应当按照实际发生的支出确定其工程成本并单独核算。

1.自营方式建造固定资产

(1)工程成本的计量

企业以自营方式建造固定资产，将自行组织工程物资采购、自行组织施工人员从事工程施工。企业以自营方式建造固定资产，其成本应当按照直接材料、直接人工、直接机械施工费等计量。

企业为建造固定资产准备的各种物资应当按照实际支付的买价、不能抵扣的增值税税额、运输费、保险费等相关税费作为实际成本，并按照各种专项物资的种类进行明细核算。工程完工后，剩余的工程物资转为本企业存货的按其实际成本或计划成本进行结转。建设期间发生的工程物资盘亏、报废及毁损，减去残料价值以及保险公司、过失人等赔款后的净损失，计入所建工程项目的成本；盘盈的工程物资或处置净收益，冲减所建工程项目的成本。工程完工后发生的工程物资盘盈、盘亏、报废、毁损，计入营业外收支。

建造固定资产领用工程物资、原材料或库存商品，应按其实际成本转入所建工程成本。自营方式建造固定资产应负担的职工薪酬、辅助生产部门为之提供的水、电、运输等劳务，以及其他必要支出等也应计入所建工程项目的成本。上述项目涉及增值税的，还应结转其相应的增值税额。符合资本化条件的，应计入所建造固定资产成本的借款费用。

(2)账务处理

企业自营方式建造固定资产，发生的工程成本应通过“在建工程”账户核算，工程完工达到预定可使用状态时，从“在建工程”账户转入“固定资产”账户。

2.出包方式建造固定资产

在出包方式下，企业通过招标方式将工程项目发包给建造承包商，由建造承包商(即施工企业)组织工程项目施工。企业要与建造承包商签订建造合同，企业是建造合同的甲方，负责筹集资金和组织管理工程建设，通常称为建设单位；建造承包商是建造合同的乙方，负责建筑安装工程施工任务。

在出包方式下，“在建工程”账户主要是企业与建造承包商办理工程价款的结算账户，企业支付给建造承包商的工程价款，作为工程成本通过“在建工程”账户核算。其核算方法如下。

(1)企业应按合理估计的工程进度和合同规定结算的进度款，借记“在建工程——建筑工程(××工程)”、“在建工程——安装工程(××工程)”账户，贷记“银行存款”、“预付账款”等账户。

(2)工程完成时，按合同规定补付的工程款，借记“在建工程”账户，贷记“银行存款”等账户。

(3)在建工程达到预定可使用状态时，借记“固定资产”账户，贷记“在建工程——建筑工程”、“在建工程——安装工程”等账户。

5.2.2.3 其他方式取得的固定资产

企业取得固定资产的其他方式与存货类似，也主要包括接受投资者投资、非货币性资产交换、债务重组、企业合并等。

1.投资者投入固定资产的成本

投资者投入固定资产的成本，应当按照投资合同或协议约定的价值确定，但合同或协议约定价值不公允的除外。在投资合同或协议约定价值不公允的情况下，按照该项固定资产的公允价值作为入账价值。

2.租入的固定资产

企业在生产经营过程中，因季节性或临时性需要，或出于融资方面的考虑，对于生产经营所需的固定资产可以采用租赁的方式取得。租赁按其性质和形式的不同分为经营性租赁和融资性租赁。

(1)经营性租赁。从承租人的角度看，采用经营性租赁方式租入的资产，主要是为了解决生产经营的季节性、临时性的需要，并不是长期拥有，租赁期限相对较短；资产的所有权仍归属出租方，企业只是在租赁期内拥有资产的使用权；租赁期满，企业将资产退还给出租人。也就是说，在这种租赁方式下，与租赁资产相关的风险和报酬仍然归属于出租人。

鉴于经营性租赁的上述特点，对租入的资产不需要也不应该作为本企业的资产计价入账，也无须计提折旧。只需要根据租入资产的用途，将租赁费用计入当期损益。

(2)融资性租赁。这种租赁方式下，一般租赁期限比较长，租赁费用包括了设备的价款、租赁费、借款利息等。而且租赁期满后，设备所有权一般要转给承租方。因此，与租赁资产有关的主要风险和报酬已由出租人转归承租人。

在进行会计核算时，企业应在“固定资产”账户下单独设“融资租入固定资产”明细账户，核算以融资方式租入的固定资产。

3.通过非货币性资产交换、债务重组、企业合并等方式取得的固定资产的成本

企业通过非货币性资产交换、债务重组、企业合并等方式取得的固定资产，其成本应当分别按照《企业会计准则第 7 号——非货币性资产交换》、《企业会计准则第 12 号——债务重组》、《企业会计准则第 20 号——企业合并》等的规定确定。但是，该项固定资产的后续计量和披露应当执行固定资产会计准则的规定。

5.2.3 固定资产的后续计量

固定资产的后续计量主要包括固定资产折旧的计提、固定资产后续支出的计量和会计期末固定资产的减值处理。

5.2.3.1 固定资产折旧

1.固定资产折旧的定义

固定资产在企业长期发挥效用，虽然能够保持其实物形态基本不变，但其价值随生产经营等活动而逐渐减少以至消失。固定资产折旧是指固定资产在使用过程中，因逐渐磨损与损耗而转移到产品中的那部分价值的补偿。固定资产的损耗，分为有形损耗和无形损耗两种。有形损耗是指固定资产在使用过程中由于使用和自然力的影响而引起的价值上的损耗；无形损耗是指由于技术进步而引起的固定资产在价值上的损耗。

对于这些磨损与损耗的价值，会计处理应当遵循配比原则在固定资产的有效使用年限内进行分摊，以折旧费用的形式计入各期成本、费用。

折旧是指在固定资产的使用寿命内，按照确定的方法对应计折旧额进行的系统分摊。应计折旧额，是指应当计提折旧的固定资产的原价扣除其预计净残值后的余额。如果已对固定资产计提减值准备，还应当扣除已计提的固定资产减值准备累计金额。

从本质上讲，折旧也是一种费用，只不过这一费用没有在计提期间付出货币资金，但这种费用是前期已经发生的支出，而这种支出的收益在资产投入使用后的有效使用期内实现。因此，正确地计算并提取折旧额，是合理确定企业的营业成本与损益的前提条件。

2.影响固定资产折旧的因素

影响固定资产折旧的因素主要有以下几个方面。

(1)固定资产原始价值，指固定资产在取得时确定的入账价值。各类固定资产的原始价值，由于新增和报废等原因而发生变动，为简化折旧的计算，在实际工作中企业一般根据月初固定资产的账面原价按月计提折旧。当月增加的固定资产，当月不计提折旧；当月减少的固定资产，当月照计提折旧。

(2)预计净残值，指假定固定资产预计使用寿命已满并处于使用寿命终了时的预期状态，企业目前从该项资产处置中获得的扣除预计处置费用后的金额。

(3)固定资产减值准备，指固定资产已计提的固定资产减值准备累计金额。固定资产计提减值准备后，应当在剩余使用寿命内根据调整后的固定资产账面价值(固定资产账面余额扣减累计折旧和累计减值准备后的金额)和预计净残值重新计算确定折旧率和折旧额。

(4)固定资产的使用寿命，指企业使用固定资产的预计期间，或者该固定资产所能生产产品或提供服务的数量。

3.计提折旧的固定资产范围

在用的固定资产，包括生产经营用固定资产和非生产经营用固定资产、租出固定资产等，一般均应计提折旧。需要计提折旧的固定资产具体包括：

(1)房屋和建筑物；

(2)机器设备、仪器仪表、运输工具、工具器具；

(3)季节性停用、大修理停用的固定资产；

(4)融资租入和以经营性租赁方式租出的固定资产。

在确定计提折旧的范围时还应注意以下几点。

(1)固定资产应当按月计提折旧，并根据用途计入相关资产的成本或者当期损益。当月增加的固定资产，当月不计提折旧，从下月起计提折旧；当月减少的固定资产，当月仍计提折旧，从下月起不计提折旧。

(2)固定资产提足折旧后，不论能否继续使用，均不再计提折旧，提前报废的固定资产也不再补提折旧。所谓提足折旧是指已经提足该项固定资产的应计折旧额。

(3)已达到预定可使用状态但尚未办理竣工决算的固定资产，应当按照估计价值确定其成本，并计提折旧；待办理竣工决算后再按实际成本调整原来的暂估价值，但不需要调整原已计提的折旧额。

4.固定资产折旧方法

企业应当根据与固定资产有关的经济利益的预期实现方式，合理选择折旧方法。可选用的折旧方法包括年限平均法、工作量法、双倍余额递减法和年数总和法等。前两种方法称为直线法，后两种方法称为加速折旧法。加速折旧法是指固定资产使用前期负担较多的折旧额，而在使用后期负担较少的折旧额，使固定资产的成本能够尽快得到弥补的方法。

采用加速折旧法的主要原因如下。

第一，在固定资产使用初期，效能高，受益多，应分摊较多的折旧；到固定资产的使用后期，则情况相反。加速折旧法能够更好地遵循配比原则。

第二，加速折旧法能够加快固定资产成本的弥补，可在较短的时间内弥补大部分成本，因而，有利于降低投资风险。

如果税法允许，企业采用加速折旧法可使企业在折旧早期递延缴纳所得税。这项递延缴纳的所得税相当于政府提供给企业的一笔免息贷款。因此，加速折旧法的使用可以刺激投资。固定资产的折旧方法一经确定，不得随意变更。

下面具体介绍各种折旧方法。

(1)年限平均法

年限平均法又称直线法，是指将固定资产的应计折旧额均衡地分摊到固定资产预计使用寿命内的一种方法。采用这种方法计算的每期折旧额均相等。计算公式如下：

$$\text{年折旧额}=\frac{\text{固定资产原价}-\text{预计净残值}}{\text{预计使用寿命}}$$

$$\text{月折旧额}=\text{年折旧额}\div 12$$

预计净残值为预计残值收入减去预计清理费用后的余额。一方面，固定资产在报废清理时会发生残值收入，这部分残值收入，应在计算折旧时预先估计，从原价中减去；另一方面，固定资产在报废清理时会发生清理费用，这部分清理费用，应在计算折旧时预先估计，一般从预计残值收入中扣除。

在实际工作中，常采用折旧率计算折旧额，公式如下：

$$年折旧率=\frac{1-预计净残值率}{预计使用寿命(年)}\times100\%$$

$$月折旧率=年折旧率\div12$$

$$月折旧额=固定资产原价\times月折旧率$$

例 5-3 某企业有一台机器，原值为 200 000 元，预计可使用 10 年，按照有关规定，该设备净残值率为 2%。

该设备的折旧率和折旧额的计算如下：

年折旧率=(1-2%)/10×100%=9.8%

月折旧率=9.8%/12=0.82%

月折旧额=200 000×0.82%=1 640(元)

采用年限平均法计算固定资产折旧虽然比较简便，但也存在着一些明显的局限性。首先，固定资产在不同使用年限提供的经济利益是不同的。一般来讲，固定资产在其使用前期工作效率相对较高，所带来的经济利益也就多；而在其使用后期，工作效率一般呈下降趋势，因而，所带来的经济利益也就逐渐减少。年限平均法不考虑，明显是不合理的。其次，固定资产在不同的使用年限发生的维修费用也不一样。固定资产的维修费用将随着其使用时间的延长而不断增加，而年限平均法也没有考虑这一因素。

当固定资产各期负荷程度相同时，各期应分摊相同的折旧费，这时采用年限平均法计算折旧是合理的。但是，如果固定资产各期负荷程度不同，采用年限平均法计算折旧时，则不能反映固定资产的实际使用情况，提取的折旧数与固定资产的损耗程度也不相符。

(2)工作量法

工作量法，是根据实际工作量计算每期应提折旧额的一种方法。计算公式如下：

单位工作量折旧额 = 固定资产原价 ×(1 − 预计净残值率)/ 预计总工作量

某项固定资产月折旧额 = 该项固定资产当月工作量 × 单位工作量折旧额

工作量应视固定资产使用的具体情况而定，可采用机器设备的生产产量或工作时数，也可采用运输工具的行驶里程等。工作量法有以下三种表达形式：

①工作时数法

单位工作小时折旧额 = 固定资产原价 ×(1 − 预计净残值率)/ 预计总工作时数

月折旧额 = 单位工作小时折旧额 × 月实际工作时数

②产品产量法

单位产量折旧额 = 固定资产原价 ×(1 − 预计净残值率)/ 预计总产量

月折旧额 = 单位产量折旧额 × 月实际产量

③行驶里程法

单位行驶里程折旧额 = 固定资产原价 ×(1 − 预计净残值率)/ 预计总行驶里程

月折旧额 = 单位行驶里程折旧额 × 月实际行驶里程

例 5-4 甲公司的一台机器设备原价为 800 000 元，预计生产产品产量为 4 000 000 个，预计净残值率为 5%，本月生产产品 40 000 个。假设甲公司没有对该机器设备计提减值准备。

该台机器设备的本月折旧额计算如下：

单个产品折旧额=800 000×(1−5%)/4 000 000=0.19(元/个)

本月折旧额=40 000×0.19=7 600(元)

工作量法的计算简便易行，但是忽略了固定资产的无形损耗和停用期间的损耗。此法适用于大型设备的折旧和季节性生产的企业。

(3)双倍余额递减法

双倍余额递减法，是指在先不考虑固定资产预计净残值的情况下，根据每期期初固定资产原价减去累计折旧后的余额(即固定资产净值)和双倍的直线法折旧率计算固定资产折旧的一种方法。计算公式如下：

年折旧率＝2/预计使用寿命(年)×100％

月折旧率＝年折旧率÷12

月折旧额＝固定资产账面净值×月折旧率

由于每年年初固定资产净值没有扣除预计净残值，因此，在应用这种方法计算折旧额时必须注意不能使固定资产的净值降低到其预计净残值以下，即实行双倍余额递减法计算折旧的固定资产，应在其折旧年限到期前两年内，将固定资产净值扣除预计净残值后的余额平均摊销。

例 5-5 甲公司某项设备原价为120万元，预计使用寿命为5年，预计净残值率为4％。假设甲公司没有对该机器设备计提减值准备。

甲公司按双倍余额递减法计算折旧，每年折旧额计算如下：

年折旧率＝2/5×100％＝40％

第1年应提的折旧额＝120×40％＝48(万元)

第2年应提的折旧额＝(120－48)×40％＝28.8(万元)

第3年应提的折旧额＝(120－48－28.8)×40％＝17.28(万元)

从第4年起改按年限平均法(直线法)计提折旧：

第4、5年应提的折旧额＝(120－48－28.8－17.28－120×4％)÷2＝10.56(万元)

5年中该设备各年的折旧额、累计折旧额和账面净值见表5-1。

表 5-1 各年的折旧额、累计折旧额和账面净值 单位：元

年份	年折旧额	累计折旧额	原值及净值
	(1)	(2)＝上年(2)＋(1)	(3)＝上年(3)－(1)
第0年			1 200 000
第1年	480 000	480 000	720 000
第2年	288 000	768 000	432 000
第3年	172 800	940 800	259 200
第4年	105 600	1 046 400	153 600
第5年	105 600	1 152 000	48 000

(4)年数总和法

年数总和法，又称年限合计法，是将固定资产的原价减去预计净残值的余额乘以一个以固定资产尚可使用寿命为分子、以预计使用寿命逐年数字之和为分母的逐年递减的分数计算每年的折旧额。计算公式如下：

年折旧率＝尚可使用年限/预计使用寿命的年数总和×100％

月折旧率＝年折旧率÷12

月折旧额＝(固定资产原价－预计净残值)×月折旧率

例 5-6 沿用例 5-5，采用年数总和法计算的各年折旧额见表 5-2。

表 5-2 各年折旧率、折旧额

单位：元

年 份	尚可使用年限	原价－净残值	年折旧率	每年折旧额	累计折旧
第 1 年	5	1 152 000	5/15	384 000	384 000
第 2 年	4	1 152 000	4/15	307 200	691 200
第 3 年	3	1 152 000	3/15	230 400	921 600
第 4 年	2	1 152 000	2/15	153 600	1 075 200
第 5 年	1	1 152 000	1/15	76 800	1 152 000

双倍余额递减法和年数总和法都属于加速折旧方法，其特点是在固定资产使用的早期多提折旧，后期少提折旧，其递减的速度逐年加快，从而相对加快折旧的速度，目的是使固定资产成本在估计使用寿命期内加快得到补偿。

5.固定资产折旧的会计处理

固定资产应当按月计提折旧，计提的折旧应通过“累计折旧”账户核算，并根据用途计入相关资产的成本或者当期损益。

(1)企业基本生产车间所使用的固定资产，其计提的折旧应计入制造费用；

(2)管理部门所使用的固定资产，其计提的折旧应计入管理费用；

(3)销售部门所使用的固定资产，其计提的折旧应计入销售费用；

(4)自行建造固定资产过程中使用的固定资产，其计提的折旧应计入在建工程成本；

(5)经营租出的固定资产，其计提的折旧额应计入其他业务成本。

例 5-7 甲公司 2×13 年 1 月固定资产计提折旧情况如下。

第一生产车间厂房计提折旧 7.6 万元，机器设备计提折旧 9 万元；管理部门房屋建筑物计提折旧 13 万元，运输工具计提折旧 4.8 万元；销售部门房屋建筑物计提折旧6.4 万元，运输工具计提折旧 5.26 万元。

此外，本月第一生产车间新购置一台设备，原价为 122 万元，预计使用寿命 10 年，预计净残值 1 万元，按年限平均法计提折旧。

本例中，新购置的设备本月不提折旧，应从 2×13 年 2 月开始计提折旧。

甲公司 2×13 年 1 月份计提折旧的账务处理如下：

借：制造费用——第一生产车间	166 000	
管理费用	178 000	
销售费用	116 600	
贷：累计折旧		460 600

5.2.3.2 固定资产的后续支出

固定资产的后续支出是指固定资产使用过程中发生的更新改造支出、修理费用等。

后续支出的处理原则为：与固定资产有关的更新改造等后续支出，符合固定资产确认条件的，应当计入固定资产成本，同时将被替换部分的账面价值扣除；与固定资产有关的修理费用等后续支出，不符合固定资产确认条件的，应当计入当期损益。

1.资本化的后续支出

固定资产的后续支出如果增强了固定资产的性能，而且后续支出满足固定资产的确认条件，则应予以资本化。固定资产性能的增强一般表现在以下几个方面：固定资产使用寿命比原定的使用寿命延长；用固定资产生产的产品数量增加；用固定资产生产的产品质量提高；用固定资产生产的产品成本降低。

固定资产发生可资本化的后续支出时，企业一般应将该固定资产的原价、已计提的累计折旧和减值准备转销，将固定资产的账面价值转入"在建工程"，并在此基础上重新确定固定资产原价。因已转入在建工程，因此停止计提折旧。在固定资产发生的后续支出完工并达到预定可使用状态时，再从在建工程转为固定资产，并按重新确定的固定资产原价、使用寿命、预计净残值和折旧方法计提折旧。固定资产发生的可资本化的后续支出，通过"在建工程"账户核算。

例 5-8 甲公司有关固定资产更新改造的资料如下。

(1)2×10 年 12 月 30 日，该公司自行建成了一条生产线，建造成本为 1 000 000 元。采用年限平均法计提折旧，预计净残值率为 3%，预计使用寿命为 5 年。

(2)2×13 年 1 月 1 日，由于生产的产品适销对路，现有生产线的生产能力已难以满足公司生产发展的需要，但若新建生产线则建设周期过长。甲公司决定对现有生产线进行改扩建，以提高其生产能力。假定该生产线未发生减值。

(3)2×13 年 1 月 1 日至 3 月 31 日，经过 3 个月的改扩建，完成了对这条印刷生产线的改扩建工程，共发生支出 537 800 元，全部以银行存款支付。

(4)该生产线改扩建工程达到预定可使用状态后，大大提高了生产能力，预计将其使用寿命延长 5 年，即为 10 年。假定改扩建后的生产线的预计净残值率为改扩建后固定资产账面价值的 3%；折旧方法仍为年限平均法。

(5)为简化计算过程，整个过程不考虑其他相关税费；公司按年度计提固定资产折旧。

本例中，生产线改扩建后，生产能力将大大提高，能够为企业带来更多的经济利益，改扩建的支出金额也能可靠计量，因此该后续支出符合固定资产的确认条件，应计入固定资产的成本。有关的账务处理如下：

(1)2×11 年 1 月 1 日至 2×12 年 12 月 31 日两年间，即固定资产后续支出发生前：

该条生产线的应计折旧额＝1 000 000×(1－3%)＝970 000(元)

年折旧额＝970 000÷5＝194 000(元)

这两年计提固定资产折旧的账务处理为：

借：制造费用	194 000	
贷：累计折旧		194 000

(2)2×13 年 1 月 1 日：

固定资产的账面价值＝1 000 000－(194 000×2)＝612 000(元)

固定资产转入改扩建：

借：在建工程	612 000	
累计折旧	388 000	
贷：固定资产		1 000 000

(3)2×13 年 1 月 1 日至 3 月 31 日，发生改扩建工程支出：

借：在建工程	537 800	
贷：银行存款		537 800

(4)2×13 年 3 月 31 日，生产线改扩建工程达到预定可使用状态：

固定资产的入账价值＝612 000＋537 800＝1 149 800(元)

借：固定资产　　1 149 800
　贷：在建工程　　1 149 800

(5)2×13 年 3 月 31 日，转为固定资产后，按重新确定的使用寿命、预计净残值和折旧方法计提折旧：

应计折旧额＝1 149 800×(1－3%)＝1 115 306(元)

月折旧额＝1 115 306/(7×12＋9)＝11 992.54(元)

年折旧额＝11 992.54×12＝143 910.48(元)

2×13 年应计提的折旧额＝11 992.54×9＝107 932.86(元)

会计分录为：

借：制造费用　　107 932.86
　贷：累计折旧　　107 932.86

企业发生的某些固定资产后续支出可能涉及替换原固定资产的某组成部分。当发生的后续支出符合固定资产确认条件时，应将其计入固定资产成本，同时将被替换部分的账面价值扣除。这样可以避免将替换部分的成本和被替换部分的成本同时计入固定资产成本，导致固定资产成本过度计量。

2.费用化的后续支出

与固定资产有关的修理费用等后续支出，不符合固定资产确认条件的，应当根据不同情况分别在发生时计入当期管理费用或销售费用。

一般情况下，固定资产投入使用之后，由于固定资产磨损、各组成部分耐用程度不同，可能导致固定资产的局部损坏，为了维护固定资产的正常运转和使用，充分发挥其使用效能，企业将对固定资产进行必要的维护。固定资产的日常修理费用等支出只是确保固定资产的正常工作状况，一般不产生未来的经济利益。因此，通常不符合固定资产的确认条件，在发生时应直接计入当期损益。企业生产车间(部门)和行政管理部门等发生的固定资产修理费用等后续支出计入"管理费用"；企业设置专设销售机构的，其发生的与专设销售机构相关的固定资产修理费用等后续支出，计入"销售费用"。

例 5-9　2×13 年 1 月 3 日，甲公司对现有的一台生产用机器设备进行日常维护，维护过程中领用本企业原材料一批，价值为 94 000 元，应支付维护人员的工资为28 000 元。不考虑其他相关税费。

本例中，对机器设备的维护，仅仅是为了维护固定资产的正常使用而发生的，不产生未来的经济利益，因此应在其发生时确认为费用。甲公司的账务处理为：

借：管理费用　　122 000
　贷：原材料　　94 000
　　　应付职工薪酬　　28 000

5.2.3.3　固定资产的期末计价

企业应定期对固定资产的账面价值逐项进行检查，至少在每年年末要检查一次。对于已发生减值的固定资产，应根据其可收回金额低于账面价值的差额，计提固定资产减值准备，确认为损失。企业发生固定资产减值时，应借记"资产减值损失"账户，贷记"固定资产减值准备"账户。固定资产减值损失一经确认，在以后会计期间不得转回。

5.2.4 固定资产的处置

5.2.4.1 固定资产终止确认的条件

固定资产满足下列条件之一的，应当予以终止确认。

1.该固定资产处于处置状态

固定资产处置包括固定资产的出售、转让、报废或毁损、对外投资、非货币性资产交换、债务重组等。处于处置状态的固定资产不再用于生产商品、提供劳务、出租或经营管理，因此不再符合固定资产的定义，应予终止确认。

2.该固定资产预期通过使用或处置不能产生经济利益

固定资产的确认条件之一是“与该固定资产有关的经济利益很可能流入企业”，如果一项固定资产预期通过使用或处置不能产生经济利益，那么它就不再符合固定资产的定义和确认条件，应予终止确认。

5.2.4.2 固定资产处置的会计处理

企业出售、转让、报废固定资产或发生固定资产毁损，应当将处置收入扣除账面价值和相关税费后的金额计入当期损益。

(1)账户设置

固定资产处置一般通过“固定资产清理”账户进行核算。固定资产清理账户核算企业因出售、报废和毁损等原因转入清理过程中发生的清理费用、税金和清理收入等情况。借方登记转入清理的固定资产净值以及清理过程中发生的清理费用和销售房屋、建筑物等不动产应交纳的营业税金；贷方登记固定资产清理过程中取得的转让收入、各种变价收入以及应向保险公司或有关责任者索取的赔款。

(2)账务处理

企业因出售、转让、报废或毁损等处置固定资产，其账务处理一般经过以下几个步骤。

第一，固定资产转入清理。固定资产转入清理时，按固定资产账面价值，借记“固定资产清理”账户，按已计提的累计折旧，借记“累计折旧”账户，按已计提的减值准备，借记“固定资产减值准备”账户，按固定资产账面余额，贷记“固定资产”账户。

第二，发生的清理费用。固定资产清理过程中发生的有关费用以及应支付的相关税费，借记“固定资产清理”账户，贷记“银行存款”、“应交税费”等账户。

第三，出售收入和残料等的处理。企业收回出售固定资产的价款、残料价值和变价收入等，应冲减清理支出。按实际收到的出售价款以及残料变价收入等，借记“银行存款”、“原材料”等账户，贷记“固定资产清理”账户。

第四，保险赔偿的处理。企业计算或收到的应由保险公司或过失人赔偿的损失，应冲减支出，借记“其他应收款”、“银行存款”等账户，贷记“固定资产清理”账户。

第五，清理净损益的处理。固定资产清理完成后的净损失，属于生产经营期间正常的处理损失，借记“营业外支出——处置非流动资产损失”账户，贷记“固定资产清理”账户；属于生产经营期间由于自然灾害等非正常原因造成的，借记“营业外支出——非常损失”账户，贷记“固定资产清理”账户。固定资产清理完成后的净收益，借记“固定资产清理”账户，贷记“营业外收入”账户。

例 5-10 乙公司有一台设备，因使用期满经批准报废。该设备原价为 186 400 元，累计已计提折旧 177 080 元，减值准备 2 300 元。在清理过程中，以银行存款支付清理费用 4 000元，收到残料变卖收入 5 400 元，应支付相关税费 270 元。

有关账务处理如下：

(1)固定资产转入清理：

借：固定资产清理	7 020	
累计折旧	177 080	
固定资产减值准备	2 300	
贷：固定资产		186 400

(2)发生清理费用和相关税费：

借：固定资产清理	4 270	
贷：银行存款		4 000
应交税费		270

(3)收到残料变价收入：

借：银行存款	5 400	
贷：固定资产清理		5 400

(4)结转固定资产净损益：

借：营业外支出——处置非流动资产损失	5 890	
贷：固定资产清理		5 890

5.2.4.3 固定资产盘亏的会计处理

固定资产盘亏造成的损失，应当计入当期损益。企业在财产清查中盘亏的固定资产，按盘亏固定资产的账面价值借记“待处理财产损溢——待处理固定资产损溢”账户，按已计提的累计折旧，借记“累计折旧”账户，按已计提的减值准备，借记“固定资产减值准备”账户，按固定资产原价，贷记“固定资产”账户。按管理权限报经批准后处理时，按可收回的保险赔偿或过失人赔偿，借记“其他应收款”账户，按应计入营业外支出的金额，借记“营业外支出——盘亏损失”账户，贷记“待处理财产损溢”账户。

例 5-11 甲公司年末对固定资产进行清查时，发现丢失一台冷冻设备。该设备原价 52 000元，已计提折旧 20 000 元，并已计提减值准备 12 000 元。经查，冷冻设备丢失的原因在于保管员看守不当。经批准。由保管员赔偿 5 000 元。

有关账务处理如下：

(1)发现冷冻设备丢失时：

借：待处理财产损溢	20 000	
累计折旧	20 000	
固定资产减值准备	12 000	
贷：固定资产		52 000

(2)报经批准后：

借：其他应收款	5 000	
营业外支出——盘亏损失	15 000	
贷：待处理财产损溢		20 000

5.3 无形资产的核算

5.3.1 无形资产的确认条件

无形资产应当在符合定义的前提下，同时满足以下两个确认条件时，才能予以确认。

1.与该资产有关的经济利益很可能流入企业

作为无形资产确认的项目，必须具备产生的经济利益很可能流入企业的条件。通常情况下，无形资产产生的未来经济利益可能包括在销售商品、提供劳务的收入中，或者企业使用该项无形资产而减少或节约的成本中，或体现在获得的其他利益中。例如，生产加工企业在生产工序中使用了某种知识产权，使其降低了未来生产成本，而不是增加未来收入。实务中，要确定无形资产创造的经济利益是否很可能流入企业，需要实施职业判断。在实施这种判断时，需要对无形资产在预计使用寿命内可能存在的各种经济因素做出合理估计，并且应当有明确的证据支持。

2.该无形资产的成本能够可靠地计量

成本能够可靠地计量是资产确认的一项基本条件。对于无形资产来说，这个条件相对更为重要。比如，企业内部产生的品牌，因其成本无法可靠计量，不作为无形资产确认。又比如，一些高新科技企业的科技人才，假定其与企业签订了服务合同，且合同规定其在一定期限内不能为其他企业提供服务。在这种情况下，虽然这些科技人才的知识在规定的期限内预期能够为企业创造经济利益，但由于这些技术人才的知识难以辨认，且形成这些知识所发生的支出难以计量，因而不能作为企业的无形资产加以确认。

5.3.2 无形资产的初始计量

无形资产通常是按实际成本计量，即以取得无形资产并使之达到预定用途而发生的全部支出，作为无形资产的成本。对于不同来源取得的无形资产，其初始成本构成也不尽相同。

5.3.2.1 外购的无形资产成本

外购的无形资产，应按其取得成本进行初始计量，其取得成本包括购买价款、相关税费以及直接归属于使该项资产达到预定用途所发生的其他支出。其中，直接归属于使该项资产达到预定用途所发生的其他支出，包括使无形资产达到预定用途所发生的专业服务费用、测试无形资产是否能够正常发挥作用的费用等。下列各项不包括在无形资产的初始成本中。

(1)为引入新产品进行宣传发生的广告费、管理费及其他间接费用。

(2)无形资产已经达到预定用途以后发生的费用。例如，在形成预定经济规模之前发生的初始运作损失，以及在无形资产达到预定用途之前发生的其他经营活动的支出，如果该经营活动并非是无形资产达到预定用途必不可少的，则有关经营活动的损益应于发生时计入当期损益，而不构成无形资产的成本。

例 5-12 胜利公司某项生产活动需要蓝天公司已获得的专利技术，如果使用了该项专利技术，胜利公司预计其生产能力比原先提高20%，销售利润率增长15%。为此，胜利公司从蓝天公司购入一项专利权。按照协议约定以现金支付，实际支付的价款为300万元，并支付相关税费1万元和有关专业服务费用5万元，款项已通过银行转账支付。

无形资产初始计量的成本＝300＋1＋5＝306(万元)

胜利公司的账务处理如下：

借：无形资产——专利权　　3 060 000

　贷：银行存款　　3 060 000

5.3.2.2　投资者投入的无形资产成本

投资者投入的无形资产成本，应当按照投资合同或协议约定的价值确定无形资产的取得成本。如果投资合同或协议约定价值是不公允的，应按无形资产的公允价值作为无形资产初始成本入账。

例 5-13　因A公司创立的商标已有较好的声誉，B公司预计使用A公司商标后可使其未来利润增长30%。为此，B公司与A公司协议商定，A公司以其商标权投资于B公司，双方协议价格(等于公允价值)为500万元，B公司另支付印花税等相关税费2万元，款项已通过银行转账支付。

该商标权的初始计量，应当以取得时的成本为基础。取得时的成本为投资协议约定的价格500万元，加上支付的相关税费2万元。

B公司接受A公司作为投资的商标权的成本＝500＋2＝502(万元)

B公司的账务处理如下：

借：无形资产——商标权　　5 020 000

　贷：实收资本(或股本)　　5 000 000

　　　银行存款　　20 000

5.3.2.3　通过非货币性资产交换取得的无形资产成本

企业通过非货币性资产交换取得的无形资产，包括以投资、存货、固定资产或无形资产换入的无形资产等。其成本应当按照《企业会计准则第7号——非货币性资产交换》确定。

5.3.2.4　通过债务重组取得的无形资产成本

通过债务重组取得的无形资产，是指企业作为债权人取得的债务人用于偿还债务的非现金资产，且企业作为无形资产管理的资产。通过债务重组取得的无形资产成本，应当以其公允价值入账。

5.3.2.5　土地使用权的处理

企业取得的土地使用权，通常应当按照取得时所支付的价款及相关税费确认为无形资产。土地使用权用于自行开发建造厂房等地上建筑物时，土地使用权的账面价值不与地上建筑物合并计算其成本，而仍作为无形资产进行核算，土地使用权与地上建筑物分别进行摊销和提取折旧。但下列情况除外。

(1)房地产开发企业取得的土地使用权用于建造对外出售的房屋建筑物，相关的土地使用权应当计入所建造的房屋建筑物成本。

(2)企业外购的房屋建筑物，实际支付的价款中包括土地以及建筑物的价值，则应当对支付的价款按照合理的方法(如公允价值比例)在土地和地上建筑物之间进行分配；如果确实无法在地上建筑物与土地使用权之间进行合理分配的，应当全部作为固定资产，按照固定资产确认和计量的规定进行处理。

企业改变土地使用权的用途，将其用于出租或增值目的时，应将其转为投资性房地产。

5.3.3　内部研究开发费用的确认和计量

研究与开发活动发生的费用，除了要遵循无形资产确认和初始计量的一般要求外，还需要满足其他特定的条件，才能够确定为一项无形资产。首先，为评价内部产生的无形资产是否满足确认条件，企业应当将资产的形成过程分为研究阶段与开发阶段两部分；其次，对于开发过程中发生的费用，在符合一定条件的情况下，才可确认为一项无形资产。在实务工作中，具体划分研究阶段与开发阶段，以及是否符合资本化的条件，应当根据企业的实际情况以及相关信息予以判断。

5.3.3.1　研究阶段和开发阶段的划分

对于企业自行进行的研究开发项目，应当区分研究阶段与开发阶段两个部分分别进行核算。

1.研究阶段

研究阶段，是指为获取新的技术和知识等进行的有计划的调查，有关研究活动的例子包括：意欲获取知识而进行的活动；研究成果或其他知识的应用研究、评价和最终选择；材料、设备、产品、工序、系统或服务替代品的研究以及新的或经改进的材料、设备、产品、工序、系统或服务的可能替代品的配制、设计、评价和最终选择等。

研究阶段的特点如下。

(1)计划性。研究阶段是建立在有计划的调查基础上，即研发项目已经得到董事会或者相关管理层的批准，并着手收集相关资料、进行市场调查等。

(2)探索性。研究阶段基本上是探索性的，为进一步的开发活动进行资料及相关方面的准备，在这一阶段不会形成阶段性成果。

从研究活动的特点看，其研究是否能在未来形成成果，即通过开发后是否会形成无形资产均具有很大的不确定性，企业也无法证明其能够带来未来经济利益的无形资产的存在，因此，研究阶段的有关支出在发生时，应当予以费用化，计入当期损益。

2.开发阶段

开发阶段是指在进行商业性生产或使用前，将研究成果或其他知识应用于某项计划或设计，以生产出新的或具有实质性改进的材料、装置、产品等。开发阶段的特点如下。

(1)具有针对性。开发阶段是建立在研究阶段基础上，因而，对项目的开发具有针对性。

(2)形成成果的可能性较大。进入开发阶段的研发项目往往形成成果的可能性较大。

由于开发阶段相对于研究阶段更进一步，相对于研究阶段来讲，进入开发阶段，则很大程度上形成一项新产品或新技术的基本条件已经具备，此时如果企业能够证明满足无形资产的定义及相关确认条件，所发生的开发支出可资本化，则确认为无形资产的成本。

5.3.3.2　开发阶段有关支出资本化的条件

在开发阶段，判断可以将有关支出资本化计入无形资产成本的条件如下。

(1)完成该无形资产以使其能够使用或出售在技术上具有可行性。企业在判断是否满足该条件时，应以目前阶段的成果为基础，说明在此基础上进一步进行开发所需的技术条件等已经具备，基本上不存在技术上的障碍或其他不确定性，企业在判断时，应提供相关的证据和材料。

(2)具有完成该无形资产并使用或出售的意图。企业的管理当局应能够说明其持有拟开发无形资产的目的，并具有完成该项无形资产开发并使其能够使用或出售的可能性。

(3)无形资产产生经济利益的方式，包括能够证明运用该无形资产生产的产品存在市场或无形资产自身存在市场；无形资产将在内部使用，应当证明其有用性。如果有关的无形资产在形成以后，主要是用于形成新产品或新工艺的，企业应对运用该无形资产生产的产品市场情况进行估计，应能够证明所生产的产品存在市场，并能够带来经济利益的流入；如果有关的无形资产开发以后主要是用于对外出售的，则企业应能够证明市场上存在对该类无形资产的需求，开发以后存在外在的市场可以出售并带来经济利益的流入；如果无形资产开发以后，不是用于生产产品，也不是用于对外出售，而是在企业内部使用的，则企业应能够证明在企业内部使用时对企业的有用性。

(4)有足够的技术、财务资源和其他资源支持，以完成该无形资产的开发，并有能力使用或出售该无形资产。

(5)归属于该无形资产开发阶段的支出能够可靠地计量。

5.3.3.3 内部开发的无形资产的计量

内部研发活动形成的无形资产成本，由可直接归属于该资产的创造、生产并使该资产能够以管理层预定的方式运作的所有必要支出组成。可直接归属成本包括：开发该无形资产时耗费的材料、劳务成本、注册费、在开发该无形资产过程中使用的其他专利权和特许权的摊销，以及按照借款费用的处理原则可资本化的利息支出。在开发无形资产过程中发生的除上述可直接归属于无形资产开发活动的其他销售费用、管理费用等间接费用、为运行该无形资产发生的培训支出等不构成无形资产的开发成本。

5.3.3.4 内部研究开发支出的会计处理

企业内部研究和开发支出，其在研究阶段的支出全部费用化，计入当期损溢(管理费用)；开发阶段的支出符合资本化的条件，不符合资本化条件的计入当期损溢。如果确实无法区分研究阶段的支出和开发阶段的支出，应将其所发生的研发支出全部费用化，计入当期损溢。

(1)账户设置

企业应当设置“研发支出”账户，核算研发过程中发生的各项支出。该账户为成本类账户，其借方记录自行开发无形资产发生的费用化支出和资本化支出；贷方记录达到预定用途形成无形资产的资本化支出。本账户期末借方余额，反映企业正在进行无形资产研究开发项目满足资本化条件的支出。该账户可按研究开发项目，分别用“费用化支出”、“资本化支出”进行明细核算。

(2)账务处理

具体账务处理方法如下。

①企业自行开发无形资产发生的研发支出，不满足资本化条件的，借记“研发支出——费用化支出”账户；满足资本化条件的，借记“研发支出——资本化支出”账户，贷记“原材料”、“银行存款”、“应付职工薪酬”等账户。

②企业以其他方式取得的正在进行中的研究开发项目，应按确定的金额，借记“研发支出——资本化支出”账户，贷记“银行存款”等账户。以后发生的研发支出，应当比照上述第一条原则进行处理。

③研究开发项目达到预定用途形成无形资产的，应按“研发支出——资本化支出”账户的余额，借记“无形资产”账户，贷记“研发支出——资本化支出”账户。

④会计期末，应将“研发支出——费用化支出”账户的余额，转入“管理费用”账户。

例 5-14 2×13 年 1 月 1 日，胜利公司经董事会批准研发某项新技术，该公司董事会认为，研发该项目具有可靠的技术和财务等资源的支持，并且一旦研发成功将降低该公司生产产品的生产成本。该公司在研究开发过程中发生材料费 6 000 万元、人工工资 1 000 万元，以及其他费用 4 000 万元，总计 11 000 万元，其中，符合资本化条件的支出为 7 000 万元。2×13 年 12 月 31 日，该技术已经达到预定用途。

分析：首先，胜利公司经董事会批准研发某项新技术，并认为完成该项新型技术无论从技术上还是财务等方面能够得到可靠的资源支持，并且一旦研发成功将降低公司的生产成本，因此，符合条件的开发费用可以资本化。其次，胜利公司在开发该项新型技术时，累计发生 11 000万元的研究与开发支出，其中符合资本化条件的开发支出为 7 000 万元，其符合“归属于该无形资产开发阶段的支出能够可靠地计量”的条件。

胜利公司的账务处理如下：

(1)发生研发支出：

借：研发支出——费用化支出	40 000 000	
——资本化支出	70 000 000	
贷：原材料		60 000 000
应付职工薪酬		10 000 000
银行存款		40 000 000

(2)2×13 年 12 月 31 日，该新技术已经达到预定用途：

借：管理费用	40 000 000	
无形资产	70 000 000	
贷：研发支出——费用化支出		40 000 000
——资本化支出		70 000 000

5.3.4 无形资产的后续计量

5.3.4.1 无形资产后续计量的原则

无形资产初始确认和计量后，在其后使用该项无形资产期间内应以成本减去累计摊销额和累计减值损失后的余额计量。要确定无形资产在使用过程中的累计摊销额，基础是估计其使用寿命，而使用寿命有限的无形资产才需要在估计使用寿命内采用系统合理的方法进行摊销，对于使用寿命不确定的无形资产则不需要摊销。

5.3.4.2 无形资产使用寿命的估计

企业应当于取得无形资产时分析判断其使用寿命。无形资产的使用寿命如为有限的，应当估计该使用寿命的年限或者构成使用寿命的产量等类似计量单位数量；无法预见无形资产为企业带来未来经济利益期限的，应当视为使用寿命不确定的无形资产。

某些无形资产的取得源自合同性权利或其他法定权利，其使用寿命不应超过合同性权利或其他法定权利的期限。但如果企业使用资产的预期的期限短于合同性权利或其他法定权利规定的期限的，则应当按照企业预期使用的期限确定其使用寿命。例如，企业取得一项专利权，法律保护期间为 15 年，企业预计运用该专利生产的产品在未来 10 年内会为企业带来经济利益。就该项专利权，第三方企业承诺在 5 年内以其取得之日公允价值的 60%购买该专利权，从企业管理层目前的持有计划来看，准备在 5 年内将其出售给第三方。为此，该项专利权的实际使用寿命为 5 年。

没有明确的合同或法律规定无形资产的使用寿命的，企业应当综合各方面情况，例如，企业经过努力，聘请相关专家进行论证、与同行业的情况进行比较以及参考企业的历史经验等，来确定无形资产为企业带来未来经济利益的期限。如果经过这些努力，仍确实无法合理确定无形资产为企业带来经济利益的期限的，才能将该无形资产作为使用寿命不确定的无形资产。

企业至少应当于每年年度终了，对无形资产的使用寿命及摊销方法进行复核，如果有证据表明无形资产的使用寿命及摊销方法不同于以前的估计，如由于合同的续约或无形资产应用条件的改善，延长了无形资产的使用寿命，则对于使用寿命有限的无形资产，应改变其摊销年限及摊销方法并按照会计估计变更进行处理。对于使用寿命不确定的无形资产，如果有证据表明其使用寿命是有限的，则应视为会计估计变更，应当估计其使用寿命并按照使用寿命有限的无形资产的处理原则进行处理。

5.3.4.3 使用寿命有限的无形资产

使用寿命有限的无形资产，应在其预计的使用寿命内采用系统合理的方法对应摊销金额进行摊销。应摊销金额，是指无形资产的成本扣除残值后的金额。已计提减值准备的无形资产，还应扣除已计提的无形资产减值准备累计金额。使用寿命有限的无形资产，其残值一般应当视为零。

1.摊销期和摊销方法

无形资产的摊销期自其可供使用(即其达到预定用途)时起至终止确认时止，即无形资产摊销的起始和停止日期为：当月增加的无形资产，当月开始摊销；当月减少的无形资产，当月不再摊销。

在无形资产的使用寿命内系统地分摊其应摊销金额，存在多种方法。这些方法包括直线法、生产总量法等。企业选择的无形资产摊销方法，应当能够反映与该项无形资产有关的经济利益的预期实现方式，并一致地运用于不同会计期间。

无形资产的摊销一般应计入当期损益，但如果某项无形资产是专门用于生产某种产品或者其他资产，其所包含的经济利益是通过转入到所生产的产品或其他资产中实现的，则无形资产的摊销费用应当计入相关资产的成本。例如，某项专门用于生产过程中的专利技术，其摊销费用应构成所生产产品成本的一部分，计入制造该产品的制造费用。

2.残值的确定

除下列情况以外，无形资产的残值一般为零：

(1)有第三方承诺在无形资产使用寿命结束时购买该项无形资产；

(2)可以根据活跃市场得到无形资产预计残值信息，并且该市场在该项无形资产使用寿命结束时可能存在。

3.使用寿命有限的无形资产摊销的账务处理

使用寿命有限的无形资产应当在其使用寿命内，采用合理的摊销方法进行摊销。摊销时，应当考虑该项无形资产所服务的对象，并以此为基础将其摊销价值计入相关资产的成本或者当期损益。

例 5-15 2×13 年 1 月 1 日，胜利公司从外单位购得一项非专利技术，支付价款 6 000 万元，款项已支付，估计该项非专利技术的使用寿命为 10 年，该项非专利技术用于产品生产；同时，购入一项商标权，支付价款 2 400 万元，款项已支付，估计该商标权的使用寿命为 12 年。假定这两项无形资产的净残值均为零，并按直线法摊销。

本例中，胜利公司外购的非专利技术的估计使用寿命为 10 年，表明该项无形资产是使用寿命有限的无形资产，且该项无形资产用于产品生产，因此，应当将其摊销金额计入相关产品的制造成本。胜利公司外购的商标权的估计使用寿命为 12 年，表明该项无形资产同样也是使用寿命有限的无形资产，而商标权的摊销金额通常直接计入当期管理费用。

胜利公司的账务处理如下：

(1)取得无形资产时：

借：无形资产——非专利技术	60 000 000	
无形资产——商标权	24 000 000	
贷：银行存款		84 000 000

(2)按年摊销时：

借：制造费用——非专利技术	6 000 000	
管理费用——商标权	2 000 000	
贷：累计摊销		8 000 000

5.3.4.4 使用寿命不确定的无形资产

根据可获得的相关信息判断，如果无法合理估计某项无形资产的使用寿命的，应作为使用寿命不确定的无形资产进行核算。对于使用寿命不确定的无形资产，在持有期间内不需要摊销，但应当在每个会计期间进行减值测试。其减值测试的方法按照资产减值的原则进行处理，如经减值测试表明已发生减值，则需要计提相应的减值准备，其相关的账务处理为：借记“资产减值损失”账户，贷记“无形资产减值准备”账户。

例 5-16 2×13 年 1 月 1 日，A 公司购入一项市场领先的畅销产品的商标权的成本为 5 000 万元，该商标按照法律规定还有 5 年的使用寿命，但是在保护期届满时，A 公司可每 10 年以较低的手续费申请延期，同时 A 公司有充分的证据表明其有能力申请延期。此外，有关的调查表明，根据产品生命周期、市场竞争等方面情况综合判断，该商标将在不确定的期间内为企业带来现金流量。

根据上述情况，该商标可视为使用寿命不确定的无形资产，在持有期间内不需要进行摊销。

2×13 年年底，A 公司对该商标按照资产减值的原则进行减值测试，经测试表明该商标已发生减值。2×13 年年底，该商标的公允价值为 4 000 万元。

则 A 公司的账务处理如下：

(1)2×13 年购入商标时：

借：无形资产——商标权 50 000 000
　　贷：银行存款 50 000 000

(2)2×13年发生减值时：

借：资产减值损失 (50 000 000－40 000 000)10 000 000
　　贷：无形资产减值准备——商标权 10 000 000

5.3.5 无形资产的处置

无形资产的处置，主要是指无形资产出售、对外出租、对外捐赠，或者是无法为企业带来未来经济利益时应予终止确认并转销。

5.3.5.1 无形资产的出售

企业出售某项无形资产，表明企业放弃无形资产的所有权，应将所取得的价款与该无形资产账面价值的差额计入当期损益。

出售无形资产时，应按实际收到的金额，借记“银行存款”等账户，按已计提的累计摊销，借记“累计摊销”账户，原已计提减值准备的，借记“无形资产减值准备”账户，按应支付的相关税费，贷记“应交税费”等账户，按其账面余额，贷记“无形资产”账户，按其差额，贷记“营业外收入——处置非流动资产利得”账户或借记“营业外支出——处置非流动资产损失”账户。

例5-17 2×13年1月1日，甲公司拥有某项专利技术的成本为1 200万元，已摊销金额为600万元，已提减值准备为20万元。该公司将该项专利技术出售给乙公司，取得出售收入800万元，应交纳的营业税等相关税费为48万元。

甲公司的账务处理为：

借：银行存款 8 000 000
　　累计摊销 6 000 000
　　无形资产减值准备 200 000
　　贷：无形资产 12 000 000
　　　　应交税费——应交营业税 480 000
　　　　营业外收入——处置非流动资产利得 1 720 000

如果该公司转让该项专利技术取得收入为600万元，应交纳的营业税等相关税费为36万元。

则甲公司的账务处理为：

借：银行存款 6 000 000
　　累计摊销 6 000 000
　　无形资产减值准备 200 000
　　营业外支出——处置非流动资产损失 160 000
　　贷：无形资产 12 000 000
　　　　应交税费——应交营业税 360 000

5.3.5.2 无形资产的出租

企业将所拥有的无形资产的使用权让渡给他人，并收取租金，在满足收入确认条件的情况下，应确认相关的收入及成本，并通过其他业务收支账户进行核算。让渡无形资产使用权而取得的租金收入，借记“银行存款”等账户，贷记“其他业务收入”等账户；摊销出租无形资产的成本并发生与转让有关的各种费用支出时，借记“其他业务成本”账户，贷记“累计摊销”等账户。

例 5-18　2×13 年 1 月 1 日，甲企业将一项专利技术出租给丙企业使用，该专利权账面余额为 500 万元，摊销期限为 10 年，出租合同规定，承租方每销售一件用该专利生产的产品时，必须付给出租方 5 元专利技术使用费。假定承租方当年销售该产品 20 万件，应交的营业税金为 5 万元。

甲企业的账务处理如下：

(1)取得该项专利技术使用费时：

借：银行存款	1 000 000	
贷：其他业务收入		1 000 000

(2)按年对该项专利技术进行摊销并计算应交的营业税：

借：其他业务成本	550 000	
贷：累计摊销		(5 000 000/10)500 000
应交税费——应交营业税		50 000

5.3.5.3　无形资产的报废

如果无形资产预期不能为企业带来未来经济利益，例如，该无形资产已被其他新技术所替代或超过法律保护期，不能再为企业带来经济利益的，则不再符合无形资产的定义，应将其报废并予以转销，其账面价值转作当期损益。转销时，应按已计提的累计摊销，借记“累计摊销”账户；按其账面余额，贷记“无形资产”账户；按其差额，借记“营业外支出”账户。已计提减值准备的，还应同时结转减值准备。

例 5-19　A 企业拥有某项专利技术，根据市场调查，用其生产的产品已没有市场，决定应予转销。转销时，该项专利权的账面余额为 500 万元，摊销期限为 10 年，采用直线法进行摊销，已摊销了 5 年，假定该项专利权的残值为零，已累计计提的减值准备为 160 万元。假定不考虑其他相关因素。

A 公司的账务处理如下：

借：累计摊销	2 500 000	
无形资产减值准备	1 600 000	
营业外支出——处置非流动资产损失	900 000	
贷：无形资产——专利权		5 000 000

5.4　长期股权投资的核算

5.4.1　长期股权投资的初始计量

长期股权投资在取得时，应按初始投资成本入账。长期股权投资的初始投资成本应分别视企业合并和非企业合并两种情况确定。

5.4.1.1 企业合并形成的长期股权投资

企业合并形成的长期股权投资，初始投资成本的确定应区分企业合并的类型，按照同一控制下企业合并与非同一控制下企业合并确定形成长期股权投资的初始投资成本。

1.同一控制下企业合并形成的长期股权投资

同一控制下的企业合并，是指参与合并的企业在合并前后均受同一方或相同的多方最终控制且该控制并非暂时性的。同一方，是指对参与合并企业在合并前后均实施最终控制的投资者，如企业集团的母公司等。相同的多方，通常是指根据投资者之间的协议约定，在对被投资单位的生产经营决策行使表决权时发表一致意见的两个或两个以上的投资者。控制并非暂时性，是指参与合并各方在合并前后较长的时间内受同一方或相同的多方最终控制，控制时间通常在1年以上(含1年)。

对于同一控制下的企业合并，从能够对参与合并各方在合并前及合并后均实施最终控制的一方来看，最终控制方在企业合并前及合并后能够控制的资产并没有发生变化。合并方通过企业合并形成的对被合并方的长期股权投资，其成本代表的是在被合并方账面所有者权益中享有的份额。

(1)合并方以支付现金、转让非现金资产或承担债务方式作为合并对价的，应当在合并日按照取得被合并方所有者权益在最终控制方合并财务报表中的账面价值的份额作为长期股权投资的初始投资成本。长期股权投资的初始投资成本与支付的现金、转让的非现金资产及所承担债务账面价值之间的差额，应当调整资本公积(资本溢价或股本溢价)；资本公积(资本溢价或股本溢价)的余额不足冲减的，调整留存收益。

具体进行会计处理时，合并方在合并日按取得被合并方所有者权益在最终控制方合并财务报表中的账面价值的份额，借记“长期股权投资”账户。按应享有被投资单位已宣告但尚未发放的现金股利或利润，借记“应收股利”账户，按支付的合并对价的账面价值，贷记有关资产或借记有关负债账户，按其差额，贷记“资本公积——资本溢价或股本溢价”账户；如为借方差额，应借记“资本公积——资本溢价或股本溢价”账户，资本公积(资本溢价或股本溢价)不足冲减的，借记“盈余公积”、“利润分配——未分配利润”账户。

例5-20 甲公司和乙公司同为A公司的子公司，采用会计政策相同。2×13年6月1日，甲公司和乙公司达成合并协议，约定甲公司以固定资产、无形资产和银行存款500万元作为对价，向乙公司投资，占乙公司所有者权益份额的70%。2×13年6月1日，乙公司所有者权益在最终控制方A公司合并财务报表中的账面价值总额为3 000万元。甲公司作为对价的固定资产原值3 200万元，已提折旧额1 200万元，未提固定资产减值准备；无形资产账面原价为880万元，已摊销280万元，未提减值准备。假定甲公司资本公积账面余额为820万元。

甲公司的会计处理为：

借：固定资产清理	20 000 000	
累计折旧	12 000 000	
贷：固定资产		32 000 000
借：长期股权投资——乙公司	21 000 000	
累计摊销	2 800 000	
资本公积	1 000 000	

贷：固定资产清理 20 000 000

无形资产 8 800 000

银行存款 5 000 000

(2)合并方以发行权益性证券作为合并对价的，应按发行股份的面值总额作为股本，长期股权投资初始投资成本与所发行股份面值总额之间的差额，应当调整资本公积(资本溢价或股本溢价)；资本公积(资本溢价或股本溢价)不足冲减的，调整留存收益。

具体进行会计处理时，在合并日应按取得被合并方所有者权益在最终控制方合并财务报表中的账面价值的份额，借记"长期股权投资"账户，按应享有被投资单位已宣告但尚未发放的现金股利或利润，借记"应收股利"账户，按发行权益性证券的面值贷记"股本"账户，按其差额，贷记"资本公积——资本溢价或股本溢价"账户；如为借方差额，应借记"资本公积——资本溢价或股本溢价"账户，资本公积(资本溢价或股本溢价)不足冲减的，借记"盈余公积"、"利润分配——未分配利润"账户。

上述在按照合并日应享有被合并方账面所有者权益的份额确定长期股权投资的初始投资成本时，前提是合并前合并方与被合并方采用的会计政策应当一致。企业合并前合并方与被合并方采用的会计政策是不同的，应首先按照合并方的会计政策对被合并方资产、负债的账面价值进行调整，在此基础上计算确定形成长期股权投资的初始投资成本。

例 5-21 2×13 年 6 月 30 日，甲公司向同一集团内乙公司的原股东定向增发 1 500 万普通股(每股面值为 1 元，市价为 13.00 元)，取得乙公司 100%的股权，并于当日起能够对乙公司实施控制。合并后乙公司仍维持其独立法人资格继续经营。两公司在企业合并前采用的会计政策相同。合并日，乙公司的账面所有者权益在最终控制方合并财务报表中的账面价值总额为 6 600 万元。

乙公司在合并后维持其法人资格继续经营，合并日甲公司在其账簿及个别财务报表中应确认对于乙公司的长期股权投资，账务处理为：

借：长期股权投资 66 000 000

贷：股本 15 000 000

资本公积——股权溢价 51 000 000

2.非同一控制下企业合并形成的长期股权投资

非同一控制下的控股合并中，购买方应当按照确定的企业合并成本作为长期股权投资的初始投资成本。企业合并成本包括购买方付出的资产、发生或承担的负债、发行的权益性证券的公允价值之和，购买方为企业合并发生的审计、法律服务、评估咨询等中介费用以及其他相关管理费用，应于发生时计入当期损益；购买方作为合并对价发行的权益性工具或债务性工具的交易费用，应当计入权益性工具或债务性工具的初始确认金额。

具体进行会计处理时，对于非同一控制下企业合并形成的长期股权投资应在购买日按企业合并成本(不含应从被投资单位收取的现金股利或利润)，借记"长期股权投资"账户，按享有被投资单位已宣告但尚未发放的现金股利或利润，借记"应收股利"账户，按支付合并对价的账面价值，贷记有关资产或借记有关负债账户，按发生的直接相关费用，贷记"银行存款"等账户。按其差额，贷记"营业外收入"或借记"营业外支出"等账户。

非同一控制下企业合并涉及以库存商品等作为合并对价的，应按库存商品的公允价值，贷记"主营业务收入"账户，并同时结转相关的成本。

例 5-22 甲公司于2×13年3月31日取得丙公司70%的股权。为核实丙公司的资产价值，甲公司聘请专业资产评估机构对丙公司的资产进行评估，支付评估费用300万元。合并中，甲公司支付的有关资产在购买日的账面价值与公允价值见表5-3。

表 5-3 账面价值与公允价值

2×13年3月31日　　　　单位：万元

项　目	账面价值	公允价值
土地使用权（自用）	6 000	9 600
专利技术	2 400	3 000
银行存款	2 400	2 400
合　计	10 800	15 000

假定合并前甲公司与丙公司不存在任何关联方关系，甲公司用作合并对价的土地使用权和专利技术原价为9 600万元，至企业合并发生时已累计摊销1 200万元。

分析：本例中因甲公司与丙公司在合并前不存在任何关联方关系，应作为非同一控制下的企业合并处理。

甲公司对于合并形成的对丙公司的长期股权投资，应按确定的企业合并成本作为其初始投资成本。甲公司应进行如下账务处理：

借：长期股权投资　　150 000 000
　　管理费用　　3 000 000
　　累计摊销　　12 000 000
　贷：无形资产　　96 000 000
　　　银行存款　　27 000 000
　　　营业外收入　　42 000 000

5.4.1.2 企业合并以外其他方式取得的长期股权投资

除企业合并形成的长期股权投资应遵循特定的会计处理原则外，其他方式取得的长期股权投资，取得时初始投资成本的确定应遵循以下规定。

（1）以支付现金取得的长期股权投资，应当按照实际支付的购买价款作为长期股权投资的初始投资成本，包括购买过程中支付的手续费等必要支出。但所支付价款中包含的被投资单位已宣告但尚未发放的现金股利或利润应作为应收项目核算，不构成取得长期股权投资的成本。

例 5-23 甲公司于2×13年2月10日，自公开市场中买入乙公司20%的股份，实际支付价款6 000万元。另外，在购买过程中支付手续费等相关费用100万元。甲公司取得该部分股权后，能够对乙公司的生产经营决策施加重大影响。

甲公司应当按照实际支付的购买价款作为取得长期股权投资的成本，其账务处理为：

借：长期股权投资　　61 000 000
　贷：银行存款　　61 000 000

（2）以发行权益性证券方式取得的长期股权投资，其成本为所发行权益性证券的公允价值，但不包括应自被投资单位收取的已宣告但尚未发放的现金股利或利润。

为发行权益性证券支付给有关证券承销机构等的手续费、佣金等与权益性证券发行直接相关的费用，不构成取得长期股权投资的成本。该部分费用应自权益性证券的溢价发行收入中扣除，权益性证券的溢价收入不足冲减的，应冲减盈余公积和未分配利润。

例 5-24 2×13 年 3 月，甲公司通过增发 8 000 万股本公司普通股（每股面值 1 元）取得丙公司 20%的股权，按照增发前后的平均股价计算，该 8 000 万股股份的公允价值为 13 600 万元。为增发该部分股份，甲公司向证券承销机构等支付了 500 万元的佣金和手续费。假定甲公司取得该部分股权后，能够对丙公司的生产经营决策施加重大影响。

甲公司应当以所发行股份的公允价值作为取得长期股权投资的成本，账务处理为：

借：长期股权投资	136 000 000	
贷：股本		80 000 000
资本公积——股本溢价		56 000 000

发行权益性证券过程中支付的佣金和手续费，应冲减权益性证券的溢价发行收入，账务处理为：

借：资本公积——股本溢价	5 000 000	
贷：银行存款		5 000 000

(3)投资者投入的长期股权投资，应当按照投资合同或协议约定的价值作为初始投资成本，但合同或协议约定的价值不公允的除外。

投资者投入的长期股权投资，是指投资者以其持有的对第三方的投资作为出资投入企业，接受投资的企业原则上应当按照投资各方在投资合同或协议中约定的价值作为取得投资的初始投资成本。

(4)以债务重组、非货币性资产交换等方式取得的长期股权投资，其初始投资成本应按照《企业会计准则第 12 号——债务重组》和《企业会计准则第 7 号——非货币性资产交换》的规定确定。

5.4.1.3 投资成本中包含的已宣告尚未发放现金股利或利润的处理

企业无论以何种方式取得长期股权投资，取得投资时，对于投资成本中包含的享有被投资单位已经宣告但尚未发放的现金股利或利润应作为应收项目单独核算，不构成取得长期股权投资的初始投资成本，即企业在支付对价取得长期股权投资时，对于实际支付的价款中包含的对方已经宣告但尚未发放的现金股利或利润，应作为预付款，构成企业的一项债权，其与取得的对被投资单位的长期股权投资应作为两项金融资产。

例 5-25 沿用例 5-23，假定甲公司取得该项投资时，乙公司已经宣告但尚未发放现金股利，甲公司按其持股比例计算确定可分得 30 万元。则甲公司在确认该长期股权投资时，应将包含的现金股利部分单独核算。

账务处理为：

借：长期股权投资	60 700 000	
应收股利	300 000	
贷：银行存款		61 000 000

5.4.2 长期股权投资的后续计量

长期股权投资在持有期间，根据投资企业对被投资单位的影响程度及是否存在活跃市场、公允价值能否可靠取得等进行划分，应当分别采用成本法及权益法进行核算。

5.4.2.1 长期股权投资的成本法

1.成本法的定义及适用范围

成本法，是指投资后按实际成本计价，并且在持有期间一般不因被投资单位净资产的增减而变动投资账面余额的方法。长期股权投资的成本法适用于对被投资单位实施控制，即对子公司的长期股权投资。

控制，是指有权决定一个企业的财务和经营政策，并能据以从该企业的经营活动中获取利益。控制一般存在于以下情况，如投资企业直接拥有被投资单位50%以上的表决权资本；投资企业直接拥有被投资单位50%或以下的表决权资本，但具有实质控制权的情况。投资企业对被投资单位是否具有实质控制权，可以通过以下一种或几种情形进行判定。

(1)通过与其他投资者的协议投资，企业拥有被投资单位50%以上表决权资本的控制权。例如，A公司拥有B公司40%的表决权资本，C公司拥有B公司20%的表决权资本。A公司与C公司达成协议，C公司在B公司的权益由A公司代表。在这种情况下，A公司实质上拥有B公司60%表决权资本的控制权，表明A公司实质上控制B公司。

(2)根据章程或协议，投资企业有权控制被投资单位的财务和经营政策。

(3)有权任免被投资单位董事会等类似权力机构的多数成员。

(4)在被投资单位董事会或类似权力机构会议上有半数以上投票权。

投资企业能够对被投资单位实施控制的，被投资单位为其子公司，投资企业应当将子公司纳入合并财务报表的合并范围。对子公司的长期股权投资，应当采用成本法核算，编制合并财务报表时按照权益法进行调整。

2.成本法的核算

采用成本法核算的长期股权投资，核算方法如下。

(1)初始投资或追加投资时，按照初始投资或追加投资时的成本的公允价值及发生的相关交易费用增加长期股权投资的账面价值。借记“长期股权投资”账户，贷记相关账户。

(2)被投资单位宣告分派的现金股利或利润中，投资企业按应享有的部分，确认为当期投资收益。

例5-26 2×13年6月20日，甲公司以1 000万元购入乙公司60%的股权。相关手续于当日完成，并能够对乙公司实施控制。2×14年3月，乙公司宣告分派现金股利，甲公司按其持股比例可取得10万元。不考虑相关税费等其他因素影响。

甲公司对乙公司长期股权投资应进行的账务处理如下：

2×13年6月20日：

借：长期股权投资　　10 000 000

　贷：银行存款　　10 000 000

2×14年3月：

借：应收股利　　100 000

　贷：投资收益　　100 000

5.4.2.2 长期股权投资的权益法

1.权益法的定义及其适用范围

权益法，是指投资以初始投资成本计量后，在投资持有期间根据投资企业享有被投资单位所有者权益的份额的变动对投资的账面价值进行调整的方法。

投资企业对被投资单位具有共同控制或重大影响的长期股权投资，即对合营企业投资及对联营企业投资，应当采用权益法核算。

共同控制，是指按照合同约定对某项经济活动共有的控制。仅在与该项经济活动相关的重要财务和经营政策需要分享控制权的投资方一致同意时存在。投资企业与其他方对被投资单位实施共同控制的，被投资单位为其合营企业。

在确定是否构成共同控制时，一般可以考虑以下情况作为确定基础：①任何一个合营方均不能单独控制合营企业的生产经营活动；②涉及合营企业基本经营活动的决策，需要各合营方一致同意；③各合营方可能通过合同或协议的形式任命其中的一个合营方对合营企业的日常活动进行管理，但其必须在各合营方已经一致同意的财务和经营政策范围内行使管理权。

重大影响，是指对一个企业的财务和经营政策有参与决策的权力，但并不能够控制或者与其他方一起共同控制这些政策的制定。投资企业直接或通过子公司拥有被投资单位20%以上但低于50%的表决权股份时，一般认为对被投资单位具有重大影响，除非有明确的证据表明该种情况下不能参与被投资单位的生产经营决策，不形成重大影响。投资企业拥有被投资单位有表决权股份的比例低于20%的，一般认为对被投资单位不具有重大影响，但符合下列情况之一的，应认为对被投资单位具有重大影响。

(1)在被投资单位的董事会或类似权力机构中派有代表。这种情况下，由于在被投资单位的董事会或类似权力机构中派有代表，并享有相应的实质性的参与决策权，投资企业可以通过该代表参与被投资单位经营政策的制定，达到对被投资单位施加重大影响。

(2)参与被投资单位的政策制定过程，包括股利分配政策等的制定。这种情况下，因可以参与被投资单位的政策制定过程，在制定政策过程中可以为其自身利益提出建议和意见，从而对被投资单位施加重大影响。

(3)与被投资单位之间发生重要交易。有关的交易因对被投资单位的日常经营具有重要性，进而一定程度上可以影响被投资单位的生产经营决策。

(4)向被投资单位派出管理人员。这种情况下，通过投资企业对被投资单位派出管理人员，管理人员有权力并负责被投资单位的财务和经营活动，从而能够对被投资单位施加重大影响。

(5)向被投资单位提供关键技术资料。因被投资单位的生产经营需要依赖投资企业的技术或技术资料。表明投资企业对被投资单位具有重大影响。

2.权益法核算

采用权益法核算的企业，应在“长期股权投资”账户下设置“成本”、“损益调整”、“其他权益变动”等明细账户。

(1)初始投资成本的调整

投资企业取得对联营企业或合营企业的投资以后，对于取得投资时投资成本与应享有被投资单位可辨认净资产公允价值份额之间的差额，应区别情况分别处理。

第一，初始投资成本大于取得投资时应享有被投资单位可辨认净资产公允价值份额的，该部分差额从本质上是投资企业在取得投资过程中通过购买作价体现出的与所取得股权份额相对应的商誉及不符合确认条件的资产价值。初始投资成本大于投资时应享有被投资单位可辨认净资产公允价值的份额，两者之间的差额不要求对长期股权投资的成本进行调整。

第二，初始投资成本小于取得投资时应享有被投资单位可辨认净资产公允价值份额的，两者之间的差额体现为双方在交易作价过程中转让方的让步，该部分经济利益流入应作为收益处理，计入取得投资当期的营业外收入，同时调整增加长期股权投资的账面价值。

例5-27　科林公司于2×13年1月取得B公司30%的股权，支付价款9 000万元。取得投资时被投资单位可辨认净资产的公允价值为22 500万元。在B公司的生产经营决策过程中，所有股东均按持股比例行使表决权。科林公司在取得B公司的股权后，派人参与了B公司的生产经营决策。因能够对B公司施加重大影响，A企业对该投资应当采用权益法核算。

取得投资时，A企业应进行以下账务处理：

借：长期股权投资——B公司(成本)　　90 000 000
　贷：银行存款　　90 000 000

科林公司应享有B公司可辨认净资产公允价值的份额=22 500×30%=6 750(万元)

长期股权投资的初始投资成本9 000万元大于取得投资时应享有被投资单位可辨认净资产公允价值的份额，两者之间的差额不调整长期股权投资的账面价值。

如果本例中取得投资时被投资单位可辨认净资产的公允价值为36 000万元，科林公司按持股比例30%计算确定应享有10 800万元，则初始投资成本与应享有被投资单位可辨认净资产公允价值份额之间的差额1 800万元应计入取得投资当期的营业外收入，账务处理如下：

借：长期股权投资——B公司(成本)　　108 000 000
　贷：银行存款　　90 000 000
　　营业外收入　　18 000 000

(2)投资损益的确认

投资企业取得长期股权投资后，应当按照应享有或应分担的被投资单位实现净利润或发生净亏损的份额，调整长期股权投资的账面价值，并确认为当期投资损益。

在确认应享有或应分担被投资单位的净利润或净亏损时，在被投资单位账面净利润的基础上，应考虑以下因素的影响进行适当调整。

一是被投资单位采用的会计政策及会计期间与投资企业不一致的，应按投资企业的会计政策及会计期间对被投资单位的财务报表进行调整。

二是以取得投资时被投资单位固定资产、无形资产的公允价值为基础计提的折旧额或摊销额，以及以投资企业取得投资时的公允价值为基础计算确定的资产减值准备金额等，对被投资单位净利润的影响。

投资企业确认应分担被投资单位发生的损失，原则上应以长期股权投资及其他实质上构成对被投资单位净投资的长期权益减计至零为限，投资企业负有承担额外损失义务的除外。这里所讲"其他实质上构成对被投资单位净投资的长期权益"通常是指长期应收项目。

例5-28　沿用例5-27，假定长期股权投资的成本大于取得投资时被投资单位可辨认净资产公允价值份额的情况下，投资当年2×13年年末被投资单位实现净利润2 400万元。投资企业与被投资单位均以公历年度作为会计年度，两者之间采用的会计政策相同。投资时被投资单位各项资产、负债的账面价值与其公允价值相同，不需要对被投资单位实现的净损益进行调整，则投资企业应确认的投资收益为720(2 400×30%)万元。

借：长期股权投资——B公司(损益调整)　　7 200 000
　贷：投资收益　　7 200 000

例5-29　沿用例5-27，假设科林公司2×13年年末被投资单位实现净亏损1 000万元，则科林公司应确认的投资损失为300万元(1 000×30%)。

账务处理如下：

借：投资收益 3 000 000

贷：长期股权投资——B公司(损益调整) 3 000 000

(3)取得现金股利或利润的处理

按照权益法核算的长期股权投资，投资企业自被投资单位取得的现金股利或利润，应抵减长期股权投资的账面价值，视为投资成本的收回。在被投资单位宣告分派现金股利或利润时，借记“应收股利”账户，贷记“长期股权投资——损益调整”账户。

例 5-30 仍沿用例 5-27，假定 B 公司 2×14 年 4 月，宣告分派 2×13 年现金股利 8 000 000 元，科林公司应分得 2 400 000 元。

账务处理如下：

借：应收股利——B公司 2 400 000

贷：长期股权投资——B公司(损益调整) 2 400 000

(4)被投资单位其他综合收益的变动

被投资单位其他综合收益发生变动的，投资方应当按照归属于本企业的部分，相应调整长期股权投资的账面价值，同时增加或减少其他综合收益。

例 5-31 A 企业持有 B 企业 30%的股份，能够对 B 企业施加重大影响。当期 B 企业因持有的可供出售金融资产公允价值的变动计入其他综合收益的金额为 2 000 万元，除该事项外，B 企业当期实现的净损益为 9 000 万元。假定 A 企业与 B 企业适用的会计政策、会计期间相同，投资时 B 企业有关资产、负债的公允价值与其账面价值也相同。

A 企业在确认应享有被投资单位所有者权益的变动时，应进行的账务处理为：

借：长期股权投资——B企业(损益调整) 27 000 000

——B企业(其他综合收益) 6 000 000

贷：投资收益 27 000 000

其他综合收益 6 000 000

(5)被投资单位所有者权益的其他变动

被投资单位所有者权益的其他变动因素，主要包括被投资单位接受其他股东的资本性投入、被投资单位发行可分离交易的可转债中包含的权益成分、以权益结算的股份支付、其他股东对被投资单位增资导致投资方持股比例变动等。投资方应按所持股权比例计算应享有的份额，调整长期股权投资的账面价值，同时计入资本公积(其他资本公积)，并在备查簿中予以登记。

5.4.3 长期股权投资减值

长期股权投资在按照规定进行核算确定其账面价值的基础上，如果存在减值迹象的，应当按照相关准则的规定计提减值准备。其中对子公司、联营企业及合营企业的投资，应当按照《企业会计准则第 8 号——资产减值》的规定确定其可收回金额及应予计提的减值准备；企业持有的对被投资单位不具有共同控制或重大影响、在活跃市场中没有报价、公允价值不能可靠计量的长期股权投资，应当按照《企业会计准则第 22 号——金融工具确认和计量》的规定确定其可收回金额及应予计提的减值准备，上述有关长期股权投资的减值准备在提取以后，均不允许转回。

5.5 持有至到期投资的核算

企业对持有至到期投资的核算，应着重于该金融资产的持有者打算“持有至到期”，未到期前通常不会出售或重分类，主要应解决该金融资产实际利率的计算、摊余成本的确定、持有期间的收益确认以及将其处置时损益的处理。企业应设置“持有至到期投资”和“持有至到期投资减值准备”账户。“持有至到期投资”账户可按照持有至到期投资的类别和品种，分别以“成本”、“利息调整”、“应计利息”进行明细核算。

5.5.1 持有至到期投资的初始计量

持有至到期投资初始确认时，应当按照公允价值计量和相关交易费用之和作为初始入账金额。按该投资的面值，借记“持有至到期投资(成本)”账户；按实际支付的价款中包括的已到付息期但尚未领取的债券利息，借记“应收利息”账户；按实际支付的金额，贷记“银行存款”等账户；按其差额，借记或贷记“持有至到期投资(利息调整)”账户。

例 5-32 华联实业股份有限公司购入乙公司当日发行的面值 500 000 元、期限 5 年、票面利率 6%、每年 12 月 31 日付息、到期一次还本的债券作为持有至到期投资，实际支付的购买价款为 528 000 元(含交易费用)。

账务处理如下：

借：持有至到期投资——成本	500 000
——利息调整	28 000
贷：银行存款	528 000

例 5-33 华联实业股份有限公司购入丙公司当日发行的面值 800 000 元、期限 5 年、票面利率 5%、每年 12 月 31 日付息、到期一次还本的债券作为持有至到期投资，实际支付的购买价款为 818 500 元(含交易费用)。该价款包含已到付息期但尚未支付的利息40 000 元。

其账务处理如下：

(1)购入债券时：

借：持有至到期投资——成本	800 000
应收利息	40 000
贷：银行存款	818 500
持有至到期投资——利息调整	21 500

(2)收到债券利息时：

借：银行存款	40 000
贷：应收利息	40 000

持有至到期投资的利息调整金额，包括两部分内容：一是持有至到期投资的溢折价；二是持有至到期投资的相关交易费用。其中，持有至到期投资溢折价的产生是基于名义利率与实际利率不同而导致的。企业为购入持有至到期投资实际支付的价款可能等于债券面值，也可能高于或低于债券面值，这是由于持有至到期投资的票面利率(名义利率)与实际利率(市场利

率)不同而引起的。当债券票面利率等于实际利率时，发行单位按票面金额发行债券，投资者则按面值购入债券。当债券票面利率高于实际利率，表明债券发行单位实际支付的利息将高于按市场利率计算的利息，发行单位则在发行时按高于债券票面价值的价格发行，即溢价发行，对投资者而言则为溢价购入，其溢价是为以后多得利息而事先付出的代价；对于发行单位而言，是为以后多付利息而事先得到的补偿。如果债券票面利率低于实际利率，表明债券发行单位今后实际支付的利息将低于按市场利率计算的利息，发行单位则在发行时按低于债券票面价值的价格发行，即折价发行，对购买者而言则为折价购入，其折价是为以后少得利息而事先得到的补偿；对于发行单位而言，是为以后少付利息而事先付出的代价。

持有至到期投资初始确认时，应当计算确定其实际利率，并在该持有至到期投资预期存续期间或适用的更短期间内保持不变。实际利率，是指将金融资产在预计存续期内的未来现金流量，折现为该金融资产当前账面价值所使用的利率。企业在确定实际利率时，应当在考虑金融资产所有合同条款的基础上预计未来现金流量，但不应考虑未来信用损失。

5.5.2 持有至到期投资的后续计量

1.计量方法

持有至到期投资到期时，发行单位按照债券面值偿还，因此，企业购入持有至到期投资的溢价和折价均应在持有期间的资产负债表日，按照实际利率法摊销，并按摊余成本对利息收入进行确认和调整。

企业应当采用实际利率法，按摊余成本对持有至到期投资进行后续计量。实际利率法，是指按照金融资产的实际利率计算其各期的摊余成本及各期利息收入的方法。

摊余成本，是指该金融资产的初始确认金额经下列调整后的结果：①扣除已偿还的本金；②加上或减去采用实际利率法将该初始确认金额与到期日金额之间的差额进行摊销形成的累计摊销额；③扣除已发生的减值损失。

2.会计处理

(1)购入的分期付息、到期还本的持有至到期投资，应按面值和票面利率计算确定应收未收的利息，借记“应收利息”账户，按摊余成本和实际利率计算确定的利息收入的金额，贷记“投资收益”账户，按其差额，借记或贷记“持有至到期投资(利息调整)”账户。

(2)持有至到期投资为一次还本付息债券投资的，应于资产负债表日按票面利率计算确定的应收未收利息，借记“持有至到期投资——应计利息”账户，按持有至到期投资摊余成本和实际利率计算确定的利息收入，贷记“投资收益”账户，按其差额借记或贷记“持有至到期投资(利息调整)”账户。

(3)收到持有至到期投资按合同支付的利息时，借记“银行存款”等账户，贷记“应收利息”或“持有至到期投资——应计利息”账户。

(4)持有至到期投资在持有期间按采用实际利率法计算确定的折价摊销额，借记“持有至到期投资(利息调整)”账户，贷记“投资收益”账户；溢价摊销额，做相反的会计分录。

(5)处置持有至到期投资时，应将所取得价款与持有至到期投资账面价值之间的差额，计入当期损益。应按收到的金额，借记“银行存款”账户，已计提减值准备的，借记“持有至到期投资减值准备”账户，按其账面余额，贷记持有至到期投资——成本、利息调整、应计利息等账户，按其差额，贷记或借记“投资收益”账户。

例 5-34 2×09 年 1 月 1 日，胜利公司支付价款 1 000 元(含交易费用)从活跃市场上购入某公司 5 年期债券，面值 1 250 元，票面利率 4.72%，按年支付利息(即每年59 元)，本金最后一次支付。合同约定，该债券的发行方在遇到特定情况时可以将债券赎回，且不需要为提前赎回支付额外款项。胜利公司在购买该债券时，预计发行方不会提前赎回。

胜利公司将购入的该公司债券划分为持有至到期投资，且不考虑所得税、减值损失等因素。为此，胜利公司在初始确认时先计算确定该债券的实际利率。

设该债券的实际利率为 r，则可列出如下等式：

$$59\times(1+r)^{-1}+59\times(1+r)^{-2}+59\times(1+r)^{-3}+59\times(1+r)^{-4}+(59+1\,250)\times(1+r)^{-5}=1\,000(\text{元})$$

采用插值法，可以计算得出 $r=10\%$，由此可编制表 5-4。

表 5-4 计算表

单位：元

年　份	期初摊余成本 (1)	实际利息 (2)=(1)×10%	现金流入 (3)=面值×4.72%	期末摊余成本 (4)=(1)+(2)−(3)
2×09 年	1 000	100	59	1 041
2×10 年	1 041	104	59	1 086
2×11 年	1 086	109	59	1 136
2×12 年	1 136	114*	59	1 191
2×13 年	1 191	118**	1 309	0

注：* 是数字四舍五入取整；** 是数字考虑了计算过程中出现的尾差。

根据上述数据，胜利公司的有关账务处理如下：

(1)2×09 年 1 月 1 日，购入债券：

借：持有至到期投资——成本　　1 250
　　贷：银行存款　　1 000
　　　　持有至到期投资——利息调整　　250

(2)2×09 年 12 月 31 日，确认实际利息收入、收到票面利息等：

借：应收利息　　59
　　持有至到期投资——利息调整　　41
　　贷：投资收益　　100
借：银行存款　　59
　　贷：应收利息　　59

(3)2×10 年 12 月 31 日，确认实际利息收入、收到票面利息等：

借：应收利息　　59
　　持有至到期投资——利息调整　　45
　　贷：投资收益　　104
借：银行存款　　59
　　贷：应收利息　　59

(4)2×11 年 12 月 31 日，确认实际利息收入、收到票面利息等：

借：应收利息　　59
　　持有至到期投资——利息调整　　50
　　贷：投资收益　　109
借：银行存款　　59

　　贷：应收利息　　59

(5)2×12 年 12 月 31 日，确认实际利息、收到票面利息等：

　借：应收利息　　59

　　　持有至到期投资——利息调整　　55

　　贷：投资收益　　114

　借：银行存款　　59

　　贷：应收利息　　59

(6)2×13 年 12 月 31 日，确认实际利息、收到票面利息和本金等：

　借：应收利息　　59

　　　持有至到期投资——利息调整　　59

　　贷：投资收益　　118

　借：银行存款　　59

　　贷：应收利息　　59

　借：银行存款等　　1 250

　　贷：持有至到期投资——成本　　1 250

例 5-35　续例 5-34，假定胜利公司购买的债券不是分次付息，而是到期一次还本付息，且利息不是以复利计算。此时，XYZ 公司所购买债券的实际利率为 r。

计算如下：

$(59+59+59+59+59+1\ 250)\times(1+r)^{-5}=1\ 000$(元)

由此得出 r≈9.05%，据此调整上述表中相关数据后见表 5-5。

表 5-5　计算表　　单位：元

年　份	期初摊余成本 (1)	实际利息 (2)=(1)×9.05%	现金流入 (3)=面值×4.72%	期末摊余成本 (4)=(1)+(2)−(3)
2×09 年	1 000.00	90.50	0	1 090.50
2×10 年	1 090.50	98.69	0	1 189.19
2×11 年	1 189.19	107.62	0	1 296.81
2×12 年	1 296.81	117.36	0	1 414.17
2×13 年	1 414.17	130.83 *	1 545	0.00

注：* 是考虑了计算过程中出现的尾差 2.85 元。

根据上述数据，胜利公司的有关账务处理如下：

(1)2×09 年 1 月 1 日，购入债券：

　借：持有至到期投资——成本　　1 250

　　贷：银行存款　　1 000

　　　　持有至到期投资——利息调整　　250

(2)2×09 年 12 月 31 日，确认实际利息收入：

　借：持有至到期投资——应计利息　　59

　　　　　　　　　　　——利息调整　　31.5

　　贷：投资收益　　90.5

(3)2×10 年 12 月 31 日，确认实际利息收入：

　借：持有至到期投资——应计利息　　59

　　　　　　　　　　　——利息调整　　39.69

贷：投资收益　98.69

(4)2×11 年 12 月 31 日：

借：持有至到期投资——应计利息　59

——利息调整　48.62

贷：投资收益　107.62

(5)2×12 年 12 月 31 日，确认实际利息：

借：持有至到期投资——应计利息　59

——利息调整　58.36

贷：投资收益　117.36

(6)2×13 年 12 月 31 日，确认实际利息、收到本金和名义利息等：

借：持有至到期投资——应计利息　59

——利息调整　71.83

贷：投资收益　130.83

借：银行存款　1 545

贷：持有至到期投资——成本　1 250

——应计利息　295

5.5.3 持有至到期投资转换

企业因持有至到期投资部分出售或重分类的金额较大，且不属于企业会计准则所允许的例外情况，使该投资的剩余部分不再适合划分为持有至到期投资的，企业应当将该投资的剩余部分重分类为可供出售金融资产，并以公允价值进行后续计量。重分类日，该投资剩余部分的账面价值与其公允价值之间的差额计入所有者权益，在该可供出售金融资产发生减值或终止确认时转出，计入当期损益。

5.6 可供出售金融资产的核算

可供出售金融资产的会计处理，与以公允价值计量且其变动计入当期损益的金融资产的会计处理有类似之处，但也有不同。具体而言：

(1)初始确认时，都应按公允价值计量，但对于可供出售金融资产，相关交易费用应计入初始入账金额；

(2)资产负债表日，都应按公允价值计量，但对于可供出售金融资产，公允价值变动不是计入当期损益，而通常应计入其他综合收益。

企业在对可供出售金融资产进行会计处理时，还应注意以下方面。

(1)企业取得可供出售金融资产支付的价款中包含的已到付息期但尚未领取的债券利息或已宣告但尚未发放的现金股利，应单独确认为应收项目。

可供出售金融资产持有期间取得的利息或现金股利，应当计入投资收益。资产负债表日，可供出售金融资产应当以公允价值计量，且公允价值变动计入其他综合收益。

(2)可供出售金融资产发生的减值损失，应计入当期损益；如果可供出售金融资产是外币货币性金融资产，则其形成的汇兑差额也应计入当期损益。采用实际利率法计算的可供出售金融资产的利息，应当计入当期损益；可出售权益工具投资的现金股利，应当在被投资单位宣告发放股利时计入当期损益。

(3)处置可供出售金融资产时，应将取得的价款与该金融资产账面价值之间的差额，计入投资损益；同时，将原直接计入其他综合收益的公允价值变动累计额对应处置部分的金额转出，计入投资损益。

例 5-36 乙公司于2×12年7月13日从二级市场购入股票1 000 000股，每股市价15元，手续费30 000元；初始确认时，该股票划分为可供出售金融资产。

乙公司至2×12年12月31日仍持有该股票，该股票当时的市价为16元。

2×13年2月1日，乙公司将该股票售出，售价为每股13元，另支付交易费用30 000元。

假定不考虑其他因素，乙公司的账务处理如下：

(1)2×12年7月13日，购入股票：

借：可供出售金融资产——成本	15 030 000	
贷：银行存款		15 030 000

(2)2×12年12月31日，确认股票价格变动：

借：可供出售金融资产——公允价值变动	(16 000 000−15 030 000)970 000	
贷：其他综合收益——可供出售金融资产公允价值变动损益		970 000

(3)2×13年2月1日，出售股票：

借：银行存款	12 970 000	
其他综合收益——可供出售金融资产公允价值变动损益	970 000	
投资收益	2 060 000	
贷：可供出售金融资产——成本		15 030 000
——公允价值变动		970 000

5.7 投资性房地产的核算

5.7.1 投资性房地产的确认和初始计量

投资性房地产只有在符合定义的前提下，同时满足下列条件的，才能予以确认：①与该投资性房地产有关的经济利益很可能流入企业；②该投资性房地产的成本能够可靠地计量。对已出租的土地使用权、已出租的建筑物，其作为投资性房地产的确认时点为租赁期开始日，即土地使用权、建筑物进入出租状态、开始赚取租金的日期。但企业管理当局对企业持有以备经营出租的空置建筑物，做出正式书面决议，明确表明将其用于经营出租且持有意图短期内不再发生变化的，可视为投资性房地产，其作为投资性房地产的时点为企业管理当局就该事项做出正式书面决议的日期。这里的“空置建筑物”是指企业新购入、自行建造或开发完工但尚未使用的建筑物，以及不再用于日常生产经营活动且经整理后达到可经营出租状态的建筑物。投资性房地产应当按照成本进行初始计量。

5.7.1.1 外购投资性房地产的确认和初始计量

外购的房地产，只有在购入的同时开始出租，才能作为投资性房地产加以确认。例如，某公司拟购入一栋写字楼并将其中一层租赁给其他企业使用。在购买过程中，该公司就与其他公司签订了租赁协议，约定该层写字楼购入时开始起租。在这种情况下，该层写字楼的购入日同时也是租赁期开始日，应当在购入日作为投资性房地产加以确认。如果该企业所签订的租赁协议约定在购入后3个月再出租，则应当先作为固定资产加以确认，直至租赁期开始日才能从固定资产转换为投资性房地产。

在采用成本模式计量下，外购的土地使用权和建筑物，按照取得时的实际成本进行初始计量，借记"投资性房地产"账户，贷记"银行存款"等账户。取得时的实际成本包括购买价款、相关税费和可直接归属于该资产的其他支出。

在采用公允价值模式计量下，企业应当在"投资性房地产"账户下设置"成本"和"公允价值变动"两个明细账户，按照外购的土地使用权和建筑物发生的实际成本，计入"投资性房地产——成本"账户。

例 5-37 2×13年6月，甲企业计划购入一栋写字楼用于对外出租。6月15日，甲企业与乙企业签订了经营租赁合同，约定自写字楼购买日起将这栋写字楼出租给乙企业，为期5年。7月10日，甲企业实际购入写字楼，支付价款共计1 000万元。假设不考虑其他因素，甲企业采用成本模式进行后续计量。

甲企业的账务处理如下：

借：投资性房地产——写字楼　　10 000 000

　贷：银行存款　　10 000 000

沿用例5-37，假设甲企业拥有的投资性房地产符合采用公允价值计量模式的条件，采用公允价值模式进行后续计量。

甲企业的账务处理如下：

借：投资性房地产——成本(写字楼)　　10 000 000

　贷：银行存款　　10 000 000

5.7.1.2 自行建造投资性房地产的确认和初始计量

企业自行建造或开发活动完成后用于出租的房地产属于投资性房地产。只有在自行建造或开发活动完成的同时开始出租，才能将自行建造或开发完成的房地产确认为投资性房地产。

自行建造投资性房地产，其成本由建造该项资产达到预定可使用状态前发生的必要支出构成，包括土地开发费、建筑成本、安装成本、应予以资本化的借款费用、支付的其他费用和分摊的间接费用等。建造过程中发生的非正常性损失，直接计入当期损益，不计入建造成本。采用成本模式计量的，应按照确定的成本，借记"投资性房地产"账户，贷记"在建工程"或"开发产品"账户。采用公允价值模式计量的，应按照确定的成本，借记"投资性房地产——成本"账户，贷记"在建工程"或"开发产品"账户。

例 5-38 2×13年1月，A公司从其他单位购入一块土地的使用权，并在这块土地上开始自行建造三栋厂房。2×13年10月，A公司预计厂房即将完工，与B公司签订了经营租赁合同，将其中的一栋厂房租赁给B公司使用。租赁合同约定，该厂房于完工(达到预定可使用状态)时开始起租。2×13年11月1日，三栋厂房同时完工(达到预定可使用状态)。该块土地使用权的成本为600万元，三栋厂房的实际造价均为2 000万元，能够单独出售。假设甲企业采用成本计量模式。

甲企业的账务处理如下：

土地使用权中的对应部分同时转换为投资性房地产＝[600×(2 000÷6 000)]＝200（万元）

借：投资性房地产——厂房　　20 000 000

　贷：在建工程　　20 000 000

借：投资性房地产——已出租土地使用权　　2 000 000

　贷：无形资产——土地使用权　　2 000 000

5.7.1.3　非投资性房地产转换为投资性房地产的确认和初始计量

非投资性房地产转换为投资性房地产，实质上是因房地产用途发生改变而对房地产进行的重新分类。自用房地产或作为存货的房地产转为出租，应当在租赁期开始日确认投资性房地产。自用土地使用权转为持有准备增值后转让的土地使用权，应当在该土地使用权确已停止自用且管理当局形成转换决议的时点，确认投资性房地产。

5.7.2　与投资性房地产有关的后续支出

5.7.2.1　资本化的后续支出

与投资性房地产有关的后续支出，满足投资性房地产确认条件的，应当计入投资性房地产成本。例如，企业为了提高投资性房地产的使用效能，往往需要对投资性房地产进行改建、扩建而使其更加坚固耐用，或者通过装修而改善其室内装潢，改扩建或装修支出满足确认条件的，应当将其资本化。

采用成本模式计量的，投资性房地产进入改良或装修阶段后，应当将其账面价值转入"在建工程"账户。借记"在建工程"、"投资性房地产累计折旧(摊销)"等账户，贷记"投资性房地产"账户。发生资本化的改良或装修支出，通过"在建工程"账户归集，借记"在建工程"账户，贷记"银行存款"、"应付账款"等账户。改良或装修完成后，继续用于投资性房地产的，应当从在建工程转入投资性房地产，借记"投资性房地产"账户，贷记"在建工程"账户。

采用公允价值模式计量的，投资性房地产进入改良或装修阶段，借记"在建工程"账户，贷记"投资性房地产——成本"、"投资性房地产——公允价值变动"等账户；在改良或装修完成后，继续用于投资性房地产的，借记"投资性房地产——成本"账户，贷记"在建工程"账户。

5.7.2.2　费用化的后续支出

与投资性房地产有关的后续支出，不满足投资性房地产确认条件的，应当在发生时计入当期损益。例如，企业对投资性房地产进行日常维护所发生的支出。企业在发生投资性房地产费用化的后续支出时，借记"其他业务成本"等账户，贷记"银行存款"等账户。

5.7.3　投资性房地产的后续计量

投资性房地产的后续计量，通常应当采用成本模式，只有满足特定条件的情况下才可以采用公允价值模式。但是，同一企业只能采用一种模式对所有投资性房地产进行后续计量，不得同时采用两种计量模式。

5.7.3.1　采用成本模式进行后续计量的投资性房地产

采用成本模式进行后续计量的投资性房地产，应当按期(月)计提折旧或摊销，借记"其他业务成本”等账户，贷记“投资性房地产累计折旧(摊销)”账户。取得的租金收入，借记“银行存款”等账户，贷记“其他业务收入”等账户。

投资性房地产存在减值迹象的，还应当按照《企业会计准则第 8 号——资产减值》的有关规定，经减值测试后确定发生减值的，应当计提减值准备，借记“资产减值损失”账户，贷记“投资性房地产减值准备”账户。已经计提减值准备的投资性房地产，其减值损失在以后的会计期间不得转回。

例 5-39 科龙公司的一栋办公楼出租给 A 企业使用，已确认为投资性房地产，采用成本模式进行后续计量。假设这栋办公楼的成本为 2 400 万元，按照直线法计提折旧，使用寿命为 20 年，预计净残值为零。按照经营租赁合同，A 企业每月支付科龙公司租金12 万元。当年 12 月，这栋办公楼发生减值迹象，经减值测试，其可收回金额为 1 600 万元，此时办公楼的账面价值为 1 920 万元，以前未计提减值准备。

科龙公司的账务处理如下：

(1)计提折旧：

每月计提的折旧：2 400÷20÷12＝10(万元)

借：其他业务成本　　100 000

　贷：投资性房地产累计折旧(摊销)　　100 000

(2)确认租金：

借：银行存款(或其他应收款)　　120 000

　贷：其他业务收入　　120 000

(3)计提减值准备：

借：资产减值损失　　3 200 000

　贷：投资性房地产减值准备　　3 200 000

5.7.3.2 采用公允价值模式进行后续计量的投资性房地产

企业有确凿证据表明其投资性房地产的公允价值能够持续可靠取得的，可以对投资性房地产采用公允价值模式进行后续计量。

采用公允价值模式计量的投资性房地产，应当同时满足下列条件：①投资性房地产所在地有活跃的房地产交易市场，所在地，通常指投资性房地产所在的城市，对于大中型城市，应当为投资性房地产所在的城区；②企业能够从活跃的房地产交易市场上取得的同类或类似房地产的市场价格及其他相关信息，从而对投资性房地产的公允价值做出合理的估计。同类或类似的房地产，对建筑物而言，是指所处地理位置和地理环境相同、性质相同、结构类型相同或相近、新旧程度相同或相近、可使用状况相同或相近的建筑物；对土地使用权而言，是指同一位置区域、所处地理环境相同或相近、可使用状况相同或相近的土地。

投资性房地产采用公允价值模式进行后续计量的，不计提折旧或摊销，应当以资产负债表日的公允价值计量。资产负债表日，投资性房地产的公允价值高于其账面余额的差额，借记“投资性房地产——公允价值变动”账户，贷记“公允价值变动损益”账户；公允价值低于其账面余额的差额做相反的账务处理。

例 5-40 A 公司为从事房地产经营开发的企业。2×13 年 8 月，A 公司与 D 公司签订租赁协议，约定将 A 公司开发的一栋精装修的写字楼于开发完成的同时开始租赁给 D 公司使用，租赁期为 8 年。当年 10 月 1 日，该写字楼开发完成并开始起租，写字楼的造价为8 000万元。2×13 年 12 月 31 日，该写字楼的公允价值为 8 200 万元。A 公司采用公允价值计量模式。

A公司的账务处理如下：

(1)2×13年10月1日，A公司开发完成写字楼并出租：

借：投资性房地产——成本　　80 000 000

　贷：开发成本　　80 000 000

(2)2×13年12月31日，按照公允价值为基础调整其账面价值，公允价值与原账面价值之间的差额计入当期损益：

借：投资性房地产——公允价值变动　　2 000 000

　贷：公允价值变动损益　　2 000 000

5.7.3.3 投资性房地产后续计量模式的变更

为保证会计信息的可比性，企业对投资性房地产的计量模式一经确定，不得随意变更。存在确凿证据表明投资性房地产的公允价值能够持续可靠取得、且能够满足采用公允价值模式条件的情况下，才允许企业对投资性房地产从成本模式计量变更为公允价值模式计量。

成本模式转为公允价值模式的，应当作为会计政策变更处理，将计量模式变更时公允价值与账面价值的差额，调整期初留存收益。已采用公允价值模式计量的投资性房地产，不得从公允价值模式转为成本模式。

5.7.4 投资性房地产的处置

当投资性房地产被处置，或者永久退出使用且预计不能从其处置中取得经济利益时，应当终止确认该项投资性房地产。

投资性房地产的处置是指企业根据生产经营情况、投资性房地产的状况，出售、转让、报废投资性房地产或者发生投资性房地产毁损而减少的投资性房地产。对于那些由于使用而不断磨损直到最终报废，或者由于遭受自然灾害等非正常损失发生毁损的投资性房地产企业应当及时进行清理。企业应当将处置收入扣除其账面价值和相关税费后的金额计入当期损益。

5.7.4.1 采用成本模式计量的投资性房地产的处置

出售、转让按成本模式进行后续计量的投资性房地产时，应当按实际收到的金额，借记“银行存款”等账户，贷记“其他业务收入”账户；按该项投资性房地产的账面余额，借记“其他业务成本”账户，按其账面成本，贷记“投资性房地产”账户；按照已计提的折旧或摊销，借记“投资性房地产累计折旧(摊销)”账户；原已计提减值准备的，借记“投资性房地产减值准备”账户。

例5-41 甲公司将其出租的一栋写字楼确认为投资性房地产，采用成本模式计量。租赁期届满后，甲公司将该栋写字楼出售给乙公司，合同价款为20 000万元，乙公司已用银行存款付清。出售时，该栋写字楼的成本为18 000万元，已计提折旧3 000万元。

甲企业的账务处理如下：

(1)按合同价款：

借：银行存款　　200 000 000

　贷：其他业务收入　　200 000 000

(2)投资性房地产的账面成本和账面余额：

投资性房地产的账面成本＝180 000 000(万元)

投资性房地产的账面余额＝180 000 000－30 000 000＝150 000 000(万元)

借：其他业务成本　　150 000 000
　　投资性房地产累计折旧(摊销)　　30 000 000
　贷：投资性房地产——写字楼　　180 000 000

5.7.4.2　采用公允价值模式计量的投资性房地产的处置

出售、转让采用公允价值模式计量的投资性房地产，应当按实际收到的金额，借记“银行存款”等账户，贷记“其他业务收入”账户；按该项投资性房地产的账面余额，借记“其他业务成本”账户，按其成本，贷记“投资性房地产——成本”账户，按其累计公允价值变动，贷记或借记“投资性房地产——公允价值变动”账户。同时，将投资性房地产累计公允价值变动转入其他业务收入，借记或贷记“公允价值变动”账户，贷记或借记“其他业务收入”账户。若存在原转换日计入资本公积的金额，则也需一并转入其他业务收入，借记“资本公积——其他资本公积”账户，贷记“其他业务收入”账户。

小结

非流动资产一般包括可供出售金融资产、持有至到期投资、长期股权投资、投资性房地产、长期应收款、固定资产、无形资产、长期待摊费用等。

固定资产是供企业长期使用、价值较高且不以出售为目的的资产。一般来讲，固定资产是指同时具有下列特征的有形资产：①为生产商品、提供劳务、出租或经营管理而持有；②使用寿命超过一个会计年度。固定资产应当按照成本进行初始计量。固定资产的后续计量主要包括固定资产折旧的计提、减值损失的确定，以及后续支出的计量。

无形资产是指企业拥有或者控制的没有实物形态的可辨认非货币性资产。无形资产具有以下特征：①由企业拥有或者控制并能为其带来未来经济利益的资源；②无形资产不具有实物形态；③无形资产具有可辨认性；④无形资产能够给企业带来的未来经济利益具有很大的不确定性。无形资产通常是按实际成本计量的，即以取得无形资产并使之达到预定用途而发生的全部支出，作为无形资产的成本。对于不同来源取得的无形资产，其初始成本构成也不尽相同。无形资产初始确认和计量后，在其后使用该项无形资产期间内应以成本减去累计摊销额和累计减值损失后的余额计量。

长期股权投资是指通过投资取得被投资单位的股份。企业投资的目的，是企业为通过分配来增加财富，或为谋求其他利益，而将资产让渡给其他单位所获得的，持有时间超过一年的一项金融资产。长期股权投资在取得时，应按初始投资成本入账。长期股权投资的初始投资成本应分别以企业合并和非企业合并两种情况确定。长期股权投资在持有期间，根据投资企业对被投资单位的影响程度及是否存在活跃市场、公允价值能否可靠取得等进行划分，应当分别采用成本法及权益法进行核算。

持有至到期投资，是指到期日固定、回收金额固定或可确定，且企业有明确意图和能力持有至到期的非衍生金融资产。通常情况下，能够划分为持有至到期投资的金融资产，主要是债权性投资，比如从二级市场上购入的固定利率国债、浮动利率金融债券等。持有至到期投资初始确认时，应当按照公允价值计量和相关交易费用之和作为初始入账金额。持有至到期投资到期时，发行单位按照债券面值偿还。因此，企业购入持有至到期投资的溢价和折价均应在持有期间的资产负债表日，按照实际利率法摊销，并按摊余成本对利息收入进行确认和调整。可供出售金融资产的会计处理，与以公允价值计量且其变动计入当期损益的金融资产的会计处理有类似之处，但也有不同。具体而言：①初始确认时，都应按公允价值计量，但对于可供出售金融资产，相关交易费用应计入初始入账金额；②资产负债表日，都应按公允价值计量，但对于可供出售金融资产，公允价值变动不是计入当期损益，而通常应计入其他综合收益。

外购的房地产，只有在购入的同时开始出租，才能作为投资性房地产加以确认。例如，某公司拟购入一栋写字楼并将其中一层租赁给其他企业使用。在购买过程中，该公司就与其他公司签订了租赁协议，约定该层写字楼购入时开始起租。在这种情况下，该层写字楼的购入日同时也是租赁期开始日，应当在购入日作为投资性房地产加以确认。如果该企业所签订的租赁协议约定在购入后3个月再出租，则应当先作为固定资产加以确认，直至租赁期开始日才能从固定资产转换为投资性房地产。

投资性房地产，是指为赚取租金或资本增值，或者两者兼有而持有的房地产。在采用成本模式计量下，外购的土地使用权和建筑物，按照取得时的实际成本进行初始计量。自行建造投资性房地产，其成本由建造该项资产达到预定可使用状态前发生的必要支出构成，包括土地开发费、建筑成本、安装成本、应予以资本化的借款费用、支付的其他费用和分摊的间接费用等。建造过程中发生的非正常性损失，直接计入当期损益，不计入建造成本。投资性房地产后续计量，通常应当采用成本模式，只有满足特定条件的情况下才可以采用公允价值模式。

思考题

1. 固定资产有哪些特点？
2. 按经济用途和使用情况综合分类，可把企业的固定资产划分为哪几类？
3. 简述固定资产的确认条件。
4. 如何理解固定资产折旧的定义？
5. 简述固定资产的有形损耗和无形损耗。
6. 什么是加速折旧法？采用加速折旧法的依据是什么？
7. 影响固定资产折旧的因素有哪些？
8. 简述固定资产的资本化后续支出的会计处理、费用化的会计处理。
9. 简述无形资产的定义、特征和分类。
10. 简述自行开发无形资产的研究阶段和开发阶段的划分。
11. 无形资产研发阶段资本化的条件是什么？
12. 简述无形资产摊销的计提方法和会计处理。
13. 什么是长期股权投资的权益法？适用范围有哪些？
14. 什么是长期股权投资的成本法？适用范围有哪些？
15. 什么是控制、同一控制和非同一控制？
16. 什么是共同控制？其重大影响是什么？
17. 什么是持有至到期投资的实际利率和摊余成本？
18. 可供出售金融资产公允价值变动如何核算？与交易性金融资产的核算有何区别？
19. 简述投资性房地产的确认条件。

练习题

1. 胜利公司有关固定资产增加的资料如下。

(1)公司购入机器一台，增值税专用发票上注明的价款为200 000元，增值税为34 000元，支付的运杂费为7 500元，款项以银行存款支付。

(2)公司新建固定资产1台，有关购建资料是：①用银行存款购入建造固定资产所需材料一批，全部价款为150 000元；②建造固定资产领用材料150 000元；③结转建造固定资产应负担的职工工资20 000元；④结转建造固定资产应负担的职工福利费2 800元；⑤用银行存款支付建造固定资产的其他支出7 200元；⑥建造固定资产完工，经验收合格并投入使用。

(3)接受捐赠的设备一台，根据捐赠设备的发票、保管单等有关单据，确定按47 500元入账，假如不考虑税金等因素。

(4)某企业投资转入机器设备一台，原价为700 000元，已提折旧为250 000元，经投资各方确认的价值为500 000元，经检验合格，交付使用。

(5)改造机器设备1台，机器设备改造前的原价为50 000元，累计折旧为20 000元；用银行存款支付改造机器设备支出10 000元；改造机器设备拆除的部件残料计价800元入库；机器设备改造工程完工，支出净额为9 200元(10 000－800)。

要求：根据以上资料，编制相关会计分录。

2.某企业2×13年5月份购置一台机器设备，价款90 000元，运杂费共计10 000元，该固定资产的预计使用年限为5年，预计净残值为2 000元。要求：

(1)计算固定资产的入账价值；

(2)采用平均年限法计提各月份的固定资产折旧额；

(3)采用双倍余额递减法计算各年的折旧率和折旧额；

(4)采用年数总和法计算各年的折旧率和折旧额；

(5)3年后，企业将该项固定资产出售，取得收入56 000元，存入银行，假设不考虑相关税费，该固定资产采用平均年限法计提折旧。

3.胜利公司2×13年4月固定资产减少的业务如下。

(1)报废设备一台，原价300 000元，已提折旧为285 000元，发生的清理费用为12 000元，残值收入为10 000元，残值收入和清理费用已由银行存款收支。固定资产清理完毕。

(2)发现盘亏设备一台，原价为500 000元，已提折旧为250 000元。盘亏的固定资产经批准后处理。

(3)因意外事故，一批设备毁损，原价为2 000 000元，使用年限为10年，已使用7年，残值为原价的5%。该设备已向保险公司投保，应收保险赔偿金400 000元。在毁损设备清理过程中，支付清理费用80 000元，取得残值收入100 000元。有关款项已由银行存款收支，该项设备已清理完毕。

要求：根据上述资料，编制相关会计分录。

4.蓝天公司购入一项专利技术，价款共计2 000 000元，用银行存款支付。该专利技术的有效期限为10年。使用2年后，蓝天公司以1 750 000元的价格将其出售给另一家公司，相关税费为87 500元。要求：

(1)编制蓝天公司有关专利技术的购入、摊销和转让的会计分录；

(2)若使用2年后，蓝天公司只是将该专利技术出租给另一家公司，并每年收取100 000元的租金，相关税费为50 000元，请编制有关出租的会计分录。

5.胜利公司2×13年2月5日，公司董事会批准研发某项新型技术。在研发过程中发生材料费500 000元，人工费150 000元，使用其他无形资产的摊销费用为90 000元，其他费用为56 000元，以银行存款支付。其中，符合资本化条件的支出为350 000元。至6月30日，该项技术已经达到预定用途。

要求：根据上述业务，编制有关会计分录。

6. 南海公司2×11年1月1日持有东方股份公司30%股本，其长期股权投资账面价值为1 000 000元，采用权益法核算。2×11年东方股份公司亏损100 000元，2×12年东方股份公司实现净利润300 000元，2×13年3月10日，东方公司宣告发放现金股利200 000元，2×13年3月20日，南海公司收到东方股份的现金股利。

要求：根据上述业务，编制有关会计分录。

7. 蓝天公司投资于A公司，有关投资的情况如下。

(1)2×12年1月1日，蓝天公司支付现金1 000万元给B公司，受让B公司持有的A公司20%的股权，采用权益法核算。假设未发生直接相关费用和税金，受让股权时，A公司可辨认净资产公允价值为4 000万元。

(2)2×12年12月31日，A公司2×12年实现的净利润为600万元，本年度因经济事项使其他综合收益增加150万元，假设不考虑对净利润的调整。

(3)2×13年3月12日，A公司宣告分派现金股利200万元，蓝天公司于4月15日收到。

(4)2×13年D公司发生亏损2 000万元，2×13年年末蓝天公司对A公司的投资可收回金额700万元。

(5)2×14年1月20日，蓝天公司经协商，将持有的A公司的全部股权转让给D公司，收到股权转让款800万元。

要求：对蓝天公司以上5笔业务进行账务处理。

8. 华天公司于2×12年1月10日以银行存款购买华达公司股票100 000股作为长期投资，每股买入价10元，每股价格中包含0.2元的已宣告分派的现金股利，另付有关税费7 000元。2×12年年末，华达公司实现利润200万元，2×13年4月发放现金股利80万元。假设：

(1)华天公司占华达公司有表决权资本的60%，并能够对华达公司实施控制；

(2)华天公司占华达公司有表决权资本的18%，并能够对其实施重大影响。

要求：根据上述资料对以上两种情况进行相关的会计处理。

9. 华联实业股份有限公司对持有至到期投资采用实际利率法确认利息收入。该公司2×13年1月1日购入面值500 000元、期限5年、票面利率6%、每年12月31日付息、取得成本528 000元的乙公司债券，实际利率为4.72%。

要求：根据上述资料，请做出债券购入、利息收入的会计处理。

10. 2×13年，蓝天公司发生如下与证券投资有关的经济业务。

(1)4月5日购入M上市公司的股票200万股，每股20元(含已宣告但尚未发放的现金股利2元)，另支付相关费用20万元，该股票作为可供出售金融资产来核算。

(2)5月15日收到现金股利400万元。

(3)6月30日每股公允价值17.4元，蓝天公司预计该下跌是暂时的。

(4)9月30日由于市场环境恶化，M公司的股票急剧下跌至每股10元，如果M公司不采取新的措施，预期还可能持续下跌。

(5)12月31日由于M公司的措施得当，股价回升至每股公允价值17.2元。

要求：根据以上经济业务编制A公司的有关会计分录。

第6章 负债的核算

学习目的

本章主要介绍负债及其会计核算的有关知识。通过本章的学习应：

- ⊙ 了解负债的概念和特点、分类
- ⊙ 掌握短期借款、应付票据、应付职工薪酬、应交税费、或有负债等流动负债的核算
- ⊙ 掌握应付债券、长期借款、长期应付款等非流动负债的账务处理

章前案例与导引

常言道，大有大的难处，小有小的难处。世界级的亿万富翁，也有被"一文钱逼死英雄汉"的时候，事情出在全球第一号新闻出版商卢帕特·麦道克身上。麦道克在继承父业时，年收入已达400万美元了。他经营导报公司以后，筹划经营，多有建树，最终建成了一个每年营业收入达60亿美元的报业王国。它控制了澳大利亚70%的新闻业，英国45%的报业，又把美国相当一部分电视网络置于他的王国统治之下。西方的商界大亨无不举债立业，向资金市场融资。像滚雪球一样，债务越滚越大，事业也越滚越大。麦道克报业背了多少债呢？24亿美元。他的债务遍布全世界，美国、英国、瑞士、荷兰，连印度和中国香港的钱他都借去花了。那些大大小小的银行也乐于给他贷款，他的报业王国的财务架构里共有146家债主。正因为债务大、债主多，麦道克对付起来也实在不容易，一发牵动全身，投资风险特高。若是碰到一个财务管理上的失误，或是一种始料未及的灾难，就可能像多米诺骨牌一样，把整个事业搞垮。尽管多年来麦道克经营得法，一路顺风，然而在1990年西方经济衰退刚露苗头时，麦道克报业王国就像中了邪似的，几乎在阴沟里翻船，而且令人难以置信的是，起因仅仅是1 000万美元的一笔小债务。因此，负债并不一定是坏事，适度的负债经营将会促进一个企业的发展，而过高的负债经营却有可能给企业带来债务危机。那么，什么是负债？负债有哪些类型？会计应该如何进行负债的核算？

6.1 负债概述

6.1.1 负债的定义及其特征

所谓负债是指由过去的交易、事项形成的现时义务，履行该义务预期会导致经济利益流出企业。负债是企业承担的，以货币计量的在将来需要以资产或劳务偿还的债务。它代表着企业偿债责任和债权人对资产的求索权。现时义务是指企业在现行条件下已承担的义务。未来发生的交易或者事项形成的义务，不属于现时义务，不应当确认为负债。

美国财务会计准则委员会(FASB)对负债的定义是："特定的主体由于过去的交易或事项而产生的、在现在承担的、将来向其他主体交付资产或提供劳务的义务，这种义务将导致企业未来经济利益的牺牲"。国际会计准则委员会(IASC/IASB)将负债定义为"负债是由于过去的事项而发生的企业的现有义务，该义务的履行将会引起含有未来经济利益的、企业资源的流出"。

从上述关于负债概念的表述中可以看出，负债具有如下几方面的特征。

1. 负债由企业过去的交易或事项而形成

负债必须是现时的义务。也就是说，负债必须是企业过去的交易或事项而发生的，通常可能产生于资金、商品或劳务获取的过程中，例如，企业借入资金，就负有还本付息的义务。也可能是法律或政府机构的规定而导致的，例如，企业必须按经营所得依法缴纳所得税。一般认为，有待未来交易或事项决定的义务不应包括在负债之中，除非该交易或事项的发生有着相当大的可能性。例如，企业与其单位签订的购货意向书，只是代表企业就将要进行的交易所达成的协议，并没有具体落实，因此并不构成负债。

2. 负债必须是一项强制性义务

企业所承担的负债，使它将来不能或很少可能回避经济利益的牺牲，这种强制性通常源于法律、合同或其他类似文件的要求。有时，企业为了维护自身信誉或进行正常业务而必须承担的某些道义或推定的义务即公平义务或推定义务，如产品担保义务，也就包括在负债之中。如果只是一项非强制性的可有可无的义务，如企业正在筹划的对慈善机构的捐赠，则不应包括在负债之中。

3. 负债在将来必须通过支付资产或提供劳务的方式来清偿

企业可以通过承诺新的负债或转化为所有者权益的方式来结清一项现有负债，前一种情况只是负债的展期，后一种情况则相当于用增加所有者权益而获得的经济资源来清偿。总之，负债的清偿意味着企业必须交付资产或提供劳务。

4. 负债是能够用货币确切计量或合理估计的债务责任

在大多数情况下，债务责任产生于合同，其金额和支付时间均已由合同的条文所规定。但在某些情况下，待付的金额取决于未来的交易或事项，如企业应付所得税的金额视经营成果而定，在这种情况下，待付的金额取决于未来的交易或事项，如企业应付所得税的金额视经营成果而定，在这种情况下，即使其金额很不确定，但由于负债是确实存在的，因而不能因为存在计量上的困难而将这些不肯定情况下的债务责任排除在负债之外。也就是说，对于金额不肯定的义务，只要可以合理地加以判断和估计，则应包括在负债之中。

5.负债一般都有确切的受款人和偿付日期

这项条件并不是确认负债的必要条件。只要受款人和偿付日期可以通过合理估计加以确定，即使在尚不知道具体受款人和偿付日期的情况下，也可以确认负债。

从以上特征可以看出，会计上的"负债"是一个广义的概念，较法律上的"负债"外延更为宽广。也就是说，它包括法律负债和非法律负债两类，前者指企业各种必须依法履行的偿付义务，后者也称会计负债，指不具有法律约束力的偿付义务，如前述的公平义务和推定义务。

负债在企业内代表的是一项优先求偿权。企业清算时，在偿还债权人权益之前，不得偿付股东。负债的优先求偿权代表着对债权人的保护，因为债权人虽然和股东在资本市场中都属于企业外部的投资者，但股东因为拥有投票权而能对管理当局的经营和财务决策施加影响，而债权人在企业正常经营的情况下，除了定期收取利息和到期收回本金之外，基本上无法对企业的经营活动产生实质性的影响。资产负债表等式的一种形式"资产－负债＝所有者权益"，就可以形象地说明上面的结论。

6.1.2 负债的分类

负债可以按照不同的标准进行分类。

6.1.2.1 按负债的偿还期限划分，可将负债划分为流动负债、非流动负债

1.流动负债

流动负债是指由过去的经济活动引起的，能以货币计量的，将在1年内（含1年）或者超过1年的一个营业周期内清偿的债务。主要包括短期借款、应付账款、应付票据、预收账款、应付职工薪酬、应交税费、其他应付款和一年内到期的长期借款等。流动负债具有偿还期短、负债的数额相对较小的特点，一般以企业的流动资金来偿付，其负债目的是为了满足经营周转资金的需要。

2.非流动负债

非流动负债是指由过去的经济活动引起的、能以货币计量的、偿还期在1年或者超过1年的一个营业周期以上的经济义务，1年内到期的长期负债在资产负债表中列入短期负债。与流动负债相比，非流动负债具有数额较大、偿还期限较长的特点。因此，举借非流动负债往往附有一定的条件，例如，需要企业指定某项资产作为还款的担保品，要求企业指定担保人等。

将负债划分为流动负债、非流动负债可以进一步评估企业现金流出的时间、金额和不确定性，同时，可以将流动负债与流动资产相联系，以便反映企业的短期偿债能力。

6.1.2.2 按负债的产生原因划分，可将负债划分为融资性负债、自发性负债

1.融资性负债

融资性负债是指企业在筹资过程中有意识地主动增加的负债。如向银行借款、发行债券等形成的负债。

2. 自发性负债

自发性负债是指随着生产经营活动的进行而自动形成和增加的负债，如应交税金、应付福利费、应付工资、应付利润、其他应付款等。

6.1.2.3　按负债的偿还方式划分，可将负债划分为货币性负债、非货币性负债

1. 货币性负债

货币性负债是指企业在将来直接用货币偿付的负债，如应付账款、应付票据、应付债券等。

2. 非货币性负债

非货币性负债是指企业在将来须以实物及其他非货币性资产偿付的负债，如预收账款、售出产品质量担保等。

这种分类方法在通货膨胀和外币报表折算的情况下特别适用。

6.1.2.4　按负债的偿还额确定性与否划分，可将负债划分为确定性负债、或有负债

1. 确定性负债

确定性负债是指过去的交易或事项发生的，能够确定金额或者价值的，在未来的某一个时点会导致经济利益流出企业的现时经济偿还义务。

2. 或有负债

或有负债是指过去的交易或事项形成的潜在义务，其存在须通过未来不确定事项的发生或不发生予以证实；或过去的交易或事项形成的现时义务，履行该义务不是很可能导致经济利益流出企业或该义务的金额不能可靠地计量。

或有负债是指其最终结果如何目前尚难确定，须视某种事项是否发生而定的债务。它是由于过去的某种约定、承诺或某些情况而引起的，其结果尚难确定，可能是要企业负责偿还的真正债务，也可能不构成企业的债务。因此，或有负债只是一种潜在的债务，并不是企业目前真正的负债。

6.1.3　借款费用资本化

6.1.3.1　借款费用的概念

借款费用是企业因借入资金所付出的代价，它包括借款利息、折价或者溢价的摊销、辅助费用以及因外币借款而发生的汇兑差额等。对于企业发生的权益性融资费用，不应包括在借款费用中。例如，某企业发行公司债券佣金 1 000 万元，发行公司股票佣金 2 000 万元，借款利息 200 万元。其中发行公司股票属于公司权益性融资性质，所发生的佣金应当冲减溢价，不属于借款费用范畴，不应按照借款费用进行会计处理。

1. 借款利息

因借款而发生的利息，包括企业向银行或者其他金融机构等借入资金发生的利息、发行公司债券发生的利息，以及为购建或者生产符合资本化条件的资产而发生的带息债务所承担的利息等。

2.因借款而发生的折价或溢价的摊销

因借款而发生的折价或者溢价主要是指发行债券等所发生的折价或者溢价，发行债券中的折价或者溢价，其实质是对债券票面利息的调整(即将债券票面利率调整为实际利率)，属于借款费用的范畴。

3.因外币借款而发生的汇兑差额

因外币借款而发生的汇兑差额，是指由于汇率变动导致市场汇率与账面汇率出现差异，从而对外币借款本金及其利息的记账本位币金额所产生的影响金额。由于汇率的变化往往和利率的变化相联动，它是企业外币借款所需承担的风险，因此，因外币借款相关汇率变化所导致的汇兑差额属于借款费用的有机组成部分。

4.因借款而发生的辅助费用

因借款而发生的辅助费用，是指企业在借款过程中发生的诸如手续费、佣金、印刷费等费用，由于这些费用是因安排借款而发生的，也属于借入资金所付出的代价，是借款费用的构成部分。

6.1.3.2 借款费用的资本化

1.借款费用资本化的概念

企业发生的借款费用，可直接归属于符合资本化条件的资产的购建或者生产的，应当予以资本化，计入相关资产成本；其他借款费用，应当在发生时根据其发生额确认为费用，计入当期损益。符合资本化条件的资产，是指需要经过相当长时间的购建或者生产活动才能达到可使用或者可销售状态的资产，包括固定资产和需要经过相当长时间的购建或者生产活动才能达到可使用或可销售状态的存货、投资性房产等。

2.借款费用资本化的确定条件

借款费用同时满足下列条件的，才能开始资本化：

(1)资产支出已经发生，资产支出包括为购建或者生产符合资本化条件的资产而以支付现金、转移非现金资产或者承担带息债务形式发生的支出；

(2)借款费用已经发生；

(3)为使资产达到预定可使用或者可销售状态所必要的购建或者生产活动已经开始。

6.2 流动负债的核算

6.2.1 短期借款的核算

短期借款是指企业从银行或者其他金融机构借入的期限在一年以下(含一年)的各种借款。短期借款是企业为弥补正常的生产经营过程中自有资金的不足而借入的，主要是用于资金周转所需的资金，在经营过程中同企业的自有资金一起，用于购买材料、商品、支付费用或归还债务等。

6.2.1.1 账户设置

为核算短期借款活动，需要设置“短期借款”账户。该账户贷方反映企业借入的短期借款的本金，借方反映企业归还的短期借款的本金，余额在贷方，反映企业尚未归还的短期借款的本金。本账户按照债权人和借款种类设置明细账户，进行明细核算。对于短期外币借款，可在本账户下进行核算，也可以设置“短期外汇借款”账户进行核算。

6.2.1.2　账务处理

短期借款的账务处理主要涉及短期借款取得、短期借款利息、短期借款归还等几方面。

1.短期借款取得的会计处理

企业在向银行借入短期借款时，必须按照规定的程序向银行提出申请，取得借款后，企业应按实际借入的本金额，一方面应反映短期借款的增加，另一方面应反映银行存款的增加。会计分录如下：

借：银行存款　（本金）

　贷：短期借款　（本金）

2.短期借款利息的会计处理

短期借款利息的会计处理主要有：预提法、实际支付法。

(1)企业在采用预提的方式核算短期借款利息时，应于每季度的前两个月月末，将短期借款利息预提记入“财务费用”，会计分录如下：

借：财务费用　（当月短期借款利息）

　贷：应付利息　（当月短期借款利息）

(2)季末，企业与银行结算短期借款利息时，会计分录如下：

借：财务费用　（当月短期借款利息）

　　应付利息　（前两个月预提的利息）

　贷：银行存款　（本季度应付短期借款利息）

(3)企业不采用预提的方式核算短期借款利息时，在实际支付短期借款利息或接到银行转来的利息结算单时，会计分录如下：

借：财务费用

　贷：银行存款

在短期借款利息的核算中应注意的是，无论是否采用预提的方式，短期借款利息均不通过“短期借款”账户核算。

3.短期借款归还的会计处理

企业必须按期归还短期借款，归还时会计分录如下：

借：短期借款　（本金）

　贷：银行存款　（本金）

例 6-1　甲公司于2×13年1月1日向银行借入80万元，期限9个月，年利率4.5%，该借款的利息按季支付，本金到期归还。

有关处理如下：

(1)1月1日借入款项时：

借：银行存款	800 000	
贷：短期借款		800 000

(2)预提当月利息：

1月末预提当月利息 $800\ 000\times 4.5\%/12=3\ 000$(元)

借：财务费用　　3 000

　贷：应付利息　　3 000

2月末预提当月利息的处理相同。

(3)3月末支付本季度应付利息时：

借：财务费用　　3 000

　　应付利息　　6 000

　贷：银行存款　　9 000

第二季度、第三季度的债务处理同上。

(4)10月1日偿还借款本金时：

借：短期借款　　800 000

　贷：银行存款　　800 000

6.2.2　应付票据的核算

应付票据是指企业赊购材料、商品等为了延期付款而开出并承兑的商业汇票。商业汇票是指收款人或付款人签发，由承兑人承兑，并于到期日向收款人或被背书人支付款项的票据。它是交易双方以商业购销业务为基础而使用的一种信用凭证。商业汇票按承兑人的不同，分为商业承兑汇票和银行承兑汇票；按是否带息，又分为带息商业汇票和不带息商业汇票。由于应付票据的期限很短，不论是否带息，通常按应付票据面值入账。开出并已承兑的商业汇票在尚未到期前，构成企业的一项负债。按照有关规定，我国商业汇票的最长付款期限不超过六个月，所以属于流动负债。

6.2.2.1　账户设置

为了对应付票据进行核算，应设置"应付票据"总分类账户。该账户的贷方用来登记本企业开出的应付票据的面值，借方登记偿还的应付票据的面值，期末贷方余额表示企业尚未偿还的应付票据的面值。同时，企业还应设置应付票据备查簿，详细登记每一应付票据的种类、号数、签发日期、到期日、票面金额、合同交易号、收款人的姓名或单位名称，以及付款日期和金额等资料。应付票据到期付清后，应当及时在备查簿中逐笔注销。

6.2.2.2　账务处理

应付票据的账务处理主要包括以下几种情况。

1.签发应付票据抵付货款、应付账款时会计处理

借：材料采购　　×××

　　原材料　　×××

　　库存商品　　×××

　　应付账款　　×××

　贷：应付票据　　×××

2.支付银行承兑汇票的手续费时会计处理

根据企业会计准则的规定，银行等金融机构收取的手续费，企业应作为财务费用处理。

借：财务费用　　×××
　贷：银行存款　　×××

3. 带息票据的会计处理

带息票据在票面上往往标明一定的利率，该利率用来计算票据所含的利息。票据到期时，企业除了需要偿还票面金额外，还需要支付按规定计算的利息。

利息 = 面值 × 利率 × 票据期限

带息票据的利息一般都是在到期时一次性支付；如果利息金额较大，则应于中期期末或年度终了时计算应付利息费用。利息费用应当记入"财务费用"账户。

借：财务费用　　×××
　贷：应付票据　　×××

如果利息金额不大，是否预提对会计报表不会产生重大影响，则可在票据到期归还本金和支付利息时，一次性计入财务费用。

例 6-2　甲公司 2×13 年 11 月 1 日向 W 公司赊购商品一批，价值 360 000 元，甲公司开具了一张期限 3 个月、票面利率为 12%的商业票据来抵偿债务。该商品已经验收入库(为了讨论方便，暂不考虑增值税)。

(1)2×13 年 11 月 1 日

借：库存商品　　360 000
　贷：应付票据——W 公司　　360 000

(2)2×13 年 11 月 30 日，一般无须做会计处理。

(3)2×13 年 12 月 31 日，结账日的会计处理如下：

借：财务费用——利息费用　　7 200
　贷：应付票据——预提利息费用　　(360 000×12%×2÷12)7 200

4. 票据到期支付本金和利息时会计处理

借：应付票据　　×××
　财务费用　　×××
　贷：银行存款　　×××

例 6-3　沿用例 6-2，甲公司在 2×14 年 2 月 1 日支付应付票据的本息。

借：应付票据——预提利息费用　　7 200
　财务费用　　3 600
　应付票据——面值　　360 000
　贷：银行存款　　370 800

5. 到期无款支付时会计处理

如果企业到期无法支付的票据是银行承兑汇票，则银行将票款支付给持票人，企业就产生了一笔短期借款负债。企业应将应付票据负债转为短期借款负债，并将罚款支出作为营业外支出处理。

借：应付票据　　×××
　贷：短期借款　　×××

借：营业外支出　　×××

　贷：银行存款　　×××

如果企业到期无法支付的票据是商业承兑汇票，则企业应将应付票据的本息转为应付账款，罚息同样作为营业外支出处理。

借：应付票据　　×××

　　财务费用　　×××

　贷：应付账款　　×××

借：营业外支出　　×××

　贷：银行存款　　×××

例 6-4　沿用例 6-2，假设甲公司到期支付时一时遇到资金困难，难以如期全部偿还 W 公司应付票据上的赊购款（不妨假设其银行存款户头上只有 200 000 元），则未偿还的部分应由“应付票据”结转至“应付账款”。

借：应付票据——预提利息费用　　7 200

　　财务费用　　3 600

　　应付票据——面值　　360 000

　贷：银行存款　　200 000

　　　应付账款　　170 800

6.2.3　应付账款的核算

应付账款是指企业因购买材料、商品或接受劳务供应等业务应支付给供应者的账款。应付账款是由于在购销活动中买卖双方取得物资与支付货款在时间上的不一致而产生的负债，其本质上属于一项商业信用，也属于购买方企业充分利用商业信用和浮游资金来缓解企业资金压力的途径之一。企业的其他应付账款，如应付赔偿款、应付租金、存入保证金等，不属于应付账款的核算内容。

应付账款的确认时点以权责发生制为基本原则，在所购买商品或材料的所有权发生转移后，就可以进行确认。然而在会计实务中，一般是等到货物验收入库、发票到达之后才据以登记入账。这样处理的一个好处是，在不抵触及时入账原则的前提下，避免在验收货物时发现质量不合格而要求退货或折让而调整应付账款的麻烦。但是，如果恰逢结账日，那么即使货物尚未验收入库、发票未收到，企业也应该对购买的存货进行暂估入账，日后确定实际交易金额时再予以调整。

6.2.3.1　账户设置

为核算应付账款业务，应设置“应付账款”总分类账户。该账户的贷方登记企业购买材料、物资及接受劳务供应的应付但尚未付的款项；借方登记偿还的应付账款、以商业汇票抵付的应付账款；期末贷方余额表示尚未支付的应付款项。该账户应按照供应单位设置明细账，以进行明细分类核算。

6.2.3.2　账务处理

应付账款的账务处理主要包括以下几种情况。

1.企业购入材料、商品等验收入库，但货款尚未支付的会计处理

借：物资采购　　×××

　　原材料　　×××

　　应交税费——应交增值税(进项税额)　　×××

　贷：应付账款　　×××

2.接受供应单位提供劳务而发生的应付未付款项的会计处理

借：生产成本　　×××

　　管理费用　　×××

　贷：应付账款　　×××

3.企业偿还应付账款或开出商业汇票抵付应付账款的会计处理

借：应付账款　　×××

　贷：银行存款　　×××

　　　应付票据　　×××

4.企业转销确实无法支付应付账款的会计处理

借：应付账款　　×××

　贷：营业外收入　　×××

应付账款的计价，除了考虑实际成本(买价＋相关税费)之外，还应考虑是否存在现金折扣的问题。对于现金折扣处理的不同，应付账款有两种处理方法：总价法和净价法。所谓总价法，就是假定企业不会享受现金折扣，而按照交易金额的全额计入应付账款，实际发生现金折扣时直接计入当期损益(财务费用)；所谓净价法，则假定购买企业一定会享受现金折扣，从而在应付账款入账时，就将现金折扣的金额扣除，按照扣除现金折扣以后的净额入账。

例 6-5　甲公司 2×13 年 3 月 1 日以 10 000 元的价格购买米兰公司的一批商品(已经入库)，双方约定 1 个月后付款，现金折扣条件为“2/10，n/30”。

(1)采用总价法核算：

2×13 年 3 月 1 日：

借：库存商品　　10 000

　贷：应付账款　　10 000

10 天内付款：

借：应付账款　　10 000

　贷：财务费用——现金折扣　　200

　　　银行存款　　9 800

10～30 天内付款：

借：应付账款　　10 000

　贷：银行存款　　10 000

(2)采用净价法核算：

2×13 年 3 月 1 日：

借：库存商品　　9 800

　贷：应付账款　　9 800

10天内付款：

借：应付账款　　9 800

　贷：银行存款　　9 800

10～30天内付款：

借：应付账款　　9 800

　　财务费用——现金折扣　　200

　贷：银行存款　　10 000

根据我国现行会计准则有关规定，企业应按照总价法进行应付账款核算。

6.2.4 预收账款的核算

预收账款就是常言说的销货定金，会计业务中的预收账款指企业（销货单位）按照合同规定向购货单位预收的款项，这笔款项构成企业的一项流动负债。它之所以成为流动负债，是因为企业须在收款后的一定日期内向预付货款单位发送商品或提供劳务。如果到期企业无法履行合同，则应该如数退还原预收款。

预收账款一般是在三种情况下产生的：一是企业的产品或劳务在市场上供不应求；二是购货单位的信用不佳；三是生产周期长的企业（如建筑业、造船业等）为解决生产资金不足而向购货单位收取定金。

6.2.4.1 账户设置

为核算预收账款业务，可以设置"预收账款"总分类账户，该账户贷方登记已预收的货款和购货单位已补付的货款；借方登记产品销售实现时应收的货税款和已退回购货单位多付的货款；期末余额一般在贷方，反映尚未结清的预收货款数；如果出现借方余额，则反映应收的货款数。该账户应按购货单位开设明细账进行明细分类核算。不单独设置"预收账款"账户核算的企业，可以通过"应收账款"账户进行核算。

6.2.4.2 账务处理

预收账款的账务处理一般包括以下几种情况。

1.按合同规定向购货单位预收款项时

借：银行存款　　×××

　贷：预收账款　　×××

2.产品发出或劳务提供后，销售实现时

借：预收账款　　×××

　贷：主营业务收入　　×××

　　　应交税费——应交增值税（销项税额）　　×××

3.收到购货单位补付的款项时

借：银行存款　　×××

　贷：预收账款　　×××

若为退回购货单位多付的款项，则做相反的会计处理。

例 6-6　甲公司接受南星公司的一批订货合同，按合同规定，货款金额总计为400 000 元（不包括增值税），预计 6 个月完成。订货方南星公司预付货款 50%，另 50%待产品完工发出后再支付，增值税税率为 17%。

(1)收到预付的 50%货款 200 000 元：

借：银行存款	200 000	
贷：预收账款——南星公司		200 000

(2)6 个月后，产品完工并按合同发给了 F 公司：

借：预收账款——预收 F 公司	468 000	
贷：主营业务收入		400 000
应交税费——应交增值税(销项税额)		68 000

(3)收到南星公司补付的货税款 268 000 元，已存入开户银行：

借：银行存款	268 000	
贷：预收账款——南星公司		268 000

6.2.5　应付职工薪酬的核算

职工薪酬，是指企业为获得职工提供的服务或解除劳动关系而给予的各种形式的报酬或补偿。职工薪酬包括短期薪酬、离职后福利、辞退福利和其他长期职工福利。企业提供给职工配偶、子女、受赡养人、已故员工遗属及其他受益人等的福利，也属于职工薪酬。

短期薪酬，是指企业在职工提供相关服务的年度报告期间结束后十二个月内需要全部予以支付的职工薪酬，因解除与职工的劳动关系给予的补偿除外。短期薪酬具体包括：职工工资、奖金、津贴和补贴，职工福利费，医疗保险费、工伤保险费和生育保险费等社会保险费，住房公积金，工会经费和职工教育经费，短期带薪缺勤，短期利润分享计划，非货币性福利以及其他短期薪酬。带薪缺勤，是指企业支付工资或提供补偿的职工缺勤，包括年休假、病假、短期伤残、婚假、产假、丧假、探亲假等。利润分享计划，是指因职工提供服务而与职工达成的基于利润或其他经营成果提供薪酬的协议。

离职后福利，是指企业为获得职工提供的服务而在职工退休或与企业解除劳动关系后，提供的各种形式的报酬和福利，短期薪酬和辞退福利除外。

辞退福利，是指企业在职工劳动合同到期之前解除与职工的劳动关系，或者为鼓励职工自愿接受裁减而给予职工的补偿。

其他长期职工福利，是指除短期薪酬、离职后福利、辞退福利之外所有的职工薪酬，包括长期带薪缺勤、长期残疾福利、长期利润分享计划等。

6.2.5.1　短期薪酬的核算

企业应当在职工为其提供服务的会计期间，将实际发生的短期薪酬确认为负债，并计入当期损益，其他相关会计准则要求或允许计入资产成本的除外。

1. 一般短期薪酬的确认和计量

企业发生的职工工资、津贴和补贴等短期薪酬，应当根据职工提供服务情况和工资标准等计算计入职工薪酬的工资总额，并按照受益对象计入当期损益或相关资产成本，借记“生产成本”、“制造费用”、“管理费用”等科目，贷记“应付职工薪酬”科目。发放时，借记“应付职工薪酬”科目，贷记“银行存款”等科目。

企业为职工缴纳的医疗保险费、工伤保险费、生育保险费等社会保险费和住房公积金，以及按规定提取的工会经费和职工教育经费，应当在职工为其提供服务的会计期间，根据规定的计提基础和计提比例计算确定相应的职工薪酬金额，并确认相关负债，按照受益对象计入当期损益或相关资产成本，借记“生产成本”、“制造费用”、“管理费用”等科目，贷记“应付职工薪酬”科目。

企业发生的职工福利费，应当在实际发生时根据实际发生额计入当期损益或相关资产成本。企业向职工提供非货币性福利的，应当按照公允价值计量。如企业以自产的产品作为非货币性福利提供给职工的，应当按照该产品的公允价值和相关税费确定职工薪酬金额，并计入当期损益或相关资产成本。相关收入的确认、销售成本的结转以及相关税费的处理，与企业正常商品销售的会计处理相同。企业以外购的商品作为非货币性福利提供给职工的，应当按照该商品的公允价值和相关税费确定职工薪酬的金额，并计入当期损益或相关资产成本。

例 6-7 2×14 年 7 月，甲公司当月应发工资 1 560 万元，其中：生产部门生产工人工资 1 000 万元；生产部门管理人员工资 200 万元；管理部门管理人员工资 360 万元。根据甲公司所在地政府规定，甲公司应当按照职工工资总额的 10%和 8%计提并缴存医疗保险费和住房公积金。甲公司分别按照职工工资总额的 2%和 1.5%计提工会经费和职工教育经费。假定不考虑其他因素以及所得税影响。

根据上述资料，甲公司计算其 2×14 年 7 月份的职工薪酬金额如下：

应当计入生产成本的职工薪酬金额＝1 000＋1 000×(10%＋8%＋2%＋1.5%)＝1 215(万元)

应当计入制造费用的职工薪酬金额＝200＋200×(10%＋8%＋2%＋1.5%)＝243(万元)

应当计入管理费用的职工薪酬金额＝360＋360×(10%＋8%＋2%＋1.5%)＝437.40(万元)

甲公司有关账务处理如下：

借：生产成本	12 150 000	
制造费用	2 430 000	
管理费用	4 374 000	
贷：应付职工薪酬——工资		15 600 000
——住房公积金		1 248 000
——工会经费		312 000
——职工教育经费		234 000

例 6-8 甲公司是一家生产笔记本电脑的企业，共有职工 2 000 名。2×14 年 1 月 15 日，甲公司决定以其生产的笔记本电脑作为节日福利发放给公司每名职工。每台笔记本电脑的售价为 1.40 万元，成本为 1 万元。甲公司适用的增值税税率为 17%，已开具了增值税专用发票。假定 2 000 名职工中 1 700 名为直接参加生产的职工，300 名为总部管理人员。假定甲公司于当日将笔记本电脑发放给各职工。

根据上述资料，甲公司计算笔记本电脑的售价总额及其增值税销项税额如下：

笔记本电脑的售价总额＝1.40×1 700＋1.40×300＝2 380＋420＝2 800(万元)

笔记本电脑的增值税销项税额＝1 700×1.40×17%＋300×1.40×17%＝404.60＋71.40

＝476(万元)

应当计入生产成本的职工薪酬金额＝2 380＋404.60＝2 784.60(万元)

应当计入管理费用的职工薪酬金额＝420＋71.40＝491.40(万元)

甲公司有关账务处理如下：

借：生产成本	27 846 000	
管理费用	4 914 000	
贷：应付职工薪酬——非货币性福利		32 760 000
借：应付职工薪酬——非货币性福利	32 760 000	
贷：主营业务收入		28 000 000
应交税费——应交增值税(销项税额)		4 760 000
借：主营业务成本	20 000 000	
贷：库存商品		20 000 000

2.短期带薪缺勤的确认和计量

带薪缺勤应当根据其性质及其职工享有的权利，分为累积带薪缺勤和非累积带薪缺勤两类。企业应当对累积带薪缺勤和非累积带薪缺勤分别进行会计处理。如果带薪缺勤属于长期带薪缺勤的，企业应当作为其他长期职工福利处理。

(1)累积带薪缺勤及其会计处理

累积带薪缺勤，是指带薪权利可以结转下期的带薪缺勤，本期尚未用完的带薪缺勤权利可以在未来期间使用。企业应当在职工提供了服务从而增加了其未来享有的带薪缺勤权利时，确认与累积带薪缺勤相关的职工薪酬，并以累积未行使权利而增加的预期支付金额计量。

有些累积带薪缺勤在职工离开企业时，对于未行使的权利，职工有权获得现金支付。职工在离开企业时能够获得现金支付的，企业应当确认企业必须支付的、职工全部累积未使用权利的金额。企业应当根据资产负债表日因累积未使用权利而导致的预期支付的追加金额，作为累积带薪缺勤费用进行预计。

例 6-9 乙公司共有1 000名职工，从2×14年1月1日起，该公司实行累积带薪缺勤制度。该制度规定，每个职工每年可享受5个工作日带薪年休假，未使用的年休假只能向后结转一个日历年度，超过1年未使用的权利作废；职工休年休假时，首先使用当年可享受的权利，不足部分再从上年结转的带薪年休假中扣除；职工离开公司时，对未使用的累积带薪年休假无权获得现金支付。

2×14年12月31日，每个职工当年平均未使用带薪年休假为2天。乙公司预计2×15年有950名职工将享受不超过5天的带薪年休假，剩余50名职工每人将平均享受6天半年休假，假定这50名职工全部为总部管理人员，该公司平均每名职工每个工作日工资为500元。

根据上述资料，乙公司职工2×14年已休带薪年假的，由于在休假期间照发工资，因此相应的薪酬已经计入公司每月确认的薪酬金额中。与此同时，公司还需要预计职工2×14年享有但尚未使用的、预期将在下一年度使用的累积带薪缺勤，并计入当期损益或者相关资产成本。在本例中，乙公司在2×14年12月31日预计由于职工累积未使用的带薪年休假权利而导致预期将支付的工资负债即为75天(50×1.5天)的年休假工资金额37 500元(75 ×500)，并做如下账务处理：

借：管理费用　　　　37 500

　　贷：应付职工薪酬——累积带薪缺勤　　　　37 500

（2）非累积带薪缺勤及其会计处理

非累积带薪缺勤，是指带薪权利不能结转下期的带薪缺勤，本期尚未用完的带薪缺勤权利将予以取消，并且职工离开企业时也无权获得现金支付。我国企业职工休婚假、产假、丧假、探亲假、病假期间的工资通常属于非累积带薪缺勤。由于职工提供服务本身不能增加其能够享受的福利金额，企业在职工未缺勤时不应当计提相关费用和负债。为此，企业应当在职工实际发生缺勤的会计期间确认与非累积带薪缺勤相关的职工薪酬。企业确认职工享有的与非累积带薪缺勤权利相关的薪酬，视同职工出勤确认的当期损益或相关资产成本。通常情况下，与非累积带薪缺勤相关的职工薪酬已经包括在企业每期向职工发放的工资等薪酬中，因此，不必额外做相应的账务处理。

3.短期利润分享计划（或奖金计划）的确认和计量

企业制订有短期利润分享计划的，如当职工完成规定业绩指标，或者在企业工作了特定期限后，能够享有按照企业净利润的一定比例计算的薪酬，企业应当按照《企业会计准则第9号——职工薪酬》的规定，进行有关会计处理。

短期利润分享计划同时满足下列条件的，企业应当确认相关的应付职工薪酬，并计入当期损益或相关资产成本：

（1）企业因过去事项导致现在具有支付职工薪酬的法定义务或推定义务；

（2）因利润分享计划所产生的应付职工薪酬义务能够可靠估计。

属于下列三种情形之一的，视为义务金额能够可靠估计：① 在财务报告批准报出之前企业已确定应支付的薪酬金额；② 该利润分享计划的正式条款中包括确定薪酬金额的方式；③ 过去的惯例为企业确定推定义务金额提供了明显证据。

企业在计量利润分享计划产生的应付职工薪酬时，应当反映职工因离职而没有得到利润分享计划支付的可能性。

如果企业预期在职工为其提供相关服务的年度报告期间结束后十二个月内，不需要全部支付利润分享计划产生的应付职工薪酬，该利润分享计划应当适用本准则其他长期职工福利的有关规定。

企业根据经营业绩或职工贡献等情况提取的奖金，属于奖金计划，应当比照短期利润分享计划进行处理。

例 6-10　丙公司于2×14年年初制订和实施了一项短期利润分享计划，以对公司管理层进行激励。该计划规定，公司全年的净利润指标为1 000万元，如果在公司管理层的努力下完成的净利润超过1 000万元，公司管理层将可以分享超过1 000万元净利润部分的10%作为额外报酬。假定至2×14年12月31日，丙公司全年实际完成净利润1 500万元。假定不考虑离职等其他因素，则丙公司管理层按照利润分享计划可以分享利润50万元[（1 500－1 000）×10%]作为其额外的薪酬。

丙公司2×14年12月31日的相关账务处理如下：

借：管理费用　　　　500 000

　　贷：应付职工薪酬——利润分享计划　　　　500 000

6.2.5.2 离职后福利、辞退福利、其他长期职工福利的核算

1.离职后福利的核算

离职后福利，是指企业为获得职工提供的服务而在职工退休或与企业解除劳动关系后，提供的各种形式的报酬和福利，属于短期薪酬和辞退福利的除外。离职后福利包括退休福利(如养老金和一次性的退休支付)及其他离职后福利(如离职后人寿保险和离职后医疗保障)。企业向职工提供了离职后福利的，无论是否设立了单独主体接受提存金并支付福利，均应当适用本准则的相关要求对离职后福利进行会计处理。

职工正常退休时获得的养老金等离职后福利，是职工与企业签订的劳动合同到期或者职工达到了国家规定的退休年龄时，获得的离职后生活补偿金额。企业给予补偿的事项是职工在职时提供的服务而不是退休本身，因此，企业应当在职工提供服务的会计期间对离职后福利进行确认和计量。

2.辞退福利的核算

辞退福利，是指企业在职工劳动合同到期之前解除与职工的劳动关系，或者为鼓励职工自愿接受裁减而给予职工的补偿。由于导致义务产生的事项是终止雇佣而不是为获得职工的服务，企业应当将辞退福利作为单独一类职工薪酬进行会计处理。

企业在确定提供的经济补偿是否为辞退福利时，应当区分辞退福利和正常退休养老金。辞退福利是在职工与企业签订的劳动合同到期前，企业根据法律与职工本人或职工代表(如工会)签订的协议，或者基于商业惯例，承诺当其提前终止对职工的雇佣关系时支付的补偿，引发补偿的事项是辞退。

对于职工虽然没有与企业解除劳动合同，但未来不再为企业提供服务，不能为企业带来经济利益，企业承诺提供实质上具有辞退福利性质的经济补偿的，如发生“内退”的情况，在其正式退休日期之前应当比照辞退福利处理，在其正式退休日期之后，应当按照离职后福利处理。

企业向职工提供辞退福利的，应当在企业不能单方面撤回因解除劳动关系计划或裁减建议所提供的辞退福利时、企业确认涉及支付辞退福利的重组相关的成本或费用时的两者孰早日，确认辞退福利产生的职工薪酬负债，并计入当期损益。

企业有详细、正式的重组计划并且该重组计划已对外公告时，表明已经承担了重组义务。重组计划包括重组涉及的业务、主要地点、需要补偿的职工人数及其岗位性质、预计重组支出、计划实施时间等。

实施职工内部退休计划的，企业应当比照辞退福利处理。在内退计划符合本准则规定的确认条件时，企业应当按照内退计划规定，将自职工停止提供服务日至正常退休日期间、企业拟支付的内退职工工资和缴纳的社会保险费等，确认为应付职工薪酬，一次性计入当期损益，不能在职工内退后各期分期确认因支付内退职工工资和为其缴纳社会保险费等产生的义务。

企业应当按照辞退计划条款的规定，合理预计并确认辞退福利产生的职工薪酬负债，并具体考虑下列情况。

(1)对于职工没有选择权的辞退计划，企业应当根据计划条款规定拟解除劳动关系的职工数量、每一职位的辞退补偿等确认职工薪酬负债。

(2)对于自愿接受裁减建议的辞退计划，由于接受裁减的职工数量不确定，企业应当根据《企业会计准则第13号——或有事项》规定，预计将会接受裁减建议的职工数量，根据预计的职工数量和每一职位的辞退补偿等确认职工薪酬负债。

(3)对于辞退福利预期在其确认的年度报告期间期末后十二个月内完全支付的辞退福利，企业应当适用短期薪酬的相关规定。

(4)对于辞退福利预期在年度报告期间期末后十二个月内不能完全支付的辞退福利，企业应当适用本准则关于其他长期职工福利的相关规定，即实质性辞退工作在一年内实施完毕但补偿款项超过一年支付的辞退计划，企业应当选择恰当的折现率，以折现后的金额计量应计入当期损益的辞退福利金额。

3.其他长期职工福利的核算

其他长期职工福利，是指除短期薪酬、离职后福利和辞退福利以外的其他所有职工福利。其他长期职工福利包括长期带薪缺勤、其他长期服务福利、长期残疾福利、长期利润分享计划和长期奖金计划等。

企业向职工提供的其他长期职工福利，符合设定提存计划条件的，应当按照设定提存计划的有关规定进行会计处理。企业向职工提供的其他长期职工福利，符合设定受益计划条件的，企业应当按照设定受益计划的有关规定，确认和计量其他长期职工福利净负债或净资产。在报告期末，企业应当将其他长期职工福利产生的职工薪酬成本确认为下列组成部分：

(1)服务成本；

(2)其他长期职工福利净负债或净资产的利息净额；

(3)重新计量其他长期职工福利净负债或净资产所产生的变动。

为了简化相关会计处理，上述项目的总净额应计入当期损益或相关资产成本。

长期残疾福利水平取决于职工提供服务期间长短的，企业应在职工提供服务的期间确认应付长期残疾福利义务，计量时应当考虑长期残疾福利支付的可能性和预期支付的期限；与职工提供服务期间长短无关的，企业应当在导致职工长期残疾的事件发生的当期确认应付长期残疾福利义务。

6.2.6 应交税费的核算

6.2.6.1 账户设置

为核算企业按照税法规定应预提交纳的各种税费，包括增值税、消费税、营业税、所得税、资源税、土地增值税、城市维护建设税、教育费附加、矿产资源补偿费等，需设置“应交税费”总分类账户。企业不需预计应交数所交纳的税金，如印花税、耕地占用税等，不需通过本账户核算。本账户应当按照应交税费的税种设置明细账户，进行明细核算。

6.2.6.2 账务处理

本章主要讲授增值税、营业税等流转税的账务处理，所得税的会计核算将在第 10 章进行介绍。

1.应交增值税的会计处理

增值税是对我国境内销售货物或者提供加工、修理修配劳务，以及进口货物的单位和个人，就其取得的货物或应税劳务销售额，以及进口货物金额中的增值部分计算税款进行征缴的一种流转税。按照我国增值税征收管理条例，增值税按照一般纳税人和小规模纳税人分类进行征缴。一般纳税人按照税款抵扣方法进行增值税的征缴，即根据销售商品或劳务的销售额(不含税部分)，按规定的税率计算出销项税额，然后扣除取得该商品或劳务时所支付的增值税款(即支付价款中的进项税额)，来确定其一定期间从事商品生产、流通或维修维护服务的应交增值税额。税务部门对一般纳税人进行增值税征缴，需要使用增值税专用发票。

在会计核算中，一般纳税人在“应交税费——应交增值税”明细账的借、贷方设置分析项目，在借方分析栏内设“进项税额”、“已交税金”、“减免税款”、“出口抵减内销产品应纳税额”和“转出未交增值税”项目；在贷方分析栏内设“销项税额”、“出口退税”、“进项税额转出”、“转出多交增值税”项目。具体项目设置见表 6-1。

表 6-1 应交税费——应交增值税

借	贷
(1)进项税额 (2)已交税金 (3)减免税款 (4)出口抵减内销产品应纳税额 (5)转出未交增值税	(1)销项税额 (2)出口退税 (3)进项税额转出 (4)转出多交增值税
期末借方余额，反映 尚未抵扣的进项税额	贷方无余额

“进项税额”记录企业购入货物或接受应税劳务而支付的、准予从销项税额中抵扣的增值税额。企业购入货物或接受应税劳务支付的进项税额，用蓝字登记；退回所购货物应冲销的进项税额，用红字登记。“已交税金”记录企业已交纳的增值税额。企业已交纳的增值税额用蓝字登记；退回多交的增值税额用红字登记。“销项税额”记录企业销售货物或提供应税劳务应收取的增值税额。企业销售货物或提供应税劳务应收取的销项税额，用蓝字登记；退回销售货物应冲销销项税额，用红字登记。“出口退税”记录企业出口适用零税率的货物，向海关办理报关出口手续后，凭出口报关单等有关凭证，向税务机关申报办理出口退税而收到退回的税款。出口货物退回的增值税额，用蓝字登记；出口货物办理退税后发生退货或者退关而补交已退的税款，用红字登记。“进项税额转出”记录企业的购进货物，在产品、产成品等发生非正常损失以及其他原因而不应从销项税额中抵扣，按规定转出的进项税额。

一般纳税人还需在“应交税费”下设置“未交增值税”明细账，将多交税金从“应交增值税”的借方余额中分离出来，解决了多交税额和未抵扣进项税额混为一谈的问题，使增值税的多交、未交、应纳、欠税、留抵等项目一目了然，为申报表的正确编制提供条件。具体项目设置见表 6-2。

表 6-2 应交税费——未交增值税

借	贷
(1)本期多交增值税额 (2)本期交纳前期的税金	(1)应交未交的增值税额 (2)(欠税)或下期补税
期末借方余额，反映多交的增值税	期末贷方余额，反映未交的增值税

在“应交税费——应交增值税”账户下还需设“转出未交增值税”和“转出多交增值税”，分别记录一般纳税企业月终转出未交或多交的增值税。

(1)一般购销业务中的增值税会计处理

采购货物、接受应税劳务等的处理：按增值税专用发票上注明的增值税额借记“应交税费——应交增值税(进项税额)”账户。退货时做相反的分录。对于最终不能申报抵扣的进项税额，应转入或直接计入货物或劳务的成本。

销售货物或提供应税劳务的处理：按实现的营业收入和规定的税率计算出的应收增值税额，贷计“应交税费——应交增值税(销项税额)”，如退货做相反的会计分录。

例 6-11 甲公司购入原材料一批，增值税专用发票上注明的原材料价款为5 000 000元，增值税额为850 000元。甲公司已经支付了货款，原材料已经验收入库。甲公司本期销售产品的收入为8 000 000元，货款已经收到。甲公司为一般纳税人企业，适用的增值税税率为17%。

(1)购买原材料时：

借：原材料	5 000 000	
应交税费——应交增值税(进项税额)	850 000	
贷：银行存款		5 850 000

(2)销售产品时：

借：银行存款	9 360 000	
贷：主营业务收入		8 000 000
应交税费——应交增值税(销项税额)		1 360 000

(2)视同销售与进项税额转出的会计处理

视同销售是指虽然没有取得销售收入，但应视同销售应税行为，征收增值税。按照我国增值税的有关规定，企业将货物或商品交付他人代销、销售代销货物或商品、将自己生产或委托加工的货物用于非应税项目；将自己生产、委托加工或购买的原材料、商品等作为对外投资，提供给其他单位或个人；将自己生产的、委托加工或者购买的原材料、商品等用于集体福利或个人消费；将自己生产的、委托加工或购买的原材料、商品等无偿赠送给他人；将自己生产的、委托加工或购买的原材料、商品等作为股利或利润分配的替代分配给投资者或股东，应视同销售，计算应交税费。增值税进项税额转出是将那些按税法规定不能抵扣，但购进时已作抵扣的进项税额如数转出，在数额上是一进一出，进出相等。

视同销售和进项税额转出主要区别在于：视同销售销项税额根据货物增值后的价值计算，其与该项货物进项税额的差额，为应交增值税。进项税额转出则仅仅是将原计入进项税额中不能抵扣的部分转出去，不考虑购进货物的增值情况。

例 6-12 甲企业进行办公大楼工程建设，工程领用本企业生产的产品一批，该产品成本为200 000元，计税价格(公允价值)为300 000元；另领用上月购进的原材料一批(已抵扣进项税额)，专用发票上注明价款为120 000元。该企业适用的增值税税率为17%。

(1)前者属于视同销售：

借：在建工程	351 000	
贷：主营业务收入		300 000
应交税费——应交增值税(销项税额)		51 000
借：主营业务成本	200 000	
贷：库存商品		200 000

(2)后者属于进项税额转出：

借：在建工程	140 400	
贷：原材料		120 000
应交税费——应交增值税(进项税额转出)		20 400

(3)出口货物退免税的会计处理

生产企业免抵退税的会计核算主要涉及“应交税费——应交增值税”和“其他应收款——出口退税”等账户。

① 货物出口并确认收入实现时，根据出口销售额(FOB价)做如下会计处理：

借：应收账款(或银行存款等)

　贷：主营业务收入(或其他业务收入等)

② 月末根据《免抵退税汇总申报表》中计算出的“免抵退税不予免征和抵扣税额”做如下会计处理：

借：主营业务成本

　贷：应交税费——应交增值税(进项税额转出)

③ 月末根据《免抵退税汇总申报表》中计算出的“应退税额”做如下会计处理：

借：其他应收款——出口退税

　贷：应交税费——应交增值税(出口退税)

④ 月末根据《免抵退税汇总申报表》中计算出的“免抵税额”做如下会计处理：

借：应交税费——应交增值税(出口抵减内销应纳税额)

　贷：应交税费——应交增值税(出口退税)

⑤ 收到出口退税款时，做如下会计处理：

借：银行存款

　贷：其他应收款——出口退税

根据免抵税申报汇总表计算出本月免抵退税不予免征和抵扣税额、应退税款和免抵税额时，分别用应交税费——应交增值税(进项税额转出)、应交税费——应交增值税(出口退税)和应交税费——应交增值税(出口抵减内销应纳税额)账户。

例6-13　某公司当月根据《免抵税申报汇总表》计算得出本月不予免抵退税额为1 200元，应退税额为33 000元，免抵税额为11 200元。

借：主营业务成本	1 200	
贷：应交税费——应交增值税(进项税额转出)		1 200
借：其他应收款——出口退税	33 000	
贷：应交税费——应交增值税(出口退税)		33 000
借：应交税费——应交增值税(进项税额转出)	11 200	
贷：应交税费——应交增值税(出口抵减内销应纳税额)		11 200

值得注意的是，经国务院批准，财政部、国家税务总局联合下发营业税改增值税试点方案，从2012年1月1日起，在上海交通运输业和部分现代服务业开展营业税改征增值税试点。2013年8月1日，“营改增”范围已推广到全国试行。从2014年1月1日起，将铁路运输和邮政服务业纳入营业税改征增值税试点，交通运输业全部纳入“营改增”范围。从2014年6月1日起，电信业纳入“营改增”范围。

截止2015年1月31日，“营改增”涉及的行业包括：①交通运输业：包括陆路运输服务、水路运输服务、航空运输服务和管道运输服务。②部分现代服务业：包括研发和技术服务、信息技术服务、文化创意服务、物流辅助服务、有形动产租赁服务、鉴证咨询服务和广播影视服务。③邮政业。④电信业。

2.应交营业税的会计处理

营业税是对在我国境内提供应税劳务、转让无形资产或销售不动产的单位和个人，就其所取得的营业额征收的一种税。营业税属于流转税制中的一个主要税种。营业税按照营业额和规定的税率计算应纳税额，其计算公式如下：

$$应纳营业税额=营业额\times税率$$

公式中的营业额是指企业提供应税劳务、出售无形资产或者销售不动产而向对方收取的全部价款和价外费用。价外费用包括向对方收取的手续费、基金、集资费、代收款项、代垫款项及其他各种性质的价外收费。

在会计核算中，企业在“应交税费”账户下设置“应交营业税”明细账户进行核算。“应交营业税”明细账户的借方发生额反映企业已交的营业税，贷方发生额反映企业应交的营业税；期末借方余额反映多交的营业税，期末贷方余额反映未交的营业税。

(1)一般账务处理

企业主营业务收入应交的营业税，通过“营业税金及附加”账户核算。企业按营业额和规定的税率计算应交纳的营业税，借记“营业税金及附加”等账户，贷记“应交税费——应交营业税”账户。

企业其他业务所取得的收入，按规定应交的营业税，应通过“其他业务成本”账户核算，即借记“其他业务成本”账户，贷记“应交税费——应交营业税”账户。

例 6-14 某酒店2×14年5月份发生的当月营业收入如下：酒店客房收入320万元，饮食部餐饮收入560万元；歌舞厅门票收入60万元、台位费收入40万元、相关的烟酒和饮料收入80万元，合计收入180万元。税率：歌舞厅为20%，其余为5%。

(1)酒店客房收入应交纳的营业税为：3 200 000×5%=160 000(元)

(2)饮食服务收入应交纳的营业税为：5 600 000×5%=280 000(元)

(3)歌舞厅收入应交纳的营业税为：1 800 000×20%=360 000(元)

根据上述应交纳的营业税，做会计分录如下：

借：营业税金及附加——客房部	160 000	
——饮食部	280 000	
——歌舞厅	360 000	
贷：应交税费——应交营业税		800 000

实际交纳营业税时，做会计分录如下：

借：应交税费——应交营业税	800 000	
贷：银行存款		800 000

(2)销售不动产的账务处理

企业销售不动产如厂房、建筑物等，应当向不动产所在地主管税务机关申报交纳营业税。企业销售不动产按规定应交的营业税，在“固定资产清理”账户核算。而房地产开发企业经营房屋不动产所交纳的营业税，应通过“营业税金及附加”账户核算。

例 6-15 甲公司(非房地产开发企业)出售一栋厂房，厂房原价9 500 000元，已提折旧5 500 000元。出售所得收入6 600 000元已存入银行，以银行存款支付清理费用40 000元，厂房清理完毕，营业税税率为5%。

根据这项经济业务，该公司应做如下账务处理：

销售厂房应交的营业税=6 600 000×5%=330 000(元)

(1)借：固定资产清理　　4 000 000
　　累计折旧　　5 500 000
　贷：固定资产　　9 500 000
(2)借：固定资产清理　　370 000
　贷：银行存款　　40 000
　　应交税费——应交营业税　　330 000
(3)借：银行存款　　6 600 000
　贷：固定资产清理　　6 600 000
(4)借：固定资产清理　　2 230 000
　贷：营业外收入　　2 230 000

(3)转让无形资产的账务处理

企业转让无形资产的方式有两种：一是转让其使用权，二是转让其所有权。无形资产使用权的转让即无形资产出租，而无形资产所有权的转让主要表现为出售无形资产，此外，也包括用无形资产抵偿债务、用无形资产换入非货币性资产等。用不同方式转让无形资产，其相应的会计账务处理方法不同。

①无形资产使用权转让应交营业税的会计处理

无形资产使用权的转让仅仅是将部分使用权让渡给其他单位或个人，出让方仍保留对该无形资产的所有权，因而仍拥有使用、收益和处置的权利。受让方只能取得无形资产的使用权，在合同规定的范围内合理使用而无权转让。在转让无形资产使用权的情况下，由于转让企业仍拥有无形资产的所有权，因此不注销无形资产的账面价值，转让取得的收入计入其他业务收入，发生与转让有关的各种费用支出计入其他业务成本。转让无形资产使用权应交的营业税属于与转让有关的支出，因而计入其他业务成本。

例 6-16　A 公司与 H 企业于 2×12 年年底达成协议，A 公司允许 H 企业 2×13 年使用其某一商标，H 企业于 2×13 年每月月初向 A 公司支付商标使用费 50 000 元。

A 公司的相关账务处理如下：

每月月初收到商标使用费时：

借：银行存款　　50 000
　贷：其他业务收入　　50 000

同时计算出应缴纳的营业税(50 000×5%)，并做如下账务处理：

借：其他业务成本　　2 500
　贷：应交税费——应交营业税　　2 500

②无形资产所有权转让应交营业税的会计处理

出售无形资产是无形资产所有权转让的主要形式，出售人不再保留无形资产的所有权，因而不再拥有使用、收益和处置的权利。在出售无形资产的情况下，由于出售企业不再拥有无形资产的所有权，因此，应当注销所出售无形资产的账面价值(即无形资产账面余额与相应的已计提减值准备)，出售无形资产实际取得的转让收入与该项无形资产账面价值的差额计入营业外收入或营业外支出。出售无形资产应交的营业税，则作为相应营业外收入的减少或营业外支出的增加。

例 6-17 B公司于2×13年8月20日将拥有的一项专利权出售，取得收入300 000元，应交的营业税为15 000元。该专利权的账面余额230 000元，已计提的减值准备为10 000元。

B公司的相关账务处理如下：

借：银行存款　　300 000
　　无形资产减值准备　　10 000
　贷：无形资产　　230 000
　　　营业外收入　　65 000
　　　应交税费——应交营业税　　15 000

③用无形资产抵偿债务应交营业税的账务处理

用无形资产抵偿债务是企业债务重组的一种方式。这里所转让的是无形资产的所有权，应当注销用以抵偿债务的无形资产的账面价值。根据债务重组的有关会计处理方法，债务人用非现金资产清偿债务时，按照所清偿债务的账面价值结转债务，应付债务的账面价值与清偿债务的非现金资产账面价值和支付的相关税费的差额，直接计入当期损益。

例 6-18 C公司欠K企业购货款500 000元，由于资金周转困难，短期内无法支付货款。经协商，2×13年8月15日达成协议，K企业同意C公司立即以一项专利权清偿债务。该专利权的账面余额425 000元，未计提减值准备，这项专利权转让应交营业税25 000元(即500 000×5%)。

C公司的相关账务处理如下：

借：应付账款　　500 000
　贷：无形资产　　425 000
　　　应交税费——应交营业税　　25 000
　　　营业外收入　　50 000

④用无形资产换入非货币性资产应交营业税的账务处理

用无形资产换入非货币性资产属于非货币性交易。根据会计处理方法，非货币性资产交换具有商业实质且公允价值能够可靠计量，在发生补价的情况下，支付补价方，应当以换出资产的公允价值加上支付的补价(或换入资产的公允价值)和应支付的相关税费，作为换入资产的成本；收到补价方，应当以换出资产的公允价值减去补价(或换入资产的公允价值)加上应支付的相关税费，作为换入资产的成本。换出资产公允价值与其账面价值的差额，计入营业外收入或营业外支出。

例 6-19 2×13年1月，G公司将一项专利权投资于某股份有限公司，与被投资单位不共同承担风险，而是收取固定利润。专利权账面余额为8万元(未计提减值准备)，公允价值为10万元。假设不考虑其他税费，该交换有商业实质，G公司为增值税一般纳税人。G公司应以换出资产的公允价值和应支付的相关税费作为换入资产的成本，即入账价值。

G公司应交营业税＝100 000×5%＝5 000(元)

E公司投资日的会计分录为：

借：长期股权投资　　105 000
　贷：无形资产　　80 000
　　　应交税费——应交营业税　　5 000
　　　营业外收入　　20 000

6.2.7 其他应付款的核算

6.2.7.1 账户设置

其他应付款是指企业除应付票据、应付账款、应付工资、应付利润等以外的应付、暂收其他单位或个人的款项。如物业管理企业应付租入固定资产和包装物的租金、管辖区内业主和物业管户装修存入保证金，应付职工统筹退休金，职工未按期领取的工资以及应收暂付上级单位、所属单位的款项。企业应设置“其他应付款”账户，用来核算企业应付、暂收其他单位或个人的款项。该账户贷方反映企业发生的应付、暂收款项，借方反映企业支付应付及暂收款项。月末，余额为贷方反映企业应付、暂收的结存金额。本账户按应付和暂收等款项的类别和单位或个人设置明细账。

6.2.7.2 账务处理

企业发生的应付暂收款项，借记“银行存款”、“管理费用”、“营业外支出”等账户，贷记“其他应付款”账户。支付时，借记“其他应付款”账户，贷记“银行存款”账户。

例 6-20 某物业管理公司规定：凡小区内业主入住后要进行装修，需支付 2 400 元的装修保证金，业主装修完毕，经验收，如没有违反规定，装修保证金如数退还，如果发现破坏主体结构，则要扣除部分保证金。2×13 年 8 月收取 8 号楼 5 户业主装修保证金12 500 元，1 月以后，5 户业主均装修完毕，发现 3 户业户没有违反规定，其他 2 户则有破坏主体结构的行为，需扣除保证金每人 800 元。

根据扣款通知单，做会计分录：

(1)收取装修保证金时，根据收款凭证，做会计分录如下：

借：库存现金	12 500	
贷：其他应付款——装修保证金		12 500

(2)退还及没收保证金，根据付款凭证，做会计分录如下：

借：其他应付款	12 500	
贷：库存现金		10 700
营业外收入		1 800

通过其他应付款账户，支付给其他单位的各种费用，包括职工的养老保险、住房公积金、医疗保险金。其来源：一是从职工工资中扣除由职工个人承担的部分；二是企业为职工交纳的计入企业当期损益账户。

具体处理如下：

(1)工资分配时：

借：管理费用

贷：应付工资薪酬——应付工资

(2)发放工资时：

借：应付工资薪酬——应付工资

贷：其他应付款——社保费(养老、医疗、失业自己负担部分)

其他应付款——住房公积金(个人负担部分)

应交税费——个人所得税

银行存款/现金(实际发放给员工的)

(3)交纳社保费、住房公积金时:

①先提企业部分到应付职工薪酬:

借:管理费用——社保(养老、失业等单位负担部分)

——住房公积金(单位负担部分)

——医疗保险(单位负担部分)

贷:应付工资薪酬——社保费(单位负担部分)

——住房公积金(单位负担部分)

——医疗保险(单位负担部分)

②交纳:

借:应付工资薪酬——社保费(单位负担部分)

——住房公积金(单位负担部分)

——医疗保险(单位负担部分)

其他应付款——社保(养老、医疗、失业等自己负担部分)

——住房公积金(自己负担部分)

贷:银行存款

6.2.8 或有负债的核算

6.2.8.1 或有负债的确定条件

或有负债指过去的交易或事项形成的潜在义务,其存在须通过未来不确定事项的发生或不发生予以证实。根据会计准则的规定,确定或有负债的条件是:①或有负债由过去的交易或事项产生;②企业承担的负债义务是潜在的也可能是现时的;③该义务的履行不是很可能导致经济利益流出企业的;④该义务的金额不能够可靠地计量。

6.2.8.2 或有负债的计量

按照我国现行会计准则有关规定,对于预计很可能发生的或有负债按照最佳估计数进行计量。最佳估计数的确定分两种情况考虑。

1.所需支出存在一个金额范围

如果所需支出存在一个金额范围,则最佳估计数应按该范围的上下金额的平均数确定。例如,2×12 年 11 月 2 日,A 公司因违约被提起诉讼。因法院尚未判决,赔偿金额目前无法确定。但是根据专家估计,赔偿金额可能在 50～80 万元之间。因此,A 公司应在月底的资产负债表中确认或有负债为 65 万元〔(50+80)/2=65 万元〕。

2.所需支出不存在一个金额范围

根据准则规定,或有事项涉及单个项目时,最佳估计数按最可能发生的金额确定;而或有事项涉及多个项目时,最佳估计数按各种可能发生额及其发生概率计算确定。例如,一企业在一场诉讼中,专家判断胜诉的可能性有 30%,败诉的可能性有 70%。如果败诉,将会判赔 50 万元。在这种情况下,该企业应确认的负债金额(最佳估计数)应为可能发生的金额50 万元。又如,一企业销售产品 1 000 件,每件 1 000 元。该企业售后服务规定:产品在三年保修期内,出现非人为质量问题，企业将免费修理。根据以往经验，较小质量问题的修理费为销售额的1%，较大质量问题的修理费为销售额的2%。据预测，本年度所售商品10%将会出现较小质量问题，10%将会出现较大质量问题，则本年度该企业确认的负债金额（最佳估计数）为3 000元〔(1 000×1 000)×10%×1%+(1 000×1 000)×10%×2%=3 000元〕。

6.2.8.3　或有负债的会计处理

1.应收票据贴现或背书转让

应收票据贴现是指企业以贴现的方式将尚未到期的商业承兑汇票转让给银行或其他单位，从而负有可能支付的债务。这意味着，企业在商业承兑汇票贴现后，形成了一项或有负债。如果企业有将应收账款向银行出售以取得现金的情况，也应视为或有负债。

例6-21　2×12年ABC公司背书转让了两张应收票据。一是被背书人H公司，票据金额100万元，到期日2×13年4月；一是被背书人J公司，票据金额为500万元，到期日为2×13年5月。

本例中，ABC公司因背书转让应收票据而承担了现时义务。因此2×12年年底，企业应将由此形成的或有负债披露如下：

或有负债——截至2×12年12月31日，本公司背书转让的应收票据金额600万元。

2.债务担保

债务担保是指企业以自有财产作为抵押，为其他单位向银行或其他金融机构借款提供担保的业务事项。如果到期日其他单位偿还了借款，企业即解脱了担保责任，但若被担保单位到期不能清偿借款，担保企业则负有偿还担保债务的责任。在企业担保之日，就形成了担保企业的一项或有负债。

3.产品质量保证

产品质量保证是指企业可能要支付与产品质量有关的费用的业务事项。企业在售出负有包退、保修期的产品后，若发生质量问题，企业就会发生相关费用，即存在与产品质量相关的或有负债。

例6-22　ABC公司2×12年4个季度的家电销售额分别为100万元、140万元、80万元、200万元。根据以往的经验，发生的保修费用一般为销售额的1%～2%。2×12年4个季度实际开支的维修费用分别为2万元、4万元、1万元、3万元。同时，假定上年末“预计负债——产品质量保证”账户余额为5万元。

根据会计准则的规定，ABC公司因销售家电而承担了现时义务，同时该义务履行很可能导致经济利益流出ABC公司，且该义务的金额能够可靠地计量。所以，ABC公司应根据本准则的规定在每季度末确认一项负债。会计核算与披露如下：

(1)第一季度，发生维修费时：

借：预计负债——产品质量保证　　20 000

　　贷：银行存款　　20 000

第一季度末应确认的产品质量保证负债金额=100×(1%+2%)/2=1.5(万元)

分录为：

借：销售费用——产品质量保证　　15 000

　　贷：预计负债——产品质量保证　　15 000

则第一季度末“预计负债——产品质量保证”账户的余额＝5＋1.5－2＝4.5(万元)

(2)第二季度，发生维修费时：

借：预计负债——产品质量保证 40 000

贷：银行存款 40 000

第二季度末应确认的产品质量保证负债金额＝140×(1%＋2%)/2＝2.1(万元)

分录为：

借：销售费用——产品质量保证 21 000

贷：预计负债——产品质量保证 21 000

则第二季度末“预计负债——产品质量保证”账户的余额＝4.5＋2.1－4＝2.6(万元)

(3)第三季度，发生维修费时：

借：预计负债——产品质量保证 10 000

贷：银行存款 10 000

第三季度末应确认的产品质量保证负债金额＝80×(1%＋2%)/2＝1.2(万元)

分录为：

借：销售费用——产品质量保证 12 000

贷：预计负债——产品质量保证 12 000

则第三季度末“预计负债——产品质量保证”账户的余额＝2.6＋1.2－1＝2.8(万元)

(4)第四季度，发生维修费时：

借：预计负债——产品质量保证 30 000

贷：银行存款 30 000

第四季度末应确认的产品质量保证负债金额＝200×(1%＋2%)/2＝3(万元)

分录为：

借：销售费用——产品质量保证 30 000

贷：预计负债——产品质量保证 30 000

则第四季度末“预计负债——产品质量保证”账户的余额＝2.8＋3－3＝2.8(万元)

为此，ABC公司应在当年年末12月31日将“预计负债——产品质量保证”账户余额28 000元列入资产负债表内“预计负债”项目，并在会计报表附注中做相关披露。

对于或有负债而言，应注意的问题主要包括：

(1)如果发现保证费用的实际发生额与预计数相差较大，应及时对预计比例进行调整；

(2)如果企业针对特定批次产品计算预计负债，则在保修期结束时，应将“预计负债——产品质量保证”账户余额冲销，不留余额；

(3)已对其确认预计负债的产品，如企业不再生产或者不再销售了，那么应在相应的产品质量保证期满后，将“预计负债——产品质量保证”余额冲销，不留余额。

4. 未决诉讼和未决仲裁

未决诉讼和未决仲裁是指企业涉及尚未判决的诉讼案件、原告提出有赔偿要求的待决事项。这是因为，如果企业胜诉，将不负有任何责任；但若企业败诉，则负有支付原告提出的赔偿要求的责任。即一旦有待决的对方提出的索赔事项时，企业应视为一项或有负债。

例6-23 ABC公司2×12年7月12日向A银行借款1 000万元，期限一年，年利率10%。2×13年10月银行向法院起诉，截至2×13年12月31日，法院尚未对A银行提起的诉讼进行审理。

解析： 如无特殊情况，ABC 公司要败诉。因此，除支付本金及利息外，还要支付罚息及诉讼费等费用。假定估计罚息及诉讼费等费用为 10～16 万元之间，其中对方的诉讼费 2 万元。根据准则规定，ABC 公司应在 2×13 年 12 月 31 日确认一项负债。

金额＝(10＋16)/2＝13(万元)

会计处理如下：

借：管理费用——诉讼费　20 000

　　营业外支出——罚息支出　110 000

　贷：预计负债——未决诉讼　130 000

同时还应在会计报表附注中，做如下披露：

本公司欠 A 银行贷款于 2×13 年 7 月 12 日到期，到期本金和利息 1 100 万元。由于本公司资金周转困难，故尚未偿还上述贷款本金和利息。为此，A 银行起诉本公司，除要求支付本金和利息外，还要求支付诉讼费及罚息等费用。由于以上情况，本公司在 2×13 年 12 月 31 日确认了一项负债 13 万元。目前，法院尚未对此案进行审理。

例 6-24　2×12 年 11 月 2 日，A 公司与 B 公司签订了互相担保协议，而成为相关诉讼的第二被告。截至 2×13 年 12 月 31 日，诉讼尚未进行判决。但是，由于 B 公司经营困难，A 公司很可能要承担还款连带责任。据统计，A 公司承担还款金额 2 000 万元责任的可能性为 60%，而承担还款金额 1 000 万元责任的可能性为 40%。另 A 公司需承担诉讼费 20 万元。

解析： 在此例中，A 公司因连带责任而承担了现时义务，该义务的履行很可能导致经济利益流出企业，且该义务的金额能够可靠地计量。根据“企业会计准则——或有事项”的规定，A 公司应在 2×13 年 12 月 31 日确认一项负债 2 000 万元(最可能发生金额)，并在会计报表附注中做相关披露。

借：管理费用——诉讼费　200 000

　　营业外支出——赔偿支出　20 000 000

　贷：预计负债——未决诉讼　20 200 000

同时，会计报表披露如下：

B 公司借款逾期未还被某银行起诉。由于与 B 公司签有互相担保协议，本公司因此负有连带责任。2×13 年 12 月 31 日，本公司为此确认了一项负债，金额 2 020 万元。目前，相关的诉讼正在审理当中。

6.3　非流动负债的核算

6.3.1　长期借款的核算

长期借款是指企业从银行或其他金融机构借入的期限在一年以上(不含一年)的各项借款。一般用于固定资产的购建、改扩建工程、大修理工程、对外投资以及为了保持长期经营能力等方面，它是企业非流动负债的重要组成部分。

长期借款是目前我国企业获得非流动负债资金的主要筹资方式，它的债权人为银行或其他金融机构，具有筹资速度快、筹资弹性大等优点。

长期借款利息的计算方法有单利计息和复利计息两种。所谓单利计息是指借款期内只对长期借款的本金计算利息，所生利息不加入本金重复计算利息；而复利计息是指借款期内不仅对长期借款的本金计算利息，而且要将所生利息加入本金再计利息。我国现行采用单利计息。

6.3.1.1 账户设置

长期借款的核算主要包括借款本金借入和归还的核算、借款利息的核算、外币借款发生的汇兑损益的核算等。

长期借款的核算应设置“长期借款”和“应付利息”账户。“长期借款”是负债类账户，核算企业向银行或其他金融机构借入的长期借款的本金。贷方登记借入的本金、转销的利息差额，借方登记偿还的本金及取得借款时实收金额和借款本金的差额，期末贷方余额反映企业尚未偿还的长期借款。该账户按贷款单位和贷款种类，分别设“本金”、“利息调整”等明细账户进行明细核算。“应付利息”核算长期借款利息的计提和偿还、贷方登记计提的利息、借方登记偿还的利息，期末贷方余额反映企业已计提尚未偿还的利息。

6.3.1.2 账务处理

长期借款的账务处理主要包括以下几种情况。

1.长期借款取得的会计处理

企业借入长期借款时，应按实际收到的金额，借记“银行存款”账户，贷记“长期借款——本金”账户，如存在差额，还应借记“长期借款——利息调整”账户。

例 6-25 甲企业于2×13年11月30日从银行借入资金2 000 000元，借款期限为3年，年利率为8.4%(到期一次还本付息，不计复利)。所借款项已存入银行。甲企业用该借款于当日购买不需要安装的设备1台，价款1 900 000元，另支付运杂费及保险费100 000元，设备已于当日投入使用。

甲企业的有关会计处理如下：

(1)取得借款时：

借：银行存款　　2 000 000

　贷：长期借款——本金　　2 000 000

(2)支付设备款和运杂费、保险费时：

借：固定资产　　2 000 000

　贷：银行存款　　2 000 000

2.长期借款利息的会计处理

资产负债表日，企业应按摊余成本和实际利率计算确定长期借款的利息费用，按合同利率计算确定应付的利息。为购建固定资产而取得的专门借款，在符合前述资本化条件的情况下，可以计算应予资本化的利息金额，并将其计入固定资产的购建成本。

按照我国借款费用会计准则的规定，利息资本化金额的确定应与发生在固定资产购建活动上的支出挂钩。在应予资本化的每个会计期间，因购置或建造某项固定资产而发生的利息，其资本化金额应为至当期末止购置或建造该项固定资产的累计支出加权平均数乘以资本化率；如果借款存在折价或溢价，还应当将每期应摊销的折价或溢价金额作为利息的调整额，对资本化率做相应调整。利息资本化金额的计算公式为：

每个会计期间的利息资本化金额＝

至当期末止购建固定资产累计支出加权平均数×资本化率

其中，累计支出加权平均数应按每笔资产支出金额乘以每笔资产支出占用的天数与会计期间涵盖的天数之比计算确定。其计算公式为：

累计支出加权平均数＝∑(每笔资产支出金额×每笔资产支出占用的天数/会计期间涵盖的天数)

资本化率应当分别不同情况，按下列原则确定。

第一，为购建固定资产只借入了一笔专门借款，资本化率即为该项借款的利率。如果该专门借款存在溢价或折价，则应确定该笔借款各期的资本化率。当采用实际利率法摊销溢价或折价时，该借款内含的实际利率即为各期的资本化率；当采用直线法摊销溢价或折价时，应按各期实际利息除以期初借款的账面价值计算。

第二，为购建固定资产借入一笔以上的专门借款，则资本化率应为这些专门借款的加权平均利率。在这些借款都没有溢价或折价的情况下，加权平均利率的计算公式为：

加权平均利率＝专门借款当期实际发生的利息之和/专门借款本金的加权天数×100%

其中，专门借款本金的加权平均数是指各专门借款的本金余额在会计期间内的加权平均数，其计算应根据每笔专门借款的本金乘以该借款在当期实际占用的天数与会计期间涵盖的天数之比确定。计算公式为：

专门借款本金的加权平均数 ＝ ∑(每笔专门借款本金×每笔专门借款实际占用天数／会计期间涵盖天数)

如果专门借款存在溢价或折价，则同样应当分别确定各期的实际利息，并按期初借款的账面价值作为本期借款本金计算。

例 6-26 某公司于2×13年年初开始自行建造办公大楼。为此，于2×13年1月3日向银行借入一笔专门借款5 000 000元，借款年利率为9%，期限为3年。

该办公大楼建造工程的有关支出如下：

2×13年1月15日　　1 200 000元
2×13年6月1日　　1 800 000元
2×13年9月1日　　1 050 000元
2×14年2月1日　　1 500 000元
2×14年6月1日　　500 000元

根据以上有关资料，各年应予资本化的借款利息可计算如下。

(1)2×13年应予资本化的利息金额：

累计支出加权平均数＝1 200 000×345/360 ＋1 800 000×210/360 ＋1 050 000×120/360
＝2 550 000(元)

应当予以资本化的利息＝2 550 000×9%＝229 500(元)

实际发生的专门借款利息总额＝5 000 000×9%＝450 000(元)

计算出利息费用后，应编制会计分录如下：

借：在建工程	229 500	
财务费用	220 500	
贷：长期借款——应付利息		450 000

(2)2×14 年应予资本化的利息金额：

累计支出加权平均数＝4 050 000×180/360 ＋450 000×150/360 ＝2 212 500(元)

应当予以资本化的利息＝2 212 500×9%＝199 125(元)

2×14 年 6 月 30 日，计算出利息费用后，应编制会计分录如下：

借：在建工程　199 125

　财务费用　25 875

贷：长期借款　225 000

应当注意的是，累计购建支出总额超过专门借款总额的部分不得计入累计支出数负担借款利息。应予资本化的借款利息也不得超过实际发生的专门借款利息数。

例 6-27　某企业于 2×13 年 1 月 1 日开始建造一项固定资产，专门借款有两项：

(1)2×13 年 1 月 1 日借入 3 年期借款 300 万元，年利率为 6%；

(2)2×13 年 4 月 1 日发行 3 年期债券 600 万元，票面年利率为 5%，债券发行价格为 510 万元，折价 90 万元(不考虑发行债券发生的辅助费用)。

假定资产建造从 1 月 1 日开始，截至 3 月 31 日，计算得出的累计支出加权平均数为 270 万元；截至 6 月 30 日，计算得出的累计支出加权平均数为 450 万元。债券折价采用直线法摊销。企业按季度计算利息费用并摊销溢价或折价，则 2×13 年第一季度和第二季度适用的资本化率计算如下：

由于第一季度只有一笔专门借款，因此，资本化率即为该借款的利率，即 1.5%(6%×3/12)；

由于第二季度有两笔专门借款，因此，适用的资本化率就是这两项专门借款的加权平均利率。

加权平均利率计算如下：

加权平均利率＝(专门借款当期实际发生的利息之和±当期应摊销的溢价或折价)÷借款本金的加权平均数×100%＝{300×6%×3÷12＋600×5%×3÷12＋[(600－510)×3÷36]}÷(300＋510)×100%＝2.41%

3.归还长期借款

企业归还长期借款的本金时，应按归还的金额，借记“长期借款——本金”账户，贷记“银行存款”账户；按归还的利息，借记“长期借款——应付利息”账户，贷记“银行存款”账户。

6.3.2　应付债券的核算

应付债券是指企业向社会上公开筹集资金而发行的，约定在一定时间内还本付息的有价证券。企业通过发行债券取得资金是以将来履行归还购买债券者的本金和利息的义务作为保证的。

按照债券发行价格与面值的关系划分，债券发行有面值发行、溢价发行和折价发行三种情况。债券发行价格的高低一般取决于债券票面金额、债券票面利率、发行当时的市场利率以及债券期限的长短等因素。一般而言，债券的票面利率高于市场利率时，可按超过债券面值的价格发行，称为溢价发行。溢价是企业以后各期多付利息而事先得到的补偿。当债券的票面利率低于市场利率时，可按低于债券面值的价格发行，称为折价发行。折价是企业以后各期少付利息而预付给投资者的补偿。如果债券的票面利率与市场利率相同，可按票面价格发行，称为面值发行。溢价或折价是发行债券企业在债券存续期内对利息费用的一种调整。

6.3.2.1　账户设置

为了核算企业债券，企业应设置“应付债券”、“应付利息”等账户。“应付债券”核算企业为筹集长期资金而发行债券的本金和利息，贷方登记发行企业债券的面值、溢价、应计利息和折价摊销额，借方登记企业债券的偿还、发行时产生的折价和溢价摊销额，期末贷方余额反映企业尚未偿还的债券的摊余成本和应计利息。应付债券可按“面值”、“利息调整”、“应计利息”等进行明细核算。如果债券到期一次还本付息，利息计提和偿还通过“应付债券——应计利息”核算；如果债券分期付息，利息计提和偿还则通过“应付利息”核算。

企业应当设置“企业债券备查簿”，详细登记每一企业债券的票面金额、票面利率、还本付息期限与方式等资料。企业债券到期结清时，应当在备查簿内逐笔注销。

6.3.2.2　账务处理

应付债券的账务处理主要包括以下几种情况。

1.债券发行时的会计处理

企业发行债券，无论是面值发行，还是溢价发行或折价发行，均应按实际收到的金额，借记“银行存款”、“库存现金”等账户，按债券票面金额，贷记“应付债券——面值”账户；实际收到的款项与票面价值存在差额的，还应借记或贷记“应付债券——利息调整”账户。

例6-28　甲企业于2×13年7月1日发行3年期、到期一次还本付息、年利率为8%（不计复利）、发行面值总额为20 000 000元的债券。该债券按面值发行。

甲企业的有关会计处理如下：

借：银行存款　　20 000 000
　贷：应付债券——面值　　20 000 000

例6-29　沿用例6-28，如果发行价为20 300 000元。

甲企业的有关会计处理如下：

借：银行存款　　20 300 000
　贷：应付债券——面值　　20 000 000
　　　　　　——利息调整　　300 000

2.利息费用的会计处理

应付债券的利息费用按摊余成本和实际利率计算确定。

(1)债券发行价格的确定

公司债券的发行价格是发行公司发行债券时所使用的价格，即债券投资者向发行公司认购其债券时实际支付的价格。在发行债券之前必须根据有关因素，运用一定的方法，确定债券的发行价格。

决定债券发行价格的主要因素包括：债券面额、票面利率、市场利率和债券期限。债券的发行价格是上述四项因素综合作用的结果。根据货币时间价值的原理，债券发行价格由两部分构成：一部分是债券面额以市场利率作为折现率折算的现值；另一部分是各期利息（通常表现为年金形式）以市场利率作为折现率折算的现值。由此，债券的发行价格可以按下列公式测算：

$$债券发行价格=\frac{F}{(1+R_M)^n}+\frac{I}{(1+R_M)^t}$$

式中：F 表示债券面额，即债券到期偿付的本金；I 表示债券年利息，即债券面额与债券票面年利率的成绩；R_M 表示债券发售时的市场利率；n 表示债券期限；t 表示债券付息期数。

(2)应付债券利息费用的确定

债券发行时根据上述公式测算的发行价格即应付债券初始确认的摊余成本。债券利息计息日或者会计期末，应该计算应付债券的摊余成本，进而确定当期实际的利息费用。

债券利息费用金额＝债券摊余成本×实际利率

摊销的利息调整金额＝债券票面利息金额－债券利息费用金额

(3)应付债券利息费用的会计处理

对于分期付息、到期一次还本的债券，企业应按应付债券的摊余成本和实际利率计算确定的债券利息费用，借记“在建工程”、“制造费用”、“财务费用”、“研发支出”等账户，按票面利率计算确定的应付未付利息，贷记“应付利息”账户，按其差额，借记或贷记“应付债券——利息调整”。对于一次还本付息的债券，企业应于资产负债表日按应付债券的摊余成本和实际利率计算确定的债券利息费用，借记“在建工程”、“制造费用”、“财务费用”、“研发支出”等账户，按票面利率计算确定的应付未付利息，贷记“应付债券——应计利息”账户，按其差额，借记或贷记“应付债券——利息调整”。

例 6-30 甲企业于2×13年7月1日发行3年期、到期一次还本付息、年利率为8%(不计复利)、发行面值总额为20 000 000元的债券。该债券按面值发行。甲企业发行债券所筹集资金用于建造固定资产，至2×13年12月31日工程尚未完工，该债券产生的实际利息费用全部资本化，计提本年长期债券利息。

甲企业的有关会计处理如下：

借：在建工程　　800 000

　贷：应付债券——应计利息　　800 000

例 6-31 2×13年12月31日，甲公司经批准发行5年期一次还本、分期付息的公司债券10 000 000元，债券利息在每年12月31日支付，票面利率为年利率6%。假定债券发行时的市场利率为5%。甲公司根据上述资料，采用实际利率和摊余成本计算确定的利息费用见表6-3。

表 6-3　利息费用计算　　单位：元

付息日期	支付利息	利息费用	摊销的利息调整	应付债券摊余成本
2×13.12.31				10 432 700
2×14.12.31	600 000	521 635	78 365	10 354 335
2×15.12.31	600 000	517 716.75	82 283.25	10 272 051.75
2×16.12.31	600 000	513 602.59	86 397.41	10 185 654.34
2×17.12.31	600 000	509 282.72	90 717.28	10 094 937.06
2×18.12.31	600 000	505 062.94	94 937.06	10 000 000

由于市场利率小于票面利率，因此债券的现值高于面值，属于溢价发行。

债券的现值为＝10 000 000×(P/F 5%，5)＋600 000×(P/A 5%，5)＝10 432 700(元)

甲公司的账务处理如下：

(1)2×13年12月31日发行债券：

借：银行存款　　10 432 700

贷：应付债券——面值 10 000 000

——利息调整 432 700

(2)2×14 年 12 月 31 日确认利息费用：

借：财务费用 521 635

应付债券——利息调整 78 365

贷：应付利息 600 000

2×15 年、2×16 年、2×17 年确认利息费用的会计处理同 2×14 年。

(3)2×18 年 12 月 31 日归还债券本金及最后一期利息费用：

借：财务费用 505 062.94

应付债券——面值 10 000 000

——利息调整 94 937.06

贷：银行存款 10 600 000

3.债券偿还的会计处理

对于一次还本付息的债券，企业应于债券到期支付债券本息时，借记"应付债券——面值"和"应付债券——应计利息"账户，贷记"银行存款"账户；对于一次还本、分期付息的债券，在每期支付利息时，借记"应付利息"账户，贷记"银行存款"账户；债券到期偿还本金并支付最后一期利息时，借记"应付债券——面值"、"在建工程"、"制造费用"、"财务费用"、"研发支出"等账户，贷记"银行存款"账户；同时，存在利息调整余额的，借记或贷记"应付债券——利息调整"账户。

例 6-32 甲企业于 2×13 年 7 月 1 日发行 3 年期、到期一次还本付息、年利率为 8%(不计复利)、发行面值总额为 20 000 000 元的债券，该债券按面值发行。

到期还本付息时会计分录如下：

借：应付债券——面值 20 000 000

——应计利息 4 000 000

财务费用 800 000

贷：银行存款 24 800 000

6.3.3 长期应付款的核算

长期应付款是指企业除长期借款和应付债券以外的其他各种长期应付款项，包括应付补偿贸易方式下引进国外设备款、应付融资租入固定资产的租赁费和以分期付款方式购入固定资产发生的应付款项等。

6.3.3.1 账户设置

为核算长期应付款的发生和偿还情况，企业应设置"长期应付款"和"未确认融资费用"等账户。"长期应付款"账户用于核算企业发生的除了长期借款和应付债券以外的其他各种长期应付款项。其贷方反映长期应付款的增加数，借方反映归还的长期应付款，期末贷方余额表示尚未归还的长期应付款项。本账户可按长期应付款的种类和债权人进行明细核算。"未确认融资费用"账户用于核算企业应当分期计入利息费用的未确认融资费用。其借方登记形成的未确认融资费用，贷方登记分期转销的未确认融资费用，期末借方余额反映企业未确认融资费用的摊余价值。

6.3.3.2 账务处理

1.应付引进设备款的核算

应付引进设备款是在补偿贸易中形成的，补偿贸易是指以信贷形式从国外引进设备、技术等，以所生产的产品或其他劳务支付贷款的贸易方式。在引进设备时，按资产价值确定相应的负债，分别在“固定资产”和“长期应付款”等账户中反映，用产品或劳务归还设备价款时，视同产品销售进行处理。

以补偿贸易引进设备时，应按该设备的到岸价折合人民币加上在国内支付的税费计价入账，借记“固定资产”等账户。按设备到岸价折合的人民币贷记“长期应付款——应付引进设备款”账户，对以人民币支付的关税及有关费用，贷记“银行存款”账户。

例 6-33 某有限责任公司开展补偿贸易业务，从国外引进设备价款折合人民币180 万元(不需安装就可投入使用)，公司引进设备时，用人民币存款支付进口关税、国内运杂费20 万元，企业准备用所生产的产品归还引进设备款。引进设备投产后，第一批生产产品 1 000 件，每件销售价格 200 元，单位生产成本 150 元，这一批产品全部用于还款。

(1)引进设备时：

借：固定资产　　1 800 000

　贷：长期应付款——应付引进设备款　　1 800 000

(2)以人民币支付进口关税和国内运杂费时：

借：固定资产　　200 000

　贷：银行存款　　200 000

(3)销售产品时：

借：应收账款　　200 000

　贷：主营业务收入　　200 000

(4)结转成本时：

借：主营业务成本　　150 000

　贷：库存商品　　150 000

(5)抵付设备款时：

借：长期应付款——应付引进设备款　　200 000

　贷：应收账款　　200 000

2.应付融资租入固定资产的核算

企业采用融资租赁方式租入的固定资产，虽然在法律形式上资产的所有权在租赁期内仍然属于出租人，但由于资产的租赁期基本上包括了资产的有效使用年限，承租企业实际上获得了租赁资产所提供的主要经济利益，同时承担了与资产所有权有关的风险。因此，承租企业应将融资租入的固定资产作为一项固定资产入账，同时确认相应的负债。

企业应在租赁期开始日，将租赁开始日租赁资产的公允价值与最低租赁付款额现值两者中较低者，加上在租赁谈判和签订租赁合同过程中发生的、可直接归属于租赁项目的手续费、律师费、差旅费、印花税等初始直接费用，作为租入资产的入账价值，借记“固定资产——融资租入固定资产”账户；按最低租赁付款额，贷记“长期应付款”账户；按发生的初始直接费用，贷记“银行存款”、“库存现金”等账户；按其差额，借记“未确认融资费用”账户。每期支付租赁费用时，借记“长期应付款”账户，贷记“银行存款”账户。如果支付的租金中包含履约成本，按履约成本金额，借记“制造费用”、“管理费用”等账户，贷记“银行存款”账户。

未确认融资费用应当在租赁期内各个期间进行分摊。承租人分摊未确认融资费用时，应当采用实际利率法。每期采用实际利率法分摊未确认融资费用时，按当期应分摊的未确认融资费用金额，借记“财务费用”账户，贷记“未确认融资费用”账户。

3.具有融资性质的延期付款购买资产

企业购买资产有可能延期支付有关价款。如果延期支付的购买价格超过正常信用条件，实质上具有融资性质的，所购资产的成本应当以延期支付购买价款的现值为基础确定，实际支付的价款与购买价款的现值之间的差额，应当在信用期内采用实际利率法进行摊销，计入相关资产成本或当期损益。具体来说，企业购入资产超过正常信用条件，延期付款实质上具有融资性质时，应按购买价款的现值，借记“固定资产”、“在建工程”等账户，按应支付的价款总额，贷记“长期应付款”账户，按其差额，借记“未确认融资费用”账户。

小结

流动负债是指将于一年或超过一年的一个营业周期内偿还的债务。它包括短期借款、应付票据、应付账款、预收账款、应付工资、应交税费、应付利润、其他应付款、预提费用等。或有负债，主要指过去的交易或事项形成的潜在义务，其存在须通过未来不确定事项的发生或不发生予以证实；或过去的交易或事项形成的现时义务，履行该义务不是很可能导致经济利益流出企业或该义务的金额不能可靠地计量。在我国目前的企业中，或有事项已普遍存在，主要的项目有：应收票据贴现或背书转让、债务担保、产品质量保证、未决诉讼和未决仲裁等。非流动负债是指偿还期在1年以上或者超过1年的一个营业周期以上的负债。非流动负债的结算期间一般较长，企业可以有充裕的时间对偿债资金进行安排和调度。非流动负债按筹措方式可以分为：长期借款、应付债券和长期应付款等。

思考题

1.如何理解负债的定义？

2.企业的流动负债包括哪些基本种类？试简要说明其基本的会计处理。

3.或有负债包括哪些基本类别？尝试为这些不同类别的或有负债各举一例。

4.应付债券的发行价格主要取决于什么因素？

练习题

1.ABC公司为一般纳税人，适用的增值税税率为17%，材料采用实际成本进行日常核算。该公司2×14年4月30日“应交税费——应交增值税”账户借方余额为60 000元，该借方余额均可从下月的销项税额中抵扣。5月份发生如下涉及增值税的经济业务。

(1)购买原材料一批，增值税专用发票上注明价款为900 000元，增值税额为153 000元，公司已开出承兑的商业汇票。该原材料已入库。

(2)用原材料对外投资，双方协议按成本作价。该批原材料的成本和计税价格均为615 000元，应缴纳的增值税为104 550元。

(3)销售产品一批，销售价格为300 000元(不含增值税)，实际成本为240 000元，提货单和增值税专用发票已交购货方，货款尚未收到。该销售符合收入确认条件。

(4)用银行存款缴纳本月增值税37 500元。

要求：根据上述经济业务，编制相应的会计分录。

2. 2×14年12月1日，甲公司因其产品质量问题对张某造成比较严重的人身伤害，张某对甲公司提起诉讼，要求赔偿200万元。截至2×14年12月31日，法院尚未做出判决。根据公司律师的建议，甲公司预计该项诉讼很可能败诉。赔偿金额将在100～150万元之间，并且需要支付诉讼费用5万元。考虑到公司已经就该项产品质量向保险公司投保，公司基本能够从保险公司获得赔偿金100万元，但是尚未获得相关赔偿证明。

要求：请做出相应的会计处理，并说明报表如何列报。

3. 红星公司于2×13年1月1日发行了一批公司债券，期限5年、面值100 000元、利率10%，每年末付息、到期一次还本，债券的发行价格110 000元，债券承销商按2%收取发行费，红星公司取得债券发行价款净额107 800元。

要求：为红星公司编制有关会计分录。

第 7 章 所有者权益的核算

学习目的

本章主要介绍所有者权益及其会计核算的有关知识。通过本章的学习应：

- ⊙ 理解所有者权益的概念及内容
- ⊙ 掌握实收资本的构成及会计处理方法
- ⊙ 了解新旧会计准则下资本公积核算内容的变化
- ⊙ 掌握资本公积的会计处理方法
- ⊙ 掌握留存收益的构成内容及会计处理方法。

章前案例与导引

2001 年 10 月 1 日，顺德格林柯尔企业发展有限公司成立，注册资本为 12 亿人民币，顾雏军以 10.8 亿元出资拥有 90%的股权，包括以 1.8 亿元的货币和 9 亿元的知识产权出资，顾雏军的父亲顾善鸿以货币出资 1.2 亿元拥有 10%的股权。当月，顺德格林柯尔收购科龙电器 20.6%的股权。2002 年 5 月 14 日，顾雏军从科龙电器划拨 1.87 亿元资金到设在天津格林柯尔制冷有限公司的账户上，当日天津格林柯尔与顺德格林柯尔发生数额为 1.8 亿元、1.7 亿元、1.6 亿元、1.5 亿元的四笔资金对倒，合计放大为 6.6 亿元，顾雏军将此 6.6 亿元作为天津格林柯尔对顺德格林柯尔的现金出资。同时，顾雏军及父亲原享有的货币出资3 亿元也转让给天津格林柯尔，随后，顺德格林柯尔变更工商登记，天津格林柯尔以货币出资 9.6 亿元人民币拥有 80%的股权，顾雏军则以其专利技术投入享有 20%的股权。顺德格林柯尔公司的出资存在什么问题？为什么要变更工商登记？

7.1 所有者权益概述

7.1.1 所有者权益的定义

所有者权益，是指企业资产扣除负债后所有者享有的剩余权益。所有者权益的来源包括所有者投入的资本、直接计入所有者权益的利得和损失、留存收益等。其中，直接计入所有者权益的利得和损失，是指不应计入当期损益、会导致所有者权益发生增减变动的、与所有者投入资本或者向所有者分配利润无关的利得和损失。这里的利得是指由企业的非日常活动所形成的、会导致所有者权益增加的、与所有者投入资本无关的经济利益的流入；而损失是指由企业非日常活动所发生的、会导致所有者权益减少的、与向所有者分配利润无关的经济利益的流出。所有者权益金额取决于资产和负债的计量。

根据资产负债表的恒等式，所有者权益的金额等于资产减去负债。在经济实质上，负债代表了债权人在公司资产中的利益，而所有者权益代表的是所有者在这些资产上的剩余利益。

各个国家或组织的会计准则制定机构都将所有者权益作为财务会计的几大要素之一，分别对所有者权益进行了概念界定。美国财务会计准则委员会在第6号财务会计概念公告《财务报表要素》中，将权益(Equity)定义为“某个主体的资产减去负债后的剩余权益”。国际会计准则委员会在其《编报财务报表的框架》中，也给权益下了一个类似的定义：“权益是指企业的资产中扣除企业全部负债后的剩余利益。”

7.1.2 所有者权益的基本特征

所有者权益具有以下三个基本特征。

1.所有者权益是所有者对投入企业享有的一种剩余权益

所有者将他们的资产投入一个企业之后，这项财产附着的所有权、使用权、处置权和收益分配权，并没有全部保留在所有者手中，所有者享有的实际上只有剩余求偿权权益。广义上说，权益包括负债与所有者权益，债权人和所有者都是企业经济资源(资产)的提供者，他们对企业的资产都有相应的索偿权，但从法律规定的角度看，所有者权益和负债之间是有区别的。

(1)债权比所有权享有更优先的权利。债权人要求支付利息和偿还本金的权利是在所有者之前，这有利于保障债权人的利益。当企业因破产或其他原因进行清算时，变现后的资产首先必须用于偿还企业的负债，剩余的资产才可按投资比例(对合资企业或有限责任公司而言)或股份比例(对股份有限公司而言)在所有者之间进行分配。

(2)债权的求偿金额一般是固定的，向所有者支付的股利往往要视期间收益、留存收益和可供分配现金数额的情况而定，并且必须经过股东大会正式宣告才能发放。当然，在清算或破产等情况下，债权人也不一定能够全部收回他们的本金和利息。

(3)债权人求偿权的到期日通常是固定或事先确定的，而所有者权益并不代表企业的法定义务，企业并没有支付股利的义务。除少数例外情况外，股东不能期望在一定日期或事先确定一个日期收回其投资。总之，所有者权益与债权人权益这两种求偿权的差异，是与他们承担的风险相对等的。

2. 企业在持续经营的情况下，投资人投入的资金一般不能收回，从而为企业提供了可以长期使用的经济资源，也为投资人带来了可以长期享有的权利

这种权利的终结有两种方式：一是转让所有权，也就是将所有者自身拥有的对企业的投资转让给另一个投资者，后者称为企业新的所有者，他承接了前任所有者的权益；二是主体的终结，主体终结之后，所有者与主体之间的隐性或显性契约也就消失，所有者享有的权益自然终结。不过，在主体清算之前，主体将会支付必要的费用以及偿还债务之后的剩余权益在所有者之间按照一定的方式进行分配。

3. 在计量方面，所有者权益不能像资产和负债那样单独计量

因为它既不能按照现行市价，也不能按照主观价格进行计价，而只是根据一定方法计量特定资产和负债所形成的结果，即企业资产总额减去负债总额之后的剩余权益(净资产)。当然，所有者权益的内部组成部分，有的也是可以根据投入成本进行计量的。

7.1.3　企业的组织形式及所有者权益的不同表现形式

7.1.3.1　企业的组织形式

世界范围之内的企业数目众多，但从法律角度来看，这些企业基本上都可以划分为三种组织形式：个人独资企业、合伙制企业和公司制企业。这些不同组织形式的企业，各自具有其特点。

个人独资企业是由一个自然人投资的企业，这个自然人对企业的债务承担无限责任，它的企业内部机构设置简单，经营管理方式灵活。同时，个人独资企业不是一个法人企业，也就是说，企业没有独立承担民事责任的能力，企业和个人融为一体，企业的责任就是个人的责任，企业的财产就是个人的财产。

合伙制企业是两个或两个以上的人为了共同目的，相互约定共同出资、共同经营、共享收益、共担风险的自愿联合，合伙人对合伙企业债务承担无限连带责任的营利性组织。合伙企业的合伙人至少有两个，有的国家还专门限制了合伙人的上限，我国对此没有做出明确的限制。合伙企业的最大特征是，合伙人对合伙企业债务承担无限连带责任，也就是说，合伙人必须以其个人财产承担合伙企业的债务，当合伙企业的财产不足以清偿其债务时，合伙人应当以自己的个人财产承担不足部分的清偿责任。合伙人一般根据自己的出资份额享有合伙企业的收益，合伙人自己的份额在经过其他合伙人同意的前提下可以转让，其他合伙人有优先受让的权利。

公司制企业，是指按照公司法组建并登记的以赢利为目的的企业法人，它包括有限责任公司和股份有限公司。公司是一个以赢利为目的的企业法人，它具有民事权利能力和民事行为能力，它以公司拥有的全部财产独立承担公司的债务。公司的所有权属于股东所有，公司股东按照拥有的资本价值或数额比例分配公司利润。一旦公司终止并进行清算，股东有权分得公司出卖全部资产并偿还所有债务之后剩余的资产净值。公司的决策权最终由股东共同控制，公司的最高权力机构是股东会或股东大会。

有限责任公司和股份有限公司具有一定的区别。根据我国《公司法》规定，有限责任公司的股东人数不得超过 50 人。有限责任公司的股东出资购买股份之后，非经股东会批准同意不得随意转让，他们都以各自的出资份额为基础享有公司的收益和承担公司的有限责任。而股份有限公司是指全部资本由等额股份构成并通过发行股票募集资本，股东以其所认购的股份对公司承担责任，公司以其全部资产对公司债务承担责任的企业法人。通常情况下，股份有限公司的股东不得少于 5 人，但是不设置最高限制。股东拥有的股票，可以自由转让，不受股东会或股东大会的限制。

7.1.3.2 所有者权益的不同表现形式

从会计的角度看，无论哪一类型的企业都可以视为独立的会计主体，成为会计核算的对象。对于大多数的交易和事项，会计处理与企业的组织形式是无关的。企业的资产和负债并不受企业组织形式的影响。但是，企业的所有者权益的表现形式却与企业的组织关系密切相关。

企业的组织形式不同，所有者权益的表现形式也不同。在独资企业，所有者权益以“业主权益”的形式出现，所有者权益由一个人独享，所有者的投入以及投入价值的增长都可以通过“业主权益”表现。在合伙企业，所有者权益由合伙人分享，因此，所有者权益表现为“合伙人权益”，法律对独资企业和合伙企业，没有明确规定要求把投资资本与赢利区分开，因此，合伙企业和独资企业只需设置“资本”账户以及“提款”账户，以记录有关所有者的投资、从企业提取的款项以及企业损益的增减变动。

股份有限公司和有限责任公司与独资企业和合伙企业之间的最主要差异体现在所有者权益方面。首先，法律明确要求这两类公司将投入资本和赢利区分开来，因此，股东权益(即公司的所有者权益)的各个组成部分的会计处理也都受公司法等法律法规的限制。此外，为了保护债权人的合法权益，多数国家的公司立法往往还对股份有限公司和有限责任公司的利润分配和歇业清算以及股份有限公司买回自己发行的股份等有关事项做出严格的限制。有限责任公司和股份有限公司在所有者权益方面的主要差别在于投入资本的账户设置以及会计核算方面，有限责任公司通过“实收资本”和“资本公积”账户核算，而股份有限公司主要以“股本”、“资本公积”账户核算。至于公司赚取的累积利润的分配以及分配后的余额的核算，有限责任公司以及股份有限公司都是通过股利、盈余公积、公积金以及未分配利润等相关账户核算的。

7.1.4 所有者权益的组成

资产负债表中的所有者权益是企业资产扣除负债后的剩余权益。资产负债表中的所有者权益类一般按照净资产的不同来源和特定用途进行分类，根据《企业会计准则第 30 号——财务报表列报》规定，资产负债表中的所有者权益类应当按照实收资本(或股本)、资本公积、其他综合收益、盈余公积、未分配利润等项目分别列示。

7.1.4.1 实收资本(股本)

实收资本是指企业投资者按照企业章程或合同、协调的约定，实际投入企业的资本。我国实行的是注册资本制，因而，在投资者足额缴纳资本之后，企业的实收资本应该等于企业的注册资本。所有者向企业投入的资本，在一般情况下无须偿还，可以长期周转使用。由于企业组织形式不同，所有者投入资本的会计核算方法也有所不同。除股份有限公司对股东投入的资本应设置“股本”账户外，其余企业均设置“实收资本”账户，核算企业实际收到的投资人投入的资本。

7.1.4.2 资本公积

资本公积是指归所有者共有的非收益性的公共积累，包括资本(或股本)溢价和其他资本公积。

资本公积应当分别在“资本公积——资本溢价(股本溢价)”和“资本公积——其他资本公积”中进行明细核算。

7.1.4.3　其他综合收益

其他综合收益，是指企业未在当期损益中确认的各项利得和损失。根据《企业会计准则第30号——财务报表列报》规定，其他综合收益分为下列两类:①以后会计期间不能重分类进损益的其他综合收益项目；②以后会计期间在满足规定条件时将重分类进损益的其他综合收益项目。

7.1.4.4　盈余公积

盈余公积是指企业按照规定从税后利润中按一定比例提取形成、具有限定用途的积累资金，属于所有投资者共同享有的公共积累，是由企业通过生产经营活动而形成的。

盈余公积分为两种：一是法定盈余公积，按照企业税后利润的10%提取，法定盈余公积累计额已达注册资本的50%时可以不再提取；二是任意盈余公积，任意盈余公积金是根据公司章程及股东会的决议，从公司盈余中提取的公积金。任意公积金的提取与否及提取比例由股东会根据公司发展的需要和盈余情况决定，法律不作强制规定。

7.1.4.5　未分配利润

未分配利润是企业实现的净利润经过弥补亏损、提取盈余公积和向投资者分配利润后留存在企业的、历年结存的利润。未分配利润属净利润中尚未指定用途的部分。通常用于留待以后年度向投资者进行分配。

7.2　投入资本的核算

7.2.1　实收资本(股本)的核算

实收资本(股本)是指投资者按照企业章程或合同、协议的约定实际投入资产的价值，是所有者权益的重要组成部分，是企业设立的必备条件，也是企业从事正常生产经营活动必需的基本资金。

我国《民法通则》规定，设立企业法人必须要有必要的财产；我国《企业法人登记管理条例》规定，企业申请开业，必须具备符合国家规定并与其生产经营和服务规模相适应的资金数额；我国《公司法》规定，有限责任公司的最低注册资本额为人民币3万元，公司在首次出资额不少于注册资本20%的前提下在2年内分期缴清出资，其中，投资公司可在5年内缴足，股份有限公司注册资本的最低限额为500万元人民币，并允许公司全体发起人的首次出资额不得低于注册资本的20%，其余部分由发起人自公司成立之日起2年内缴足；投资公司可在5年内缴足。

所有者向企业投入的资本，在一般情况下无需偿还，可以长期周转使用。实收资本的构成比例，即投资者的出资比例或股东的股份比例，通常是确定所有者在企业所有者权益中所占的份额和参与企业财务经营决策的基础，也是企业进行利润分配或股利分配的依据，同时还是企业清算时确定所有者对净资产的要求权的依据。

7.2.1.1 账户设置

企业接受投资者投入的实收资本，通过“实收资本”账户核算。股份有限公司应将本账户改为“股本”账户。投资者可以用现金投资，也可以用现金以外的其他有形资产投资，符合国家规定比例的，还可以用无形资产投资。企业收到投资时，一般应做如下会计处理：收到投资人投入的现金，应在实际收到或者存入企业开户银行时，按实际收到的金额，借记“银行存款”科目；以实物资产投资的，应在办理实物产权转移手续时，借记有关资产科目；以无形资产投资的，应按照合同、协议或公司章程规定移交有关凭证时，借记“无形资产”科目；按投入资本在注册资本或股本中所占份额，贷记“实收资本”或“股本”科目，按其差额，贷记“资本公积——资本溢价”或“资本公积——股本溢价”等科目。

中外合作经营企业在合作期间归还投资者的投资，应在本账户设置“已归还投资”明细账户进行核算。

7.2.1.2 账务处理

1.实收资本确认和计量的基本要求

企业接受投资者投入的资本，借记“银行存款”、“其他应收款”、“固定资产”、“无形资产”、“长期股权投资”等账户，按其在注册资本或股本中所占份额，贷记“实收资本”账户，按其差额，贷记“资本公积——资本溢价或股本溢价”账户。

例 7-1 甲、乙、丙共同出资设立有限责任公司 A，公司注册资本为 10 000 000 元，甲、乙、丙持股比例分别为 50%、30%和 20%。2×13 年 1 月 5 日，A 公司如期收到各投资者一次性缴足的款项。

根据上述资料，A 公司应做以下账务处理：

借：银行存款	10 000 000	
贷：实收资本——甲		5 000 000
——乙		3 000 000
——丙		2 000 000

例 7-2 B 股份有限公司发行普通股 20 000 000 股，每股面值为 1 元，发行价格为 6 元。股款 120 000 000 元已经全部收到，发行过程中发生相关税费 60 000 元。

根据上述资料，B 股份有限公司应做以下账务处理：

计入股本的金额＝20 000 000×1＝20 000 000(元)

计入资本公积的金额＝(6－1)×20 000 000－60 000＝99 940 000(元)

借：银行存款	119 940 000	
贷：股本		20 000 000
资本公积——股本溢价		99 940 000

按照《中华人民共和国公司法》的规定，有限责任公司的股东可以用货币出资，也可以用实物、知识产权、土地使用权等可以用货币估价并可以依法转让的非货币财产作价出资，但是，法律、行政法规规定不得作为出资的财产除外。对作为出资的非货币财产应当评估作价，核实财产，不得高估或者低估作价。法律、行政法规对评估作价有规定的，从其规定。全体股东的货币出资金额不得低于有限责任公司注册资本的 30%。

初建有限责任公司时，各投资者按照合同、协议或公司章程投入企业的资本，应全部记入

“实收资本”科目，注册资本为在公司登记机关登记的全体股东认缴的出资额。在企业增资时，如有新投资者介入，新介入的投资者缴纳的出资额大于其按约定比例计算的其在注册资本中所占的份额部分，不记入“实收资本”科目，而作为资本公积，记入“资本公积”科目。

股份有限公司是指全部资本由等额股份构成并通过发行股票筹集资本、股东以其认购的股份为限对公司承担责任、公司以其全部财产对公司债务承担责任的企业法人。股份有限公司设立有两种方式，即发起式和募集式。发起式设立的特点是公司的股份全部由发起人认购，不向发起人之外的任何人募集股份；募集式设立的特点是公司股份除发起人认购外，还可以采用向其他法人或自然人发行股票的方式进行募集。公司设立方式不同，筹集资本的风险也不同。发起式设立公司，其所需资本由发起人一次认足，一般不会发生设立公司失败的情况。因此，其筹资风险小。社会募集股份，其筹资对象广泛，在资本市场不景气或股票的发行价格不恰当的情况下，有发行失败(股票未被全部认购)的可能。因此，其筹资风险大。按照有关规定，发行失败损失由发起人负担，包括承担筹建费用、公司筹建过程中的债务和对认股人已缴纳的股款支付银行同期存款利息等责任。

股份有限公司与其他企业相比较，最显著的特点就是将企业的全部资本划分为等额股份，并通过发行股票的方式来筹集资本。股东以其所认购股份对公司承担有限责任。股份是很重要的指标。股票的面值与股份总数的乘积为股本，股本应等于企业的注册资本，所以，股本也是很重要的指标。为了直观地反映这一指标，在会计处理上，股份有限公司应设置“股本”科目。

“股本”科目核算股东投入股份有限公司的股本，企业应将核定的股本总额、股份总数、每股面值在股本账户中作备查记录。为提供企业股份的构成情况，企业可在“股本”科目下按股东单位或姓名设置明细账。企业的股本应在核定的股本总额范围内，发行股票取得。但值得注意的是，企业发行股票取得的收入与股本总额往往不一致，公司发行股票取得的收入大于股本总额的，称为溢价发行；小于股本总额的，称为折价发行；等于股本总额的，为面值发行。我国不允许企业折价发行股票。在采用溢价发行股票的情况下，企业应将相当于股票面值的部分记入“股本”科目，其余部分在扣除发行手续费、佣金等发行费用后记入“资本公积——股本溢价”科目。

2.实收资本增减变动的会计处理

《中华人民共和国公司登记管理条例》规定，公司增加注册资本的，有限责任公司股东认缴新增资本的出资和股份有限公司的股东认购新股，应当分别依照《公司法》设立有限责任公司缴纳出资和设立股份有限公司缴纳股款的有关规定执行。公司法定公积金转增为注册资本的，验资证明应当载明留存的该项公积金不少于转增前公司注册资本的25%。公司减少注册资本的，应当自公告之日起45日后申请变更登记，并应当提交公司在报纸上登载公司减少注册资本公告的有关证明和公司债务清偿或者债务担保情况的说明。公司减资后的注册资本不得低于法定的最低限额。公司变更实收资本的，应当提交依法设立的验资机构出具的验资证明，并应当按照公司章程载明的出资时间、出资方式缴纳出资。公司应当自足额缴纳出资或者股款之日起30日内申请变更登记。

(1)实收资本增加的会计处理

①企业增加资本的一般途径有三条

一是将资本公积转为实收资本或者股本。会计上应借记“资本公积——资本溢价”或“资本公积——股本溢价”科目，贷记“实收资本”或“股本”科目。

二是将盈余公积转为实收资本。会计上应借记“盈余公积”科目，贷记“实收资本”或“股本”科目。这里要注意的是，资本公积和盈余公积均属所有者权益，转为实收资本或者股本时，企业如为独资企业的，核算比较简单，直接结转即可；如为股份有限公司或有限责任公司的，应按原投资者所持股份同比例增加各股东的股权。

三是所有者(包括原企业所有者和新投资者)投入。企业接受投资者投入的资本，借记“银行存款”、“固定资产”、“无形资产”、“长期股权投资”等科目，贷记“实收资本”或“股本”等科目。

例 7-3 A有限责任公司由甲、乙两人共同投资设立，原注册资本为20 000 000元，甲、乙出资分别为15 000 000元和5 000 000元，为了扩大经营规模，经批准，2013年12月A公司按照原出资比例将资本公积5 000 000元转增资本。

根据上述资料，A公司应做以下账务处理：

借：资本公积	5 000 000	
贷：实收资本——甲		3 750 000
——乙		1 250 000

②股份有限公司发放股票股利

股份有限公司采用发放股票股利实现增资的，在发放股票股利时，按照股东原来持有的股数分配，如股东所持股份按比例分配的股利不足一股时，应采用恰当的方法处理。例如，股东会决议按股票面额的10%发放股票股利时(假定新股发行价格及面额与原股相同)，对于所持股票不足10股的股东，将会发生不能领取一股的情况。

在这种情况下，有两种方法可供选择：一是将不足一股的股票股利改为现金股利，用现金支付；二是由股东相互转让，凑为整股。股东大会批准的利润分配方案中分配的股票股利，应在办理增资手续后，借记“利润分配”科目，贷记“股本”科目。

③可转换公司债券持有人行使转换权利

可转换公司债券持有人行使转换权利，将其持有的债券转换为股票，按可转换公司债券的余额，借记“应付债券——可转换公司债券(面值、利息调整)”科目，按其权益成分的金额，借记“资本公积——其他资本公积”科目，按股票面值和转换的股数计算的股票面值总额，贷记“股本”科目，按其差额，贷记“资本公积——股本溢价”科目。

④企业将重组债务转为资本

企业将重组债务转为资本的，应按重组债务的账面余额，借记“应付账款”等科目，按债权人因放弃债权而享有本企业股份的面值总额，贷记“实收资本”或“股本”科目，按股份的公允价值总额与相应的实收资本或股本之间的差额，贷记或借记“资本公积——资本溢价”或“资本公积——股本溢价”科目，按其差额，贷记“营业外收入——债务重组利得”科目。

⑤以权益结算的股份支付的行权

以权益结算的股份支付换取职工或其他方提供服务的，应在行权日，按根据实际行权情况确定的金额，借记“资本公积——其他资本公积”科目，按应计入实收资本或股本的金额，贷记“实收资本”或“股本”科目。

(2)实收资本减少的会计处理

企业实收资本减少的原因大体有两种：一是资本过剩；二是企业发生重大亏损而需要减少实收资本。企业因资本过剩而减资，一般要发还股款。有限责任公司和一般企业发还投资的会计处理比较简单，按法定程序报经批准减少注册资本的，借记“实收资本”科目，贷记“库存现金”、“银行存款”等科目。

股份有限公司由于采用的是发行股票的方式筹集股本，发还股款时，则要回购发行的股票，发行股票的价格与股票面值可能不同，回购股票的价格也可能与发行价格不同，会计处理较为复杂。股份有限公司因减少注册资本而回购本公司股份的，应按实际支付的金额，借记"库存股"科目，贷记"银行存款"等科目。注销库存股时，应按股票面值和注销股数计算的股票面值总额，借记"股本"科目，按注销库存股的账面余额，贷记"库存股"科目，按其差额，冲减股票发行时原记入资本公积的溢价部分，借记"资本公积——股本溢价"科目，回购价格超过上述冲减"股本"及"资本公积——股本溢价"科目的部分，应依次借记"盈余公积"、"利润分配——未分配利润"等科目；如回购价格低于回购股份所对应的股本，所注销库存股的账面余额与所冲减股本的差额作为增加股本溢价处理，按回购股份所对应的股本面值，借记"股本"科目，按注销库存股的账面余额，贷记"库存股"科目，按其差额，贷记"资本公积——股本溢价"科目。

例 7-4　B股份有限公司截至2013年12月31日共发行股票30 000 000股，股票面值为1元，资本公积(股本溢价)为6 000 000元，盈余公积为4 000 000元。经股东大会批准，B公司以现金回购本公司股票3 000 000股并注销。

假定B公司按照每股4元回购股票，不考虑其他因素，B公司的账务处理如下：

库存股的成本＝3 000 000×4＝12 000 000(元)

借：库存股	12 000 000	
贷：银行存款		12 000 000
借：股本	3 000 000	
资本公积——股本溢价	6 000 000	
盈余公积	3 000 000	
贷：库存股		12 000 000

例 7-5　沿用例7-4假定B公司以每股0.9元回购股票，其他条件不变。

B公司的账务处理如下：

库存股的成本＝3 000 000×0.9＝2 700 000(元)

借：库存股	2 700 000	
贷：银行存款		2 700 000
借：股本	3 000 000	
贷：库存股		2 700 000
资本公积——股本溢价		300 000

由于B公司以低于面值的价格回购股票，股本与库存股成本的差额300 000元应作增加资本公积处理。

7.2.2　资本公积的核算

资本公积是指企业收到投资者的超出企业注册资本(或股本)中所占份额的投资，以及其他资本公积等。在不同类型的企业中，所有者投入资本大于其在注册资本中所占份额的差额的表现形式有所不同。在股份有限公司，表现为超面值缴入股本，即实际出资额大于股票面值的差额；在其他企业，则表现为资本溢价。

资本公积与实收资本虽然都属于投入资本范畴，但两者有区别。实收资本一般是投资者投入的，为了谋求投资利益的法定资本，与企业注册资本相一致，因此，实收资本在来源和资金上，都有严格限制；资本公积有特定来源，另外有些来源形成的资本公积，并不需要由原投资者投入，也并不一定需要谋求投资利益。

资本公积与净利润不同。在会计中通常需要划分资本和收益的界限，收益是企业经营活动产生的结果，可分配给股东。资本公积是企业所有者投入资本的一部分，具有资本属性，与企业净利润无关，所以不能作为净利润的一部分。

7.2.2.1 账户设置

企业形成的资本公积在“资本公积”账户核算。该账户按“资本溢价”和“其他资本公积”两个明细账户进行会计核算。其贷方登记企业资本公积的增加数，借方登记资本公积的减少数，期末余额在贷方，反映企业资本公积实有数。

7.2.2.2 账务处理

(1)资本溢价

①一般企业资本溢价。企业创立时，要经过筹建、试生产经营、开辟市场等过程，这种投资具有风险性。当企业进入正常生产经营，资本利润率一般要高于创立阶段，这是企业创立者付出了代价的。所以新加入的投资者要付出大于原投资者的出资额，才能取得与原有投资者相同的投资比例。投资者投入的资本中按其投资比例计算的出资额部分，应计入“实收资本”账户，超出部分计入“资本公积——资本溢价”账户。

②股份有限公司股本溢价。在股票溢价发行时，公司发行股票的收入，相当于股票面值部分计入“股本”账户，超过股票面值的溢价收入(含股票发行冻结期间的利息收入)计入“资本公积”账户。与发行权益性证券直接相关的手续费、佣金等交易费用，借记“资本公积——股本溢价”等账户，贷记“银行存款”等账户。

股份有限公司采用收购本公司股票方式减资的，按股票面值和注销股数计算的股票面值总额，借记“股本”账户，按所注销的库存股的账面余额，贷记“库存股”账户，按其差额，借记“资本公积——股本溢价”账户，股本溢价不足冲减的，应借记“盈余公积”、“利润分配——未分配利润”账户；购回股票支付的价款低于面值总额的，应按股票面值余额，贷记“库存股”账户，按其差额，贷记“资本公积——股本溢价”账户。股本溢价不足冲减的，应借记“盈余公积”、“利润分配——未分配利润”账户。

(2)其他资本公积

①股权投资价值变动。这是投资单位对被投资单位的长期股权投资采用权益法核算时，在持股比例不变的情况下，被投资单位除净损益、利润分配和其他综合收益以外所有者权益的其他变动，投资单位按其持股比例计算应享有的份额。企业采用权益法核算长期股权投资时，长期投资的账面价值将随着被投资单位所有者权益的增减而增加或减少，以使长期股权投资的账面价值与应享有被投资单位所有者权益的份额基本保持一致。被投资单位净资产的变动除了实际的净损益会影响净资产外，还有其他原因增加的资本公积，企业应按其持股比例计算应享有的份额，借记“长期股权投资——所有者权益其他变动”账户，贷记“资本公积——其他资本公积”账户。

②以权益结算的股份支付换取职工或其他方提供服务的，应按照确定的金额，借记“管理费用”等账户，贷记“资本公积——其他资本公积”账户。在行权日，应按实际行权的权益工具数量

计算确定的金额，借记“资本公积——其他资本公积”账户，按计入实收资本或股本的金额，贷记“实收资本”或“股本”账户，按其差额，贷记“资本公积——资本溢价或股本溢价”账户。

例 7-6　2×13 年 5 月，甲股份企业以权益结算的股份支付换取乙企业提供服务，确定的金额为 200 000 元。

甲企业的账务处理为：

借：管理费用　　200 000

　贷：资本公积——其他资本公积　　200 000

在行权日，实际行权的权益工具数量计算确定的金额为 150 000 元，应计入股本的金额为 100 000 元，甲企业的账务处理为：

借：资本公积——其他资本公积　　150 000

　贷：股本　　100 000

　　资本公积——股本溢价　　50 000

7.3　其他综合收益的核算

企业未在当期损益中确认的各项利得和损失在“其他综合收益”账户中核算，其贷方登记其他综合收益的增加数，借方登记其他综合收益的减少数，期末余额在贷方，反映企业其他综合收益的实有数。根据《企业会计准则第 30 号——财务报表列报》规定，其他综合收益分为下列两类。

7.3.1　以后会计期间不能重分类进损益的其他综合收益项目

1. 重新计量设定受益计划净负债或净资产导致的变动

根据《企业会计准则第 9 号——职工薪酬》，有设定受益计划形式离职后福利的企业应当将重新计量设定受益计划净负债或净资产导致的变动计入其他综合收益，并且在后续会计期间不允许转回至损益。

2. 按照权益法核算的在被投资单位不能重分类进损益的其他综合收益变动中所享有的份额

根据《企业会计准则第 2 号——长期股权投资》权益法下，投资方取得长期股权投资后，应当按照应享有或应分担的被投资单位其他综合收益的份额，确认其他综合收益，同时调整长期股权投资的账面价值。投资单位在确定应享有或应分担的被投资单位其他综合收益的份额时，该份额的性质取决于被投资单位的其他综合收益的性质，即如果被投资单位的其他综合收益属于“以后会计期间不能重分类进损益”类别，则投资方确认的份额也属于“以后会计期间不能重分类进损益”类别。

7.3.2　以后会计期间在满足规定条件时将重分类进损益的其他综合收益项目

1. 按照权益法核算的在被投资单位可重分类进损益的其他综合收益变动中所享有的份额

根据《企业会计准则第 2 号——长期股权投资》，投资方取得长期股权投资后，应当按照应享有或应分担的被投资单位其他综合收益的份额，确认其他综合收益，同时调整长期股权投资的账面价值。如果被投资单位的其他综合收益属于“以后会计期间在满足规定条件时将重分类进损益”类别，则投资方确认的份额也属于“以后会计期间在满足规定条件时将重分类进损益”类别。

2.可供出售金融资产公允价值变动形成的利得或损失、持有至到期投资重分类为可供出售金融资产形成的利得或损失

根据《企业会计准则第22号——金融工具确认和计量》，可供出售金融资产公允价值变动形成的利得或损失，除减值损失和外币货币性金融资产形成的汇兑差额外，应当直接计入所有者权益(其他综合收益)，在该金融资产终止确认时转出，计入当期损益；根据金融工具确认和计量准则规定将持有至到期投资重分类为可供出售金融资产的，在重分类日，该投资的账面价值与其公允价值之间的差额计入所有者权益(其他综合收益)，在该可供出售金融资产发生减值或终止确认时转出，计入当期损益。

3.现金流量套期工具产生的利得或损失中属于有效套期的部分

根据《企业会计准则第24号——套期保值》，现金流量套期利得或损失中属于有效套期的部分，应当直接确认为所有者权益(其他综合收益)；属于无效套期的部分，应当计入当期损益。对于前者，套期保值准则规定在一定的条件下，将原直接计入所有者权益中的套期工具利得或损失转出，计入当期损益。

4.外币财务报表折算差额

根据《企业会计准则第19号——外币折算》，企业对境外经营的财务报表进行折算时，应当将外币财务报表折算差额在资产负债表中所有者权益项目下单独列示(其他综合收益)；企业在处置境外经营时，应当将资产负债表中所有者权益项目下列示的、与该境外经营相关的外币报表折算差额，自所有者权益项目转入处置当期损益，部分处置境外经营的，应当按处置的比例计算处置部分的外币财务报表折算差额，转入处置当期损益。

5.根据相关会计准则规定的其他项目

比如根据《企业会计准则第3号——投资性房地产》，自用房地产或作为存货的房地产转换为以公允价值模式计量的投资性房地产，在转换日公允价值大于账面价值部分计入其他综合收益；待该投资性房地产处置时，将该部分转入当期损益等。

7.4 留存收益的核算

7.4.1 留存收益概述

留存收益是指企业从历年实现的利润中提取或形成的留存于企业的内部积累。留存收益来源于企业在生产经营活动中所实现的净利润，它与实收资本和资本公积的区别在于，实收资本和资本公积来源于企业的资本投入，而留存收益则来源于企业的资本增值。

留存收益的目的是保证企业实现的净利润有一部分留存在企业，不全部分配给投资者，这样，一方面可以满足企业维持或扩大再生产经营活动的资金需要，保持或提高企业的获利能力；另一方面可以保证企业有足够的资金用于偿还债务，保护债权人的权益。基于此，对于留存收益的提取和使用，除了企业的自主行为外，往往也有法律上的诸多规定和限制，例如我国规定企业必须根据净利润提取法定盈余公积。

留存收益主要包括盈余公积和未分配利润两类。

1.盈余公积的组成及其用途

一般企业和股份有限公司的盈余公积主要包括法定盈余公积和任意盈余公积。

(1)法定盈余公积

法定盈余公积是指企业按照规定的比例从净利润中提取的盈余公积。例如，根据我国公司法的规定，有限责任公司和股份有限公司应按照净利润的10%提取法定盈余公积，计提的法定盈余公积累计达到注册资本的50%时，可以不再提取。对于非公司制企业而言，也可以按照超过净利润10%的比例提取。

(2)任意盈余公积

任意盈余公积是指企业经股东大会或类似机构批准，按照规定的比例从净利润中提取的盈余公积。它与法定盈余公积的区别在于其提取比例由企业自行决定，而法定盈余公积的提取比例则由国家有关法规决定。

企业提取的盈余公积主要有以下几个方面的用途。

(1)弥补亏损

根据企业会计制度和有关法规的规定，企业发生亏损，可以用发生亏损后五年内实现的税前利润来弥补，当发生的亏损在五年内仍不足弥补的，应使用随后所实现的所得税后利润弥补。通常，当企业发生的亏损在所得税后利润仍不足弥补的，可以所提取的盈余公积来加以弥补，但是，用盈余公积弥补亏损应当由董事会提议，股东大会批准，或者由类似的机构批准。

(2)转增资本(股本)

当企业提取的盈余公积累积较多时，可以将盈余公积转增资本(股本)，但是必须经股东大会或类似机构批准。而且用盈余公积转增资本(股本)后，留存的盈余公积不得少于注册资本的25%。

(3)发放现金股利或利润

在特殊情况下，当企业累积的盈余公积较多，而未分配利润较少时，为了维护企业形象，给投资者以合理的回报，对于符合规定条件的企业，也可以用盈余公积分派现金利润或股利。因为盈余公积从本质上讲，是由收益形成的，属于资本增值部分。

2.未分配利润的形成和用途

未分配利润是企业实现的净利润经过弥补亏损、提取盈余公积和向投资者分配利润留存在企业的、历年结存的利润。未分配利润通常用于留待以后年度向投资者进行分配。由于未分配利润相对于盈余公积而言，属于未确定用途的留存收益，所以，企业在使用未分配利润上有较大的自主权，受国家法律法规的限制比较少。

7.4.2 盈余公积的核算

7.4.2.1 账户设置

企业应设置“盈余公积”账户，核算盈余公积的提取和使用等增减变动情况。本账户应当分别设置“法定盈余公积”、“任意盈余公积”进行明细核算。本账户期末贷方余额，反映企业的盈余公积。

7.4.2.2 账务处理

(1)提取盈余公积，按规定的比例做以下账务处理

借：利润分配——提取法定盈余公积

——提取任意盈余公积

贷：盈余公积——法定盈余公积

——任意盈余公积

(2)用盈余公积补亏，按股东大会决议做以下账务处理

借：盈余公积

贷：利润分配——其他转入

(3)用盈余公积派送新股，按股东大会决议做以下账务处理

借：盈余公积——法定盈余公积

——任意盈余公积(派送金额)

贷：股本(股票面值和派送新股总数计算的金额)

资本公积——股本溢价(派送金额与派送新股面值总额的差额)

(4)用盈余公积分配现金股利，按股东大会决议做以下账务处理

借：盈余公积——法定盈余公积

——任意盈余公积

贷：应付股利

(5)用盈余公积分配股票股利或转增股本，按股东大会决议做以下账务处理

借：盈余公积——法定盈余公积

——任意盈余公积

贷：股本

例 7-7 甲、乙、丙三人共同投资设立 A 有限责任公司，原注册资本为 4 000 000 元，甲、乙、丙分别出资 500 000 元、2 000 000 元和 1 500 000 元。为扩大经营规模，经批准，A 公司按原出资比例将盈余公积 1 000 000 元转增资本。

A 公司会计分录如下：

借：盈余公积	1 000 000	
贷：实收资本——甲		125 000
——乙		500 000
——丙		375 000

例 7-8 甲公司 2×13 年年初未分配利润为 200 000 元，任意盈余公积为 200 000 元，当年实现税后利润为 1 800 000 元，公司股东大会决定按 10%提取法定盈余公积，20%提取任意盈余公积，分派现金股利 500 000 元。

甲公司现有股东情况如下：A 公司占 25%，B 公司占 30%，C 公司占 10%，D 公司占 5%，其他占 30%。2×13 年 5 月，经公司股东大会决议，以任意盈余公积 400 000 元转增资本，并已办妥转增手续。

2×14 年度甲公司发生亏损 350 000 元。

相关会计处理如下：

(1)2×13 年有关利润分配的会计处理：

借：本年利润	1 800 000	
贷：利润分配——未分配利润		1 800 000
借：利润分配——提取法定盈余公积	180 000	
利润分配——提取任意盈余公积	360 000	
利润分配——应付现金股利	500 000	
贷：盈余公积——法定盈余公积		180 000
盈余公积——任意盈余公积		360 000
应付股利		500 000
借：利润分配——未分配利润	1 040 000	
贷：利润分配——提取法定盈余公积		180 000
利润分配——提取任意盈余公积		360 000
利润分配——应付现金股利		500 000

(2)甲公司盈余公积转增资本的会计分录：

借：盈余公积——任意盈余公积	400 000	
贷：股本		400 000

(3)2×14 年年末结转亏损的会计分类：

借：利润分配——未分配利润	350 000	
贷：本年利润		350 000

7.4.3　未分配利润的核算

此部分内容这里省略，具体在第 10 章进行介绍。

小结

根据资产负债的恒等式，所有者权益在金额上等于资产减去负债。在经济实质上，负债代表了债权人在公司资产中的利益，而所有者权益代表的是所有者在这些资产上的剩余权益。这些剩余权益基本上可以分为投入资本和赚得资本两种不同的来源，其具体表现形式因企业的具体组织形式的差异而有所差别，它们的经济意义以及会计处理也都存在一定的差别。股本或实收资本，一般是根据法定注册资本而定的，投资者投入以谋求增值的原始投资。资本公积，是用于核算企业收到投资者出资超过其在注册资本或股本中所占的份额以及直接计入所有者权益的利得和损失等。资本公积的具体来源渠道比较多样化。盈余公积是公司实现利润的主要分配去向之一，未分配利润是公司历年和当年实现利润且未分配的累积余额。

思考题

1. 所有者权益与负债的区别有哪些？
2. 所有者权益由哪几部分构成？
3. 企业增减实收资本(股本)的途径有哪些？
4. 资本公积有哪些来源？它与实收资本有什么区别？

5. 利润的分配顺序一般是怎样的？

6. 盈余公积包括哪几部分？其用途分别是怎样的？

7. 企业利润的分配形式有哪些？常见的形式是哪两项？

8. 亏损弥补的渠道有哪些？它们是否要做专门的账务处理？

9. 所有者权益(股东)权益在资产负债表上应如何列示？

练习题

1. 要求进行下列业务会计处理：

(1)公司按法定程序办完增资手续后增发普通股400万股，每股面值1元，售价为7元。按2%支付证券公司手续费；

(2)公司用任意盈余公积80万元来弥补以前年度亏损；

(3)公司经股东大会同意并按规定办完增资手续后，将1 200万元法定盈余公积用于增加资本；

(4)公司的税后净收益为500万元，分别按10%、8%提取法定盈余公积、任意盈余公积；

(5)企业收到股东投入资本100 000元，款项存入银行；

(6)企业将200 000元盈余公积转增资本。

2. 三环有限责任公司原有资本总额80万元。经投资各方协商，准备实施增资方案，将公司的注册资本增加至100万元。现接受A投资者投入的设备一台，确认价值为17万元；专利权一项，评估确认的价值为13万元。A投资者因此拥有三环公司增资后总股份的20%。请为三环公司编制接受投资实施增资的有关会计分录。

第 8 章 收入的核算

学习目的

本章主要介绍收入及其会计核算的有关知识。通过本章学习应：

- ⊙ 了解收入的概念
- ⊙ 掌握收入的分类
- ⊙ 掌握商品销售收入的确认和计量原则
- ⊙ 掌握收入实现的账务处理

章前案例与导引

陕西证监局 2009 年 9 月 18—22 日对 ST 建机(600984)2009 年中期财务报表收入真实性、成本费用核算规范性进行了专项核查，并根据检查情况对相关年度会计核算规范性进行了延伸检查。在核查过程中，证监局发现公司存在以下问题：2007 年度提前确认收入、延期确认成本费用，虚增利润；2009 年半年报提前确认收入，虚增利润。

在该公司 2007 年收入确认中，销售给沃尔沃 3 台摊铺机验收日期分别为 2008 年 2 月 21 日、2008 年 7 月 4 日和 2008 年 10 月 28 日，确认收入依据不充分，造成 2007 年多计收入 726.20 万元，多转成本 588.46 万元，多计利润 137.74 万元。同时，公司还推迟确认成本和费用，虚增利润 430.54 万元。在该公司 2009 年上半年收入确认中，销售给沃尔沃 1 台摊铺机验收日期为 2009 年 8 月 5 日，确认收入依据不充分，造成 2009 年上半年多计收入 233.65 万元，多转成本 160.78 万元，多计利润 72.87 万元。

对于 ST 建机上述问题，陕西证监局认为不符合企业会计准则相关要求，违反了《上市公司信息披露管理办法》有关规定，要求公司立即停止上述违法行为，依据有关规则进行改正并披露。[①]

上市公司通过提前确认收入进行财务舞弊，虚增利润，会严重影响投资者做出正确的投资决策。企业究竟应该在何时确认收入？确认多少？这些正是学习本章所回答的问题。

---

① 资料来源：崔丹，“陕西证监局列出 ST 建机‘三宗罪’股价连续飙升”，每日经济新闻，东方财富网，2009 年 11 月 12 日。

8.1 收入概述

8.1.1 收入的定义

收入是指企业在日常活动中形成的，会导致所有者权益增加的，与所有者投入资本无关的经济利益的总流入。其中，日常活动是指企业为完成其经营目标所从事的经常性活动以及与之相关的其他活动。

狭义的收入指的是营业收入，包括主营业务收入、其他业务收入等。广义的收入还包括投资收益。投资收益是指企业在一定的会计期间对外投资所取得的回报，包括购买股票所得的股利、购买债券收到的利息，以及股票的买卖差价等。

与收入相关的一个重要概念是利得。利得包括营业外收入、补贴收入等，比如处置固定资产的净收益、处置无形资产的净收益、罚款收入。我国2006年基本准则第二十七条规定："利得是指由企业非日常活动所形成的、会导致所有者权益增加的、与所有者投入资本无关的经济利益的流入。损失是指由企业非日常活动所发生的、会导致所有者权益减少的、与向所有者分配利润无关的经济利益的流出。"从我国规定中可以看出，这里的利得与损失，不包括企业日常经营活动中产生的收入和费用，而是着眼于企业边缘性、偶发性交易事项导致的权益变动，与美国和国际会计准则中利得与损失的概念相近。收入与利得的根本区别在于收入来源于企业的"日常活动"，而利得来源于"非日常活动"。

8.1.2 收入的分类

根据不同的标准，可将收入分为不同的类型。

按照企业从事日常活动的性质，可将收入分为销售商品收入、提供劳务收入、让渡资产使用权收入、建造合同收入等。其中，销售商品收入是指企业通过销售商品实现的收入，如制造业企业制造并销售产品、商业企业销售商品等实现的收入。提供劳务收入是指企业通过提供劳务实现的收入，如搬家公司提供搬家服务、软件开发企业为客户开发软件、安装公司提供安装服务等实现的收入。让渡资产使用权收入是指因他人使用本企业现金而收取的利息收入、因他人使用本企业的无形资产等而形成的使用费收入等。建造合同收入是指企业承担建造合同所形成的收入。

按照经营业务的主次不同，可将收入分为主营业务收入和其他业务收入。主营业务收入是指主要经营业务所发生的收入。主营业务收入包括销售商品收入、提供劳务收入等，比如，工业企业制造并销售产品或自制半成品获得的收入、提供加工劳务获得的收入。其他业务收入是指企业除主营业务以外的其他业务或附营业务所取得的收入，包括销售原材料、转让无形资产使用权、以经营租赁方式出租固定资产、出租包装物的收入等。其特点是：每笔业务金额小，收入不十分稳定，服务对象不太固定，占全部营业收入的比重低。

企业会计核算中，收入是按经营业务的主次进行分类核算的。具体而言，企业实现的主营业务收入通过"主营业务收入"账户核算，并与通过"主营业务成本"账户核算的相关成本进行配比；企业实现的原材料销售收入、包装物租金收入、固定资产租金收入、无形资产使用费收入等，通过“其他业务收入”账户核算，并与通过“其他业务成本”账户核算的相关成本进行配比；企业进行投资活动，包括权益性投资或债权性投资所取得的现金股利收入和利息收入等，通过“投资收益”账户核算。

8.2　收入的确认与计量

8.2.1　收入的确认

收入的确认解决何时入账的问题。按照权责发生制，凡是应属本期的收入和费用，不论其款项是否收到或付出，都作为本期的收入和费用处理；反之，凡不属本期的收入和费用，即使款项在本期收到或付出，也不应作为本期的收入和费用处理。因此，收入不是按收到现金确认，而是按收入的归属期来确认。比如，某企业销售商品 200 000 元，本月已开出增值税专用发票并发出货物，但货款尚未收到。这种情况，按照权责发生制应在本月确认收入，这就是已实现的收入。又如，某企业本月收到了 10 000 元银行存款，但是这笔款项是上个月所实现销售的款项，那么就应在上个月确认收入，而本月虽然收到款项，但是不能在本月确认收入。

我国《企业会计准则第 14 号——收入》准则规定：“收入是指企业在日常活动中形成的、会导致所有者权益增加的、与所有者投入资本无关的经济利益的总流入。”此准则基于资产负债观进行收入的确认，即收入的确认是依据资产和负债的变动情况来确定。也就是说，如果交易或事项引起了净资产的增加，又与所有者投入资本无关，而且这些变化又能可靠计量时，就应该确认收入。

1.销售商品收入的确认

根据我国 2006 年颁布的收入准则，销售商品的收入只有在下列条件同时满足时，才能予以确认。

(1)企业已将商品所有权上的主要风险和报酬转移给购货方

企业已将商品所有权上的主要风险和报酬转移给购货方，是指与商品所有权有关的主要风险和报酬同时转移。与商品所有权有关的风险，是指商品可能发生减值或毁损等形成的损失；与商品所有权有关的报酬，是指商品价值增值或通过使用商品等形成的经济利益。例如，张三于 2×13 年年初支付 20 万元购买一台小轿车，到 2×13 年年底时，同一型号的小轿车已降价为 17 万元，由此形成了 3 万元减值损失，但是这 3 万元减值损失与轿车销售公司无关，因为轿车销售公司早已于 2×13 年年初收到张三支付的 20 万元时转移了与商品所有权有关的主要风险和报酬，确认了收入。

判断企业是否已将商品所有权上的主要风险和报酬转移给购货方，应当关注交易的实质，并结合所有权凭证的转移或实物的交付进行判断。如果与商品所有权有关的任何损失均不需要销货方承担，与商品所有权有关的任何经济利益也不归销货方所有，就意味着商品所有权上的主要风险和报酬转移给了购货方。具体来说，可按下列几种情形判断。

①通常情况下，转移商品所有权凭证并交付实物后，商品所有权上的所有风险和报酬随之转移，如大多数商品零售交易、预收款销售商品、订货销售商品、托收承付方式销售商品等。

对于商品零售交易，销货方在售出商品时将商品交付给购货方，同时收到购货方支付的货款，这一交付行为发生后，购货方一般不能退货，售出商品发生的任何损失均不再需要销货方承担，售出商品带来的经济利益也不再归销货方所有，因此可以认为该售出商品所有权上的主要风险和报酬已转移给了购货方。

②某些情况下，转移商品所有权凭证或交付实物后，商品所有权上的主要风险和报酬随之转移，企业只保留商品所有权上的次要风险和报酬，如交款提货方式销售商品、视同买断方式委托代销商品等。在这种情形下，应当视同商品所有权上的所有风险和报酬已经转移给购货方。

如果企业只保留所有权上的次要风险，则销售成立，相应的收入应予以确认。例如，卖方仅仅为了到期收回货款而保留商品的法定产权，这表明，销售中其他重大不确定因素已不存在，货款的收回也由于保留了商品的法定产权而得到了相当的保障，买方为了取得法定产权，一般会支付货款。因此，可以认为商品所有权上的主要风险和报酬已经转移，卖方可以确认收入。

③某些情况下，企业已将所有权凭证或实物交付给买方，但商品所有权上的主要风险和报酬并未随之转移，那么销售方就不能确认销售商品的收入。企业可能在以下几种情况下保留商品所有权上的主要风险和报酬。

第一，企业销售的商品在质量、品种、规格等方面不符合合同规定的要求，又未根据正当的保证条款予以弥补，因而仍负有责任。例如，A 公司销售一批商品，商品已经发出，买方已预付部分货款，余额由 A 公司开出一张商业承兑汇票，已随发票账单一并交付买方。买方当天收到商品后，发现商品质量没有达到合同规定的要求，立即根据合同的有关条款与 A 公司交涉，要求 A 公司在价格上给予一定的折让，否则买方可能会退货。双方没有达成一致意见，A 公司仍未采取任何补救措施。此项销售表明，尽管商品已经发出，发票账单已交付买方，也已收到部分货款，但由于双方在商品质量的弥补方面未达成一致意见，买方尚未正式接受商品，商品可能被退回。因此，商品所有权上的主要风险和报酬仍留在 A 公司，A 公司此时不能确认收入，收入应递延到已按买方要求进行弥补并且买方承诺付款时才予以确认。

第二，企业销售商品的收入是否能够取得，取决于购买方(代销方或受托方)是否已将商品销售出去。如采用支付手续费方式委托代销商品、售后回购等。

第三，企业尚未完成售出商品的安装或检验工作，且此项安装或检验任务是销售合同的重要组成部分。例如，某软件生产企业销售软件，软件光盘已发出，发票账单已交付买方，买方已预付部分货款，但根据合同规定，卖方负责安装软件，在调试成功后，买方立即支付余款。在这种情况下，软件光盘交付并不表示商品所有权上的风险和报酬已转移给买方，企业仍需对电梯进行安装调试，调试过程中可能会发生一些不确定因素，阻碍该项销售的实现。因此，只有在安装完毕并调试成功后才能确认收入。

第四，销售合同或协议中规定了买方由于特定原因有权退货的条款，且企业又不能确定退货的可能性。例如，某网上商城为推销商品，规定实施 7 天无条件退货、15 天无条件换货。在这种情况下，该网上商城尽管已将商品售出，且已收到价款，但由于无法估计退货的可能性，商品所有权上的风险和报酬实质上并未转移给买方，该网上商城在售出商品时不能确认收入，只有当买主正式接受商品时或退货期满时才能确认为收入。

(2)企业既没有保留通常与所有权相联系的继续管理权，也没有对已售出的商品实施控制

企业将商品所有权上的主要风险和报酬转移给买方后，如仍然保留通常与所有权相联系的继续管理权，或仍然能够对售出的商品实施有效控制，则此项销售不能成立，不能确认相应的销售收入。例如，A 公司为房地产开发公司，其将尚待开发的土地销售给 B 公司，合同同时

规定由A公司开发这片土地，开发后的土地售出后，利润由A、B两企业按一定比例分配。这意味着A公司仍然保留了与该土地所有权相联系的继续管理权，该项交易实质上不是销售土地的交易，而是A、B公司共同对该项土地的开发进行投资并共享利润的交易，因此A公司在销售土地时，不能确认收入。

如果企业对售出的商品保留了与所有权无关的管理权，则不受本条件的限制。例如，房地产企业将开发的房地产售出后，保留了对该房产的物业管理权，由于此项管理权与房地产所有权无关，房地产销售成立。企业提供的物业管理应视为一个单独的劳务合同，有关收入确认为劳务收入。

(3)与交易相关的经济利益很可能流入企业

与交易相关的经济利益主要表现为销售商品的价款。实务中，企业售出的商品符合合同或协议规定的要求，并已将发票账单交付买方，买方也承诺付款，即表明销售商品的价款能够收回，如企业判断价款不能收回，应提供可靠的证据。相关的经济利益很可能流入企业，是指销售商品价款收回的可能性大于不能收回的可能性，即销售商品价款收回的可能性超过50%。企业在确定销售商品价款收回的可能性时，应当结合以前和买方交往的直接经验、政府有关政策、其他方面取得的信息等因素进行分析。企业销售的商品符合合同或协议要求，已将发票账单交付买方，买方承诺付款，通常表明相关的经济利益很可能流入企业。如果企业判断销售商品收入满足确认条件确认了一笔应收债权，以后由于购货方资金周转困难无法收回该债权时，不应调整原确认的收入，而应对该债权计提坏账准备，确认坏账损失。如果企业根据以前与买方交往的直接经验判断买方信誉较差，或销售时得知买方在另一项交易中发生了巨额亏损，资金周转十分困难，或在出口商品时不能肯定进口企业所在国政府是否允许将款项汇出等，就可能会出现与销售商品相关的经济利益不能流入企业的情况，不应确认为收入。

(4)收入的金额能够可靠地计量

收入的金额能够可靠地计量，是指收入的金额能够合理地估计。收入金额能否合理地估计是确认收入的基本前提，如果收入的金额不能合理估计就无法确认、记录收入。企业在销售商品时，商品销售价格通常已经确定。但是，由于销售商品过程中某些不确定因素的影响，也有可能存在商品销售价格发生变动的情况。在这种情况下，新的商品销售价格未确定前通常不应确认销售商品收入。

(5)相关的已发生或将发生的成本能够可靠地计量

根据收入和费用配比原则，与同一项销售有关的收入和费用应在同一会计期间予以确认，即企业应在确认收入的同时或同一会计期间结转相关的成本。因此，如果成本不能可靠计量，即使其他条件均已满足，相关的收入也不能确认。

相关的已发生或将发生的成本能够可靠地计量，是指与销售商品有关的已发生或将发生的成本能够合理地估计。通常情况下，销售商品相关的已发生或将发生的成本能够合理地估计，如库存商品的成本、商品运输费用等。如果库存商品是本企业生产的，其生产成本能够可靠计量；如果是外购的，购买成本能够可靠计量。有时，销售商品相关的已发生或将发生的成本不能够合理地估计，此时企业不应确认收入，若已收到价款，应将已收到的价款确认为负债。

2.提供劳务收入的确认

(1)提供劳务收入的确认原则

对于提供劳务收入，首先应区分企业在资产负债表日对提供劳务交易的结果是否能够可靠估计，并分别确认。

企业在资产负债表日提供劳务交易的结果能够可靠估计的，应当采用完工百分比法确认提供劳务收入。

企业在资产负债表日提供劳务交易结果不能够可靠估计的，应当分别下列情况处理：

①已经发生的劳务成本预计能够得到补偿的，按照已经发生的劳务成本金额确认提供劳务收入，并按相同金额结转劳务成本；

②已经发生的劳务成本预计部分能够得到补偿的，应按能够得到补偿的劳务成本金额确认提供劳务收入，并结转已发生的劳务成本；

③已经发生的劳务成本预计全部不能得到补偿的，应将已经发生的劳务成本计入当期损益，不确认提供劳务收入。

(2)提供劳务交易结果能够可靠估计的条件

提供劳务交易的结果能够可靠估计，是指同时满足下列条件。

①收入的金额能够可靠地计量。通常情况下，企业应当按照从提供劳务方已收或应收的合同或协议价款确定提供劳务收入总额。随着劳务的不断提供，可能会根据实际情况增加或减少已收或应收的合同或协议价款，此时，企业应及时调整提供劳务收入的总额。

②相关的经济利益很可能流入企业。与交易相关的经济利益，是指企业因履行劳务合同可从客户那里获得的劳务款。与交易相关的经济利益能够流入企业时，企业才能确认收入。企业可以从接受劳务方的信誉、以往的经验以及双方就结算方式和期限达成的协议等方面判断与交易相关的经济利益能否流入企业。

③交易的完工进度能够可靠地确定，即交易的完工程度能够合理地估计。企业确定提供劳务交易的完工进度，通常可以选用下列方法：已完工作的测量；已经提供的劳务占应提供劳务总量的比例；已经发生的成本占估计总成本的比例。

④交易中已发生和将发生的成本能够可靠地计量。企业应建立完善的内部成本核算制度和有效的内部财务预算及报告制度，准确提供每期发生的成本，并对完成剩余劳务将要发生的成本做出科学、可靠的估计，并随着劳务的不断提供或外部情况的不断变化，随时对估计的成本进行修订。

3.让渡资产使用权收入的确认

(1)让渡资产使用权收入的形式

让渡资产使用权取得的收入主要有以下两种形式：

①让渡本企业现金而取得的利息收入，主要是指金融企业对外贷款形成的利息收入，以及同业之间发生往来形成的利息收入等；

②让渡本企业的无形资产(如商标权、专利权、专营权、版权)等而形成的使用费收入。

(2)让渡资产使用权收入的原则

让渡资产使用权取得的收入应按以下原则确认：

①与交易相关的经济利益能够流入企业；

②收入的金额能够可靠地计量。

8.2.2 收入的计量

收入的计量解决入账金额的问题。收入准则规定："收入应当按照已收或应收的合同或协议价款进行计量，但已收或应收的合同或协议价款不公允的除外。合同或协议价款的收取采用递延方式，实质上具有融资性质的，应当按照应收的合同或协议价款的公允价值确定销售商品收入金额。”

1.销售商品收入的计量

企业销售商品满足收入确认条件时，应当按照已收或应收合同或协议价款的公允价值确定销售商品收入金额。

从购货方已收或应收的合同或协议价款，通常为公允价值。在某些情况下，合同或协议明确规定销售商品需要延期收取价款，如分期收款销售商品，实质上具有融资性质的，应当按照应收的合同或协议价款的现值确定其公允价值。应收的合同或协议价款与其公允价值之间的差额，应当在合同或协议期间内，按照应收款项的摊余成本和实际利率计算确定的金额进行摊销，冲减财务费用。

在涉及现金折扣、商业折扣、销售折让时，销售商品收入金额的确定方法如下。

(1)现金折扣

企业销售商品涉及现金折扣的，应当按照不扣除现金折扣的总价确定销售商品收入金额，现金折扣在实际发生时作为融资费用计入当期财务费用。在计算现金折扣时，还应注意销售方是按不包含增值税的价款提供现金折扣，还是按包含增值税的价款提供现金折扣，两种情况下购买方享有的折扣金额不同。

(2)商业折扣

企业销售商品涉及商业折扣的，应当按照扣除商业折扣后的金额确定销售商品收入金额。

(3)销售折让

销售折让是指企业因售出商品的质量不合格等原因而在售价上给予的减让。销售折让如发生在确认销售收入之前，则应在确认销售收入时直接按扣除销售折让后的金额确认；已确认销售收入的售出商品发生销售折让，且不属于资产负债表日后事项的，应在发生时冲减当期商品销售收入。如按规定允许扣减增值税税额的，还应冲减已确认的应交增值税销项税额。

2.提供劳务收入的计量

完工百分比法，是指按照提供劳务交易的完工进度确认收入与费用的方法。在采用完工百分比法确认收入和费用时，收入和相关的费用应以企业在资产负债表日提供的劳务收入总额或估计总成本乘以完工程度扣除以前期间累计已确认提供劳务收入或已确认劳务成本后的金额确认。用公式表示如下：

本期确认的收入＝劳务总收入×本期末止劳务的完成程度－以前期间已确认的收入

本期确认的费用＝劳务总成本×本期末止劳务的完成程度－以前期间已确认的费用

3.让渡资产使用权收入的计量

企业应当分别下列情况确定让渡资产使用权收入金额。

(1)利息收入金额，按照他人使用本企业货币资金的时间和实际利率计算确定。

(2)使用费收入金额，按照有关合同或协议约定的收费时间和方法计算确定。不同的使用费收入，其收费时间和收费方法可能各不相同，有一次收回一笔固定金额的，如一次收取10年的场地使用费；有在合同协议规定的有效期内等额收回的，如合同规定在使用期内每期收取一笔固定的金额；有分期不等额收回的，如合同规定按资产使用方每期销售额的一定比例收取使用费等。如果合同协议规定使用费一次支付，且不提供后续服务的，应视同该项资产的销售一次确认收入；如提供后续服务的，应在合同协议规定的有效期内分期确认收入。如果合同规定分期支付使用费的，应按合同规定的收款时间和金额或合同规定的收费方法计算的金额分期确认收入。

8.3 营业收入的核算

8.3.1 一般商品销售收入的会计处理

对营业收入的核算通过“主营业务收入”账户和“其他业务收入”账户进行。这两个账户的结构相同，都是收入确认实现时记入贷方，发生销售退回、销售折让时冲减收入的金额记入借方，期末，结转已售商品的成本，并应将这两个账户的余额转入“本年利润”账户，结转后这两个账户均无余额。

确认销售商品收入时，企业应按已收或应收的合同或协议价款，加上应收取的增值税额，借记“银行存款”、“应收账款”、“应收票据”等账户，按确定的收入金额，贷记“主营业务收入”、“其他业务收入”等账户，按应收取的增值税额，贷记“应交税费——应交增值税(销项税额)”账户；同时在资产负债表日，按应交纳的消费税、资源税、城市维护建设税、教育费附加等税费金额，借记“营业税金及附加”账户，贷记“应交税费——应交消费税(应交资源税、应交城市维护建设税等)”账户。

例 8-1 A公司2×13年1月份销售一批甲商品给B公司，已开出增值税专用发票注明货款为1 000 000元，增值税额为170 000元，该批商品成本为800 000元。已发出产品的规格和质量符合合同要求，合同约定B公司2个月后付款。已知城市维护建设税税率为7%，教育费附加比率为3%。

A公司应做如下会计处理：

(1)确认收入时：

借：应收账款——B公司	1 170 000	
贷：主营业务收入		1 000 000
应交税费——应交增值税(销项税额)		170 000

(2)结转成本时：

借：主营业务成本	800 000	
贷：库存商品——甲商品		800 000

(3)核算相关税费时：

借：营业税金及附加	17 000	
贷：应交税费——应交城市维护建设税		11 900
应交税费——应交教育费附加		5 100

8.3.2 特殊销售业务的会计处理

会计实务中，可能遇到一些特殊的销售商品业务，包括销售商品但不能确认收入、分期收款销售、委托代销、预收货款销售、有销售退回条件的商品销售、售后回购等。

1.销售商品但不能确认收入

如果售出商品不同时符合收入确认的五个条件，则不应确认收入。已经发出的商品，应当通过“发出商品”账户进行核算。如果已经开出增值税专用发票，还应贷记“应交税费——应交增值税(销项税额)”。以后对方承诺付款时，再按售价确认收入。

例 8-2 A公司2×13年2月份销售一批丁商品给B公司，已开出增值税专用发票注明货款为100 000元，增值税额为17 000元，该批商品成本为50 000元。商品已交付买方，货款已收讫。为推销该种新产品，A公司承诺凡购买丁产品的客户均有一个月的试用期，在试用期内如果对产品使用效果不满意，A公司无条件给予退货。

分析：在承诺试用期内无条件退货的情况下，丁商品销售不符合“企业已将商品所有权上的主要风险和报酬转移给购货方”的条件，所以暂时不能确认收入。A公司应做如下会计分录：

(1)开出增值税专用发票时：

借：应收账款——B公司	17 000	
贷：应交税费——应交增值税(销项税额)		17 000

(2)发出商品时：

借：发出商品——丁商品	50 000	
贷：库存商品——丁商品		50 000

例 8-3 L公司2×13年5月5日发给S厂1 000件甲商品，单位成本250元，单位售价500元，代垫运杂费10 000元。在发出商品并办妥托收手续后得知，该厂在另一笔交易中发生巨额损失，资金周转紧张，经与购货厂交涉，此项收入本月收回的可能性不大，决定不确认收入。7月20日，该厂财务状况已经好转并承诺付款。做L公司的有关会计处理。

(1)5月5日发出商品时：

借：发出商品——甲商品	250 000	
贷：库存商品——甲商品		250 000

(2)决定不确认收入时将增值税额、代垫运杂费计入应收账款：

借：应收账款——S厂	95 000	
贷：应交税费——应交增值税(销项税额)		85 000
银行存款		10 000

(3)7月20日确认收入：

借：应收账款——S厂	500 000	
贷：主营业务收入		500 000
借：主营业务成本	250 000	
贷：发出商品——甲商品		250 000

2.分期收款销售

如果分期收款发出商品，且货款收回期超过3年，则延期收取的货款具有融资性质。企业应当按照应收的合同或协议价款的公允价值确定收入。应收的合同或协议价款的公允价值，通常应当按照其未来现金流量的现值或商品现销价格计算确定。

应收的合同或协议价款与其公允价值之间的差额，应当确认为未实现融资收益，并在合同或协议期间内采用实际利率法摊销，作为企业利息收入处理。

确认收入的会计分录为：

借：长期应收款　　　　　　　　　　（应收合同款）

　贷：主营业务收入　　　　　　　　（折现值）

　　应交税费——应交增值税　　　　（折现值）

　　未实现融资收益　　　　　　　　（差额）

摊销未实现融资收益的会计分录为：

借：未实现融资收益

　贷：财务费用

例 8-4　2×13 年 1 月 1 日，甲公司采用分期收款方式向乙公司销售一套大型设备，合同约定的销售价格为 1 500 万元，分 3 次于每年 12 月 31 日等额收取。该大型设备成本为 800 万元。在现销方式下，该大型设备的销售价格为 1 350 万元。假定甲公司发出商品时开出增值税专用发票，注明的增值税额为 255 万元，并于当天收到增值税额 255 万元。

根据本例的资料可知，甲公司应当确认的销售商品收入金额为 1 350 万元。

用插值法计算得折现率 $r=5.46\%$。

财务费用和已收本金计算见表 8-1。

表 8-1　财务费用和已收本金　　　　单位：万元

日　期	未收本金(A) $A=A_{t-1}-D_{t-1}$	财务费用(B) $B=A\times 5.46\%$	收现总额(C)	已收本金(D) $D=C-B$
2×13 年 12 月 31 日	1 350.00	73.71	500	426.29
2×14 年 12 月 31 日	923.71	50.43	500	449.57
2×15 年 12 月 31 日	474.14	25.86	500	474.14
总　计	—	150.00	1 500	1 350.00

根据表中的计算结果，甲公司各期的会计分录如下：

(1)2×13 年 1 月 1 日销售实现时：

借：长期应收款——乙公司　　15 000 000

　　银行存款　　2 550 000

　贷：主营业务收入　　13 500 000

　　应交税费——应交增值税(销项税额)　　2 550 000

　　未实现融资收益　　1 500 000

借：主营业务成本　　800 000

　贷：库存商品　　800 000

(2)2×13 年 12 月 31 日收取货款时：

借：银行存款　　5 000 000

　贷：长期应收款——乙公司　　5 000 000

借：未实现融资收益　　737 100

　贷：财务费用　　737 100

(3)2×14 年 12 月 31 日收取货款时：

借：银行存款　　5 000 000

　贷：长期应收款——乙公司　　5 000 000

借：未实现融资收益　　504 300

　贷：财务费用　　504 300

(4)2×15 年 12 月 31 日收取货款时：

借：银行存款　　5 000 000

　贷：长期应收款——乙公司　　5 000 000

借：未实现融资收益　　258 600

　贷：财务费用　　258 600

3.委托代销

委托代销是指委托方按合同或协议收取代销的货款，实际售价由受托方自定，实际售价与合同或协议价之间的差额归受托方所有。委托代销商品有两种方式：一是视同买断方式，二是收取手续费方式。

(1)视同买断方式

如果委托方和受托方之间的协议明确标明，受托方在取得代销商品后，无论是否能够卖出、是否获利，均与委托方无关，那么，委托方和受托方之间的代销商品交易，与委托方直接销售商品给受托方没有实质区别，在符合销售商品收入确认条件时，委托方应确认相关销售商品收入。

(2)收取手续费方式

如果委托方和受托方之间的协议明确标明，将来受托方没有将商品售出时可以将商品退回给委托方，或受托方因代销商品出现亏损时可以要求委托方补偿，那么，委托方在交付商品时不确认收入，受托方也不做购进商品处理，受托方将商品销售后，按实际售价确认销售收入，并向委托方开具代销清单，委托方收到代销清单时，再确认本企业的销售收入。

例 8-5　A 企业委托 B 企业代销甲商品 100 件，协议价为 180 元/件，成本为 100 元/件，增值税率为 17%，A 收到 B 开来的代销清单，并开具增值税专用发票，售价为 18 000 元，增值税为3 060 元。B 实际销售时，售价为 24 000 元，增值税为 4 080 元。

要求：按视同买断进行处理，做A 企业在发出商品时的账务处理。

A 企业的账务处理如下：

借：应收账款　　21 060

　贷：主营业务收入　　18 000

　　　应交税费——应交增值税(销项税额)　　3 060

借：主营业务成本　　10 000

　贷：库存商品　　10 000

例 8-6　甲公司委托丙公司代销商品 1 000 件，商品已经发出，每件成本为 50 元。合同约定丙公司应按每件 120 元对外销售，甲公司按售价的 10%向丙公司支付手续费。丙公司对外实际销售 200 件，开出的增值税专用发票上注明的销售价款为 24 000 元，增值税额为 4 080 元，款项已经收到。甲公司收到丙公司开具的代销清单时，向丙公司开具一张相同金额的增值税专用发票。

要求：按收取手续费方式，做甲公司和丙公司的账务处理。

甲公司的账务处理如下：

(1)发出商品时：

借：委托代销商品　　50 000

贷：库存商品		50 000
(2)收到代销清单时：		
借：应收账款——丙公司	28 080	
贷：主营业务收入		24 000
应交税费——应交增值税（销项税额）		4 080
借：主营业务成本	10 000	
贷：委托代销商品		10 000
借：销售费用	2 400	
贷：应收账款——丙公司		2 400
(3)收到丙公司支付的货款时：		
借：银行存款	25 680	
贷：应收账款——丙公司		25 680

丙公司的账务处理如下：

(1)收到商品时：		
借：受托代销商品	120 000	
贷：受托代销商品款		120 000
(2)对外销售时：		
借：银行存款	28 080	
贷：应付账款——甲公司		24 000
应交税费——应交增值税（销项税额）		4 080
(3)收到增值税专用发票时：		
借：应交税费——应交增值税（进项税额）	4 080	
贷：应付账款——甲公司		4 080
借：受托代销商品款	24 000	
贷：受托代销商品		24 000
(4)支付货款并计算代销手续费时：		
借：应付账款——甲公司	28 080	
贷：银行存款		25 680
主营业务收入		2 400

4. 预收货款销售

预收款销售商品，是指购买方在商品尚未收到前按合同或协议约定分期付款，销售方在收到最后一笔款项时才交货的销售方式。在这种方式下，销售方直到收到最后一笔款项才将商品交付购货方，表明商品所有权上的主要风险和报酬只有在收到最后一笔款项时才转移给购货方，企业通常应在发出商品时确认收入，在此之前预收的货款应确认为负债。

例 8-7 甲公司与乙公司签订协议，采用预收款方式向乙公司销售一批商品。该批商品实际成本为 70 000 元。协议约定：该批商品销售价格为 110 000 元，增值税额为 18 700 元；乙公司应在协议签订时预付 50%的货款（按销售价格计算），剩余货款于两个月后支付。

要求：做甲公司的账务处理。

甲公司的账务处理如下：

(1)收到50%货款时：

借：银行存款 55 000

  贷：预收账款——乙公司 55 000

(2)收到剩余货款及增值税额并确认收入时：

借：预收账款 55 000

  银行存款 73 700

  贷：主营业务收入 110 000

    应交税费——应交增值税(销项税额) 18 700

借：主营业务成本 70 000

  贷：库存商品 70 000

5.有销售退回条件的商品销售

附有销售退回条件的商品销售，是指购买方依照有关协议有权退货的销售方式。在这种销售方式下，企业根据以往经验能够合理估计退货可能性且确认与退货相关负债的，通常应在发出商品时确认收入；企业不能合理估计退货可能性的，通常应在售出商品退货期满时确认收入。

例8-8 甲公司是一家健身器材销售公司。2×13年1月1日，甲公司向乙公司销售20件健身器材，单位销售价格为50 000元，单位成本为30 000元，开出的增值税专用发票上注明的销售价款为1 000 000元，增值税额为170 000元。协议约定，乙公司应于2月1日之前支付货款，在6月30日之前有权退还健身器材。健身器材已经发出，款项尚未收到。假定甲公司根据过去的经验，估计该批健身器材退货率约为20%。

甲公司的账务处理如下：

(1)1月1日发出健身器材时：

借：应收账款——乙公司 1 170 000

  贷：主营业务收入 1 000 000

    应交税费——应交增值税(销项税额) 170 000

借：主营业务成本 600 000

  贷：库存商品 600 000

(2)1月31日确认估计的销售退回时：

借：主营业务收入 200 000

  贷：主营业务成本 120 000

    其他应付款——乙公司 80 000

(3)2月1日前收到货款时：

借：银行存款 1 170 000

  贷：应收账款——乙公司 1 170 000

(4)6月30日发生销售退回，实际退货量为4件，款项已经支付：

借：库存商品 120 000

  其他应付款——乙公司 80 000

  贷：银行存款 234 000

    应交税费——应交增值税(销项税额) 34 000

如果实际退货量为 2 件时：

借：库存商品　60 000
　　主营业务成本　60 000
　　其他应付款——乙公司　80 000
　贷：银行存款　117 000
　　　主营业务收入　100 000
　　　应交税费——应交增值税(销项税额)　17 000

如果实际退货量为 10 件时：

借：库存商品　300 000
　　主营业务收入　300 000
　　其他应付款——乙公司　80 000
　贷：主营业务成本　180 000
　　　应交税费——应交增值税(销项税额)　85 000
　　　银行存款　585 000

(5)6 月 30 日之前如果没有发生退货：

借：主营业务成本　120 000
　　其他应付款——乙公司　80 000
　贷：主营业务收入　200 000

即(2)的相反分录。

例 8-9　沿用例 8-8，假定甲公司无法根据过去的经验，估计该批健身器材的退货率；健身器材发出时纳税义务已经发生。

甲公司的账务处理如下：

(1)1 月 1 日发出健身器材时：

借：应收账款——乙公司　170 000
　贷：应交税费——应交增值税(销项税额)　170 000
借：发出商品　600 000
　贷：库存商品　600 000

(2)2 月 1 日前收到货款时：

借：银行存款　1 170 000
　贷：预收账款——乙公司　1 000 000
　　　应收账款——乙公司　170 000

(3)6 月 30 日退货期满没有发生退货时：

借：预收账款——乙公司　1 000 000
　贷：主营业务收入　1 000 000
借：主营业务成本　600 000
　贷：发出商品　600 000

(4)6 月 30 日退货期满，发生 10 件退货时：

借：预收账款——乙公司　1 000 000
　贷：主营业务收入　500 000
　　　应交税费——应交增值税(销项税额)　85 000
　　　银行存款　585 000

借：主营业务成本　　300 000

　　库存商品　　300 000

　贷：发出商品　　600 000

6.售后回购

售后回购是指销售商品的同时，销售方同意日后再将同样或类似的商品购回的销售方式。在这种方式下，销售方应根据合同或协议条款判断销售商品是否满足收入确认条件。

一般而言，售后回购交易属于融资交易，商品所有权上的主要风险和报酬没有转移，收到的款项应确认为负债；回购价格大于原售价的差额，企业应在回购期间按期计提利息，计入财务费用。

除非有确凿证据表明售后回购交易满足销售商品收入确认条件的，销售的商品按售价确认收入，回购的商品作为购买商品处理。

例 8-10　2×13 年 5 月 1 日，甲公司向乙公司销售一批商品，开出的增值税专用发票上注明的销售价款为 150 万元，增值税额为 25.5 万元。该批商品成本为 90 万元，商品已经发出，款项已经收到。协议约定，甲公司应于 9 月 30 日将所售商品购回，回购价为155 万元（不含增值税额）。

甲公司的账务处理如下：

(1)5 月 1 日发出商品时：

借：银行存款　　1 755 000

　贷：其他应付款——乙公司　　1 500 000

　　　应交税费——应交增值税(销项税额)　　255 000

借：发出商品　　900 000

　贷：库存商品　　900 000

(2)回购价大于原售价的差额，应在回购期间按期计提利息费用，计入当期财务费用。由于回购期间为 5 个月，货币时间价值影响不大，采用直线法计提利息费用，在 5～9 月：

每月计提利息费用＝(155－150)÷5＝1(万元)

借：财务费用　　10 000

　贷：其他应付款——乙公司　　10 000

(3)9 月 30 日回购商品时，收到的增值税专用发票上注明的商品价格为 155 万元，增值税额为 26.35 万元。假定商品已验收入库，款项已经支付。

借：库存商品　　900 000

　贷：发出商品　　900 000

借：其他应付款——乙公司　　1 550 000

　　应交税费——应交增值税(进项税额)　　263 500

　贷：银行存款　　1 813 500

8.3.3　提供劳务收入的会计处理

企业对外提供劳务，应当设置“劳务成本”账户核算企业对外提供劳务过程中所发生的成本。该账户属于成本类账户，借方登记发生的各项劳务成本，贷方登记结转已完成劳务的成本，期末借方余额反映企业尚未完成或尚未结转的劳务成本。本账户应按提供劳务种类设置明细账进行明细核算。企业发生的各项劳务成本，借记“劳务成本”账户，贷记“银行存款”、“应付职工薪酬”、“原材料”等账户。结转的劳务成本，借记“主营业务成本”等账户，贷记“劳务成本”账户。

提供劳务交易应根据能否可靠计量劳务收入分别进行会计处理。

1.提供劳务交易结果能够可靠计量的会计处理

如果提供劳务交易结果能够可靠计量，按照完工百分比法，企业应当在资产负债表日按照提供劳务收入总额乘以完工进度扣除以前会计期间累计已确认提供劳务收入后的金额，确认当期提供劳务收入；同时，按照提供劳务估计总成本乘以完工进度扣除以前会计期间累计已确认劳务成本后的金额，结转当期劳务成本。

例 8-11 A 公司于 2×13 年 9 月 1 日接受 B 公司一项设备安装任务，安装期为 3 个月，合同总收入 600 000 元，至 9 月底已预收安装费 300 000 元，实际发生安装人员薪酬 120 000 元，安装领用材料 40 000 元，估计还会发生安装人员薪酬 240 000 元。A 公司按实际发生的成本占估计总成本的比例确定劳务的完工进度。

(1)计算：

2×13 年 9 月实际发生的成本占估计总成本的比例＝

(120 000 ＋40 000)÷(120 000 ＋40 000 ＋240 000)＝40%

2×13 年 9 月 30 日确认的提供劳务收入＝600 000×40%－0 ＝240 000(元)

2×13 年 9 月 30 日结转的提供劳务成本＝

(120 000 ＋40 000 ＋240 000)×40%－0＝160 000(元)

(2)A 公司的账务处理如下：

①实际发生劳务成本时：

借：劳务成本　　160 000

　贷：应付职工薪酬　　120 000

　　原材料　　40 000

②预收劳务款时：

借：银行存款　　300 000

　贷：预收账款——B 公司　　300 000

③2×13 年 9 月 30 日确认提供劳务收入并结转劳务成本时：

借：预收账款——B 公司　　240 000

　贷：主营业务收入　　240 000

借：主营业务成本　　160 000

　贷：劳务成本　　160 000

例 8-12 甲公司于 2×13 年 10 月 1 日与丙公司签订合同，为丙公司提供一项咨询服务，服务 6 个月，合同总收入 3 000 000 元。至 2×13 年 12 月 31 日，甲公司已发生咨询人员薪酬 900 000 元，预收账款 2 000 000 元。甲公司预计该项咨询服务还将发生咨询人员薪酬 800 000 元。2×13 年 12 月 31 日，该项咨询服务的完工进度为 60%。假定甲公司按季度编制财务报表。

甲公司的账务处理如下：

(1)计算：

2×13 年 12 月 31 日确认提供劳务收入＝3 000 000×60％－0＝1 800 000(元)

2×13 年 12 月 31 日确认提供劳务成本＝(900 000＋800 000)×60％－0＝1 020 000(元)

(2)账务处理：

①实际发生劳务成本时：

借：劳务成本　900 000

　贷：应付职工薪酬　900 000

②预收劳务款项时：

借：银行存款　2 000 000

　贷：预收账款——丙公司　2 000 000

③2×13 年 12 月 31 日确认提供劳务收入并结转劳务成本时：

借：预收账款——丙公司　1 800 000

　贷：主营业务收入　1 800 000

借：主营业务成本　1 020 000

　贷：劳务成本　1 020 000

2.提供劳务交易结果不能可靠计量的会计处理

企业在资产负债表日提供劳务交易结果不能够可靠估计的，企业不能采用完工百分比法确认提供劳务收入。此时，企业应正确预计已经发生的劳务成本能够得到补偿和不能得到补偿，分别进行会计处理：如果已经发生的劳务成本预计全部能够得到补偿，则应按已收或预计能够收回的金额确认提供劳务收入，并结转已经发生的劳务成本；如果已经发生的劳务成本预计只有一部分能够得到补偿，则应按能够得到补偿的劳务成本金额确认提供劳务收入，并结转已经发生的劳务成本；如果已经发生的劳务成本预计全部不能得到补偿，应将已经发生的劳务成本计入当期损益(主营业务成本)，不确认提供劳务收入。

例 8-13　2×13 年 1 月 1 日，甲公司接受乙公司委托为其开发一项软件，开发期为 6 个月。协议约定乙公司应向甲公司支付的开发费总额为 60 000 元。2×13 年 1 月 1 日，乙公司预付开发费 30 000 元。至 2×13 年 2 月 28 日，甲公司发生开发成本 20 000 元(假定均为开发人员薪酬)。2×13 年 3 月 1 日，甲公司得知乙公司经营发生困难，后续开发费用能否收回难以确定。

甲公司的账务处理如下：

(1)2×13 年 1 月 1 日收到乙公司预付的开发费时：

借：银行存款　30 000

　贷：预收账款　30 000

(2)实际发生开发成本 20 000 元时：

借：劳务成本　20 000

　贷：应付职工薪酬　20 000

(3)2×13 年 2 月 28 日确认提供劳务收入并结转劳务成本时：

借：预收账款　30 000

　贷：主营业务收入　30 000

借：主营业务成本　　20 000

　贷：劳务成本　　20 000

3.同时销售商品和提供劳务交易的会计处理

企业签订的合同或协议，有时既包括销售商品又包括提供劳务，如销售电梯的同时负责安装、销售软件后继续提供技术支持等。此时，如果销售商品部分和提供劳务部分能够区分且能够单独计量的，企业应当分别核算销售商品部分和提供劳务部分，将销售商品的部分作为销售商品处理，将提供劳务的部分作为提供劳务处理；如果销售商品部分和提供劳务部分不能够区分，或虽能区分但不能够单独计量的，企业应当将销售商品部分和提供劳务部分全部作为销售商品部分进行会计处理。

例 8-14　甲公司与乙公司签订合同，向乙公司销售一台设备并负责安装。甲公司开出的增值税专用发票上注明的价款合计为3 000 000元，其中设备销售价格为2 800 000元，安装费为200 000元，增值税额为510 000元。设备成本为1 800 000元，设备安装过程中发生安装人员薪酬为100 000元。假定设备已经安装完成并经验收合格，款项尚未收到；安装工作是销售合同的重要组成部分。

甲公司的账务处理如下：

(1)设备发出结转成本时：

借：发出商品　　1 800 000

　贷：库存商品　　1 800 000

(2)实际发生安装费用时：

借：劳务成本　　100 000

　贷：应付职工薪酬　　100 000

(3)设备销售实现确认收入并结转销售成本时：

借：应收账款　　3 310 000

　贷：主营业务收入　　2 800 000

　　应交税费——应交增值税(销项税额)　　510 000

借：主营业务成本　　1 800 000

　贷：发出商品　　1 800 000

(4)确认安装费收入并结转安装成本时：

借：应收账款　　200 000

　贷：主营业务收入　　200 000

借：主营业务成本　　100 000

　贷：劳务成本　　100 000

例 8-15　沿用例 8-14，假定设备销售价格和安装费用无法区分。

甲公司的账务处理如下：

(1)设备发出结转成本时：

借：发出商品　　1 800 000

　贷：库存商品　　1 800 000

(2)实际发生安装费用时：

借：劳务成本　　100 000

贷：应付职工薪酬　　100 000

(3)销售实现确认收入并结转销售成本时：

借：应收账款　　3 510 000

贷：主营业务收入　　3 000 000

应交税费——应交增值税(销项税额)　　510 000

借：主营业务成本　　1 900 000

贷：库存商品　　1 800 000

劳务成本　　100 000

4.特殊劳务收入的会计处理

下列提供劳务满足收入确认条件的，应按规定确认为收入。

(1)安装费，在资产负债表日根据安装的完工进度确认为收入。安装工作是商品销售附带条件的，安装费通常应在确认商品销售实现时确认为收入。

(2)宣传媒介的收费，在相关的广告或商业行为开始出现于公众面前时确认为收入。广告的制作费，通常应在资产负债表日根据广告的完工进度确认为收入。

(3)为特定客户开发软件的收费，在资产负债表日根据开发的完工进度确认为收入。

(4)包括在商品售价内可区分的服务费，在提供服务的期间内分期确认为收入。

(5)艺术表演、招待宴会和其他特殊活动的收费，在相关活动发生时确认为收入。收费涉及几项活动的，预收的款项应合理分配给每项活动，分别确认为收入。

(6)申请入会费和会员费只允许取得会籍，所有其他服务或商品都要另行收费的，通常应在款项收回不存在重大不确定性时确认为收入。申请入会费和会员费能使会员在会员期内得到各种服务或出版物，或者以低于非会员的价格销售商品或提供服务的，通常应在整个受益期内分期确认为收入。

(7)属于提供设备和其他有形资产的特许权费，通常应在交付资产或转移资产所有权时确认为收入；属于提供初始及后续服务的特许权费，通常应在提供服务时确认为收入。

(8)长期为客户提供重复劳务收取的劳务费，通常应在相关劳务活动发生时确认为收入。

8.3.4　让渡资产使用权收入的会计处理

1.利息收入的会计处理

企业应在资产负债表日，按照他人使用本企业货币资金的时间和实际利率计算确定利息收入的金额，并借记“应收利息”、“银行存款”等账户，贷记“利息收入”、“其他业务收入”等账户。

例 8-16　甲商业银行于2×13年10月1日向乙公司发放一笔贷款，本金为500万元，期限为1年，年利率为4%。假设甲银行发放贷款时没有发生交易费用，该贷款合同利率与其实际利率相同。

甲商业银行的账务处理如下：

(1)2×13年10月1日对外贷款时：

借：贷款　　5 000 000

贷：吸收存款　　5 000 000

(2)2×13年12月31日确认利息收入时：

借：应收利息　　50 000
　　贷：利息收入　　50 000

2.使用费收入的会计处理

使用费收入应当按照有关合同或协议约定的收费时间和方法计算确定。如果合同或协议规定一次性收取使用费，且不提供后续服务的，应当视同销售该项资产一次性确认收入；如果提供后续服务，应在合同或协议规定的有效期内分期确认收入。如果合同或协议规定分期收取使用费的，应按合同或协议规定的收款时间和金额或规定的收费方法计算确定的金额分期确认收入。

例 8-17　甲软件公司向乙公司转让商标使用权，一次性收费 1 000 000 元，不提供后续服务，款项已经收回。

甲公司转让软件使用权的账务处理如下：

借：银行存款　　1 000 000
　　贷：主营业务收入　　1 000 000

例 8-18　丙公司向丁公司转让专利使用权，约定丁公司每年年末按年销售收入的 10% 支付使用费，使用期 10 年。第一年，丁公司实现销售收入 20 000 000 元。

丙公司第一年年末确认使用费收入的账务处理如下：

借：银行存款　　2 000 000
　　贷：其他业务收入　　2 000 000

小结

收入是指企业在日常活动中形成的，会导致所有者权益增加的，与所有者投入资本无关的经济利益的总流入。通常按照收入的形成来源，将收入划分为商品销售收入、提供劳务收入、让渡资产使用权的利息收入和使用费收入等。主营业务收入的确认和计量是本章重点。对于商品销售收入，需要同时满足以下五个条件，才能予以确认：第一，企业已将商品所有权上的主要风险和报酬转移给购货方；第二，企业既没有保留通常与所有权相联系的继续管理权，也没有对已售出的商品实施控制；第三，与交易相关的经济利益很可能流入企业；第四，收入的金额能够可靠地计量；第五，相关的已发生或将发生的成本能够可靠地计量。特殊销售业务的会计处理是本章难点，包括销售商品但不能确认收入、分期收款销售、委托代销、预收货款销售、有销售退回条件的商品销售、售后回购等。

思考题

1. 什么是收入？收入如何分类？
2. 收入与利得的区别是什么？
3. 商品销售收入如何确认和计量？如何进行账务处理？

练习题

1.J 公司于 2×13 年 5 月 15 日向 L 公司销售商品一批，增值税专用发票上注明的售价为 20 万元，增值税为 3.4 万元，L 公司在验货时发现商品质量不合格，拒付部分货款，要求在价格上给予40%的折让，经协商于6月15日达成一致，已获得税务部门开具的索取折让证明单，并开具了红字增值税专用发票。

要求：根据上述经济业务，做出J公司的会计分录。

2. 按照合同规定，天天公司向预付款购买S商品的东方公司发出S商品500件，单位售价1 000元，货款共500 000元，增值税销项税额为85 000元。上月东方公司已预付款600 000元。

要求：根据上述经济业务，做出天天公司的会计分录。

3. A公司为增值税一般纳税人，适用的增值税率为17%，2×13年3月发生如下销售业务。

(1)3月5日以分期收款方式销售一批甲商品，销售货款为100万元，按照销售合同规定，B公司先行支付40%的货款，其余货款分3次平均支付，每年支付一次。该批甲商品已发出，B公司已验收合格。该批甲商品成本为50万元，在现销方式下，该批甲商品的销售价格为80万元。假设A公司选定的贴现率为6%，该设备销售满足销售商品收入确认的五个条件，不考虑增值税因素。

(2)与B公司签订了一项购销合同，合同规定，为B公司建造安装一台设备，合同价款1 200万元。按合同规定，本企业于3月10日将完成的设备运抵丙公司，预计4月10日全部安装完毕。按合同收妥20%的合同价款。该设备的实际成本为500万元，预计安装费为10万元。

(3)3月15日以托收承付方式向C公司销售一批乙商品，成本10万元，增值税专用发票上注明价款16万元。该批乙商品已经发出，并已向银行办妥托收手续。此时得知C公司突然发生洪灾，损失严重，虽经交涉，但该批销售货款3月31日前收回的可能性不大。

(4)采用支付手续费方式委托D公司代销一批丙商品，代销价款150万元。本月收到D公司交来的代销清单，列明已销丙商品的80%，D公司按代销价款的5%收取手续费，该批商品的实际成本为70万元。

(5)3月21日销售一台丁设备，销售价款80万元，已开出增值税专用发票，并将提货单交与E公司。当日E公司开出商业承兑汇票，期限为6个月，票面利率5%。由于E公司尚未确定该新设备的场地，经本公司同意，设备待4月20日再予提货。丁设备的实际成本为40万元。

(6)3月23日，向F公司销售戊商品500件，单价为600元，单位销售成本为200元，当日收到F公司开出的一张银行汇票，并送存银行。该批戊商品适用的消费税税率为10%。

(7)3月25日，G公司要求退回上月购买的己商品1 000件，该商品售价500元，单位销售成本为300元，其销售收入500 000元已确认收入，款项尚未收取。经查退货原因系发货差错，同意G公司退货，办理了退货手续并开具了红字增值税专用发票。

(8)3月26日，向H公司销售庚商品800件，单价为300元，单位销售成本为150元。A公司在销售合同中规定了H公司的付款条件为：2/10、1/20、n/30。假定计算现金折扣时不考虑增值税。

要求：根据上述经济业务，计算2×13年3月实现的商品销售收入并编制相关会计分录。

第9章 费用的核算

学习目的

本章主要介绍费用及其会计核算的有关知识。通过本章学习应：

- ⊙ 了解费用的特点和分类
- ⊙ 掌握费用的确认原理及方法
- ⊙ 掌握生产费用的内容及其核算方法
- ⊙ 掌握期间费用的内容及其核算方法

章前案例与导引

宝钢股份(600019)第二届董事会第一次会议决定，从2003年1月1日起，对运输类固定资产的折旧年限和折旧率进行调整：变更前折旧年限为6～10年，年折旧率为9.6%～16%，全年折旧费用4.87亿元；变更后年折旧率为9.6%～19.2%，全年折旧费用23.94亿元；其结果是变更后比变更前多计提折旧19.06亿元(2003年净利70亿元)。2003年运输类固定资产平均占用额94.43亿元，与4.87亿元对应的年折旧率是5.16%，与23.94亿元折旧费用相对应的年折旧率应当是25.35%。宝钢股份这一会计估计变更引起业界的强烈质疑，宝钢声明称：根据折旧额除以固定资产原值来测算折旧率的方法可适用于投产年限短、设备全新的企业；用同样方法来简单推导本公司的折旧率依据不足，因而结论是错误的。实际上，“以丰补欠，储备当期收入”近年在一些行业颇为流行，我国上市公司利用折旧政策进行盈余管理的现象较为严重。①

本章将介绍费用的确认与计量。费用包括哪些种类？如何对费用进行正确的会计处理？宝钢股份的折旧估计变更可以达到什么目的？学习本章内容，将有助于回答这些问题。

---

① 资料来源：申草，“中国上市公司九大收入陷阱案例分析”，新浪财经，2005年11月7日，http://finance.sina.com.cn/stock/companyresearch。

9.1 费用概述

9.1.1 费用的概念与特征

费用是企业获取利润过程中付出的代价。费用有广义和狭义之分。广义的费用泛指企业各种日常活动发生的所有耗费，包括成本和费用(狭义)两部分。成本是指企业为生产产品、提供劳务而发生的各种耗费，又称为生产费用；狭义的费用仅指企业为销售商品、提供劳务等日常活动所发生的经济利益的流出，即仅指与本期营业收入相配比的那部分费用。我国《企业会计准则——基本准则》中对费用的定义是：“费用是指企业在日常活动中发生的、会导致所有者权益减少的、与向所有者分配利润无关的经济利益的总流出。”可见，与我国收入概念只包括营业收入相对应，我国的费用概念也是指狭义的费用，即仅与营业收入的获得相关的费用。

无论怎样定义费用，费用均具有以下特征：①费用是企业在日常活动中发生的；②费用的发生会导致经济利益流出企业，不过，该流出不包括向所有者分配的利润；③费用最终会导致所有者权益的减少。

费用的本质是一种企业资源的流出，它与资源流入企业所形成的收入相反。例如，支付工资、发生费用、消耗材料和机器设备等，最终都会使企业资源耗费。费用也可以理解为资产的耗费，其目的是为了取得收入，从而获得更多的资产。

9.1.2 成本、支出、损失与费用

1. 成本与费用

成本是指企业为生产产品、提供劳务而发生的各种耗费。费用与成本是两个既有联系又有区别的概念。费用与成本的联系在于，就制造业而言，生产费用的发生过程，同时又是产品制造成本的形成过程。费用与成本的区别在于，费用着眼于时期。期间费用是某一时期的管理费用、销售费用、财务费用。即使是生产费用，也仅指某一期间内为进行生产而发生的费用，它与一定的时期相联系，而与生产哪一种产品无关。产品成本则是指为生产某一种产品而消耗的费用，它与一定种类和数量的产品相联系，而不论发生在哪一时期。简言之，费用是按期间归集的，成本是按具体产品对象化所形成的。

2. 支出与费用

支出是指企业的资源因耗用或偿付等原因流出企业，从而导致企业可使用资源总量的减少。支出包括偿债性支出、权益性支出、资本性支出和收益性支出。偿债性支出是指用现金资产或非现金资产偿付各项债务的支出，引起资产和负债同时减少，如用银行存款偿还短期借款等。权益性支出是指某一项现金资产或非现金资产的减少而引起除利润之外其他所有者权益项目减少的支出，是资产和所有者权益同时减少，如用银行存款购入库藏股等。除偿债性支出和权益性支出外，资本性支出和收益性支出迟早都会转化为费用。所不同的只是收益性支出因为其支出的效益仅涉及发生当期，因此应在支出当期全额作为费用；而资本性支出因其效益涉及多个会计期间，因此，在发生时，并不能全部作为费用，只有当前会计期间受益的部分，

才是费用。可见，费用既包括经营过程中发生的收益性支出，又包括在该会计期间内受益的资本性支出。

3.损失与费用

新会计准则对费用要素重新进行了定义，引入了损失的概念，但是并没有将损失作为单独的会计要素。损失是指由企业非日常活动所发生的、会导致所有者权益减少的、与向所有者分配利润无关的经济利益的流出。而费用是指企业在日常活动中发生的、会导致所有者权益减少的、与向所有者分配利润无关的经济利益的总流出。可见，损失强调的是“非”日常活动，而费用则产生于日常活动。

日常活动的费用是通过“主营业务成本”、“其他业务成本”、“财务费用”、“管理费用”、“销售费用”、“制造费用”等账户核算的。非日常活动的损失中直接计入所有者权益的损失，一般通过“资本公积——其他资本公积”账户核算；直接计入当期利润的损失，包括非流动资产处置损失、非货币性资产交换损失、债务重组损失、非常损失等，通过“营业外支出”账户核算。

9.1.3 费用的分类

费用可以按照多种标准进行分类，最基本的分类有以下两种：一种是按经济用途分类；另一种是按经济内容分类。

1.按费用的经济用途分类

费用按经济用途分类，可分为生产费用和期间费用。

(1)生产费用

生产费用是指企业在一定时期内生产产品所发生的，构成产品成本的费用。生产费用按计入成本的方式不同，又分为直接费用和间接费用。

直接费用是指企业在生产产品或提供劳务过程中耗费的，直接计入产品或劳务成本的费用，包括直接材料耗费、直接人工耗费和其他直接耗费。其中，直接材料耗费是指直接用于产品生产，构成产品实体的原料及主要材料、外购半成品及有助于产品形成的辅助材料和其他材料费用；直接人工耗费是指直接参加生产的生产工人的职工薪酬；其他直接费用是指企业发生的除直接材料费用和直接人工费用以外的，与生产产品或提供劳务直接有关的费用。

间接费用是指企业在生产产品和提供劳务过程中发生并应由产品成本负担的，但不能直接计入产品成本的有关费用，也就是企业各生产单位(如生产车间)为组织和管理生产而发生的各项费用，即制造费用。间接费用主要包括生产车间发生的机物料消耗、管理人员的职工薪酬、折旧费、修理费、水电费、办公费、劳动保护费等。间接费用应按一定的程序和方法分配计入有关产品的成本。

(2)期间费用

期间费用是指维持某一会计期间一定的生产经营能力所发生的费用。其支出的效应随本会计期间的结束而消逝，与产品生产无关或关系不密切，不宜计入成本和结转下期，而直接列入当期损益。期间费用主要包括销售费用、管理费用和财务费用。

销售费用是指企业在销售产品过程中发生的各项费用及为销售本企业产品而专设销售机构的各项经费。管理费用是指企业行政管理部门为组织和管理生产经营活动而发生的各种费用。财务费用是指企业筹集生产经营所需资金等而发生的筹资费用。

2. 按费用的经济内容分类

费用按经济内容分类，可分为以下项目：

(1)外购材料，指企业为生产而耗用的一切从外部购入的原材料及主要材料、半成品、辅助材料、包装物、修理用备件和低值易耗品等；

(2)外购燃料及动力，指企业为生产而耗用的外购的各种燃料及动力；

(3)工资及福利费，指应计入生产费用的职工工资及相应的职工福利费；

(4)折旧费，指企业按核定的标准计提的固定资产折旧费；

(5)利息支出，指企业为筹集生产经营资金而发生的利息支出；

(6)广告宣传费，指为扩大销售而发生的广告宣传支出；

(7)税金，指应计入费用的各种税金，如房产税、车船使用税、土地使用税等；

(8)其他费用，指不属于以上各项目的费用支出，其他支出又可以根据管理和核算的需要及数额的大小划分出若干独立项目，如研究与开发支出、差旅费等。

费用按经济内容分类，可以反映企业在一定时期发生了哪些费用，数额各是多少，用以分析企业各个时期各种费用占全部费用的比重，也便于寻找减少费用、降低消耗的途径。

9.2　费用的确认与计量

9.2.1　费用的确认

1. 费用确认的原则

费用确认是指何时、以何种金额登记本期发生的费用。用于费用确认的基本原则包括：一是划分收益性支出和资本性支出的原则；二是权责发生制原则；三是配比原则。

根据划分收益性支出和资本性支出原则，如果一项支出带来的收益超过一个会计期间，则该项支出应资本化，并在其耗用的期间逐渐结转为费用；若一项支出带来的收益仅限于一个会计期间之内，则该项支出应作为收益性支出，在支出期间确认为费用。划分收益性支出和资本性支出原则给定了费用确认的时间区间。

根据权责发生制原则，凡是属于本期的费用，不论其款项是否支付，均作为本期费用；反之，不属于本期的费用，即使其款项已在本期支付，也不作为本期的费用。权责发生制原则给定了费用确认的时点。

根据配比原则，费用要与收入进行对象关系的配合比较和时间关系的配合比较。根据费用的定义，所有费用都应当是为获取收入而发生的。与收入有因果关系的费用可直接与收入相配比，如商品的销售成本与商品销售收入，都与同一商品有关，是一种对象关系的配比。本期确认的收入要与本期发生的费用相配比，这就是时间关系的配比。对于确认为期间费用的费用，必须进一步划分为管理费用、销售费用和财务费用。对于确认为生产费用的费用，必须根据该费用发生的实际情况分别不同的费用性质将其确认为不同产品生产所负担的费用；对于几种产品共同发生的费用，必须按受益对象，采用一定方法和程序将其分配计入相关产品的生产成本。

2. 费用确认的标准

根据上述费用确认原则，在确认费用时，一般应遵循以下三个标准。

(1)按费用与收入的直接联系(因果关系)加以确认

凡是与本期收入有直接因果关系的耗费，就应当确认为该期间的费用。这种因果关系具体表现在以下两个方面：一是经济性质上的因果性，即应予以确认的费用与期间收入项目具有必然的因果关系，也就是有所得必有所费，不同收入的取得是由于发生了不同的费用；二是时间上的一致性，即应予以确认的费用与某项收入同时或结合起来加以确认，这一过程也就是收入与费用配比的过程。例如，如果企业销售出去的商品是直接与所产生的营业收入相联系的，那么，该项销售商品的成本就可以随同本期实现的销售收入而作为该期的费用；如果企业采用分期收款方式销售商品，应按合同约定的收款日期分期确认收入。在这种情况下，按商品全部销售成本与全部销售收入的比率，计算出本期应结转的营业成本，并与本期所确认的营业收入相配比。

(2)直接作为当期费用确认

在企业中，有些支出不能提供明确的未来经济利益，并且，如果对这些支出加以分摊也没有意义，这时，这些费用就应采用这一标准，直接作为当期费用予以确认，例如，固定资产日常修理费等。这些费用虽然与跨期收入有联系，但由于不确定性因素，往往不能肯定地预计其收益所涉及的期间，因而就直接列作当期的费用。

(3)按系统、合理的分摊方式确认

如果费用的经济效益有望在若干个会计期间发生，并且只能大致和间接地确定其与收益的联系，该项费用就应当按照合理的分配程序，在利润表中确认为一项费用。例如，固定资产的折旧和无形资产的摊销都属于这一情况。一般地，将这类费用称为折旧或摊销。

9.2.2 费用的计量

费用是通过所使用或所耗用的商品或劳务的价值来计量的，通常的费用计量标准是实际成本。企业会计制度规定，企业在生产经营过程中所发生的其他各项费用，应当以实际发生数计入成本、费用。

费用是资产的一种转化形式。有些资产将会使几个会计期间受益，这样，在计量通过系统、合理的分摊而形成的费用时，是以其资产取得成本的实际数进行计量的。例如，固定资产的折旧要按固定资产原始价值和规定使用年限来计算。无形资产的摊销、长期待摊费用的摊销也都属于这种情况。有些费用可以立即确认，这时，可以按其实际发生额进行计量。

总之，企业应按实际成本来计量费用，不得以估计成本或计划成本代替实际成本。

9.3 生产费用的核算

9.3.1 生产费用的内容

1.按经济内容分类

生产费用按其经济内容分类，称为“费用要素”，一般有以下几种。

(1)外购材料，指企业耗用的一切从外部购进的原料及主要材料、半成品、辅助材料、包装物、修理用备件和低值易耗品等。

(2)外购燃料，指企业耗用的一切从外部购进的各种燃料，包括固体、液体、气体燃料。

(3)外购动力，指企业耗用的从外部购进的各种动力。

(4)职工薪酬，指企业在一定时期支付给全体职工的职工薪酬。

(5)折旧费，指企业按照规定计算的固定资产折旧费用。

(6)利息费用，指企业的借款利息费用减去利息收入后的净额。

(7)税金，指企业交纳的应在费用中列支的四项税金，包括房产税、印花税、车船使用税、土地使用税。

(8)其他费用，指不属于以上各要素的费用，如办公费、差旅费、租赁费、外部加工费等。

2.按经济用途分类

生产费用按经济用途分类，称为“成本项目”，一般有以下三种。

(1)直接材料，指直接用于产品生产、构成产品实体的原料、主要材料和有助于产品形成的辅助材料。

(2)直接人工，指参加产品生产的工人的薪酬，包括工资、奖金、津贴和补贴等报酬及其他相关支出。

(3)制造费用，指企业各生产单位为生产产品、提供劳务等所发生的各项间接费用，包括生产单位管理人员的工资、福利费、生产单位房屋、机器设备的折旧费、水电费、办公费、劳动保护费等。

3.按与产品产量的关系分类

生产费用按其与产品产量的关系分类，可划分为固定费用与变动费用。

(1)变动费用，指与产品产量的增减有直接联系的费用。如原材料费用、计件工资、包装材料等费用，这类费用一般与产品产量成正比例变动。

(2)固定费用，指其总额不随产量的增减而变动的费用。如管理人员的工资、固定资产的折旧费用。

9.3.2 产品成本核算的账户设置

1.“生产成本”账户

“生产成本”账户下可以分设“基本生产成本”、“辅助生产成本”两个明细账户。对生产过程中发生的直接材料、直接人工、其他直接支出等直接费用，直接计入生产成本账户借方的有关成本项目内，其他间接费用先在制造费用账户归集，月终再按一定的标准，分配计入有关产品成本的制造费用成本项目。企业已完工并验收入库的产成品及入库的自制半成品，月终应按实际成本从本账户的贷方转出。本账户的月末余额为尚未加工完成的各种在制产品成本。

2.“制造费用”账户

“制造费用”账户是用以核算企业为生产产品和提供劳务而发生未单设成本项目的费用。企业发生的制造费用，计入该账户的借方，进行归集，月终分配制造费用时，计入该账户的贷方，除季节性生产企业按年度计划成本分配外，该账户月末一般无余额。该账户应按车间类别设明细账，进行明细分类核算。

例9-1 月末，企业计算职工应付工资50 000元，其中生产A产品工人工资28 000元，生产B产品工人工资12 000元，车间管理人员工资5 000元，厂部管理人员工资3 000元，销售人员工资2 000元。

其会计分录如下：

借：生产成本——A 产品　　28 000
　　　　　　——B 产品　　12 000
　　制造费用　　5 000
　　管理费用　　3 000
　　销售费用　　2 000
　贷：应付职工薪酬——工资薪酬　　50 000

例 9-2　某公司仓库发出材料一批，其中甲材料 40 000 元，乙材料 30 000 元。生产 A 产品耗用甲材料 15 000 元、乙材料 20 000 元，生产 B 产品耗用甲材料 20 000 元，车间一般耗用甲材料 5 000 元，厂部行政管理部门耗用乙材料 10 000 元。

其会计分录如下：

借：生产成本——A 产品　　35 000
　　　　　　——B 产品　　20 000
　　制造费用　　5 000
　　管理费用　　10 000
　贷：原材料——甲材料　　40 000
　　　　　　——乙材料　　30 000

例 9-3　某公司期末分配制造费用 10 000 元，经计算，其中 A 产品承担 4 000 元，B 产品承担 6 000 元。

其会计分录如下：

借：生产成本——A 产品　　4 000
　　　　　　——B 产品　　6 000
　贷：制造费用　　10 000

例 9-4　某公司本月投入生产的 A 产品 1 200 件，生产费用总计为 14 000 元，其中完工 1 000 件，完工产品单位成本为 12 元，投入生产 B 产品 900 件，生产费用总计为 8 600 元，其中完工 800 件，完工产品单位成本 10 元。A、B 产品已验收入库。月末，结转完工的 A、B 产品的成本。

其会计分录如下：

借：库存商品——A 商品　　12 000
　贷：生产成本——A 产品　　12 000
借：库存商品——B 商品　　8 000
　贷：生产成本——B 产品　　8 000

3.“主营业务成本”和“其他业务成本”账户

企业销售产品的业务，会导致收入的增加，根据配比原则的要求，应将已销产品的成本结转，即将已售出产品的成本从“库存商品”账户的贷方转出，转入营业成本账户的借方，表示库存商品成本的减少和出售产品成本的增加。

营业成本的核算应设置的账户主要有两个，即“主营业务成本”账户和“其他业务成本”账户。无论在何种行业企业，对主营业务成本都通过“主营业务成本”账户核算。对企业进行其他非主营业务所发生的成本，与其他业务收入相对应，应设置“其他业务成本”账户进行核算。

(1)“主营业务成本”账户

“主营业务成本”账户用来核算企业经营主营业务而发生的实际成本。在反映收入的同时或月度终了，企业应当根据销售商品、提供的劳务等的实际成本，计算应结转的主营业务成本，借记“主营业务成本”账户，贷记“库存商品”、“发出商品”等账户。期末将该账户余额转入“本年利润”账户时记贷方，结转后该账户无余额。本账户应按主营业务的种类设置明细账，进行明细核算。

例 9-5　某公司本月销售 A 产品 600 件，单位成本为 12 元，销售 B 产品 400 件，单位成本为 10 元。月末结转已售 A、B 产品的生产成本。

其会计分录如下：

借：主营业务成本	11 200	
贷：库存商品——A 商品		7 200
库存商品——B 商品		4 000

例 9-6　期末，某公司将本期发生的主营业务成本 100 000 元、营业税金及附加5 000 元、管理费用 30 000 元、财务费用 2 000 元、销售费用 10 000 元结转到“本年利润”账户。

其会计分录如下：

借：本年利润	147 000	
贷：主营业务成本		100 000
营业税金及附加		5 000
管理费用		30 000
财务费用		2 000
销售费用		10 000

(2)“其他业务成本”账户

“其他业务成本”账户用来核算企业除主营业务成本以外的其他销售或其他业务所发生的支出，包括销售材料的成本、出租固定资产的折旧额、出租无形资产的摊销额、出租包装物的成本或摊销额等。企业发生的其他业务成本，借记本账户，贷记“原材料”、“周转材料”、“应付职工薪酬”、“累计折旧”、“累计摊销”、“银行存款”等账户；期末，应将本账户的余额从贷方转出，转入“本年利润”账户的借方，结转后本账户无余额。本账户应按其他业务的种类，如“材料销售”、“无形资产出租”、“包装物出租”等设置明细账，进行明细核算。

例 9-7　某企业结转已售原材料成本 800 元。

其会计分录如下：

借：其他业务成本	800	
贷：原材料		800

例 9-8　某企业摊销出租包装物的磨损价值 300 元。

其会计分录如下：

借：其他业务成本	300	
贷：周转材料——包装物		300

4.“营业税金及附加”账户

营业税金及附加，是指企业经营活动应负担的相关税费，包括营业税、消费税、城市维护建设税、资源税和教育费附加等。企业应通过"营业税金及附加"账户，核算企业经营活动发生的营业税、消费税、城市维护建设税、资源税和教育费附加等相关税费。房产税、车船使用税、土地使用税、印花税在"管理费用"账户核算，但与投资性房地产相关的房产税、土地使用税在本账户核算。企业按规定计算确定的与经营活动相关的税费，借记本账户，贷记"应交税费"账户。期末，应将本账户余额转入"本年利润"账户，结转后本账户无余额。

例 9-9 某企业本月实际应上缴增值税 200 000 元，消费税 140 000 元，营业税 50 000 元。该企业适用的城市维护建设税税率为 7%，教育费附加征收率为 3%。

其会计分录如下：

借：营业税金及附加　　39 000
　贷：应交税费——应交城市维护建设税　　27 300
　　　　　　——应交教育费附加　　11 700

例 9-10 沿用例 9-9，期末，结转营业税金及附加。

其会计分录如下：

借：本年利润　　39 000
　贷：营业税金及附加　　39 000

9.4 期间费用的核算

期间费用是企业当期发生的费用中的重要组成部分，是指本期发生的、不能直接或间接归入某种产品成本的、直接计入损益的各项费用，包括管理费用、销售费用和财务费用。

9.4.1 管理费用的核算

管理费用是指企业为组织和管理企业生产经营所发生的管理费用，包括企业在筹建期间发生的开办费、董事会和行政管理部门在企业的经营管理中发生的或应由企业统一负担的公司经费(包括行政管理部门职工工资及福利费、物料消耗、低值易耗品摊销、办公费和差旅费等)、工会经费、董事会费(包括董事会成员津贴、会议费和差旅费等)、聘请中介机构费、咨询费(含顾问费)、诉讼费、业务招待费、房产税、车船使用税、土地使用税、印花税、技术转让费、矿产资源补偿费、研究费用、排污费以及企业生产车间(部门)和行政管理部门等发生的固定资产修理费用等。

企业发生的管理费用在"管理费用"账户核算，并按照费用项目设置明细账进行明细核算。该账户借方登记企业发生的各项管理费用。期末，将本账户借方归集的管理费用全部由本账户的贷方转入"本年利润"账户的借方，计入当期损益。结转后，"管理费用"账户期末无余额。

例 9-11 某公司进行重组，月末，核算接受辞退计划的职工的辞退福利 2 000 000 元。

其会计分录如下：

借：管理费用　　2 000 000
　贷：应付职工薪酬——辞退福利　　2 000 000

例 9-12　某公司 12 月 3 日盘亏一批原材料 300 000 元。经调查，其中 10 000 元属于一般经营损失，另外 290 000 元属于非常损失，报批后于 12 月 15 日进行账务处理。

12 月 3 日的会计分录：

借：待处理财产损溢　　300 000

　贷：原材料　　300 000

12 月 15 日的会计分录：

借：管理费用　　10 000

　　营业外支出　　290 000

　贷：待处理财产损溢　　300 000

例 9-13　某企业购买印花税票 600 元，以现金支付。

其会计分录如下：

借：管理费用　　600

　贷：现金　　600

例 9-14　5 月底，某企业计提房产税 10 000 元。

其会计分录如下：

借：管理费用　　10 000

　贷：应交税费——应交房产税　　10 000

例 9-15　期末，某企业结转管理费用 300 000 元。

其会计分录如下：

借：本年利润　　300 000

　贷：管理费用　　300 000

9.4.2　销售费用的核算

销售费用是指企业在销售商品和材料、提供劳务的过程中发生的各种费用，包括企业在销售商品过程中发生的保险费、包装费、展览费和广告费、商品维修费、预计产品质量保证费用、运输费、装卸费等以及为销售本企业商品而专设的销售机构(含销售网点、售后服务网点等)的职工薪酬、业务费、折旧费、固定资产修理费用等费用。

企业发生的销售费用在“销售费用”账户中核算，并按费用项目设置明细账进行明细核算。该账户的借方登记企业所发生的各项销售费用，期末，将借方归集的销售费用全部由本账户的贷方转入“本年利润”账户，计入当期损益。结转后，“销售费用”账户无余额。

例 9-16　7 月 5 日，某企业开出现金支票支付广告费 3 000 000 元。

其会计分录如下：

借：销售费用　　3 000 000

　贷：银行存款　　3 000 000

例 9-17　某公司生产和销售电冰箱，第一季度销售 A 型冰箱 5 000 台，每台售价 8 000 元。公司的质量保证条款规定：产品在售出 3 年内如出现非意外事件造成的故障和质量问题，公司免费负责保修。根据以往经验，发生保修费一般为销售额的 1%～3%之间。

根据上述业务，公司在第一季度应确认的生产质量保证负债金额为：

(5 000×8 000)×(1%+3%)÷2 =800 000(元)

应编制会计分录如下：

借：销售费用——产品质量保证　　800 000

　贷：预计负债——产品质量保证　　800 000

例 9-18　某公司 6 月末核算销售部门职工工资 280 000 元。

其会计分录如下：

借：销售费用　　280 000

　贷：应付职工薪酬——工资薪酬　　280 000

9.4.3 财务费用的核算

财务费用是指企业为筹集生产经营所需资金等而发生的筹资费用，包括利息支出(减利息收入)、汇兑损益以及相关的手续费、企业发生的现金折扣或收到的现金折扣等。

企业发生的财务费用在“财务费用”账户核算，并按费用项目设置明细账，进行明细核算。该账户借方登记企业发生的各项财务费用，期末，将借方归集的财务费用全部由该账户的贷方转入“本年利润”账户的借方，计入当期损益。结转后，“财务费用”账户期末无余额。

例 9-19　某企业 4 月 1 日向银行借入期限为 3 个月，年利率为 12%的短期借款 2 000 000 元。

相关会计处理如下：

(1)在 4 月 1 日借入时：

借：银行存款　　2 000 000

　贷：短期借款　　2 000 000

(2)在 4、5 月末预提当月利息时：

借：财务费用　　20 000

　贷：应付利息　　20 000

(3)在 6 月末支付借款利息时：

借：应付利息　　40 000

　　财务费用　　20 000

　贷：银行存款　　60 000

(4)在 7 月 1 日归还借款时：

借：短期借款　　2 000 000

　贷：财务费用　　2 000 000

例 9-20　A 公司向 B 商场销售 C 型号手机 200 台，不含税单价 2 000 元，为了尽快收回货款，向商场提出的现金折扣条件为 2/10，1/20，n/30(现金折扣不含增值税)。

按照我国 2006 年颁布的收入准则规定，应采用总价法核算现金折扣。

(1)销售实现时，会计处理为：

借：应收账款　　468 000

　贷：主营业务收入　　400 000

　　　应交税费——应交增值税(销项税额)　　68 000

(2)如果买方 10 天内付款，享受 2%的折扣(8 000 元)。会计处理为：

借：银行存款　　460 000

财务费用 8 000
贷：应收账款 468 000

(3)如果买方超过10天、但在20天内付款，享受1%的折扣(4 000元)。会计处理为：

借：银行存款 464 000
财务费用 4 000
贷：应收账款 468 000

(4)如果买方20天以后付款，则不享受现金折扣。会计处理为：

借：银行存款 468 000
贷：应收账款 468 000

例9-21 某企业按规定允许开立现汇账户，对本月发生的外币业务按月初的汇率折合为人民币记账。2×13年1月1日国家公布的汇率为1美元=8.2元人民币。该企业2×13年12月31日有关账户余额见表9-1。

表9-1 账户余额 单位：元

账户名称	美元	汇率	人民币
银行存款	10 000	8.1	81 000
应收账款	50 000	8.1	405 000
应付账款	20 000	8.1	162 000
长期借款(工程项目尚未达到预定可使用状态)	10 000	8.1	81 000

该企业2×14年1月份发生下列经济业务：

(1)该企业收回客户前欠账款30 000美元；

(2)将10 000美元人民币存款兑换为人民币存款，兑换当日汇率为买价1美元=8.1元人民币，卖价1美元=8.3元人民币；

(3)用银行存款10 000美元偿还应付账款；

(4)用银行存款10 000美元归还长期借款。

2×14年1月31日国家公布的汇率为1美元=8.3元人民币。则该企业相关会计分录如下：

(1)收回客户前欠账款30 000美元，会计分录为：

借：银行存款——美元户(30 000美元) 246 000
贷：应收账款——美元户(30 000美元) 246 000

(2)将10 000美元人民币存款兑换为人民币存款，银行按买入价折算，会计分录为：

借：银行存款——人民币户 81 000
财务费用——汇兑损益 1 000
贷：银行存款——美元户(10 000美元) 82 000

(3)用银行存款10 000美元偿还应付账款，会计分录为：

借：应付账款——美元户(10 000美元) 82 000
贷：银行存款——美元户(10 000美元) 82 000

(4)用银行存款10 000美元归还长期借款，会计分录为：

借：长期借款——美元户(10 000美元) 82 000
贷：银行存款——美元户(10 000美元) 82 000

(5)编制2×14年1月31日外币账户余额调整计算表，具体见表9-2。

表 9-2 2×14 年 1 月 31 日外币账户余额调整计算表

科目名称	美元余额	月末汇率	调整后人民币余额	调整前人民币余额	差额(借或贷)
银行存款	10 000	8.3	83 000	81 000	2 000(借)
应收账款	20 000	8.3	166 000	159 000	7 000(借)
应付账款	10 000	8.3	83 000	80 000	3 000(贷)
长期借款	0	8.3	0	1 000(借)	1 000(贷)
合　计	×	×	×	×	5 000(借)

相应会计分录如下：

借：银行存款　　2 000

　　应收账款　　7 000

　贷：应付账款　　3 000

　　　财务费用——汇兑损益　　6 000

借：在建工程　　1 000

　贷：长期借款　　1 000

2×14 年 1 月份汇兑收益＝2 000＋7 000－3 000－1 000－1 000＝4 000(元)

应计入 2×14 年 1 月份外币的汇兑收益＝2 000＋7 000－3 000－1 000＝5 000(元)

注意：在计算汇兑损益时，不要漏掉外币兑换业务产生的汇兑损益。

小结

企业在取得收入过程中，所耗费的一定量的经济资源就是费用。费用是取得收入的必要条件，也是商品价值的组成部分。费用核算的真实、准确是最终确定利润及进行利润分配的基础，因此，必须根据划分资本性支出与收益性支出原则、权责发生制原则以及配比原则，理清费用与成本、支出、损失的关系，正确划分营业成本、期间费用的界限，进行会计核算。

思考题

1. 什么是费用？费用有何特征？如何对费用进行分类？
2. 简述费用与成本、支出和损失的区别。
3. 生产费用如何核算？
4. 期间费用包括哪些内容？如何核算？

练习题

1. 某企业 2×13 年 8 月份销售甲产品 600 件，收入已经入账，每件成本 135 元。该企业今年 3 月份销售的 200 件甲产品中，因产品质量问题本月退回 20 件，货款已经退回。甲产品今年 3 月份的单位销售成本为 100 元。

要求：做出有关营业成本的会计处理。

2. A 公司 2×13 年 7 月份发生如下业务：

(1)经营性租出的机器设备，本期应提折旧费 2 000 元；

(2)所属汽车队对外提供运输劳务应负担燃料费 23 000 元、人工费用 45 000 元；

(3)接受一项为外单位培训业务，为期 15 天，发生的相关成本为 85 000 元；

(4)销售剩余材料一批，销售货款为50 000元，材料成本为40 000元，增值税税率为17%，城建税税率为7%，教育费附加征收率为3%，相关款项已存入银行；

(5)出租包装物逾期未收回，没收押金2 000元，该包装物适用的增值税税率为17%。

要求：结转与其他业务相关的成本。

3. B企业2×13年10月份发生如下业务：

(1)企业行政管理部门支付业务招待费800元，购买办公用品950元，均用现金支付；

(2)用银行存款购买印花税票2 000元；

(3)分配本月工资费用，其中行政管理部门、专设销售机构人员的工资分别为66 000元和98 000元；

(4)接银行转来的借款利息通知单，支付利息3 800元；

(5)以银行存款支付电视广告费65 000元；

(6)摊销无形资产价值2 500元。

要求：做出与期间费用相关的会计分录。

第 10 章 利润及其分配的核算

学习目的

本章主要介绍利润及其分配的有关知识。通过本章学习应：

- ⊙ 了解利润的概念及其构成
- ⊙ 掌握所得税费用的核算方法
- ⊙ 掌握利润的核算方法
- ⊙ 掌握利润分配的一般程序与核算方法

章前案例与导引

大唐电信(600198)于2007年4月5日发布了一则公告，称2006年度其业绩报告将亏损。由于该公司2004年度和2005年度业绩已经连续出现亏损，按照相关规定，大唐电信即将被实行退市风险警示(即冠以＊ST)。对此，大唐电信4月5日的公告如此解释："公司尽管2006年度主营业务规模和主营业务赢利能力大幅提高，但鉴于无线、光通信等传统通信设备产业历年经营留存大量资产带来预期的收益能力有限，仍需对整合后的无线、光通信资产大幅计提减值准备，由此将造成2006年度业绩亏损。"知情人士指出，大唐电信的减值计提原本是要分摊到未来数年里的，但是现在管理层希望一次性地将其摊掉。此前大唐电信2006年公布的三份业绩报告无不显示为赢利：一季报、半年报和三季报显示的净利润分别为817万元、2 208万元和2 761万元。有论者认为，大唐电信这种做法是为了促使有关方面加速对大唐电信集团的重组；也有论者认为是大唐电信集团故意"示弱"，借以对国家有关部门施加压力，以获更大的照顾和扶持。[①]

大唐电信通过计提减值准备，确认了大量损失，从而降低了利润。什么是损失？什么是利得？会计利润是怎么构成的？如果企业当期实现利润，是否应缴纳所得税，应缴纳多少所得税？本章内容将有助于对这些问题进行思考。

① 资料来源：孙萍，张敏，"中国上市公司盈余管理的手段及案例分析研究"，《经济研究导刊》，2009年第18期。

10.1 利润概述

10.1.1 利润的概念

利润是指企业在一定会计期间的经营成果。利润是反映企业经营业绩情况的一个会计要素，通常是评价企业管理层业绩的一项重要指标，也是投资者、债权人等做出正确的投资决策、信贷决策等的重要参考指标。

利润包括收入减去费用后的净额、直接计入当期利润的利得和损失等。直接计入当期利润的利得和损失，是指应当计入当期损益、会导致所有者权益发生增减变动的、与所有者投入资本或者向所有者分配利润无关的利得或者损失。如企业处置非流动资产、债务重组等不是企业日常经营活动，其利得或损失与企业日常活动发生的收入、费用虽然同属于当期损益，为了向财务报告使用者提供更为有用的信息，应将二者分别核算，单独列示于利润表。

10.1.2 利润的构成

企业利润包括营业利润、利润总额和净利润。

1.营业利润

营业利润是企业正常营业收入减去营业成本、期间费用、营业税金及附加和资产减值损失，加公允价值变动净损益和投资净损益的余额。它是企业利润总额的基本组成部分。其计算公式为：

营业利润＝营业收入－营业成本－营业税金及附加－销售费用－管理费用－财务费用－资产减值损失＋公允价值变动收益(减损失)＋投资收益(减损失)

资产减值损失是根据有关资产减值等会计准则计提各项资产减值准备所形成的损失。依据谨慎性原则，企业不应高估资产，当资产的可收回金额低于其账面价值时，表明资产已发生减值，通过计提资产减值，调减本期的利润。资产减值损失包括坏账损失、存货跌价损失、长期股权投资减值损失、持有至到期投资减值损失、固定资产减值损失、在建工程减值损失、工程物资减值损失、生产性生物资产减值损失、无形资产减值损失、商誉减值损失、贷款损失、抵债资产跌价损失、损余物资跌价损失。

公允价值变动损益是指企业交易性金融资产、交易性金融负债、采用公允价值模式计量的投资性房地产、衍生工具、套期保值业务中公允价值变动形成的应计入当期损益的利得或损失，以及指定为以公允价值计量且其变动计入当期损益的金融资产或金融负债公允价值变动形成的应计入当期损益的利得或损失。

投资收益包括企业处置交易性金融资产、交易性金融负债、指定为以公允价值计量且其变动计入当期损益的金融资产或金融负债、可供出售金融资产实现的损益、企业的持有至到期投资和买入返售金融资产在持有期间取得的投资收益和处置损益、按长期股权投资准则确认的投资收益或损失，以及企业根据有关投资性房地产会计准则确认的采用公允价值模式计量的投资性房地产的租金收入和处置损益。

如为亏损，营业利润以“－”号填列。

2.利润总额

企业的利润总额是营业利润加上营业外收入，减去营业外支出后的金额。其计算公式为：

$$利润总额 = 营业利润 + 营业外收入 - 营业外支出$$

营业外收入是指企业发生的与其经营活动无直接关系的各项净收入，主要包括处置非流动资产利得、非货币性资产交换利得、债务重组利得、罚没利得、政府补助利得、确实无法支付而按规定程序经批准后转作营业外收入的应付款项、捐赠利得、盘赢利得等。

营业外支出是指企业发生的与其经营活动无直接关系的各项净支出，包括处置非流动资产损失、非货币性资产交换损失、债务重组损失、罚款支出、捐赠支出、非常损失等。

如为亏损，利润总额以“－”号填列。

3.净利润

企业的净利润为利润总额减去所得税费用后的金额。其计算公式为：

$$净利润 = 利润总额 - 所得税费用$$

如为亏损，净利润以“－”号填列。

10.1.3　利润的分配

企业取得的净利润应当按规定程序进行分配。利润的分配过程和结果，不仅关系企业能否长期、稳定地发展，而且关系所有者的合法权益是否得到保护。根据《中华人民共和国公司法》(以下简称《公司法》)等有关法规的规定，企业实现的净利润一般应当按照如下顺序进行分配。企业实现的利润总额按国家规定做相应调整后，应先依法缴纳所得税，利润总额减去缴纳所得税后的余额即为可供分配的利润。除国家另有规定者外，可供分配利润按下列顺序分配。

(1)被没收的财物损失、支付各项税收的滞纳金和罚款。

(2)弥补企业以前年度亏损。弥补超过用所得税的利润抵补期限，按规定用税后利润弥补的亏损。

(3)提取法定盈余公积金。按照《公司法》有关规定，公司制企业应当按照当年税后净利润(减弥补以前年度亏损，下同)的10%提取法定盈余公积金。非公司制企业法定盈余公积金的提取比例可超过净利润的10%。当法定盈余公积金累计已达注册资本的50%时，可不再提取。在此需要特别强调的是，在计算提取法定盈余公积金的基数时，不应包括企业年初未分配利润。

(4)提取公益金。公益金主要用于企业职工的集体福利设施。

(5)向投资者分配利润。企业以前年度未分配的利润，可以并入本年度向投资者分配。分配顺序如下。

①支付优先股股利。

②按公司章程或股东会决议提取任意盈余公积金。公司制企业从税后利润中提取法定盈余公积金后，经股东大会决议，还可以从税后利润中提取任意盈余公积金。非公司制企业经类似权力机构批准，也可以提取任意盈余公积金。法定盈余公积金和任意盈余公积金的区别在于其各自计提的依据不同，前者以国家的法律、法规为依据，后者由企业的权力机构自行决定。

③支付普通股股利。股份有限公司分配利润的形式可以有两种：现金股利和股票股利。其中，现金股利即通常所说的“分红”，是指公司按各普通股股东的持股比例，向普通股股东派发现金股利；股票股利是指企业按照利润分配方案以分派股票股利的形式将利润转作资本（或股本）。

经过上述分配后，如果还有剩余，为未分配利润（或未弥补亏损）。未分配利润可留待以后年度进行分配；企业如发生亏损，可以按照规定由以后年度利润进行弥补。

10.2　营业外收支的核算

10.2.1　营业外收入和营业外支出的内容

1.营业外收入的内容

营业外收入是指企业发生的与其日常活动无直接关系的各项利得。营业外收入并不是企业经营资金耗费所产生的，不需要企业付出代价，实际上是经济利益的净流入，不可能也不需要与有关的费用进行配比。营业外收入主要包括非流动资产处置利得、盘赢利得、罚没利得、捐赠利得、非货币性资产交换利得、债务重组利得、政府补助、确实无法支付而按规定程序经批准后转作营业外收入的应付款项等。

非流动资产处置利得包括固定资产处置利得和无形资产出售利得。固定资产处置利得，指企业出售固定资产所取得价款或报废固定资产的残料价值和变价收入等，扣除处置固定资产的账面价值、清理费用、相关处置税费后的净收益；无形资产出售利得，指企业出售无形资产所取得价款，扣除出售无形资产的账面价值、出售相关税费后的净收益。

盘赢利得，主要指对现金等清查盘点中盘盈的现金等，报经批准后计入营业外收入的金额。

罚没利得，指企业取得的各项罚款收入，在弥补由于对方违反合同或协议而造成的经济损失后的罚款净收益。

捐赠利得，指企业接受捐赠产生的利得。

非货币性资产交换利得，指在非货币资产交换中换出资产为固定资产、无形资产的，换入资产公允价值大于换出资产账面价值的差额，扣除相关费用后计入营业外收入的金额。

债务重组利得，指重组债务的账面价值超过清偿债务的现金、非现金资产的公允价值、所转股份的公允价值，或者重组后债务账面价值之间的差额。

政府补助，指企业从政府无偿取得货币性资产或非货币性资产形成的利得。

2.营业外支出的内容

营业外支出是指企业发生的与其日常活动无直接关系的各项损失，主要包括非流动资产处置损失、盘亏损失、罚款支出、公益性捐赠支出、非常损失、债务重组损失等。

非流动资产处置损失包括固定资产处置损失和无形资产出售损失。固定资产处置损失，指企业出售固定资产所取得价款或报废固定资产的材料价值和变价收入等，不足以抵补处置固定资产的账面价值、清理费用、处置相关税费所发生的净损失。无形资产出售损失，指企业出售无形资产所取得价款，不足以抵补出售无形资产的账面价值、出售相关税费后所发生的净损失。

盘亏损失，主要指对于财产清查盘点中盘亏的固定资产，在查明原因处理时按确定的损失计入营业外支出的金额。

罚款支出，指企业由于违反税收法规、经济合同等而支付的各项滞纳金和罚款。

公益性捐赠支出，指企业对外进行公益性捐赠发生的支出。

非常损失，指企业对于因客观因素(如自然灾害)等造成的损失，在扣除保险公司赔偿后应计入营业外支出的净损失。

非货币资产交换损失，指在非货币资产交换中换出资产为固定资产、无形资产的，换入资产公允价值小于换出资产账面价值的差额，扣除相关费用后计入营业外支出的金额。

债务重组损失，指重组债权的账面余额与受让资产的公允价值、所转股份的公允价值、或者重组后债权的账面价值之间的差额。

综上所述，营业外收支的各个项目互不相关，没有配比关系；营业外收支通常意外出现，企业难以控制；营业外收支通常偶然发生，不重复出现，企业难以预见。所以，营业外收入和营业外支出应当分别核算，并在利润表中分列项目反映。营业外收入和营业外支出应当按照具体收入和支出设置明细项目，进行明细核算。

对营业外收支的核算要求有：第一，各项营业外收入必须按国家有关规定，认真核实，据实列账，不得转移、截留和作其他财务收入处理；第二，营业外收支在核算上采用收付实现制处理；第三，要划清营业外支出与成本支出以及利润分配的界限，避免相互挤占。

对营业外收支净额的账务审查，应着眼于营业外收入和营业外支出的构成内容是否确实是与本企业生产经营有直接关系的收支，特别应注意固定资产盘盈、盘亏、毁损价值的真实性；处理固定资产收益或损失数额的真实性；罚款净收入和净支出的正确性；确认无法支付的应付款项和非正常损失是否履行审批手续等。

10.2.2 营业外收入的账务处理

企业应通过“营业外收入”账户核算营业外收入的取得及结转情况。企业确认营业外收入，借记“固定资产清理”、“银行存款”、“库存现金”、“应付账款”等账户，贷记“营业外收入”账户。期末，应将“营业外收入”账户余额转入“本年利润”账户，借记“营业外收入”账户，贷记“本年利润”账户。对营业外收入，企业应按收入项目设置明细账，进行明细核算。

例 10-1 12月30日，某企业没收逾期未退还的包装物押金5 000元。

其会计分录如下：

借：其他应付款　　5 000

　贷：营业外收入　　5 000

例 10-2 某企业报废机器一台，原值200 000元，已提折旧180 000元，以银行存款支付清理费用1 000元，机器残值出售收到现金30 000元，存入银行。

相关的会计分录如下：

(1)冲销被清理固定资产的原值和已提折旧，将被清理资产的净值转入“固定资产清理”：

借：固定资产清理　　20 000

　　累计折旧　　180 000

　贷：固定资产　　200 000

(2)以银行存款支付清理费用：

借：固定资产清理　1 000
　贷：银行存款　1 000

(3)出售固定资产收到款项：

借：银行存款　30 000
　贷：固定资产清理　30 000

(4)将固定资产清理净收益转入“营业外收入”账户：

借：固定资产清理　9 000
　贷：营业外收入　9 000

例 10-3　某企业进行库存现金盘点，发现现金溢余500元。经调查，无人认领，经批准作为营业外收入处理。

(1)发现现金溢余时：

借：库存现金(实际溢余的金额)　500
　贷：待处理财产损溢——待处理流动资产损溢　500

(2)批准处理后：

借：待处理财产损溢——待处理流动资产损溢　500
　贷：营业外收入　500

例 10-4　某企业接受捐赠一台设备，价值为1 000 000元，接受捐赠应缴纳所得税款为200 000元。

其会计分录如下：

借：固定资产　1 000 000
　贷：递延所得税负债　200 000
　　营业外收入　800 000

例 10-5　某公司出售一项专利权，账面原值100 000元，累计摊销80 000元，出售收入为2 000 000元，已存入银行。适用的营业税税率为5%。

其会计分录如下：

借：银行存款　2 000 000
　累计摊销　80 000
　贷：无形资产——专利权　100 000
　　应交税费——应交营业税　100 000
　　营业外收入　1 720 000

例 10-6　某企业5月份营业外收入为30 000元，转入本年利润。

其会计分录如下：

借：营业外收入　30 000
　贷：本年利润　30 000

10.2.3　营业外支出的账务处理

企业应通过“营业外支出”账户核算营业外支出的发生及结转情况。企业发生营业外支出时，借记“营业外支出”账户，贷记“固定资产清理”、“待处理财产损溢”、“库存现金”、“银行存款”等账户。期末，应将“营业外支出”账户余额转入“本年利润”账户，借记“本年利润”账户，贷记“营业外支出”账户。结转后该账户应无余额。该账户应按营业外支出的具体项目设置明细账，进行明细核算。

例 10-7 某增值税一般纳税企业因火灾毁损库存商品一批，该批商品实际成本为 20 000 元，收回残料价值 400 元，保险公司赔偿 10 000 元，相应损失经批准作为非常损失处理。该企业购入材料的增值税税率为 17%。

相关的会计分录如下：

(1)批准处理前：

借：待处理财产损溢——待处理流动资产损溢	23 400	
贷：原材料		20 000
应交税费——应交增值税(进项税额转出)		3 400

(2)收回残料：

借：原材料	400	
贷：待处理财产损溢——待处理流动资产损溢		400

(3)批准处理后：

借：其他应收款——保险公司	10 000	
营业外支出	13 000	
贷：待处理财产损溢——待处理流动资产损溢		23 000

例 10-8 某公司因超额用电缴纳罚款 2 000 元。

其会计分录如下：

借：营业外支出	2 000	
贷：银行存款		2 000

例 10-9 5 月底，某企业对在建工程进行检查，发现有证据表明一项在建工程长期停建并且预计在未来 3 年内不会重新开工，决定计提减值准备 500 000 元。

其会计分录如下：

借：营业外支出	500 000	
贷：在建工程减值准备		500 000

例 10-10 某公司 11 月份的营业外支出共计 6 000 元，转入本年利润。

其会计分录如下：

借：本年利润	6 000	
贷：营业外支出		6 000

10.3 所得税的核算

10.3.1 所得税费用的性质

所得税是对企业生产经营环节的所得额征税，根据企业应纳税所得额的一定比例上交的一种税金。当前执行的一般税率为 25%。

应纳税所得额 = 税前会计利润 ± 税法规定应予调整的金额

应交所得税 = 应纳税所得额 × 所得税税率

这里的“应纳税所得额”是在企业税前会计利润（即利润总额）的基础上调整确定的。纳税调整增加额主要包括税法规定允许扣除项目中，企业已计入当期费用但超过税法规定扣除标准的金额（如超过税法规定标准的工资支出、业务招待费支出），以及企业已计入当期损失但税法规定不允许扣除项目的金额（如税收滞纳金、罚款、罚金等）。纳税调整减少额主要包括按税法规定允许弥补的亏损和准予免税的项目，如国债利息收入等。

企业会计准则与所得税法具有不同的目的。会计核算的目的是向财务会计报告使用者提供与企业财务状况、经营成果和现金流量等有关的会计信息，反映企业管理层受托责任履行情况，有助于财务会计报告使用者做出经济决策。所得税法是以课税为目的，根据经济合理、公平税负、促进竞争的原则，强调统一性、征管上的便利和公平，根据应税收入减去税法规定应予扣减的项目计算应纳税所得额，严格限制纳税申报中选用的会计处理方法，导致两者对于资产、负债以及收入、费用的确认与计量不同。所得税会计就是要解决如何核算企业在会计报表中确认的资产、负债及当期交易和其他事项的纳税影响问题。

企业应根据会计准则的规定，对当期所得税加以调整计算后，据以确认应从当期利润总额中扣除的所得税费用。并通过“所得税费用”账户核算企业所得税费用的确认及其结转情况。所得税费用是指企业确认的应从当期利润总额中扣除的所得税费用。企业以前年度有亏损，可用税前利润弥补的，按补亏后的剩余利润纳税；超过规定补亏期限的，企业实现的利润应先纳税。

从本质上来说，所得税费用是一项特殊的费用。之所以说其特殊，是因为前面所提到的费用项目均与企业在一定期间利润总额的形成相关，其数额的大小根据实际发生额确定。而所得税则不同，它是在利润总额确定以后，以利润总额为基础计算出的（当然还要考虑进行纳税调整），并作为利润总额的扣除项目。关于所得税的性质究竟是属于费用还是利润分配，在会计界也有不同的看法。一种看法认为，从企业所有者的角度来看，所得税是企业的一项费用，它和工资费用、利息费用没有本质区别，因为企业所有者关注的是最终的所得。而另一种看法则认为，从整个社会的角度来看，所得税是企业的一项利润分配，它是国家以社会管理者的身份参与企业利润分配的所得。我国在 1994 年以前，一直是将所得税看作企业的一项利润分配，将其列示在利润分配表中。1994 年税制改革以后，财政部颁布了《企业所得税会计处理的暂行规定》，要求企业自当年开始，在进行会计处理时将所得税视为一项费用，并将其列示于利润表的主表之中。

2007 年 1 月 1 日起开始实施的我国会计准则对所得税的核算采用了资产负债表债务法核算所得税。这种方法是从资产负债表出发，通过比较资产负债表上列示的资产、负债按照企业会计准则规定确定的账面价值与按照税法规定确定的计税基础，对于两者之间的差额分为应纳税暂时性差异与可抵扣暂时性差异，确认相关的递延所得税负债与递延所得税资产，并在此基础上确定每一期间利润表中的所得税费用。

10.3.2 永久性差异与暂时性差异

会计与税法的目的不同，两者对某些收入、费用的确认时间、范围及其计量存在差异。由于会计利润应根据会计准则或会计制度的规定核算，纳税所得额须根据所得税法规定计算，所以会计利润与纳税所得之间存在差异。

会计税前利润与纳税所得差异的主要内容包括以下五项。

第一，某些收入，会计上已计入了当期利润，但税法不确认为纳税所得。如购买国债的利息收入。

第二，某些收入，会计上不予确认，但属于应税收入。如视同销售的收入。

第三，某些费用或支出，会计上已从利润总额中扣除，但税法规定不可扣除。例如，罚没支出属于全额不可扣除的项目，超过国家同期借款利率的利息等属于部分不可扣除的项目。

第四，某些收支，会计与税法规定的入账时间不一致。如固定资产折旧、计提的资产减值损失、应付产品保修费等。

第五，企业发生的经营亏损，税法规定可以递转后期。

会计利润与纳税所得的差异分为两类：永久性差异与暂时性差异。

1.永久性差异

永久性差异是指某一会计期间，由于会计制度与税法在确认收益、费用或损失时的口径不同而产生的差额。永久性差异一旦发生即永远存在。

在永久性差异中，会计确认收入而税法不予确认或仅予部分确认，或者税法确认费用而会计不予确认或仅予部分确认，将会使会计利润大于纳税所得；会计确认费用而税法不予确认或仅予部分确认，或者税法确认收入而会计不予确认或仅予部分确认，将会使会计利润小于纳税所得。

例 10-11 某公司期末其他应付款中有未交罚款 2 万元，税法规定罚款支出不能作为应税所得的扣除项目。其他应付款属于负债，金额为 2 万元；而税法规定支付罚款时可抵扣的金额为 0。因此产生永久性差异 2 万元。

2.暂时性差异

暂时性差异是指会计与税法对收入、费用或损失的确认时间存在差异而产生的差额。只有暂时性差异涉及跨期分摊，永久性差异不需要跨期分摊。

在暂时性差异中，会计确认的收入早于税法的确认，或者税法确认的费用早于会计的确认，将会使会计利润大于纳税所得，产生应纳税暂时性差异；税法确认的收入早于会计的确认，或者会计确认的费用早于税法的确认，将会使会计利润小于纳税所得，产生可抵扣暂时性差异。

暂时性差异的计算公式如下：

$$暂时性差异 = 资产(负债)的账面价值 - 资产(负债)的计税基础$$

其中，账面价值是指按照企业会计准则规定确定的有关资产、负债在企业的资产负债表中应列示的金额。资产的计税基础，是指企业收回资产账面价值的过程中，计算应纳税所得额时按照税法规定可以自应税经济利益中抵扣的金额，即某一项资产在未来期间计税时可以税前扣除的金额。负债的计税基础，是指负债的账面价值减去未来期间计算应纳税所得额时按照税法规定可予抵扣的金额。由于资产、负债的账面价值与其计税基础不同，产生了在未来收回资产或清偿负债的期间内，应纳税所得额增加或减少并导致未来期间应交所得税增加或减少的情况。在这些暂时性差异发生的当期，应当确认相应的递延所得税负债或递延所得税资产。

暂时性差异可分为两类：应纳税暂时性差异与可抵扣暂时性差异。

(1)应纳税暂时性差异

应纳税暂时性差异是指在确定未来收回资产或清偿负债期间的应纳税所得额时，将导致产生应税金额的暂时性差异。该差异在未来期间转回时，会增加转回期间的应纳税所得额和应交所得税金额。在该暂时性差异产生当期，应当确认相关的递延所得税负债。

例 10-12　某企业本期末应收利息余额为80万元，表示未来经济利益流入为80万元。而税法规定利息于实际收到时纳税。

按照税法规定本期确认利息金额为0。

80－0＝80(万元)

由此产生应纳税暂时性差异80万元。

例 10-13　一条生产流水线原价200万元，累计折旧60万元；按税法规定计算的累计折旧为80万元。该项固定资产的账面余值为140万元，表示未来经济利益流入为140万元。

按税法规定计算：

账面余值为120万元，即在资产以后使用期间可作为成本或费用抵扣的金额为120万元。

140－120＝20(万元)

所以产生应纳税暂时性差异20万元。

应纳税暂时性差异通常产生于以下情况。

①资产的账面价值大于其计税基础。资产的账面价值大于其计税基础，该项资产未来期间产生的经济利益不能全部税前抵扣，两者之间的差额需要交税，产生应纳税暂时性差异。

②负债的账面价值小于其计税基础。负债的账面价值小于其计税基础，意味着该项负债在未来期间可以税前抵扣的金额为负数，即应在未来期间应纳税所得额的基础上增加应纳税所得额和应交所得税金额，产生应纳税暂时性差异。

对于资产而言，如果存在下列情况，将导致资产的账面价值大于计税基础。

①各种应收款项计提的坏账准备数小于税法规定数。

②企业对符合条件的利息资本化为存货成本，造成存货的账面价值大于计税基础的部分。

③可供出售金融资产期末公允价值大于账面价值的调整。

④企业按权益法核算长期股权投资，根据被投资企业权益增加调整账面价值，使长期股权投资的账面金额大于计税基础。

⑤会计折旧小于税法折旧，固定资产账面金额大于计税基础。

⑥会计上确认商誉，而商誉的计税基础为零。

⑦企业自行开发的无形资产在满足资本化条件后发生的支出应当资本化，确认为无形资产成本；税法规定，企业的研究开发支出一般于发生当期税前扣除，该无形资产的计税基础为零。

⑧企业根据会计准则对金融资产、投资性房地产、生物资产等按超过账面价值的公允价值计量，税法不调整。

⑨企业合并时，合并资产按公允价值高于账面价值调整，但在计税时不作相应的调整。

对于负债而言，下列情况，将导致负债的账面金额小于计税基础。

①企业根据公允价值低于账面价值的部分调整了交易性金融负债的账面价值。

②企业根据债务重组协议，调整减少了债务的账面价值的部分。

③税法规定了计税工资的，按计税工资确定计税基础，而实际工资高于计税工资。

(2)可抵扣暂时性差异

可抵扣暂时性差异，是指在确定未来收回资产或清偿负债期间的应纳税所得额时，将导致产生可抵扣金额的暂时性差异。该差异在未来期间转回时会减少转回期间的应纳税所得额，减少未来期间的应交所得税。在该暂时性差异产生当期，应当确认相关的递延所得税资产。

例 10-14 某企业期末存货成本 50 万元，计提跌价损失 5 万元。存货账面价值为 45 万元，表示未来经济利益流入 45 万元。

按照税法规定未来销售存货时可结转的成本为 50 万元。

45－50＝－5(万元)

这样就产生了可抵扣暂时性差异 5 万元。

例 10-15 本期末应付产品保修费余额 30 万元，税法规定产品保修费于实际支付时扣除。应付产品保修费被确认为负债 30 万元。

税法规定未实际支付保修费时金额为 0 万元。

30－0＝30(万元)

所以产生可抵扣暂时性差异 30 万元。

可抵扣暂时性差异一般产生于以下情况。

①资产的账面价值小于其计税基础。资产在未来期间产生的经济利益少，按照税法规定允许税前扣除的金额多，则企业在未来期间可以减少应纳税所得额，并减少应交所得税，形成可抵扣暂时性差异。

②负债的账面价值大于其计税基础。负债产生的暂时性差异实质上是税法规定就该项负债可以在未来期间税前扣除的金额。一项负债的账面价值大于其计税基础，意味着未来期间按照税法规定构成负债的全部或部分金额可以自未来应税经济利益中扣除，减少未来期间的应纳税所得额和应交所得税，产生可抵扣暂时性差异。

对于资产而言，如果存在下列情况，将导致资产的账面价值小于计税基础。

①各种应收款项计提的坏账准备数大于税法规定数。

②企业对存货期末市价小于账面价值的部分进行了调整。

③企业按权益法核算长期股权投资，根据被投资企业权益减少调整账面价值，使长期股权投资的账面金额小于计税基础。

④会计折旧大于税法折旧，固定资产账面金额小于计税基础。

⑤企业根据会计准则对金融资产、投资性房地产、生物资产等按低于账面价值的公允价值计量，税法不调整。

⑥企业对各项长期资产计提减值准备，而税法不允许计提减值准备。

对于负债而言，下列情况，将导致负债的账面金额大于计税基础。

①企业预提某项费用，而计税时，相关费用于实际发生时予以扣除。

②企业的预收账款，税法规定相关收入以实际收到时予以征税。

③企业根据公允价值高于账面价值的部分，调整了交易性金融负债的账面价值。

(3)递延所得税资产与递延所得税负债

在产生应纳税暂时性差异的当期，应当确认相关的递延所得税负债；在产生可抵扣暂时性差异的当期，应当确认相关的递延所得税资产。

例 10-16 一项资产的账面价值为 180 万元，计税基础为 150 万元。

两者之间的差额将会于未来期间产生应税金额30万元，增加未来期间的应纳税所得额即应交所得税，对企业形成经济利益的流出。

故在取得资产当期应确认递延所得税负债。

例 10-17 企业收到一笔购销预付款，金额为200万元，因不符合收入确认条件，将其作为预收账款核算，而税法规定该款项应计入当期应纳税所得额计算交纳所得税，在未来期间按照会计准则规定确认收入时，不再计入应纳税所得额。

由题意，在收到该笔预收款的当期，该负债的账面价值200万元与其计税基础0之间产生的200万元暂时性差异，会减少企业于未来期间的应纳税所得额，使企业未来期间以应交所得税的方式流出的经济利益减少。

所以为可抵扣暂时性差异，符合确认条件的情况下，应确认相关的递延所得税资产。

可见，递延所得税资产和递延所得税负债的确认体现了交易或事项发生以后，对未来期间计税的影响，即会增加未来期间的应交所得税或是减少未来期间的应交所得税，在所得税会计核算方面贯彻了资产、负债等基本会计要素的界定。

具体而言，递延所得税资产是指对于可抵扣暂时性差异，以未来期间很可能取得用来抵扣可抵扣暂时性差异的应纳税所得额为限确认的一项资产。可抵减暂时性差异是将来可用来抵税的部分，是应该收回的资产，所以对应递延所得税资产。

递延所得税负债是指根据应税暂时性差异计算的未来期间应付所得税的金额；递延所得税负债是由应纳税暂时性差异产生的，对于影响利润的暂时性差异，确认的递延所得税负债应该调整“所得税费用”。例如，会计折旧小于税法折旧导致资产的账面价值大于计税基础，如果产品已经对外销售了，就会影响利润，所以递延所得税负债应该调整当期的所得税费用。如果暂时性差异不影响利润，而是直接计入所有者权益的，则确认的递延所得税负债应该调整资本公积。例如，可供出售金融资产是按照公允价值来计量的，公允价值上升，会计上调增加了可供出售金融资产的账面价值并确认的资本公积，因为不影响利润，所以确认的递延所得税负债不能调整所得税费用，而应该调整资本公积。

企业应于资产负债表日，分析比较资产、负债的账面价值与其计税基础，两者之间存在差异的，确认递延所得税资产、递延所得税负债及相应的递延所得税费用(或收益)。企业合并等特殊交易或事项中取得的资产和负债，应于购买日比较其入账价值与计税基础，按照有关会计准则的规定计算确认相关的递延所得税资产或递延所得税负债。

10.3.3 所得税的核算方法

1.所得税核算应遵循的程序

采用资产负债表债务法核算所得税的情况下，企业一般应于每一资产负债表日进行所得税的核算。企业进行所得税的核算一般应遵循以下程序。

(1)按照相关企业会计准则规定，确定资产负债表中除递延所得税负债和递延所得税资产以外的其他资产和负债项目的账面价值。其中，资产和负债项目的账面价值，是指企业按照相关会计准则的规定进行核算后在资产负债表中列示的金额。例如，企业持有的应收账款账面余额为2 000万元，企业对该应收账款计提了100万元的坏账准备，其账面价值为1 900万元，即为该应收账款在资产负债表中的列示金额。

(2)按照企业会计准则中对于资产和负债计税基础的确定方法，以适用的税收法规为基础，确定资产负债表中有关资产、负债项目的计税基础。

(3)比较资产、负债的账面价值与其计税基础，对于两者之间存在差异的，分析其性质，除企业会计准则中规定的特殊情况外，分应纳税暂时性差异与可抵扣暂时性差异，确定该资产负债表日与应纳税暂时性差异及可抵扣暂时性差异相关的递延所得税负债和递延所得税资产的应有余额，并将该金额与期初递延所得税负债和递延所得税资产的已有余额相比，确定当期应予进一步确认的递延所得税负债和递延所得税资产的金额或应予转销的金额，作为构成利润表中所得税费用的递延所得税。

(4)确定利润表中的所得税费用。采用资产负债表债务法核算所得税的情况下，利润表中的所得税费用由两部分组成：当期所得税和递延所得税。当期所得税是指企业按照税法规定计算确定的针对当期发生的交易和事项，应交纳给税务部门的所得税金额，即应交所得税，应以适用的税收法规为基础计算确定。递延所得税是指企业在某一会计期间确认的递延所得税资产及递延所得税负债的综合结果，即按照企业会计准则规定应予确认的递延所得税资产和递延所得税负债在期末应有的金额相对于原已确认金额之间的差额，即递延所得税资产及递延所得税负债的当期发生额。期末，企业在计算确定当期所得税以及递延所得税费用(或收益)的基础上，应将两者之和确认为利润表中的所得税费用(或收益)。公式如下：

所得税费用(或收益)＝当期所得税费用＋递延所得税费用(－递延所得税收益)

其中：

递延所得税费用＝当期递延所得税负债的增加额＋当期递延所得税资产的减少额

递延所得税收益＝当期递延所得税负债的减少额＋当期递延所得税资产的增加额

2.所得税核算应设置的账户

所得税费用核算应设置的主要账户如下。

(1)“所得税费用”账户

企业应通过“所得税费用”账户核算企业所得税费用的确认及其结转情况。该账户借方登记应计入当期利润表的所得税费用。期末，应将所得税费用账户的余额转入“本年利润”账户，借记“本年利润”账户，贷记“所得税费用”账户，结转后“所得税费用”账户应无余额。该账户可按“当期所得税费用”、“递延所得税费用”进行明细核算。

(2)“应交税费——应交所得税”账户

企业应通过“应交税费——应交所得税”账户核算企业所得税的计算和交纳情况。借方登记支付的所得税金额，贷方登记应交的所得税数额。一般情况下，账户的余额在贷方，表示所欠的税金数额。该账户有时会出现借方余额，表示多交的税金数额。

(3)“递延所得税资产”账户

企业应通过“递延所得税资产”账户核算企业确认的可抵扣暂时性差异产生的递延所得税资产。资产负债表日，企业确认的递延所得税资产，借记“递延所得税资产”账户，贷记“所得税费用”账户。资产负债表日递延所得税资产的应有余额大于其账面余额的，应按其差额确认，借记“递延所得税资产”账户，贷记“所得税费用”等账户；资产负债表日递延所得税资产的应有余额小于其账面余额的，做相反的会计分录。

(4)“递延所得税负债”账户

企业应通过“递延所得税负债”核算企业确认的应纳税暂时性差异产生的递延所得税负债。资产负债表日，企业确认的递延所得税负债，借记“所得税费用”账户，贷记“递延所得税负债”

账户。资产负债表日递延所得税负债的应有余额大于其账面余额的，应按其差额确认，借记"所得税费用"账户，贷记"递延所得税负债"等账户；资产负债表日递延所得税资产的应有余额小于其账面余额的，做相反的会计分录。

例 10-18 2×13 年 12 月 25 日，甲企业购入一台价值 8 万元不需要安装的设备。该设备预计使用期限为 4 年，税务上采用直线法计提折旧，净残值为 0。会计上采用年数总和法计提折旧。甲企业每年的利润总额均为 10 万元，无其他纳税调整项目，所得税税率为 25%。运用资产负债表债务法核算所得税。

所得税费用计算见表 10-1。

表 10-1 所得税费用计算 单位：元

序号	年度	2×13 年	2×14 年	2×15 年	2×16 年
1	会计折旧	32 000	24 000	16 000	8 000
2	税法折旧	20 000	20 000	20 000	20 000
3	资产账面价值	48 000	24 000	8 000	0
4	资产计税基础	60 000	40 000	20 000	0
5	累计暂时性差异(5=3−4)	−12 000	−16 000	−12 000	0
6	当期的暂时性差异	−12 000	−4 000	4 000	12 000
7	应纳税所得额(7=税前利润−6)	112 000	104 000	96 000	88 000
8	税率	25%	25%	25%	25%
9	应交所得税(9=7×8)	28 000	26 000	24 000	22 000
10	期初递延所得税资产	0	3 000	4 000	3 000
11	期末递延所得税资产(11=−5×8)	3 000	4 000	3 000	0
12	当期所得税费用〔12=9−(11−10)〕	25 000	25 000	25 000	25 000

各年列支所得税的会计分录如下：

2×13 年：

借：所得税费用	25 000	
递延所得税资产	3 000	
贷：应交税费——应交所得税		28 000

2×14 年：

借：所得税费用	25 000	
递延所得税资产	1 000	
贷：应交税费——应交所得税		26 000

2×15 年：

借：所得税费用	25 000	
贷：应交税费——应交所得税		24 000
递延所得税资产		1 000

2×16 年：

借：所得税费用	25 000	
贷：应交税费——应交所得税		22 000
递延所得税资产		3 000

例 10-19 公司 2×13 年度利润表中利润总额为 3 000 万元，该公司所适用的所得税税率为 25%。递延所得税资产及递延所得税负债不存在期初余额。2×13 年发生的有关交易和事项中，会计处理与税收处理存在差别的如下。

(1)2×13 年 1 月开始计提折旧的一项固定资产，成本为 1 500 万元，使用年限为 10 年，净残值为 0。会计处理按双倍余额递减法计提折旧，税收处理按直线法计提折旧。假定税法规定的使用年限及净残值与会计规定相同。

(2)向关联企业捐赠现金 500 万元。假定按照税法规定，企业向关联方的捐赠不允许税前扣除。

(3)当期取得作为交易性金融资产核算的股票投资成本为 800 万元，2×13 年 12 月 31 日的公允价值为 1 200 万元。税法规定，以公允价值计量的金融资产持有期间市价变动不计入应纳税所得额。

(4)违反环保法规定应支付罚款 250 万元。

(5)期末对持有的存货计提了 75 万元的存货跌价准备。

分析：

(1)2×13 年度当期应交所得税：

应纳税所得额＝3 000＋150＋500－400＋250＋75＝3 575(万元)

应交所得税＝3 575×25％＝893.75(万元)

(2)2×13 年度递延所得税：

递延所得税资产＝225×25％＝56.25(万元)

递延所得税负债＝400×25％＝100(万元)

(3)2×13 年度应确认的所得税费用：

所得税费用＝893.75＋100－56.25＝937.50(万元)

确认所得税费用的账务处理如下：

借：所得税费用	9 375 000	
递延所得税资产	562 500	
贷：应交税费——应交所得税		8 937 500
递延所得税负债		1 000 000

例 10-20 某企业在 2×13—2×16 年间每年应税收益分别为：－100 万元、20 万元、30 万元、90 万元，适用税率始终为 25％。假设无其他暂时性差异。

与所得税费用相关的会计分录如下：

2×13 年：

借：递延所得税资产	250 000	
贷：所得税费用		250 000

2×14 年：

借：所得税费用	50 000	
贷：递延所得税资产		50 000

2×15 年：

借：所得税费用	75 000	
贷：递延所得税资产		75 000

2×16 年：

本期应交的所得税＝90－(20＋30)×25％＝10(万元)

借：所得税费用	100 000	

贷：应交税费——应交所得税　　100 000

借：所得税费用　　125 000

贷：递延所得税资产　　125 000

例 10-21　甲公司2×13年度会计处理与税务处理存在差异的交易或事项如下。

(1)持有的交易性金融资产公允价值上升60万元。根据税法规定，交易性金融资产持有期间公允价值的变动金额不计入当期应纳税所得额。

(2)计提与担保事项相关的预计负债600万元。根据税法规定，与上述担保事项相关的支出不得税前扣除。

(3)持有的可供出售金融资产公允价值上升200万元。根据税法规定，可供出售金融资产持有期间公允价值的变动金额不计入当期应纳税所得额。

(4)计提固定资产减值准备140万元。根据税法规定，计提的资产减值准备在未发生实质性损失前不允许税前扣除。

甲公司适用的所得税税率为25%。假定期初递延所得税资产和递延所得税负债的余额均为0，甲公司未来年度能够产生足够的应纳税所得额用以抵扣可抵扣暂时性差异。

要求：求甲公司2×13年度递延所得税费用。

分析：

事项(1)产生应纳税暂时性差异60万元，确认递延所得税负债15万元，对应账户为“所得税费用”；

事项(2)不产生暂时性差异，不确认递延所得税；

事项(3)产生应纳税暂时性差异200万元，确认递延所得税负债50万元，对应账户为“资本公积——其他资本公积”；

事项(4)产生可抵扣暂时性差异140万元，确认递延所得税资产＝140×25%＝35万元，对应账户为“所得税费用”。

由上述分析可知：

甲公司2×13年度递延所得税费用＝递延所得税负债－递延所得税资产＝15－35＝－20(万元)。

(注：对应账户为资本公积的递延所得税不构成影响所得税费用的递延所得税)。

10.4　利润的核算

利润是企业在一定会计期间的经营成果，它是企业在一定会计期间内实现的收入减去费用后的余额。会计准则规定各种费用的结转在期末进行。期末结转费用的方法有两种：一是表结法；二是账结法。账结法的优点是各月均可通过“本年利润”账户提供其当期利润额，记账业务程序完整，但增加了编制结转损益分录的工作量。

1.本年利润的会计处理

本账户核算企业当期实现的净利润(或发生的净亏损)。

为了核算一定期间的经营成果，期末应将各损益类账户的金额转入本账户，将各收益类账户的余额转入“本年利润”账户的贷方，将各成本、费用类账户的余额转入“本年利润”账户的借方。结转后，各收入、费用账户结平。结转后本账户的贷方余额为当期实现的净利润；借方余额为当期发生的净亏损。

本年利润账户的余额表示年度内累计实现的净利润或净亏损，该账户平时不结转，年度终了，应将本年收入和支出相抵后结出的本年实现的净利润，转入“利润分配”账户，借记本账户，贷记“利润分配——未分配利润”账户；如为净亏损做相反的会计分录。结转后本账户应无余额。

例 10-22 假设某企业 6 月末未转账前收入类账户的贷方余额为：主营业务收入 120 万元，其他业务收入 10 万元，投资收益 8 万元，营业外收入 4 万元，公允价值变动损益 9 万元；费用类账户的借方余额为：主营业务成本 50 万元，营业税金及附加 5 万元，管理费用 12 万元，销售费用 20 万元，财务费用 1 万元，其他业务成本 4 万元，营业外支出 8 000 元，资产减值损失 5 万元。另外，6 月份所得税费用为 30 000 元。根据上述资料，做企业年终会计分录。

将所有收入类账户余额转入“本年利润”账户：

借：主营业务收入	1 200 000	
其他业务收入	100 000	
投资收益	80 000	
营业外收入	40 000	
公允价值变动损益	90 000	
贷：本年利润		1 510 000

将所有支出账户余额转入“本年利润”账户：

借：本年利润	1 008 000	
贷：主营业务成本		500 000
其他业务成本		40 000
营业税金及附加		50 000
销售费用		200 000
管理费用		120 000
财务费用		10 000
营业外支出		8 000
资产减值损失		50 000
所得税费用		30 000

该企业 6 月份的净利润＝1 510 000－1 008 000＝502 000(元)

2.利润分配的会计处理

企业净利润的分配是通过设置“利润分配”账户进行核算的。“利润分配”是一个所有者权益账户，用以核算企业当年净利润的分配或亏损的弥补情况，以及历年净利润分配(或亏损弥补)后的结存余额，其主要用途是用于调整“本年利润”账户。

“利润分配”账户下设的 12 个明细账户为：“盈余公积补亏”、“提取法定盈余公积”、“提取法定公益金”、“提取储备基金”、“提取企业发展基金”、“提取职工奖励及福利基金”、“利润返还投资”、“应付优先股股利”、“提取任意盈余公积”、“应付普通股股利”、“转作资本(或股本)

的股利"和"未分配利润"。年终利润分配各明细账只有"未分配利润"有余额，需将其他明细账结平。

（1）盈余公积补亏

核算企业用盈余公积弥补以前年度的亏损。贷方反映用盈余公积弥补的亏损数额，借方反映年终决算时转入"利润分配——未分配利润"明细账户的已弥补亏损数额，年终结转后"利润分配——盈余公积补亏"明细账户没有余额。

（2）提取法定盈余公积

核算企业按规定从本年净利润中提取的法定盈余公积金。借方反映企业提取的法定盈余公积金，贷方反映年终决算时转入"利润分配——未分配利润"明细账户的已提取法定盈余公积金，年终结转后"利润分配——提取法定盈余公积"明细账户没有余额。

（3）提取法定公益金

核算企业按规定从本年净利润中提取的法定公益金。借方反映企业提取的法定公益金，贷方反映年终决算时转入"利润分配——未分配利润"明细账户的已提取法定公益金，年终结转后"利润分配——提取法定公益金"明细账户没有余额。

（4）提取储备基金

核算企业按规定从本年净利润中提取的储备基金。借方反映企业提取的储备基金，贷方反映年终决算时转入"利润分配——未分配利润"明细账户的已提取储备基金，年终结转后"利润分配——提取储备基金"明细账户没有余额。

（5）提取企业发展基金

核算企业按照规定从本年净利润中提取的企业发展基金。借方反映企业提取的企业发展基金，贷方反映年终决算时转入"利润分配——未分配利润"明细账户的已提取企业发展基金，年终结转后"利润分配——提取企业发展基金"明细账户没有余额。

（6）提取职工奖励及福利基金

核算企业按规定从本年净利润中提取的职工奖励及福利基金。借方反映企业提取的职工奖励及福利基金，贷方反映年终决算时转入"利润分配——未分配利润"明细账户的已提取职工奖励及福利基金，年终结转后"利润分配——提取职工奖励及福利基金"明细账户没有余额。

（7）利润返还投资

核算外商投资企业用利润返还的投资。借方反映外商投资企业用利润返还的投资，贷方反映年终决算时转入"利润分配——未分配利润"明细账户的利润返还投资，年终结转后"利润分配——利润返还投资"明细账户没有余额。

（8）应付优先股股利

核算企业分配给优先股股东的股利。借方反映企业分配给优先股股东的股利，贷方反映年终决算时转入"利润分配——未分配利润"明细账户的已分配给优先股股东的股利，年终结转后"利润分配——应付优先股股利"明细账户没有余额。

（9）提取任意盈余公积

核算企业按规定从本年净利润中提取的任意盈余公积金。借方反映企业提取的任意盈余公积金，贷方反映年终决算时转入"利润分配——未分配利润"明细账户的已提取任意盈余公积金，年终结转后"利润分配——提取任意盈余公积"明细账户没有余额。

（10）应付普通股股利

核算企业分配给普通股股东的股利。借方反映企业分配给普通股股东的股利，贷方反映年终决算时转入“利润分配——未分配利润”明细账户的已分配给普通股股东的股利，年终结转后“利润分配——应付普通股股利”明细账户没有余额。

(11)转作资本(或股本)的股利

核算企业分配给普通股股东的股票股利。借方反映企业按股东大会批准的应分配的股票股利，贷方反映年终决算时转入“利润分配——未分配利润”明细账户的已分配股票股利，年终结转后“利润分配——转作资本(或股本)的股利”明细账户没有余额。

(12)未分配利润

核算年终累计未分配利润或累计未弥补亏损。年度终了，企业将全年实现的净利润(或亏损)自“本年利润”账户转入“未分配利润”明细账户。同时，将“利润分配”账户的其他明细账户余额也转入“未分配利润”明细账户，借记“未分配利润”明细账户，贷记“提取法定盈余公积”、“提取法定公益金”、“提取储备基金”、“提取企业发展基金”、“提取职工奖励及福利基金”、“利润返还投资”、“应付优先股股利”、“提取任意盈余公积”、“应付普通股股利”和“转作资本(或股本)的股利”等明细账户；借记“盈余公积补亏”明细账户，贷记“未分配利润”明细账户。

经过上述年终结转后，“未分配利润”明细账户的贷方余额为累计未分配利润，借方余额为累计未弥补的亏损。“利润分配”账户的其他明细账户年终没有余额。

企业按规定从净利润中提取盈余公积及法定公益金时借记“利润分配——提取法定盈余公积、提取法定公益金、提取任意盈余公积、提取储备基金、提取企业发展基金”，贷记“盈余公积——法定盈余公积、法定公益金、任意盈余公积、储备基金、企业发展基金”等账户；企业用盈余公积弥补亏损时借记“盈余公积”账户，贷记“利润分配——盈余公积补亏”；企业分配给股东现金股利或利润时，借记“利润分配——应付优先股股利、应付普通股股利”，贷记“应付股利”账户；外商投资企业用利润归还投资时，借记“利润分配——利润返还投资”，贷记“盈余公积——利润返还投资”账户；外商投资企业从净利润中提取职工奖励及福利基金时，借记“利润分配——提取职工奖励及福利基金”，贷记“应付福利费”账户。

3. 亏损弥补及其会计处理

企业亏损弥补的一般途径有三种：一是用以后赢利年度的税前利润弥补；二是用以后赢利年度的税后利润弥补；三是用一般盈余公积弥补。

企业弥补亏损的账务处理如下：无论是用以后赢利年度的税前利润弥补，还是用以后赢利年度的税后利润弥补，都不需要单独进行账务处理，而是随着本年利润的结转自然弥补；只有用盈余公积补亏时，才需单独进行账务处理。

用盈余公积补亏时的会计分录为：

借：盈余公积——法定盈余公积

　　　　　　——任意盈余公积

　贷：利润分配——盈余公积补亏

年末将“盈余公积补亏”明细账户余额转入“未分配利润”明细账户：

借：利润分配——盈余公积补亏

　贷：利润分配——未分配利润

例 10-23　沿用例 10-22，该企业按当年净利润的 10%提取法定盈余公积，按当年净利润的 20%分配现金股利给投资者，按当年净利润的 10%分配股票股利给投资者，并用任意盈余公积 50 000 元弥补以前年度亏损。

(1)将“本年利润”账户的余额转入“利润分配——未分配利润”账户：

借：本年利润	502 000	
贷：利润分配——未分配利润		502 000

(2)提取法定盈余公积：

借：利润分配——提取法定盈余公积	50 200	
贷：盈余公积——法定盈余公积		50 200

(3)分配现金股利：

借：利润分配——应付现金股利	100 400	
贷：应付股利		100 400

(4)分配股票股利：

借：利润分配——转作股本的股利	50 200	
贷：股本(或实收资本)		50 200

(5)用任意盈余公积弥补以前年度亏损：

借：盈余公积——任意盈余公积	50 000	
贷：利润分配——盈余公积补亏		50 000

(6)将“利润分配”其他各明细账户余额转入“利润分配——未分配利润”账户：

借：利润分配——盈余公积补亏	50 000	
利润分配——未分配利润	150 800	
贷：利润分配——提取法定盈余公积		50 200
利润分配——应付现金股利		100 400
利润分配——转作股本的股利		50 200

(7)计算年末未分配利润：

未分配利润＝净利润－已分配利润＝502 000－150 800＝351 200(元)

小结

利润是企业在一定会计期间内的经营成果，包括收入减去费用后的净额、直接计入当期利润的利得和损失等。利润是反映企业经营业绩情况的一个会计要素，通常是评价企业管理层业绩的一项重要指标，也是投资者、债权人等做出正确的投资决策、信贷决策等的重要参考指标。

企业应根据会计准则的规定，对当期所得税加以调整计算后，据以确认应从当期利润总额中扣除的所得税费用。会计利润与纳税所得的差异分为永久性差异与暂时性差异，暂时性差异可分为应纳税暂时性差异与可抵扣暂时性差异。在产生应纳税暂时性差异的当期，应当确认相关的递延所得税负债；在产生可抵扣暂时性差异的当期，应当确认相关的递延所得税资产。采用资产负债表债务法核算所得税的情况下，企业一般应于每个资产负债表日进行所得税的核算。

企业当年实现的净利润应按下列顺序分配：①缴纳各项税收的滞纳金和罚款；②弥补企业以前年度亏损；③提取法定盈余公积金；④提取公益金；⑤向投资者分配利润。

思考题

1. 企业的净利润由哪几个部分组成？
2. 什么是利得？什么是损失？
3. 简述使用资产负债表债务法核算所得税的基本原理。

4. 简述确认递延所得税资产和递延所得税负债的原则。

5. 利润分配的一般顺序是什么？

练习题

1. A 公司 2×13 年度利润总额为 1 200 万元，适用所得税税率为 25%。2×13 年发生的交易和事项中，会计处理与税收处理存在的差异如下。

(1)2×13 年 1 月 1 日开始计提折旧的一项设备，成本为 200 万元，会计处理按年数总和法计提折旧，税收处理按直线法计提折旧。假定税法规定的使用年限及净残值与会计规定相同，使用年限为 10 年，净残值为零。

(2)向关联企业提供现金捐赠 20 万元。

(3)当年度发生研究开发支出 500 万元，其中 200 万元计入无形资产成本。税法规定，该企业可按实际发生研究开发支出的 150%加计扣除。

(4)应付违反环保法规定罚款 10 万元。

(5)期末，A 公司对持有的存货计提了 3 万元的存货跌价准备。税法规定，该类资产在发生实质性损失时才允许税前扣除。

要求：

(1)确定甲公司上述交易或事项中资产、负债在 2×13 年 12 月 31 日的账面价值与计税基础，计算所产生的应纳税暂时性差异或可抵扣暂时性差异的金额；

(2)计算甲公司 2×13 年应纳税所得额、应交所得税、递延所得税和所得税费用；

(3)编制甲公司 2×13 年确认所得税费用的会计分录。

2. 乙公司 2×13 年年末结账前，各损益账户的余额如下(单位：元)：

账户名称	借方余额	贷方余额
主营业务收入		5 390 000
其他业务收入		1 259 000
投资收益		2 284 000
营业外收入		32 000
主营业务成本	2 037 000	
其他业务成本	738 000	
营业税金及附加	287 000	
销售费用	250 000	
管理费用	640 000	
财务费用	160 000	
资产减值损失	58 000	
营业外支出	10 000	
所得税费用	280 000	

要求：

(1)结转乙公司 2×13 年度的损益；

(2)乙公司 2×13 年进行利润分配，董事会提出的利润分配预案为：按照净利润的 10%和 5%分别提取法定盈余公积和任意盈余公积，按照净利润的 20%向普通股股东发放股票股利，按照净利润的 10%向普通股股东发放现金股利，请做出乙公司当年利润分配的账务处理；

(3)年终结转乙公司当年利润分配明细账户。

会计报表篇

第 11 章 财务报告体系

学习目的

本章主要介绍财务报告的有关知识。通过本章学习应：

⊙ 掌握财务报告及其组成

⊙ 了解财务报表编制的基本要求

⊙ 掌握基本财务报表的种类和特征

⊙ 了解财务报表附注的基本内容

章前案例与导引

作为资本市场基本单元的企业是以财务报告为载体对外披露会计信息的，财务报告信息对投资人、债权人、政府和企业等社会经济主体的决策行为产生实质性影响。作为投资者在做出是否投资的决策前，需要了解该公司的财务状况，如公司的总资产规模有多大？公司的流动资产有多少？需要了解公司的赢利能力，每股收益如何？还需要了解公司的成长潜力。作为债权人在做出是否给予贷款决策前，需要了解该公司的偿债能力；作为企业的管理层，需要根据主要的成本、利润信息做出管理决策等。

作为外部信息使用者，可以在财经期刊、财经报刊、各大相关网站上阅读任何一家上市公司的财务报告，每一份财务报告都有少则五六十页，多则一百多页的内容。如何从这些繁多的报告信息内容中抽取自己所需要的信息？这需要了解财务报告的构成、各基本财务报表数据信息的内容和构成、财务报表附注文字信息的基本内容。本章将对以上问题进行讨论。

11.1　财务报告概述

财务报告，是指企业对外提供的反映企业某一特定日期的财务状况和某一会计期间的经营成果、现金流量等会计信息的文件。财务报告包括财务报表和其他应当在财务报告中披露的相关信息和资料。

11.1.1　财务报表的定义和作用

财务报表是对企业财务状况、经营成果和现金流量的结构性表述。财务报表至少应当包括下列组成部分：①资产负债表；②利润表；③现金流量表；④所有者权益（或股东权益，下同）变动表；⑤附注。

财务报表作为总括反映会计信息的书面文件，是提供会计信息的重要工具。企业提供及时、正确、完整的会计信息，对满足投资者、债权人、政府和企业内部经营管理者等信息使用者的决策需要具有重要的意义。

11.1.2　财务报表的分类

财务报表可以按照不同的标准进行分类。

1.按财务报表编报期间的不同分类

按财务报表编报期间的不同分类，可以分为中期财务报表和年度财务报表。中期财务报表是以短于一个完整会计年度的报告期间为基础编制的财务报表，包括月报、季报和半年报等。

2.按其反映的经济内容不同分类

按其反映的经济内容不同分类，可以分为如下报表。

（1）反映企业财务状况的会计报表，用来总括反映企业财务状况及其变动情况，包括资产负债表、现金流量表。

（2）反映财务成果的会计报表，用来总括反映企业在一定时期内经营过程中的收入和业务成果，如利润表。

（3）反映所有者权益的各组成部分当期的增减变动情况的会计报表，如所有者权益（股东权益）变动表。

3.按财务报表反映的经济内容的状态分类

按财务报表反映的经济内容的状态分类，可以分为静态会计报表和动态会计报表。

（1）静态会计报表，是指综合反映企业某一特定日期财务状况的会计报表。静态会计报表的特点是：反映时点数，而非时期数，对截至某一时点为止的期末余额进行反映，如资产负债表。

（2）动态会计报表，是指综合反映企业在一定时期内财务成果、现金流量或所有者权益的情况的会计报表。动态会计报表的特点是：反映的时间较长，对某段时期的发生额进行反映，提供的是时期数，如利润表、现金流量表和所有者权益变动表。

4.按财务报表编报主体的不同分类

按财务报表编报主体的不同分类，可以分为个别财务报表和合并财务报表。

(1)个别财务报表，是由企业在自身会计核算基础上对账簿记录进行加工而编制的财务报表，它主要用以反映企业自身的财务状况、经营成果和现金流量情况。

(2)合并财务报表，是以母公司和子公司组成的企业集团为会计主体，根据母公司和所属子公司的财务报表，由母公司编制的综合反映企业集团财务状况、经营成果以及现金流量的财务报表。

11.1.3 财务报表编制的基本要求

1.遵循各项会计准则进行确认和计量

企业应当根据实际发生的交易和事项，遵循各项具体会计准则的规定进行确认和计量，并在此基础上编制财务报表。企业应当在附注中对遵循企业会计准则编制的财务报表做出声明，只有遵循了企业会计准则的所有规定时，财务报表才应被称为“遵循了企业会计准则”。

2.反映全面

财务报表应能满足所有使用者的要求。不同信息使用者对会计信息的要求不完全相同，他们需要的资料也不可能全部由会计报表来提供，会计报表要针对各使用者共同的要求而编制。

3.内容真实

财务报表提供的信息应能如实反映企业的经营情况及结果。财务报表中各项指标和数据必须真实、客观地反映会计主体的财务状况和经营成果。会计信息真实可靠是使用者对财务报表的基本要求，是其他要求的基础。要保证财务报表提供真实信息，就要做到账簿记录正确。在编制报表前要求账证核对、账账核对、账实核对，不得任意以估计数或计划数甚至编造的数字来编制报表。内容真实还要求财务报表提供的资料内容完整。故意和无意的漏编、漏报都会影响报表信息的真实性。

4.方法一致

财务报表提供的资料应当能够满足使用者对不同时期财务报表和不同企业财务报表相关指标比较的需要。这就要求企业对不同时期同类业务的计量和处理方法要一致，从而保证不同时期财务报表或不同企业财务报表相关指标的可比性。

5.编报及时

财务报表应当在规定的时间内报送。财务报表时效性较强，应在保证质量的前提下，在规定期限内编制完毕，并按规定的时间及时报送有关单位，以满足各方面对财务报表资料的需要。企业应当依照法律、行政法规和国家统一的会计制度有关财务报表提供期限的规定，及时对外提供财务报表。

11.2 基本会计报表

11.2.1 资产负债表

资产负债表是指反映企业在某一特定日期财务状况的会计报表。它反映企业在某一特定日期所拥有或控制的经济资源、所承担的现时义务和所有者对净资产的要求权。通过资产负债表，可以提供某一日期资产的总额及其结构，表明企业拥有或控制的资源及其分布情况，使用者可以一目了然地从资产负债表上了解企业在某一特定日期所拥有的资产总量及其结构；可以提供某一日期的负债总额及其结构，表明企业未来需要用多少资产或劳务清偿债务以及清偿时间；可以反映所有者所拥有的权益，据以判断资本保值、增值的情况以及对负债的保障程度。

11.2.2 利润表

利润表是反映企业在一定会计期间的经营成果的会计报表。利润表的列报必须充分反映企业经营业绩的主要来源和构成，有助于使用者判断净利润的质量及其风险，有助于使用者预测净利润的持续性，从而做出正确的决策。通过利润表，可以反映企业一定会计期间的收入实现情况，如实现的营业收入有多少、实现的投资收益有多少、实现的营业外收入有多少，等等；可以反映一定会计期间的费用耗费情况，如耗费的营业成本有多少，营业税费有多少，销售费用、管理费用、财务费用各有多少，营业外支出有多少，等等；可以反映企业生产经营活动的成果，即净利润的实现情况，据以判断资本保值、增值情况。

2014 年修订的《企业会计准则第 30 号——财务报表列报》要求企业利润表列报综合收益。综合收益，是指企业在某一期间除与所有者以其所有者身份进行的交易之外的其他交易或事项所引起的所有者权益变动。综合收益总额项目反映净利润和其他综合收益扣除所得税影响后的净额相加后的合计金额。其他综合收益，是指企业根据其他会计准则规定未在当期损益中确认的各项利得和损失。企业应当以扣除相关所得税影响后的净额在利润表上单独列示各项其他综合收益项目，并且其他综合收益项目应当根据其他相关会计准则的规定分为下列两类列报：①以后会计期间不能重分类进损益的其他综合收益项目；②以后会计期间在满足规定条件时将重分类进损益的其他综合收益项目。

11.2.3 现金流量表

现金流量表，是指反映企业在一定会计期间现金和现金等价物流入和流出的报表。从编制原则上看，现金流量表按照收付实现制原则编制，将权责发生制下的赢利信息调整为收付实现制下的现金流量信息，便于信息使用者了解企业净利润的质量。从内容上看，现金流量表被划分为经营活动、投资活动和筹资活动三个部分，每类活动又分为各具体项目，这些项目从不同角度反映企业业务活动的现金流入与流出，弥补了资产负债表和利润表提供信息的不足。

11.2.4 所有者权益变动表

所有者权益变动表是指反映构成所有者权益各组成部分当期增减变动情况的报表。所有者权益变动表应当全面反映一定时期所有者权益变动的情况，不仅包括所有者权益总量的增减变动，还包括所有者权益增减变动的重要结构性信息，让报表使用者准确理解所有者权益增减变动的根源。

在所有者权益变动表中，企业至少应当单独列示反映下列信息的项目：①综合收益总额；②会计政策变更和前期差错更正的累积影响金额；③所有者投入资本和向所有者分配利润等；④按照规定提取的盈余公积；⑤所有者权益各组成部分的期初和期末余额及其调节情况。

11.3 财务报表附注

11.3.1 附注的主要内容

附注是对资产负债表、利润表、现金流量表和所有者权益变动表等报表中列示项目的文字描述或明细资料，以及对未能在这些报表中列示项目的说明等。附注是财务报表的重要组成部分。附注应当按照如下顺序披露有关内容。

1.企业的基本情况

(1)企业注册地、组织形式和总部地址。

(2)企业的业务性质和主要经营活动。如企业所处的行业、所提供的主要产品或服务、客户的性质、销售策略、监管环境的性质等。

(3)母公司以及集团最终母公司的名称。

(4)财务报告的批准报出者和财务报告批准报出日。如果企业已在财务报表其他部分披露了财务报告的批准报出者和批准报出日信息，则无需重复披露；或者已有相关人员签字批准报出财务报告，可以其签名及其签字日期为准。

(5)营业期限有限的企业，还应当披露有关其营业期限的信息。

2.财务报表的编制基础

企业应当根据准则的规定判断企业是否持续经营，并披露财务报表是否以持续经营为基础编制。

3.遵循企业会计准则的声明

准则规定，企业应当声明编制的财务报表符合企业会计准则的要求，真实、完整地反映了企业的财务状况、经营成果和现金流量等有关信息，以此明确企业编制财务报表所依据的制度基础。如果企业编制的财务报表只是部分地遵循了企业会计准则，附注中不得做出这种表述。

4.重要会计政策和会计估计

(1)重要会计政策的说明。准则规定，企业应当披露采用的重要会计政策，并结合企业的具体实际披露其重要会计政策的确定依据和财务报表项目的计量基础。其中，会计政策的确定依据主要是指企业在运用会计政策过程中所做的重要判断，这些判断对在报表中确认的项目金额具有重要影响。比如，企业如何判断持有的金融资产是持有至到期的投资而不是交易性投资，企业如何判断与租赁资产相关的所有风险和报酬已转移给企业从而符合融资租赁的标准，投资性房地产的判断标准是什么等。财务报表项目的计量基础包括历史成本、重置成本、可变现净值、现值和公允价值等会计计量属性，比如存货是按成本还是按可变现净值计量的等。

(2)重要会计估计的说明。准则规定，企业应当披露重要会计估计，并结合企业的具体实际披露其会计估计所采用的关键假设和不确定因素。

重要会计估计的说明，包括可能导致下一个会计期间内资产、负债账面价值重大调整的会计估计的确定依据等。例如，固定资产可收回金额的计算需要根据其公允价值减去处置费用后的净额与预计未来现金流量的现值两者之间的较高者确定，在计算资产预计未来现金流量的现值时需要对未来现金流量进行预测，并选择适当的折现率，企业应当在附注中披露未来现金流量预测所采用的假设及其依据、所选择的折现率为什么是合理的等。又如，对于正在进行中的诉讼提取准备，企业应当披露最佳估计数的确定依据等。

5.会计政策和会计估计变更以及差错更正的说明

准则规定，企业应当按照《企业会计准则第 28 号——会计政策、会计估计变更和差错更正》的规定，披露会计政策和会计估计变更以及差错更正的情况。

6.报表重要项目的说明

准则规定，企业应当按照资产负债表、利润表、现金流量表、所有者权益变动表及其项目列示的顺序，采用文字和数字描述相结合的方式披露报表重要项目的说明。报表重要项目的明细金额合计，应当与报表项目金额相衔接。

7.或有和承诺事项、资产负债表日后非调整事项、关联方关系及其交易等需要说明的事项

企业应当按照相关会计准则的规定进行披露。

8.有助于财务报表使用者评价企业管理资本的目标、政策及程序的信息

资本管理受行业监管部门监管要求的金融等行业企业，除遵循相关监管要求外，比如我国商业银行遵循中国银监会《商业银行资本管理办法(试行)》进行有关资本充足率等的信息披露，还应当按照准则的规定，在财务报表附注中披露有助于财务报表使用者评价企业管理资本的目标、政策及程序的信息。

根据准则的规定，企业应当基于可获得的信息充分披露如下内容：

(1)企业资本管理的目标、政策及程序的定性信息，包括：①对企业资本管理的说明；②受制于外部强制性资本要求的企业，应当披露这些要求的性质以及企业如何将这些要求纳入其资本管理之中；③企业如何实现其资本管理的目标。

(2)资本结构的定量数据摘要，包括资本与所有者权益之间的调节关系等。比如，有的企业将某些金融负债(如次级债)作为资本的一部分，有的企业将资本视作扣除某些权益项目(如现金流量套期产生的利得或损失)后的部分。

(3)自前一会计期间开始上述(1)和(2)中的所有变动。

(4)企业当期是否遵循了其受制的外部强制性资本要求，以及当企业未遵循外部强制性资本要求时的后果。

企业按照总体对上述信息披露不能提供有用信息时，还应当对每项受管制的资本要求单独披露上述信息，比如，跨行业、跨国家或地区经营的企业集团可能受一系列不同的资本要求监管。

11.3.2　关联方披露

1.关联方关系的认定

关联方关系的存在是以控制、共同控制或重大影响为前提条件的。在判断是否存在关联方关系时，应当遵循实质重于形式原则。从一个企业的角度出发，其存在关联方关系的包括如下各方。

(1)该公司的母公司，不仅包括直接或间接地控制该企业的其他企业，也包括能够对该企业实施直接或间接控制的部门、单位等。

(2)该企业的子公司，包括直接或间接地被该企业控制的其他企业，也包括直接或间接地被该企业控制的单位、信托基金等。

(3)与该企业受同一母公司控制的其他企业。例如，A公司和B公司同受C公司控制，从而A公司和B公司之间构成关联方关系。

(4)对该企业实施共同控制的投资方，这里的共同控制包括直接的共同控制和间接的共同控制。对企业实施直接或间接共同控制的投资方与该企业之间是关联方关系，但这些投资方之间并不能仅仅因为共同控制了同一家企业而视为存在关联方关系。例如，A、B、C三个企业共同控制D企业，从而A和D、B和D以及C和D成为关联方关系。如果不存在其他关联方关系，A和B、A和C以及B和C之间不构成关联方关系。

(5)对该企业施加重大影响的投资方。这里的重大影响包括直接的重大影响和间接的重大影响。对企业实施重大影响的投资方与该企业之间是关联方关系，但这些投资方之间并不能仅仅因为对同一家企业具有重大影响而视为存在关联方关系。

(6)该企业的合营企业。合营企业是以共同控制为前提的，两方或多方共同控制某一企业时，该企业则为投资者的合营企业。例如，A、B、C、D企业各占F企业有表决权资本的25%，按照合同规定，投资各方按照出资比例控制F企业，由于出资比例相同，F企业由A、B、C、D企业共同控制，在这种情况下，A和F、B和F、C和F以及D和F之间构成关联方关系。

(7)该企业的联营企业。联营企业和重大影响是相联系的，如果投资者能对被投资企业施加重大影响，则该被投资企业视为投资者的联营企业。

(8)该企业的主要投资者个人及与其关系密切的家庭成员。主要投资者个人，是指能够控制、共同控制一个企业或者对一个企业施加重大影响的个人投资者。

(9)该企业或其母公司的关键管理人员及与其关系密切的家庭成员。关键管理人员，是指有权力并负责计划、指挥和控制企业活动的人员。

(10)该企业主要投资者个人、关键管理人员或与其关系密切的家庭成员控制、共同控制或施加重大影响的其他企业。对于这类关联方，应当根据主要投资者个人、关键管理人员或与其关系密切的家庭成员对两家企业的实际影响力具体分析判断。

2.不构成关联方关系的情况

(1)与该企业发生日常往来的资金提供者、公用事业部门、政府部门和机构，以及与该企业发生大量交易而存在经济依存关系的单个客户、供应商、特许商、经销商和代理商之间，不构成关联方关系。

(2)与该企业共同控制合营企业的合营者之间，通常不构成关联方关系。

(3)仅仅同受国家控制而不存在控制、共同控制或重大影响关系的企业，不构成关联方关系。

3.关联方交易的类型

存在关联方关系的情况下，关联方之间发生的交易为关联方交易，关联方的交易类型主要有如下类型。

(1)购买或销售商品。购买或销售商品是关联方交易较常见的交易事项。例如，企业集团成员企业之间互相购买或销售商品，形成关联方交易。

(2)购买或销售除商品以外的其他资产。例如，母公司出售给其子公司设备或建筑物等。

(3)提供或接受劳务。例如，A企业是B企业的联营企业，A企业专门从事设备维修服务，B企业的所有设备均由A企业负责维修，B企业每年支付设备维修费用300万元，该维修服务构成A企业与B企业的关联方交易。

(4)担保。担保包括在借贷、买卖、货物运输、加工承揽等经济活动中，为了保障其债权实现而实行的担保等。当存在关联方关系时，一方往往为另一方提供为取得借款、买卖等经济活动中所需要的担保。

(5)提供资金(贷款或股权投资)。例如，企业从其关联方取得资金，或权益性资金在关联方之间的增减变动等。

(6)租赁。租赁通常包括经营租赁和融资租赁等，关联方之间的租赁合同也是主要的交易事项。

(7)代理。代理主要是依据合同条款，一方可为另一方代理某些事务，如代理销售货物，或代理签订合同等。

(8)研究与开发项目的转移。在存在关联方关系时，有时某一企业所研究与开发的项目会由于一方的要求而放弃或转移给其他企业。例如，B公司是A公司的子公司，A公司要求B公司停止对某一新产品的研究和试制，并将B公司研究的现有成果转给A公司最近购买的、研究与开发能力超过B公司的C公司继续研制，形成关联方交易。

(9)许可协议。当存在关联方关系时，关联方之间可能达成某项协议，允许一方使用另一方商标等，从而形成了关联方之间的交易。

(10)代表企业或由企业代表另一方进行债务结算。

(11)关键管理人员薪酬。企业支付给关键管理人员的报酬，也是一项主要的关联方交易。

4.关联方的披露

(1)企业无论是否发生关联方交易，均应当在附注中披露与该企业之间存在直接控制关系的母公司和子公司有关的信息。母公司不是该企业最终控制方的，还应当披露企业集团内对该企业享有最终控制权的企业(或主体)的名称。母公司和最终控制方均不对外提供财务报表的，还应当披露母公司之上与其最相近的对外提供财务报表的母公司名称。

(2)企业与关联方发生关联方交易的，应当在附注中披露该关联方关系的性质、交易类型及交易要素。关联方关系的性质，是指关联方与该企业的关系，即关联方是该企业的子公司、合营企业、联营企业等。交易类型通常包括购买或销售商品、购买或销售商品以外的其他资产、提供或接受劳务、担保、提供资金(贷款或股权投资)、租赁、代理、研究与开发项目的转移、许可协议、代表企业或由企业代表另一方进行债务结算等。交易要素至少应当包括：交易的金额，未结算项目的金额、条款和条件，有关提供或取得担保的信息，未结算应收项目坏账准备金额，定价政策。

(3)对外提供合并财务报表的，对于已经包括在合并范围内各企业之间的交易不予披露。合并财务报表是将集团作为一个整体来反映与其有关的财务信息，在合并财务报表中，企业集团作为一个整体看待，企业集团内的交易已不属于交易，并且已经在编制合并财务报表时予以抵销。因此，对外提供合并财务报表的，对于已经包括在合并范围内并已抵销的各企业之间的交易不予披露。

除以上内容以外，附注中还需要披露金融资产、或有负债等重要事项的信息。

小结

财务报告，是指企业对外提供的反映企业某一特定日期的财务状况和某一会计期间的经营成果、现金流量等会计信息的文件。财务报告包括财务报表和其他应当在财务报告中披露的相关信息和资料。财务报表是对企业财务状况、经营成果和现金流量的结构性表述。财务报表至少应当包括下列组成部分：①资产负债表；②利润表；③现金流量表；④所有者权益（或股东权益）变动表；⑤附注。

思考题

1. 简述财务报告、财务报表、财务报表附注的定义和关系。
2. 简述四大基本财务报表的基本内容。
3. 简述财务报表按不同标准有哪些分类？
4. 简述财务报表有何意义？
5. 简述财务报表的编制要达到哪些基本要求？
6. 简述财务报表附注的基本内容。
7. 什么是分部报告？
8. 何为关联方关系？关联方交易有哪些类型？

第 12 章 资产负债表的编制和阅读

学习目的

本章主要介绍资产负债表的有关知识。通过本章学习应：

- ⊙ 掌握资产负债表的结构、格式和项目的分类与排列
- ⊙ 了解资产负债表的作用
- ⊙ 掌握资产负债表的编制方法
- ⊙ 掌握如何识别、分析资产负债表中的重要信息

章前案例与导引

假如你是某银行的信贷部负责人，现有两家茶艺公司向你申请 800 000 元的一年期贷款，这两家公司的简化资产负债表见表 12-1 和表 12-2。

表 12-1 逸海茶楼资产负债表

2×13 年 12 月 31 日　　单位：元

资　产	金　额	负债及所有者权益	金　额
现金	10 000	应付账款	50 000
银行存款	100 000	其他应付款	10 000
其他应收款	40 000	长期借款	400 000
流动资产合计	150 000	实收资本	200 000
固定资产	600 000	盈余公积	50 000
		未分配利润	40 000
资产合计	750 000	负债及所有者权益合计	750 000

表 12-2 假日茶楼资产负债表

2×13 年 12 月 31 日　　单位：元

资　产	金　额	负债及所有者权益	金　额
现金	1 000	应付账款	40 000
银行存款	48 000	其他应付款	20 000
其他应收款	2 000	长期借款	400 000
流动资产合计	51 000	实收资本	200 000
固定资产	609 000		
资产合计	660 000	负债及所有者权益合计	660 000

开业几年来，两家茶楼的经营都很成功。你认为两家茶楼的预期发展前景都很好，但你同时也清楚茶艺行业竞争相当激烈，赢利变动较大。那你如何通过对以上两家茶楼的偿债能力指标的分析，判断哪家茶楼的财务风险或信用风险较低呢？本章将回答这方面的问题。

12.1 资产负债表概述

资产负债表是反映企业某一特定日期财务状况的报表。它是根据“资产＝负债＋所有者权益”的会计等式，依据一定的分类标准和顺序，将企业某一特定日期的资产、负债、所有者权益项目予以适当排列，并根据账簿记录编制而成的。

12.1.1 资产负债表的结构与格式

资产负债表是根据会计等式“资产＝负债＋所有者权益”来设计的，资产负债表实际上是该等式的具体展示。

12.1.1.1 基本结构

资产负债表由表头、表身与表尾三部分组成。表头的内容包括报表的名称、编制单位、编制日期和金额单位。表尾主要包括有关人员的签章等。表身是资产负债表的主干与核心，它的具体内容如下。

1.资产、负债与所有者权益

资产、负债与所有者权益各部分，都按一定分类标准和顺序详细列示了其具体构成项目。资产负债表的具体格式因上述三部分内容的排列方法不同而异。

2.金额栏

资产负债表的金额栏一般包括期末余额、年初余额。利用“资产总计”金额和“负债和所有者权益（或股东权益）总计”金额的比较，可以检查资产负债表编制的基本正确性。

12.1.1.2 基本格式

在我国，资产负债表一般采用账户式结构，报表分为左右两方，左方列示资产各项目，反映全部资产的分布及存在形态；右方列示负债和所有者权益各项目，反映全部负债和所有者权益的内容及构成情况。资产负债表左右双方平衡，资产总计等于负债和所有者权益总计即“资产＝负债＋所有者权益”。此外，为了使使用者通过比较不同时点资产负债表的数据，掌握企业财务状况的变动情况及发展趋势，企业资产负债表采用前后两期比较的方式，即对比资产负债表，资产负债表就各项目分为“年初余额”和“期末余额”两栏分别填列。资产负债表的具体格式见表12-1。

12.1.2 资产负债表的作用

资产负债表是企业的主要财务报表之一，它提供的信息被使用者从不同角度、根据不同需要所采用，它的主要作用如下。

（1）反映企业所拥有或控制的各项经济资源（资产）的数额及其分布情况。这是衡量企业经营规模、分析企业生产经营能力及抵御风险能力的重要依据。

（2）揭示企业所负担的债务（短期和长期负债）及构成，据此，分析企业的偿债能力和支付能力。

(3)反映企业所有者在企业中持有的权益及权益的构成情况。例如，所有者权益中收益资本的金额以及占整体的比重，可以反映企业经营和获利能力以及企业分发股利的可能性。

(4)通过对前后连续的各期资产负债表相关内容进行比较，可以反映企业财务状况的变化趋势和资本结构的变动情况。

12.2 资产负债表的编制

12.2.1 资产负债表的编制方法

资产负债表的编制方法因其各部分内容的不同而异。因表身是资产负债表的主体部分，且编制难度最大，故在此主要说明表身的编制方法。

为便于各项指标期末数与期初数的比较，资产负债表设有“年初余额”和“期末余额”两个金额栏，相当于两个期末的“比较资产负债表”。

12.2.1.1 年初余额栏的填列方法

资产负债表“年初余额”栏内各项数字，应根据上年末资产负债表“期末余额”栏内所列数字填列。如果上年度资产负债表规定的各个项目的名称和内容同本年度不相一致，应对上年年末资产负债表各项目的名称和数字按照本年度的规定进行调整，填入表中“年初余额”栏内。

12.2.1.2 期末余额栏的填列方法

资产负债表“期末余额”栏内各项数字，一般应根据资产、负债和所有者权益类账户的期末余额填列。主要包括以下方式。

1.根据总账账户余额直接填列

资产负债表中的有些项目，可直接根据有关总账账户的余额填列，如“以公允价值计量且其变动计入当期损益的金融资产”、“固定资产清理”、“递延所得税资产”、“短期借款”、“以公允价值计量且其变动计入当期损益的金融负债”、“应付票据”、“应交税费”、“预计负债”、“递延所得税负债”、“实收资本(或股本)”、“库存股”、“资本公积”、“其他综合收益”、“盈余公积”等项目，应根据有关总账科目的余额填列。其中，有其他综合收益相关业务的企业，应当设置“其他综合收益”科目进行会计处理，该科目应当按照其他综合收益项目的具体内容设置明细科目。企业在对其他综合收益进行会计处理时，应当通过“其他综合收益”科目处理，并与“资本公积”科目相区分。

2.根据总账账户余额计算填列

有些项目则需根据几个总账账户的期末余额计算填列，如“货币资金”项目，需根据“库存现金”、“银行存款”、“其他货币资金”三个总账账户的期末余额的合计数填列。

3.根据明细账账户余额计算填列

如“应收账款”项目，需要根据“应收账款”和“预收账款”两个账户所属明细账借方余额之和减“坏账准备”账户的金额计算填列；“预付款项”项目，需要根据“应付账款”和“预付账款”两个账户所属的相关明细账的期末借方余额计算填列；“应付账款”项目，需要根据“应付账款”和“预付账款”两个账户所属的相关明细账的期末贷方余额计算填列；“预收款项”项目，需要根据“应收账款”和“预收账款”两个账户所属的相关明细账的期末贷方余额计算填列。

4.根据总账账户和明细账账户余额分析计算填列

如“长期借款”项目，需要根据“长期借款”总账账户余额扣除“长期借款”账户所属的明细账中将在一年内到期、且企业不能自主地将清偿义务展期的长期借款后的金额计算填列。

5.根据有关账户余额减去其备抵账户余额后的净额填列

如资产负债表中的“应收账款”项目，应当根据“应收账款”账户的期末余额减去“坏账准备”账户余额后的净额填列。“固定资产”项目，应当根据“固定资产”账户的期末余额减去“累计折旧”、“固定资产减值准备”备抵账户余额后的净额填列等。

6.综合运用上述填列方法分析填列

如资产负债表中的“存货”项目，需要根据“原材料”、“库存商品”、“委托加工物资”、“周转材料”、“材料采购”、“在途物资”、“发出商品”、“材料成本差异”等总账账户期末余额的分析汇总数，再减去“存货跌价准备”账户余额后的净额填列。

12.2.2 资产负债表编制示例

例 12-1 盛兴股份有限公司2×13年12月31日的资产负债表(年初余额略)及2×14年12月31日的账户余额表分别见表12-3和表12-4。假设盛兴股份有限公司2×14年度除计提固定资产减值准备导致固定资产账面价值与其计税基础存在可抵扣暂时性差异外，其他资产和负债项目的账面价值均等于其计税基础。假定盛兴公司未来很可能获得足够的应纳税所得额用来抵扣可抵扣暂时性差异，适用的所得税税率为25%。

表 12-3 资产负债表

编制单位：盛兴股份有限公司　　2×13年12月31日　　单位：元

资　　产	期末余额	年初余额	负债和股东权益	期末余额	年初余额
流动资产：			流动负债：		
货币资金	1 406 300		短期借款	300 000	
以公允价值计量且其变动计入当期损益的金融资产	15 000		以公允价值计量且其变动计入当期损益的金融负债	0	
应收票据	246 000		应付票据	200 000	
应收账款	299 100		应付账款	953 800	
预付款项	100 000		预收款项	0	
应收利息	0		应付职工薪酬	110 000	
应收股利	0		应交税费	36 600	
其他应收款	5 000		应付利息	1 000	
存货	2 580 000		应付股利	0	
一年内到期的非流动资产	0		其他应付款	50 000	
其他流动资产	100 000		一年内到期的非流动负债	1 000 000	
流动资产合计	4 751 400		其他流动负债	0	
非流动资产：			流动负债合计	2 651 400	
可供出售金融资产	0		非流动负债：		

（续表）

资　　产	期末余额	年初余额	负债和股东权益	期末余额	年初余额
持有至到期投资	0		长期借款	600 000	
长期应收款	0		应付债券	0	
长期股权投资	250 000		长期应付款	0	
投资性房地产	0		专项应付款	0	
固定资产	1 100 000		预计负债	0	
在建工程	1 500 000		递延所得税负债	0	
工程物资	0		其他非流动负债	0	
固定资产清理	0		非流动负债合计	600 000	
生产性生物资产	0		负债合计	3 251 400	
油气资产	0		股东权益：		
无形资产	600 000		实收资本（或股本）	5 000 000	
开发支出	0		资本公积	0	
商誉	0		减：库存股	0	
长期待摊费用	0		其他综合收益	0	
递延所得税资产	0		盈余公积	100 000	
其他非流动资产	200 000		未分配利润	50 000	
非流动资产合计	3 650 000		股东权益合计	5 150 000	
资产总计	8 401 400		负债和股东权益总计	8 401 400	

表 12-4　账户余额表

编制单位：盛兴股份有限公司　　2×14 年 12 月 31 日　　单位：元

科目名称	借方余额	科目名称	贷方余额
库存现金	2 000	短期借款	50 000
银行存款	805 831	应付票据	100 000
其他货币资金	7 300	应付账款	953 800
以公允价值计量且其变动计入当期损益的金融资产	0	其他应付款	50 000
应收票据	66 000	应付职工薪酬	180 000
应收账款	600 000	应交税费	226 731
坏账准备	－1 800	应付利息	0
预付账款	100 000	应付股利	32 215.85
其他应收款	5 000	一年内到期的长期负债	0
材料采购	275 000	长期借款	1 160 000
原材料	45 000	股本	5 000 000
周转材料	38 050	盈余公积	124 770.4
库存商品	2 122 400	利润分配（未分配利润）	218 013.75
材料成本差异	4 250	其他综合收益	0
其他流动资产	100 000		
长期股权投资	250 000		
固定资产	2 401 000		
累计折旧	－170 000		
固定资产减值准备	－30 000		
工程物资	300 000		
在建工程	428 000		
无形资产	600 000		
累计摊销	－60 000		
递延所得税资产	7 500		
其他长期资产	200 000		
合计	8 095 531	合计	8 095 531

下面根据上述资料，说明盛兴公司资产负债表的相关项目期末余额的具体填列方法。

1.资产

(1)“货币资金”项目应根据“库存现金”、“银行存款”和“其他货币资金”三个账户的期末余额合计填列。在本例中这三个账户的合计数为 815 131 元。

(2)“以公允价值计量且其变动计入当期损益的金融资产”项目应根据“交易性金融资产”账户和“在初始确认时指定为以公允价值计量且其变动计入当期损益的金融资产”的期末余额合计填列。本例中期末余额为 0。

(3)“应收票据”项目应根据“应收票据”账户的期末余额填列。本例为 66 000 元。

(4)“应收账款”项目应根据“应收账款”账户所属的各明细账户的期末借方余额合计，减去“坏账准备”账户中有关应收账款计提的坏账准备期末余额后的金额填列。如果“应收账款”账户所属明细账户期末有贷方余额，应在“预收账款”项目填列。本例中“应收账款”账户的期末余额应为 598 200(600 000－1 800)元。

(5)“预付款项”项目应根据“预付账款”账户所属的各明细账户的期末借方余额合计填列。如果“预付账款”账户所属明细账户期末有贷方余额，应在“应付账款”账户填列。本例中“预付账款”账户的期末余额为 100 000 元。

(6)“其他应收款”项目应根据“其他应收款”账户所属的各明细账户的期末借方余额合计，减去“坏账准备”账户中有关其他应收账款计提的坏账准备期末余额后的金额填列。本例中“其他应收款”账户未计提坏账准备，“其他应收款”账户的期末余额为 5 000 元。

(7)“存货”项目应根据“材料采购”、“原材料”、“库存商品”、“周转材料”、“材料成本差异”等账户期末余额合计数，再减去“存货跌价准备”账户余额后的净额填列。本例中“存货”的期末余额为 2 484 700(275 000＋45 000＋38 050＋2 122 400＋4 250)元。

(8)“1 年内到期的非流动资产”项目应根据“非流动资产”账户期末余额中 1 年内到期的非流动资产数额填列。本例中该项目的余额为 0。

(9)“长期股权投资”项目应根据“长期股权投资”账户的期末余额，减去“长期投资减值准备”账户中有关股权投资减值准备期末余额后的金额填列。本例中“长期股权投资”账户期末余额为 250 000 元，本期没有计提长期投资减值准备。

(10)“固定资产”项目应根据“固定资产”账户的期末余额，减去“累计折旧”账户的期末余额，再减去“固定资产减值准备”账户的期末余额填列。本例中“固定资产”账户期末余额应为 2 201 000(2 401 000－170 000－30 000)元。

(11)“工程物资”项目应根据“工程物资”账户的期末余额，减去“工程物资减值准备”账户期末余额后的金额填列。本例中“工程物资”账户的期末余额应为 300 000 元，本期没有计提减值准备。

(12)“在建工程”项目应根据“在建工程”账户的期末余额，减去“在建工程减值准备”账户期末余额后的金额填列。本例中“在建工程”账户的期末余额应为 428 000 元，本期没有计提减值准备。

(13)“无形资产”项目应根据“无形资产”账户的期末余额，减去“累计摊销”账户中有关无形资产累计摊销的期末余额，再减去“无形资产减值准备”账户的期末余额填列。本例中“无形资产”账户期末余额应为 540 000(600 000－60 000)元。

(14)“递延所得税资产”项目应根据年度内资产负债表项目的账面价值与其计税基础存在的可抵扣暂时性差异乘以适用的所得税税率。本例中，除计提固定资产减值准备导致固定资产账面价值与其计税基础存在可抵扣暂时性差异外，其他资产和负债项目的账面价值均等于其计税基础。因此可抵扣暂时性差异为 30 000 元，递延所得税资产的金额为 30 000×25%＝7 500 元。

(15)“其他非流动资产”项目反映企业资产负债表中所列的资产以外的其他长期资产。本例中“其他非流动资产”账户余额为 200 000 元。

2. 负债

(1)“短期借款”项目应根据“短期借款”账户的期末余额填列。本例为 50 000 元。

(2)“应付票据”项目应根据“应付票据”账户的期末余额填列。本例为 100 000 元。

(3)“应付账款”项目应根据“应付账款”账户所属的各明细账户的期末贷方余额合计填列。如果“应付账款”账户所属明细账户期末有借方余额，应在“预付款项”项目填列。本例中“应付账款”账户的期末余额为 953 800 元。

(4)“应付职工薪酬”项目应根据“应付职工薪酬”账户的期末贷方余额填列。如果“应付职工薪酬”账户期末为借方余额，以“－”号填列。本例应填列 180 000 元。

(5)“应交税费”项目应根据“应交税费”账户的期末贷方余额填列。如果“应交税费”账户期末为借方余额，以“－”号填列。本例应填列 226 731 元。

(6)“应付股利”项目应根据“应付股利”账户的期末余额填列。本例为 32 215.85 元。

(7)“其他应付款”项目应根据“其他应付款”账户的期末余额填列。本例为 50 000 元。

(8)“长期借款”项目应根据“长期借款”账户的期末余额减去 1 年内需要归还的那部分借款额后的差额填列。本例中，“长期借款”账户期末贷方余额为 1 160 000 元，没有 1 年内需要归还的借款额，所以，该项目应填列的金额为 1 160 000 元。

3. 所有者权益(股东权益)

(1)“股本(或实收资本)”项目应根据“股本(或实收资本)”账户的期末余额填列。本例为 5 000 000 元。

(2)“盈余公积”项目应根据“盈余公积”账户的期末余额填列。本例为 124 770.4 元。

(3)“未分配利润”项目应根据“本年利润”和“利润分配”账户的余额计算填列。未弥补的亏损，在本项目内以“－”填列。本例中，企业年终决算时将“本年利润”和“利润分配”账户其他明细账余额转入“利润分配——未分配利润”账户，计算出未分配利润 218 013.75 元，因此本例中“未分配利润”项目的期末余额应填列 218 013.75 元。

根据上述资料编制盛兴股份有限公司 2×14 年 12 月 31 日的资产负债表，见表 12-5。其他的表中项目由于期末没有余额，因此没有一一列举。

表 12-5　资产负债表

编制单位：盛兴股份有限公司　　2×14 年 12 月 31 日　　单位：元

资　产	期末余额	年初余额	负债和所有者权益(或股东权益)	期末余额	年初余额
流动资产：			流动负债：		
货币资金	815 131	1 406 300	短期借款	50 000	300 000
以公允价值计量且其变动计入当期损益的金融资产	0	15 000	以公允价值计量且其变动计入当期损益的金融负债	0	0
应收票据	66 000	246 000	应付票据	100 000	200 000
应收账款	598 200	299 100	应付账款	953 800	953 800

（续表）

资　　产	期末余额	年初余额	负债和所有者权益（或股东权益）	期末余额	年初余额
预付款项	100 000	100 000	预收款项	0	0
应收利息	0	0	应付职工薪酬	180 000	110 000
应收股利	0	0	应交税费	226 731	36 600
其他应收款	5 000	5 000	应付利息	0	1 000
存贷	2 484 700	2 580 000	应付股利	32 215.85	0
一年内到期的非流动资产	0	0	其他应付款	50 000	50 000
其他流动资产	100 000	100 000	一年内到期的非流动负债	0	1 000 000
流动资产合计	4 169 031	4 751 400	其他流动负债	0	0
非流动资产：			流动负债合计	1 592 746.85	2 651 400
可供出售金融资产	0	0	非流动负债：		
持有至到期投资	0	0	长期借款	1 160 000	600 000
长期应收款	0	0	应付债券	0	0
长期股权投资	250 000	250 000	长期应付款	0	0
投资性房地产	0	0	专项应付款	0	0
固定资产	2 201 000	1 100 000	预计负债	0	0
在建工程	428 000	1 500 000	递延所得税负债	0	0
工程物资	300 000	0	其他非流动负债	0	0
固定资产清理	0	0	非流动负债合计	1 160 000	600 000
生产性生物资产	0	0	负债合计	2 752 746.85	3 251 400
油气资产	0	0	所有者权益（或股东权益）：		
无形资产	540 000	600 000	实收资本（或股本）	5 000 000	5 000 000
开发支出	0	0	资本公积	0	0
商誉	0	0	减：库存股	0	0
长期待摊费用	0	0	盈余公积	124 770.4	100 000
递延所得税资产	7 500	0	其他综合收益	0	0
其他非流动资产	200 000	200 000	未分配利润	218 013.75	50 000
非流动资产合计	3 926 500	3 650 000	所有者权益（或股东权益）合计	5 342 784.15	5 150 000
资产总计	8 095 531	8 401 400	负债和所有者权益（或股东权益）总计	8 095 531	8 401 400

12.3 资产负债表的阅读与分析

信息使用者通过阅读资产负债表，可以了解企业拥有或控制的资源及其分布情况，可以一目了然地从资产负债表上了解企业在某一特定日期所拥有的资产总量及其结构；可以了解企业某一日期的负债总额及其结构，了解企业未来需要用多少资产或劳务清偿债务以及清偿时间；可以了解所有者所拥有的权益，据以判断资本保值、增值的情况以及对负债的保障程度。更进一步，使用者还可以以财务报表及相关资料为依据，运用一系列专门的分析方法，对企业过去、现在的财务状况、经营成果和现金流量进行分析与评价，为其决策提供有力支持。一般情况下，通过对资产负债表及相关资料的阅读，信息使用者可以对企业的偿债能力、经营能力进行分析。

12.3.1　偿债能力分析

企业的偿债能力，就是用企业资产和经营过程创造的收益偿还到期的长、短期负债的能力。企业的偿债能力是企业生存和发展的基础。因此，有无偿债能力是企业投资者、债权人以及其他利益相关者关心的首要问题。

偿债能力与企业的财务风险紧密相关。财务风险是企业由于举债经营而给财务成果带来的不确定性。借入资金需要还本付息，一旦无力偿还债务，企业将陷入财务困难甚至破产。这种风险程度的大小，受借入资金对自有资金比例的影响。借入资金比例加大，风险程度随之增大；借入资金比例缩小，风险程度也随之减少。对财务风险管理的关键是要保持一个合理的资本结构，维持适当的负债水平。偿债能力分析包括短期偿债能力分析和长期偿债能力分析。

1.短期偿债能力分析

短期偿债能力是指企业在一年或一个营业周期内以流动资产偿还流动负债的能力，又称短期支付能力。企业能否及时偿付到期的流动负债，是反映企业短期财务状况稳健与否的重要标志。具有稳健短期财务状况的企业，一般其流动资产具有较强的流动性，在经营上没有短期债务压力，其营运资本保持适当水平。保持适当的短期偿债能力是维护企业良好信誉、保持稳健的财务状况和保证企业长期发展的前提。企业的短期偿债能力主要通过以下几项指标来分析。

(1)营运资金

企业的营运资金是企业流动资产减去流动负债的差额，用公式表示为：

营运资金＝流动资产－流动负债

当流动资产大于流动负债时，营运资金为正值，表明企业有能力偿还短期负债，债务风险较小；反之，当流动资产等于或小于流动负债时，营运资金为零或负值，意味着企业不具备偿还短期债务的能力，面临债务风险。营运资金指标通常用于趋势分析，揭示企业营运资金的增减变化方向。

(2)流动比率

流动比率是指流动资产与流动负债的比率。它以相对数的形式反映企业的短期偿债能力，其计算公式如下：

流动比率＝流动资产/流动负债×100%

该指标表明企业每百元流动负债有多少流动资产作为支付的保障，反映了企业用流动资产偿还到期流动负债的能力，是衡量企业短期偿债能力的最常用的指标。

流动比率越高，表明企业投入生产经营的营运资金越多。就企业的债权人而言，流动比率越高，短期债权的物质保证越好，债权人希望流动比率越高越好。但就企业经营者而言，流动比率不宜保持高水平。过高的流动比率一般意味着企业在流动资产上占用的资金很可能超出了生产经营的需要。由于资金闲置，还会影响企业的获利能力和资金的使用效率。此外，过高的流动比率还可能意味着存货、应收账款等变现能力差的资产在流动资产总额中所占比例过大。反之，流动比率过低则表明企业的短期偿债能力不足，可见，对企业而言，过高和过低的流动比率都是不利的，流动比率应保持在适中水平。

从国内外一般经验来看，流动比率为2：1比较适宜。就我国上市公司来讲，业绩良好的流动比率经常保持在1.5～2之间。

(3)速动比率

速动比率又称酸性测试比率，是企业速动资产与流动负债的比率，其计算公式为：

速动比率＝速动资产/流动负债×100％

速动比率是用于衡量企业流动资产中可以立即用于偿付流动负债的能力。公式中的速动资产是指扣除存货、预付账款后的各项流动资产，主要包括货币资金、交易性金融资产、应收票据、应收账款、其他应收账款等易于转化为现金的流动资产。其计算公式为：

速动资产＝流动资产－存货－预付账款

扣除存货的主要原因在于存货是流动资产中变现速度较慢的部分，存货中还可能存在销路不畅，难以变现的商品或产品。而预付账款从本质上将属于耗费，不能转变为现金。

速动比率是对流动比率进行补充说明的重要指标。当流动资产中速度资产所占比例较高时，即使流动比率不高，但由于速动资产有较好的流动性，企业的短期偿债能力仍比较强。速动比率较之流动比率，在对短期偿债能力的分析考核上，更具体化和准确。

一般经验认为，速动比率为1∶1较为合理，它表明企业的每1元短期负债，就有1元易于变现的速动资产作为清偿的物质保障。这时只要能正常收款，偿还短期负债就具有现款保障。

(4)现金比率

现金比率是指现金类资产与流动负债的比率，该比率是在速动比率基础上的进一步分析，又称超速动比率。现金比率的计算公式为：

现金比率＝现金类资产/流动负债×100％

公式中的现金类资产是指企业的现金及现金等价物。现金是指企业库存现金以及可以随时用于支付的存款。现金等价物是指企业持有的期限短、流动性强、易于转换为已知金额现金、价值变动风险很小的投资。

现金比率指标进一步剔除了变现能力较差的应收账款和其他应收款等项目，用现金类资产作为偿还短期负债的基础，使短期负债偿还能力的衡量更为稳健。由于现金类资产的获利能力不强，通常在持续经营情况下，企业不必保留过多的现金类资产。

2.长期偿债能力分析

长期偿债能力是指企业偿还长期负债的能力。在财务报表分析中，可运用多种指标衡量企业的长期偿债能力，本节主要分析资产负债率、所有者权益比率、产权比率及利息保障倍数等主要指标。

(1)资产负债率

资产负债率是指负债总额与资产总额的比率，又称举债经营比率或负债比率。它是反映债权人所提供的资本在全部资本中所占比重的指标。资产负债率既可以衡量企业偿还全部债务的能力，也表明企业利用债权人资金从事经营活动的能力。该指标的计算公式为：

资产负债率＝负债总额/资产总额×100％

就企业的所有者和经理人而言，如果借款利率低于上市公司的预期股本收益率，一般希望适当提高资产负债率以易于运用财务杠杆增加获利能力；反之，如果借款利率高于上市公司的预期股本收益率，要考虑降低负债所占比率，以减轻企业的债务负担，防范债务风险。

对债权人来说，资产负债率的高低直接关系其所提供的债权性资本的安全程度，从保障自身权益角度考虑，通常希望资产负债率越低越好。一般的，此项指标保持在50%左右，有助于实现风险与收益的平衡。

(2)所有者权益比率

所有者权益比率是反映企业所有者权益总额与资产总额的比值，又称股东权益比率或权益比率。其计算公式为：

所有者权益比率＝所有者权益总额/资产总额×100%

由于所有者权益比率与资产负债率反映出企业不同渠道的资金来源，两者的关系可用公式表示为：

所有者权益比率＝1－资产负债率

资产负债率越大，所有者权益比率越小，企业的财务风险越大；反之则相反。

(3)产权比率

产权比率是企业负债总额与所有者权益或股东权益总额之间的比值，又称净资产负债率，用计算公式表示为：

产权比率＝负债总额/所有者权益总额×100%

该指标比率过高，表明企业的偿债能力较弱，债权人权益的保障程度较低，贷款回收的难度加大；反之，产权比率过低，说明企业尚未充分利用自有资金或借款经营的潜力没有发挥。一般认为，产权比例在100%左右比较合理。

(4)利息保障倍数

利息保障倍数又称利息保证系数，是息税前正常营业利润与全部利息费用的比值，该指标计算公式为：

利息保障倍数＝息税前利润/利息费用

公式中息税前利润由企业税前利润加利息费用构成。利息费用包括财务费用中的利息支出和资本化利息。利息保障倍数指标反映出企业从年度经营所得中支付利息的能力，表明企业当期赢利与利息费用之间的关系，它从赢利角度考察企业的长期偿债能力。

在一般情况下，该项指标越高，说明企业的长期偿债能力越强；反之则相反。一般认为此项指标至少要大于1，才能保证企业在偿付债务利息后，还能留存一定的收益供所有者或股东调配。

12.3.2　运营能力分析

运营能力又称资产运用效率或营运能力，是指通过企业资产周转速度的相关指标反映企业各项资产投资的合理性和利用的有效性。对企业经营能力的分析，也是对企业经营状况、管理效率和发展潜力的分析。经营能力体现出企业管理层经营管理资产、合理运用资金的能力。分析企业的经营能力，可使用多种指标，本节选择其中主要指标加以阐述。

1.总资产周转率：总资产周转情况分析

企业的总资产周转率是指主营业务收入净额与资产平均总额的比率，它反映企业全部资产在一定时期内创造多少周转额的情况。其计算公式为：

$$总资产周转率=\frac{主营业务收入净额}{资产平均总额}$$

资产平均总额＝(期初资产总额＋期末资产总额)/2

企业的总资产由企业的负债和所有者权益投资形成，它代表企业的全部经济资源。总资产周转率又称全部投资周转率或周转次数。这一比率越高，说明企业利用全部资产从事经营、投资等活动效益越好；反之，如果这一比率较低，则意味着企业全部资产的使用效率较低，由此还会降低企业的偿债能力和获利能力。

2.流动资产周转率

流动资产周转率是指企业主营业务收入净额与流动资产的平均占用额之间的比值。流动资产周转率又称流动资产周转次数。

(1)流动资产周转次数

流动资产周转次数＝主营业务收入净额/流动资产平均余额

流动资产平均余额＝(期初流动资产＋期末流动资产)/2

流动资产周转次数反映企业的流动资产在一年或超过一年的一个营业周期内周转的次数。主营业务收入净额又称流动资产周转额，是主营业务收入扣除销售退回、销售折扣与折让之后的金额。流动资产周转次数越多，说明企业流动资产的周转速度越快，利用效果越好。

(2)流动资产周转天数

流动资产周转情况还可用天数来表示，其计算公式为：

流动资产周转天数＝360/流动资产周转次数

流动资产周转天数反映企业流动资产每周转一次耗用的天数，周转一次所用天数越少，流动资产的经营效率越高。

3.存货周转率

存货周转率是指企业主营业务成本与存货平均余额之间的比值，它是衡量企业存货经营管理效率的指标。存货周转率又称存货周转次数。

(1)存货周转次数

存货周转次数＝主营业务成本/存货平均余额

存货平均余额＝(期初存货＋期末存货)/2

存货周转次数反映企业的存货在一年或超过一年的一个营业周期内周转的次数。周转次数越多，说明企业存货的周转速度越快。

(2)存货周转天数

存货的周转情况还可用天数来表示，其计算公式为：

存货周转天数＝360/存货周转次数

存货周转天数反映企业存货每周转一次耗用的天数，周转天数越短，存货的周转速度越快。

4.应收账款周转率

应收账款周转率是指企业主营业务的赊销净额与应收账款平均余额之间的比值，它是反映企业主营业务赊销活动变现速度的指标。应收账款周转率又称应收账款周转次数。

(1)应收账款周转次数

应收账款周转次数＝赊销净额/应收账款平均余额

赊销净额＝主营业务收入－现销收入－销售退回、销售折扣与折让

由于赊销活动属于商业秘密，企业对外公开的会计资料中很少披露赊销净额，因此通常以主营业务收入净额替代赊销净额。

应收账款平均余额=(期初应收账款余额+期末应收账款余额)/2

企业应收账款周转次数反映企业的应收账款在一年或超过一年的一个营业周期内周转的次数。周转次数越多，一方面说明企业应收账款回收的速度越快，企业对应收账款的管理效率越高；另一方面也表明，企业的信用状况良好，坏账损失发生的可能性较小，反之则相反。

(2)应收账款周转天数

应收账款的周转情况还可用天数来表示，又称应收账款平均收账期，其计算公式为：

应收账款周转天数=360/应收账款周转次数

应收账款周转天数反映企业从主营业务赊销活动开始，至应收账款收回为止所耗用的天数。一般的，周转天数越短越好。

小结

资产负债表是反映企业某一特定日期财务状况的报表。它是根据“资产=负债+所有者权益”的会计等式，依据一定的分类标准和顺序，将企业一定日期的资产、负债、所有者权益项目予以适当排列，并根据账簿记录编制而成的。

资产负债表由表头、表身与表尾三部分组成。表头的内容包括报表的名称、编制单位、编制日期和金额单位。表尾主要包括有关人员的签章等。表身是资产负债表的主干与核心，它的具体内容有：资产、负债与所有者权益。资产、负债与所有者权益各部分，都按一定分类标准和顺序详细列示了其具体构成项目。资产负债表的具体格式因上述三部分内容的排列方法不同而异。在我国，资产负债表一般采用账户式结构，报表分为左右两方，左方列示资产各项目，反映全部资产的分布及存在形态；右方列示负债和所有者权益各项目，反映全部负债和所有者权益的内容及构成情况。

通过资产负债表及相关资料，可以对企业的偿债能力、经营能力进行分析。

思考题

1. 简述资产负债表的作用。
2. 简述资产负债表的基本结构。
3. 资产负债表各项目如何填列？
4. 企业的偿债能力可以用哪些指标来分析？
5. 短期偿债能力各指标如何计算？
6. 长期偿债能力各指标如何计算？
7. 企业的经营能力可以通过哪些指标来分析？
8. 总资产周转率如何计算？
9. 存货周转率如何计算？
10. 应收账款周转率如何计算？

练习题

1. 某公司2×13年12月31日各总分类账和有关明细分类账账户期末余额见表1。

要求：根据以上各总分类账和有关明细分类账账户期末余额确定资产负债表中“货币资金”、“应收账款”、“预付账款”、“存货”、“应付账款”和“预收账款”的期末余额。

表 1 账户余额表 单位：元

账户名称	借方余额	贷方余额	账户名称	借方余额	贷方余额
库存现金	3 000		短期借款		87 800
银行存款	288 000		应付票据		24 550
其他货币资金	100 000		应付账款——甲公司	487.50	
以公允价值计量且其变动计入当期损益的金融资产	55 887.5		应付账款——乙公司		26 000
应收票据	50 000		预收账款——丙公司		3 000
应收账款——E 公司	28 175		预收账款——丁公司	250	
应收账款——F 公司	78 125		应付职工薪酬——福利费		5 235
应收账款——G 公司		25 000	应付股利		1 000
其他应收款	1 037.50		应交税费		27 500
坏账准备		62.50			
预付账款——H 公司	650		应付职工薪酬——工资		25 000
预付账款——I 公司		1 150	其他应付款		4 395
物资采购	30 050				
原材料	260 000		长期借款		304 700
周转材料——低值易耗品	104 00		其中：一年到期		4 700
周转材料——包装物	425		应付债券		255 305
库存商品	30 512.50		股本		1 262 500
生产成本	31 250		资本公积		35 275
存货跌价准备		525	盈余公积		42 500
应收利息	1 280		其中：法定盈余公积		35 000
可供出售金融资产	15 725		法定公益金		7 500
固定资产	1 330 587.50		本年利润		2 500
累计折旧		31 250	利润分配		25 000
工程物资	5 000				
在建工程	5 000				
无形资产	10 000				
长期待摊费用	605				

2. 蓝天公司有关会计资料见表 2。

表 2 资料表 单位：元

项目	2×13 年	2×14 年
现金	47 000	21 000
交易性金融资产	—	28 000
应收账款净额	116 000	102 000
存货	263 000	226 000
预付账款	9 000	11 000
资产合计	489 000	503 000
流动负债合计	241 000	261 000
负债合计	373 000	361 000
息税前利润	158 000	165 000
利息费用	39 000	36 000

要求：

(1)计算蓝天公司 2×13 年和 2×14 年的流动比率、速动比率、资产负债率、利息保障倍数指标；

(2)分析该公司 2×14 年的短期偿债能力和长期偿债能力是提高还是降低了，并说明理由。

3. 胜利公司 2×13 年和 2×14 年年末的有关会计数据见表 3。

表 3　数据表　　单位：元

项　目	2×13 年	2×14 年
赊销收入	490 000	521 000
销售成本	380 000	400 000
存货	100 000	90 000
应收账款	40 000	42 000

假设 2×13 年年初的存货和应收账款分别为 140 000 元和 50 000 元。

要求：

(1)计算该公司 2×13 年和 2×14 年的应收账款周转率、存货周转率；

(2)评价该公司的营运能力。

第 13 章　利润表的编制与阅读

学习目的

本章主要介绍利润表的有关知识。通过本章学习应：

- ⊙ 了解利润表的特点与作用
- ⊙ 掌握利润表的编制原理
- ⊙ 利用利润表进行报表分析

章前案例与导引

表 13-1 所给资料是某公司发表的年度财务报告中的利润表中 2×10—2×13 年连续 4 年的营业收入、净利润及销售净利润率的发展变化情况，阅读资料后你能发现什么问题吗？

表 13-1　某公司年度财务报告中的利润表

项　目		2×10 年	2×11 年	2×12 年	2×13 年
经营业务	收入额(万元)	32 431.70	60 628.50	52 603.80	90 898.80
	增长率(%)	24.49	86.94	−13.24	72.80
净利润	实现额(万元)	3 937.20	5 847.20	12 778.70	41 764.60
	增长率(%)	−16.63	48.51	118.54	226.83
销售净利润率(%)		12.14	9.64	24.29	45.95

结合本章的学习，对该公司的各项指标的变化情况进行判断和分析。

13.1 利润表概述

13.1.1 利润表的含义

利润表又称损益表，是综合反映企业等经济组织一定时期内经营成果的会计报表。反映一定期间内企业通过销售商品、提供劳务等经营活动取得收入，并由此发生相应的耗费。通过收入与耗费的比较就可以知道企业是赢利还是亏损，利润表是汇总反映企业一定会计期间收入、成本费用及其经营成果的报表格式化计算过程。

利润表从性质上讲是一张反映企业资金运动的动态报表，与资产负债表正好相反。资产负债表反映企业资金在某一静止时刻的特殊状态，而利润表则反映从一个时点到另一个时点企业资金运动的变化及其结果。

13.1.2 利润表的作用

利润表的作用大致可以概括为以下几点。

1.可以评价企业一定时期的经营业绩

利润表提供了反映经营业绩好坏的众多指标，比如营业收入、营业利润、利润总额等。通过这些会计数据，可以了解企业的产品销售状况、成本费用水平，分析企业的获利能力。为报表使用者和企业管理层分析未来获利趋势、成本费用控制可能空间、改善经营管理、制定更加有效合理的经营决策提供有用信息。

2.可以评价和预测企业的偿债能力

如果本期获得了较好的经营业绩，则企业不仅能够保证下一个生产循环的正常进行，而且使得偿还以前债务所需资金有了根本保证。虽然企业偿还债务的能力由很多因素决定，比如与金融机构的沟通能力、企业较好的信誉度等，但归根结底还是要靠企业不断增值的资产来偿还，否则就会造成资产减值、资不抵债。企业保持良好的经营业绩、获得利润是资产不断增值的根本保证。因此，利润表可以告诉报表使用者企业未来的偿债能力。

3.可以了解和预测企业的经营成果和获利能力

每一个企业在市场上的竞争能力是不一样的，同一企业不同时期的表现也不一样。通过解读利润表，将本企业赢利水平、成本费用水平与同行业其他企业或本企业其他时期的数据相比较，可以分析目前企业的赢利状况、在市场中的竞争地位、优势与劣势，从而预测未来的获利能力。

4.管理层可据以做出经营决策

比较和分析利润表中的各种构成要素，可知悉各项收入、成本、费用与收益之间的消长趋势，发现工作中存在的问题，改善经营管理，增收节支，减少损失的发生，做出合理的经营决策。

13.1.3 利润表的基本格式

利润表有两种基本格式：单步式和多步式。

1.单步式利润表

单步式利润表是将所有的收入和所有的成本、费用分别加总后相互抵减，一步计算出净利润的方法。单步式利润表编制方法简单，但是收入与之对应的成本、费用关系不明确，缺乏相互比较的可阅读性，不便于分析、解释经营成果各个组成部分的成因及其对净利润的影响。如果企业的经济活动单一，规模小，可以考虑使用单步式利润表。但如果企业规模庞大，经济活动内容丰富多彩、复杂多变，则不适宜采用单步式利润表。

2.多步式利润表

多步式利润表依据企业经济活动的内容，分项分步骤计算企业经营成果，计算过程清晰明了，每一类经济活动的最终结果在利润表中一目了然。在多步式利润表中，遵循了配比原则，将每一类经济活动所产生的收入与为取得该收入而发生的成本费用放在同一部分进行比较，可以使读者明晰不同经济活动各自带来的不同损益结果。我国《企业会计准则第 30 号——财务报表列报》要求企业采用多步式利润表格式。

13.1.4 利润表的列报

1.利润表列报的总体要求

2014 年新修订的《企业会计准则第 30 号——财务报表列报》规定企业在利润表中应当对费用按照功能分类，分为从事经营业务发生的成本、管理费用、销售费用和财务费用等。企业的活动通常可以划分为生产、销售、管理、融资等，每一种活动上发生的费用所发挥的功能并不相同，因此，按照费用功能法将其分开列报，有助于使用者了解费用发生的活动领域。

但是，由于银行、保险、证券等金融企业的日常活动与一般企业不同，具有特殊性，准则规定，金融企业可以根据其特殊性列示利润表项目。例如，商业银行将利息支出作为利息收入的抵减项目、将手续费及佣金支出作为手续费及佣金收入的抵减项目列示等。

准则还规定，企业应当在附注中披露费用按照性质分类的利润表补充资料，可将费用分为耗用的原材料、职工薪酬费用、折旧费用、摊销费用等，以有助于报表使用者预测企业的未来现金流量。

2.综合收益的列报

综合收益，是指企业在某一期间除与所有者以其所有者身份进行的交易之外的其他交易或事项所引起的所有者权益变动。综合收益总额项目反映净利润和其他综合收益扣除所得税影响后的净额相加后的合计金额。

其他综合收益，是指企业根据其他会计准则规定未在当期损益中确认的各项利得和损失。准则规定，企业应当以扣除相关所得税影响后的净额在利润表上单独列示各项其他综合收益项目，并且其他综合收益项目应当根据其他相关会计准则的规定分为下列两类列报。

(1)以后会计期间不能重分类进损益的其他综合收益项目，主要包括：①重新计量设定受益计划净负债或净资产导致的变动；②按照权益法核算的在被投资单位不能重分类进损益的其他综合收益变动中所享有的份额。

(2)以后会计期间在满足规定条件时将重分类进损益的其他综合收益项目，主要包括：①按照权益法核算的在被投资单位可重分类进损益的其他综合收益变动中所享有的份额；②可供出售金融资产公允价值变动形成的利得或损失、持有至到期投资重分类为可供出售金融资产形成的利得或损失；③现金流量套期工具产生的利得或损失中属于有效套期的部分；④外币财务报表折算差额；⑤根据相关会计准则规定的其他项目。

3.一般企业利润表的列报格式

根据准则的规定，利润表采用多步式的格式，即通过对当期的收入、费用、支出项目按性质加以归类，按利润形成的主要环节列示一些中间性利润指标，便于使用者理解企业经营成果的不同来源。

根据准则规定，企业需要提供比较利润表，以便报表使用者通过比较不同期间利润表的数据，判断企业经营成果的未来发展趋势。利润表还就各项目再分为“本期金额”和“上期金额”两栏分别填列。一般企业利润表的格式见表13-2。

表13-2 利润表

会企02表

编制单位： 2×15年××月 单位：元

项目	本期金额	上期金额
一、营业收入		
减：营业成本		
营业税金及附加		
销售费用		
管理费用		
财务费用		
减：资产减值损失		
加：公允价值变动收益(损失以“—”号填列)		
投资收益(损益以“—”号填列)		
其中：对联营企业和合营企业的投资收益		
二、营业利润(亏损以“—”号填列)		
加：营业外收入		
其中：非流动资产处置利得		
减：营业外支出		
其中：非流动资产处置损失		
三、利润总额(亏损以“—”号填列)		
减：所得税费用		
四、净利润(亏损以“—”号填列)		
五、其他综合收益的税后净额		
(一)以后不能重分类进损益的其他综合收益		
1.重新计量设定受益计划净负债或净资产的变动		
2.权益法下在被投资单位不能重分类进损益的其他综合收益中享有的份额		
(二)以后将重分类进损益的其他综合收益		
1.权益法下在被投资单位以后将重分类进损益的其他综合收益中享有的份额		
2.可供出售金融资产公允价值变动损益		

（续表）

项　　目	本期金额	上期金额
3.持有至到期投资重分类为可供出售金融资产损益		
4.现金流经套期损益的有效部分		
5.外币财务报表折算差额		
……		
六、综合收益总额		
七、每股收益		
（一）基本每股收益		
（二）稀释每股收益		

企业如有下列情况，应当在利润表中调整或增设相关项目。

（1）企业应当根据自身相关的其他综合收益业务，按照其他综合收益项目以后是否能重分类进损益区分为两类，相应在利润表"（一）以后不能重分类进损益的其他综合收益"项下或"（二）以后将重分类进损益的其他综合收益"项下调整或增设有关其他综合收益项目。

（2）金融企业的利润表列报格式，应当遵循本准则的规定，并根据金融企业经营活动的性质和要求，比照上述一般企业的利润表列报格式进行相应调整。

13.2 利润表的编制

13.2.1 利润表的编制依据

利润表是以"收入－费用＝利润"这一会计等式的基本原理为依据，根据损益类各账户的本期发生额编制而成的。表内分为"本月数"和"本年累计数"两列。"本月数"反映损益表编制月份的实际收入、成本、费用情况，是损益类各账户的本月发生额；"本年累计数"反映自年初到编制月份止累计实现的收入、累计成本、费用情况，是损益类各账户自年初到编制月份止的累计实际发生额。

13.2.2 利润表的编制方法

利润表是反映企业在一定会计期间的经营成果的会计报表。它的列报必须充分反映企业经营业绩的主要来源和构成，有助于使用者判断净利润的质量和风险，有助于使用者预测净利润。按照2014年《企业会计准则第30号——财务报表列报》应用指南的规定，一般企业利润表的列报方法，企业应当根据损益类科目和所有者权益类有关科目的发生额填列利润表"本年金额"栏，具体包括如下情况。

（1）"营业收入"、"营业成本"、"营业税金及附加"、"销售费用"、"管理费用"、"财务费用"、"资产减值损失"、"公允价值变动收益"、"投资收益"、"营业外收入"、"营业外支出"、"所得税费用"等项目，应根据有关损益类科目的发生额分析填列。

（2）"其中：对联营企业和合营企业的投资收益"、"其中：非流动资产处置利得"、"其中：非流动资产处置损失”等项目，应根据“投资收益”、“营业外收入”、“营业外支出”等科目所属的相关明细科目的发生额分析填列。

(3)“其他综合收益的税后净额”项目及其各组成部分，应根据“其他综合收益”科目及其所属明细科目的本期发生额分析填列。

(4)“营业利润”、“利润总额”、“净利润”、“综合收益总额”项目，应根据本表中相关项目计算填列。

(5)普通股或潜在普通股已公开交易的企业，以及正处于公开发行普通股或潜在普通股过程中的企业，还应当在利润表中列示每股收益信息，并在附注中详细披露计算过程，以供投资者投资决策参考。基本每股收益和稀释每股收益项目应当按照《企业会计准则第 34 号——每股收益》的规定计算填列。

企业应当根据上年同期利润表“本期金额”栏内所列数字填列本年度利润表的“上期金额”栏。如果企业上年该期利润表规定的项目的名称和内容与本期不一致，应当对上年该期利润表相关项目的名称和金额按照本期的规定进行调整，填入“上期金额”栏。

13.2.3　利润表编制举例

例 13-1　甲公司 2×15 年度有关损益类科目和“其他综合收益”明细科目的本年累计发生净额分别见表 13-3、表 13-4。

表 13-3　甲公司损益类科目 2×15 年度累计发生净额　　单位:元

科目名称	借方发生额	贷方发生额
主营业务收入		1 250 000
主营业务成本	750 000	
营业税金及附加	2 000	
销售费用	20 000	
管理费用	157 100	
财务费用	41 500	
资产减值损失	30 900	
投资收益		227 500
营业外收入		50 000
营业外支出	19 700	
所得税费用	136 700	

表 13-4　甲公司“其他综合收益”明细科目 2×15 年度累计发生净额　　单位:元

明细科目名称	借方发生额	贷方发生额
权益法下在被投资单位以后将重分类进损益的其他综合收益中享有的份额		36 000
可供出售金融资产公允价值变动		3 750
持有至到期投资重分类为可供出售金融资产	6 750	
合计	6 750	39 750

根据上述资料，编制甲公司 2×15 年度利润表见表 13-5。

表 13-5　甲公司 2×15 年度利润表

会企 02 表

编制单位：　　　　2×15 年　　　　单位：元

项　　目	本期金额	上期金额
一、营业收入	1 250 000	
减：营业成本	750 000	
营业税金及附加	2 000	
销售费用	20 000	
管理费用	157 100	
财务费用	41 500	
减：资产减值损失	30 900	
加：公允价值变动收益（损失以“－”号填列）	0	
投资收益（损益以“－”号填列）	227 500	
其中：对联营企业和合营企业的投资收益	（略）	
二、营业利润（亏损以“－”号填列）	476 000	
加：营业外收入	50 000	
其中 ：非流动资产处置利得	（略）	
减：营业外支出	19 700	
其中：非流动资产处置损失	（略）	
三、利润总额（亏损以“－”号填列）	506 300	
减：所得税费用	136 700	
四、净利润（亏损以“－”号填列）	369 600	
五、其他综合收益的税后净额	33 000	
（一）以后不能重分类进损益的其他综合收益	0	
（二）以后将重分类进损益的其他综合收益	33 000	
1. 权益法下在被投资单位以后将重分类进损益的其他综合收益中享有的份额	36 000	
2. 可供出售金融资产公允价值变动损益	3 750	
3. 持有至到期投资重分类为可供出售金融资产损益	－6 750	
六、综合收益总额	402 600	
七、每股收益		
（一）基本每股收益	（略）	
（二）稀释每股收益	（略）	

13.3　利润表的阅读与分析

通过利润表的阅读与分析，可以了解企业的赢利情况，对企业管理层的业绩进行评价，评价投资者的投资价值和报酬。

13.3.1　观察企业是否赢利

首先，看净利润。净利润为正数是赢利，说明所有者的权益实现了保值与增值；净利润为负数是亏损，说明所有者的权益正在遭受损失。其次，作为管理者，以本期净利润与本期预算数比较，把握完成预算的情况。

13.3.2 分析企业赢利的原因

1.营业利润

营业利润是企业日常经营活动创造的利润，应该是利润表的主要部分，占比重最大，而且来自企业的日常经营活动。它是企业最稳定的利润来源，综合反映了企业营业活动产生的收入、费用和利润。

2.利润总额

利润总额是营业利润加上营业外收入减去营业外支出后的余额，是企业一定时期的总利润。

3.净利润

净利润是利润总额经纳税调整减去所得税后的余额。净利润归投资人所有，因此，净利润的实现会增加企业的所有者权益。

13.3.3 观察收入、费用和利润的变化趋势

通过评价利润指标的满意度，可以进一步分析利润增加或减少的原因，为下一步的工作指出方向。可以从以下几方面来观察收入、费用和利润的变化趋势。

1.观察营业收入是在增加还是减少

营业收入增加，说明主营业务在发展；营业收入减少，说明主营业务在萎缩。

2.观察各项费用增加了还是减少了

在收入一定的情况下，费用增加会减少利润；费用减少将增加利润。

3.观察费用增加与销售增长的同步性

只有在营业收入增长水平高于费用增长水平的情况下，才能够增加企业利润；反之，费用增长水平高于营业收入增长水平，说明虽然扩大了销售规模，但是赢利能力并未提高。

4.观察各项利润是稳步增长还是大起大落

各项利润稳步增长，说明企业的赢利能力增强，具有良好的未来发展能力；反之，各项利润大起大落，尤其是营业利润大起大落，说明企业在销售渠道、市场占有率或者产品质量方面尚有较多的工作要做。

13.3.4 评估企业的赢利能力

利润是企业生产经营成果的综合反映，只有企业的利润不断增长，赢利能力逐渐增强，才能满足企业的债权人、投资者、管理层各自的利益需求。分析企业经营的赢利能力、长期稳定性和持续发展性，不仅应分析利润指标的可靠性，还应分析利润的合理性。

1.利润指标的可靠性分析

利润指标的可靠性是指利润数额的真实性。只有收入与费用确认真实可靠，才能够保证

利润数额的可靠性，因为企业粉饰经营业绩的手段，无非是虚增收入或少列费用，或二者兼而有之。

2. 利润指标的合理性分析

可以通过观察企业的利润是否与营业收入同步增长和计算相关指标，判断企业的赢利能力是否合理。一般而言，大多数企业营业利润在利润总额中所占比例最大，说明企业的利润与营业收入同步增长；如果利润增长幅度与营业收入增幅差距很大，或者营业收入增长但利润反而下降，说明企业的产品在同类产品中生产成本较高，或者是财务费用、管理费用、销售费用增速太快，或者因为是非经常性项目的缘故。

13.3.5 利润表的比较分析

比较分析法，就是对两个或几个有关的可比数据进行对比，揭示差异和矛盾。没有比较，分析就无法开始。利润表比较分析可以与本企业历史比较、与同类企业比较、与预算目标比较等。在实际工作中，应用比较分析法进行利润的分析，可以通过编制比较利润表的方法实现。

13.3.6 利润表的结构分析

企业还可以运用共同比结构分析法（垂直结构分析法），具体地说，利润表的共同比结构分析可分为企业的收支结构分析和赢利结构分析两部分。

通过收支结构分析，揭示出企业的各项支出占总收入的比重，从而可以判明企业赢利形成的收支成因，从整体上说明企业的收支水平，并可以查找出制约企业赢利水平提高的主要支出项目。

通过赢利结构分析，揭示出企业的各个利润项目对于总收入的比重，即产生不同的销售利润率，从而可以判明企业不同业务的赢利水平和赢利能力，并可以进一步揭示出它们各自对企业总赢利水平的影响方向和影响程度。

13.3.7 利润表的趋势分析

利润表的趋势分析通常可以作为用户预测企业未来经营情况的立足点。通过观察报表中各项目的增减变化情况，可以发现重要的并且异常的变化，同时对这些变化做进一步分析，找出其变化的原因，判断这种变化是有利还是不利，并力求对这种趋势是否会延续做出判断。

13.3.8 利润表的比率分析

企业赢利能力的分析还可通过一系列比率指标加以分析。

1. 业务收入（销售）利润率

业务收入（销售）利润率是企业利润与营业收入（销售收入）的比率。其计算公式为：

业务收入（销售）利润率＝利润÷营业收入×100%

业务收入利润率是以营业收入为基础反映企业赢利水平的指标，它们没有考虑资产投入与产出的对比关系，而只是在产出与产出之间进行比较，因而不能全面反映企业的赢利能力，因为高利润率指标可能是靠高资本投入实现的。由此，还应从成本费用利润率和资产运用效率的角度进一步分析，以公正地评价企业的赢利能力。

2.毛利和毛利率

营业收入扣减营业成本后的部分称为营业毛利(简称毛利)，毛利占营业收入的比率称为营业毛利率(简称毛利率)。即：

毛利＝营业收入－营业成本

毛利率＝毛利÷营业收入

毛利率只表示每1元营业收入中毛利的多少，但它并不表示公司赢利水平的高低。分析毛利率的高低时还要结合销售数量的多少，计算毛利的大小。

3.成本费用利润率

成本费用利润率是指利润与各项成本费用的比率，它们是全面考核企业各项耗费所取得收益的指标。其计算公式为：

成本费用利润率＝利润÷成本费用合计×100%

它是所得(利润)与所费(成本)的直接比较，综合反映企业效益的好坏。通过分析该指标可以促使企业努力降低成本费用水平，增强赢利能力。外部报表分析者更常用的是税前成本利润率或税后成本利润率。

4.总资产报酬率

总资产报酬率是企业利润总额与企业资产平均总额的比率。它是反映企业资产综合利用效果的指标，是衡量企业赢利能力和营业效率的最有用指标之一，也是衡量企业利用债权人和所有者权益总额所取得赢利的重要指标。其计算公式为：

总资产报酬率＝利润总额÷资产平均总额×100%

资产平均总额为年初资产总额与年末资产总额的平均数。该比率越高，表明企业的资产利用效益越好，整个企业赢利能力越强，经营管理水平越高。

该比率指标还可分解为：

总资产报酬率＝(利润总额÷营业收入净额)×(营业收入净额÷平均资产总额)

＝业务收入(销售)利润率×总资产周转率

这个扩展计算式表明，要提高报酬率，不仅要尽可能降低成本、增加销售、提高业务收入利润率，同时也要尽可能提高资产使用率。只有从两方面入手，才能有效地提高赢利能力。该比率具有很大的综合性，因此不仅用于分析企业的赢利能力，而且也用于评价企业管理当局在资产使用方面的效率。

5.股东权益报酬率

股东权益报酬率也称净资产收益率，是净利润与企业净资产的比值，是反映投资者投入资金的赢利水平的指标，是综合性极强的一个指标，也是杜邦分析法的龙头指标。其计算公式为：

股东权益报酬率＝净利润÷净资产×100%

6.资本金利润率

资本金利润率是指企业利润总额除以平均实收资本或资本金所得结果。其计算公式为：

资本金利润率＝利润总额÷平均资本金×100%

小结

利润表又称损益表，是综合反映企业在一定时期内经营成果的会计报表。利润表从性质上讲是一张反映企业资金运动的动态报表。利润表有两种基本格式：单步式和多步式，我国企业的利润表采用多步式格式。利润表的阅读与分析可以通过观察企业是否赢利、分析企业赢利的原因、观察收入、费用利润的变化趋势和评估企业的赢利能力来进行判断，并通过运用比较分析、结构分析、趋势分析和比率分析等方法对企业赢利能力进行分析。

思考题

1. 利润是如何确定的？利润表的作用有哪些？
2. 利润表的基本格式有几种？我国利润表编制的主要步骤和内容有哪些？
3. 如何利用比较分析法、结构分析法、趋势分析法和比率分析法来分析利润表？
4. 反映企业赢利能力的指标大致有哪些？

练习题

1. 甲公司2×13年发生如下事项：

(1)销售商品收入500万元；

(2)完工商品入库，结转成本100万元；

(3)本年销售商品的账面价值为300万元，当期计提减值准备100万元；

(4)当期持有的可供出售金融资产公允价值上升20万元；

(5)投资性房地产取得租金30万元，计提折旧10万元，发生修理费用5万元；

(6)当期发生销售费用4万元，管理费用6万元，接受非关联企业现金捐赠30万元。

甲公司适用的所得税税率为25%。不考虑上述事项以外的其他事项，则甲公司2×13年利润表中“综合收益总额”的列示金额为多少？

2. 某公司2×13年营业收入为30 000万元，营业成本为20 000万元，营业税金及附加为300万元，销售费用为1 000万元，管理费用为1 500万元，财务费用为350万元，资产减值损失为100万元，公允价值变动收益为100万元，投资收益为250万元，营业外收入为250万元，营业外支出为25万元。则该公司2×13年的营业利润为多少？

第 14 章 现金流量表的编制与阅读

学习目的

本章主要介绍现金流量表的有关知识。通过本章学习应：

- ⊙ 了解现金流量表的概念及作用
- ⊙ 掌握现金流量表的分类与结构
- ⊙ 掌握现金流量表的项目内容及其分析

章前案例与导引

王先生开办了一家健身中心，他聘用的会计孙小姐为他编制的 2×13 年利润见表 14-1。

表 14-1 健身中心利润表 单位：元

收入		515 500
费用		
薪资费用	300 100	
用品费用	126 500	
租金费用	20 000	
广告费用	16 000	
折旧费用	15 000	
杂项费用	12 500	
费用合计	490 100	
本期净利润		25 400

孙小姐告诉王先生本期净利润和现金流量净额均为 25 400 元。王先生通过查阅资料发现截止到年底，公司还有未收回的款项 75 000 元和未支付的费用 34 000 元。你认为孙小姐的说法成立吗？如果不成立又是为什么？

14.1 现金流量表概述

14.1.1 现金流量表的几个概念

1.现金

现金是指企业库存现金以及可以随时用于支付的存款。在我国，会计上所说的现金通常是指企业的库存现金。而现金流量表中的“现金”不仅包括“现金”账户核算的库存现金，还包括企业“银行存款”账户核算的存入金融企业、随时可以用于支付的存款，也包括“其他货币资金”账户核算的外埠存款、银行汇票存款、银行本票存款和在途货币资金等其他货币资金。

2.现金等价物

现金等价物是指企业持有的期限短、流动性强、易于转换为已知金额现金、价值变动风险很小的投资。现金等价物虽然不是现金，但其支付能力与现金的差别不大，可视为现金。例如，企业为了保持支付能力而又不使现金闲置而购买的短期债券，在需要现金时，随时可以变现。一项投资被确认为现金等价物必须同时具备四个条件：①期限短(自取得之日起，3个月以内到期)；②流动性强；③易于转换为已知金额现金；④价值变动风险很小(不会由于利率变动而出现价值波动)。

3.现金流量

现金流量是指企业现金和现金等价物流入、流出企业的金额数量，是对企业现金流入量和流出量的总称。例如，企业出售销售商品、提供劳务、向金融机构获取借款时，就会有现金流入企业，当企业从各种经济业务中收入现金时，称为现金流入；企业购买原材料、购建固定资产、偿还借款、购买其他单位股票时，就会有现金流出企业，当企业为各种经济业务付出现金时，称为现金流出。现金流入量减去现金流出量后的差额，称为净现金流量或现金净流量。

现金流量信息能够反映企业一定时期经营状况是否良好、资金是充实还是短缺、偿债能力如何，这是企业投资者和债权人最为关注的一项会计信息。

4.现金流量表

现金流量表是反映企业在一个会计期间有关现金收支的一种会计报表。它是为会计报表使用者提供有关一定会计期间内现金和现金等价物流入和流出的信息，以便于了解和评价企业获取现金和现金等价物的能力，并据以预测企业未来现金流量。

我国企业现金流量表采用报告式结构，分类反映经营活动产生的现金流量、投资活动产生的现金流量和筹资活动产生的现金流量，最后汇总反映企业某一期间现金及现金等价物的净增加额。

14.1.2 现金流量表的作用

现金流量表编制的目的是为报表使用者提供有关企业财务状况的会计信息。具体来说它的作用有以下几点。

1.为报表使用者提供有关现金流量信息

企业的投资者和债权人最关心的，是企业经过一段时间的生产经营后，能否有足够的现金用来支付他们应得的利润、股利和利息；能否按时偿还到期债务而不致造成财务危机，导致企业破产，无法收回他们的投资和债权；能否拥有足够现金用来维持日常生产经营所需，例如，支付材料款、支付工资，等等；能否在今后取得足够现金满足以上要求，并保证扩大生产经营规模所需现金；企业的现金主要是通过生产经营渠道获得的，还是通过其他渠道，比如，对外投资的收益或者从外部借款。企业的投资者和债权人通过对这些信息的分析比较，可以考察企业每年以现金偿还债务的能力以及投入资本获取现金的能力。

2.能够反映企业在未来会计期间资产的流动程度

营运资金是指企业的流动资产减去流动负债(短期负债等)后的余额。但是“营运资金”的概念无法很好地说明企业资产的流动性。因为资产流动性反映企业营运资金周转的快慢，以及资产的变现能力。例如，当企业仓库里囤积大量滞销存货时，其流动性是非常差的，但是营运资金无法反映出这一状况；又如，应收账款中有很多超过一年尚未收回的款项，其流动性也大打折扣，但是营运资金同样无法反映出这一点。也就是说，比较资产负债表所反映的企业财务状况变动情况无法提供准确的资产流动性信息。然而，资产的流动性及其变化却与现金的多少及其增加减少直接相关，任何一项现金的变化，都会影响资产流动性的变化。因此，以现金为基础编制的现金流量表，就可以表明企业一定时期资产的状况及其流动性，通过对不同时期的现金流量表进行比较分析，还可以考察企业资产流动性的变化和变化程度。

3.现金流量表是一份以收付实现制为基础的会计报表，为报表使用者提供了更加准确的净收益信息

权责发生制作为企业会计核算的基本原则之一，是会计正确估价资产价值、计算成本和费用的核算准绳。但是，根据权责发生制编制的会计报表也存在不足之处。例如，资产负债表反映的各项资产价值，除货币资金外，都是购置时的历史成本，无法反映它们的现时市场价值；损益表在计算利润时，也是用现时收入抵减历史成本得出的结论，由此确定的净收益只能是反映企业目前所拥有的资产超过当初投入的货币资金数额，但无法提供实物资产保全原则下企业一定时期内的实际增加资产数额。在权责发生制下，不同的会计处理方法也给利润计算带来了很大的“调节”空间，净利润的结果并不代表企业实际获得的现金净流量是多少，也就无法准确推定下一会计年度企业可利用现金有多少。

14.1.3　现金流量表的结构

根据我国会计准则的规定，现金流量表为年度报表，企业应于年末编制。采用垂直报告式结构，现金流量表的结构有两部分：表首与表体。

1.表首

表首主要标明报表的名称、编号、编制年度、编制单位的名称及货币单位等。企业的制表人、会计主管和单位负责人应在报表上签名盖章。

2.表体

表体包括正表和补充资料两部分。正表由以下五项构成：

(1)经营活动产生的现金流量；

(2)投资活动产生的现金流量；
(3)筹资活动产生的现金流量；
(4)汇率变动对现金及现金等价物的影响；
(5)现金及现金等价物净增加额。
补充资料具体包括三项内容：
(1)将净利润调节为经营活动产生的现金流量；
(2)不涉及现金收支的投资和筹资活动；
(3)现金及等价物净增加情况。

14.2 现金流量表的编制

14.2.1 现金流量的报告方法

我国企业会计准则中规定：对经营活动、投资活动、筹资活动现金流量部分，即现金流量表正表部分的报告，采用直接法。对经营活动现金流量的另一种报告方法是间接法，要求在现金流量表补充资料中披露将净利润调节为经营活动现金流量的信息，作为对正表经营活动现金流量数据的核对。

所谓直接法，是指在编制现金流量表时，以损益表为基础，将营业收入作为起算点，通过调整与经营活动有关的项目的增减变动，计算出经营活动的现金流量。

所谓间接法，是指在编制现金流量表补充资料部分时，以损益表为基础，将净利润作为起算点，通过调整不涉及现金及现金等价物的收入、费用、营业外收入和支出，以及有关项目的增减变动，将净利润数额调整为经营活动的现金流量。

直接法的主要优点，是显示了经营活动现金流量的各项流入流出内容。相对于间接法而言，更能体现现金流量表的作用和目的。在现金流量表中列示各项现金流入的来源和流出的用途，有助于预测未来经营活动现金流量，揭示企业从经营活动中产生的现金，是否能够偿付其债务、进行再投资、支付股利和利息，等等。而间接法是在净利润的基础上，调整不涉及现金收支的收入、费用、营业外收支、应收应付等项目，据以确定并列示经营活动现金流量，从而有助于分析影响现金流量的原因以及从现金流量角度分析企业净利润的质量。两种方法各有所长，起着互相补充说明的作用。

14.2.2 现金流量表中金额列示方法

现金流入－现金流出＝现金净流量

上面的公式是编制现金流量表的三个基本要素和理论根据。在现金流量表的金额栏，有两种列示方法：总额法和净额法。

总额法是指分别用现金流入数、现金流出数反映企业各项涉及现金收支的经济事项。最后，在“现金及现金等价物净增加额”项目反映现金净流量。总额法可以反映企业现金流量的全貌，分析各类经济事项引起现金流量大小的具体原因。

净额法是指以现金流入量减去现金流出量后的净额反映不同部分经济活动引起的现金流

量的变化。虽然净额法可以简化现金流量表的许多项目和格式，但却无法体现涉及现金收支活动的全貌，不利于报表使用者对现金流量的分析和解释。

14.2.3 现金流量表的格式

现金流量表的格式见表14-2。

现金流量表分为主表和补充资料两部分。主表是按照现金流量的三大分类设计的，用三个相互独立的区间，分别反映经营活动、投资活动和筹资活动产生的现金流量情况。在现金流量表补充资料部分，主要反映按照间接法编制的经营活动现金流量和不涉及现金收支的投资、筹资活动。

表14-2　现金流量表

编制单位：　　　　　　　　　　年度　　　　　　　　　　单位：元

项　目	金　额
一、经营活动产生的现金流量	
销售商品、提供劳务收到的现金	
经营租赁收到的租金	
……	
购买商品、接受劳务支付的现金	
支付的增值税款	
……	
二、投资活动产生的现金流量	
收回投资收到的现金	
分配股利或利润收到的现金	
……	
购置固定资产、无形资产等支付的现金	
股权投资支付的现金	
……	
三、筹资活动产生的现金流量	
发行债券收到的现金	
借款收到的现金	
……	
偿还借款支付的现金	
偿还利息支付的现金	
……	
四、汇率变动对现金的影响	
五、现金及现金等价物净增加额	
补充资料	
1.不涉及现金收支的投资和筹资活动：	
……	
……	
2.将净利润调节为经营活动的现金流量：	
加：固定资产折旧	
无形资产摊销	
财务费用	
……	
减：投资收益	
处置固定资产净收益	
……	
3. 现金及现金等价物净增加情况：	
现金的期末余额	
减：现金的期初余额	
加：现金等价物的期末余额	
减：现金等价物的期初余额	
现金及现金等价物净增加额	

14.2.4 现金流量表的编制方法和各项目解释说明

1.关于经营活动产生的现金流量

(1)销售商品、提供劳务收到的现金

本期企业销售商品、提供劳务收到的现金一般包括：

①收到当期销售商品、提供劳务所得现金；

②收回前期应收货款或劳务收入；

③预收下期货款或劳务收入。

企业在本期发生的销货退回而向客户支付的现金应从收入现金中扣除。本项目中不包括随销售收入和劳务收入一起收到的增值税销项税额，这部分增值税销项税额在单设的项目中反映。

企业当期销售商品、提供劳务收到的现金可用如下公式计算：

当期销售商品、提供劳务收到的现金收入＋当期收到前期应收账款、应收票据＋当期预收账款－当期因销货退回而支付的现金－当期收回前期已核销的坏账

以上各项中均不包括同期从客户收取的增值税销项税额。

例 14-1 某企业本期销售收入为500万元，以银行存款收讫，应收票据账户期初余额32万元，期末余额18万元，应收账款账户期初余额120万元，期末余额55万元，本期核销坏账损失5万元，本期因质量问题发生退货价款总计8万元，以转账支票支付(增值税销项税额忽略不计)。

当期销售商品、提供劳务收到的现金收入＝500(万元)

当期收到前期应收账款、应收票据＝(应收账款期初余额－应收账款期末余额)＋(应收票据期初余额－应收票据期末余额)＝(120－5－55)＋(32－18)＝74(万元)

当期因销货退回而支付的现金＝8(万元)

销售商品、提供劳务收到的现金＝500＋74＋8＝582(万元)

如果本期应收账款、应收票据的期初余额小于他们的期末余额，则视当期收到的前期应收账款、应收票据为0而非负数。同期向客户收取的增值税销项税额在“收到的增值税销项税额和退回的增值税款”项目中反映。

(2)收到的租金

“收到的租金”项目反映企业本期收到的经营租赁业务现金收入数额，包括本期业务实际收到的现金、收到的前期应收租赁业务款和预收款。根据“其他业务收入”、“其他应收款”和“银行存款”账户中实际现金收入数字分析加总填列。

(3)收到的增值税销项税额和退回的增值税款

企业因销售商品、提供劳务收到的增值税销项税额，以及由于出口商品应收取的退税款而收到的现金单独列项反映。因此，要求企业在核算该类业务时，在“应收账款”、“应收票据”账户下，分设“销货款”或“提供劳务款”、“增值税销项”明细账户，分别反映不同性质的现金收入情况。在填列现金流量表时，从相应的明细账户中得出结论填入相应项目栏内。

例 14-2 某企业销售商品一批，单位价格500元，数量1 000件，价款总计50万元，增值税税率为17%，货款以现金付讫。前期销售商品一批，其“应收账款——货款”明细账

户所含价款 60 万元，“应收账款——增值税销项”明细账户为 10.2 万元，本期均以现金收讫。该企业的前期出口商品，已交纳增值税 13.6 万元，按照有关规定，本期收到退税款。

本期收到增值税销项＝50×17%＋10.2＝18.7(万元)

本期收到出口退税＝13.6(万元)

当期增值税销项税额及出口退税＝18.7＋13.6＝22.3(万元)

(4)收到的除增值税以外的其他税费返还

该项目反映企业当期收到的除增值税销项及增值税出口退税以外的其他税费返还现金收入。例如，一些地方政府为扶持相关产业而规定的所得税返还、消费税返还、关税返还等税收优惠政策，会使企业可能发生收回返还税费的现金流入。本项目按照当期实际收到的返还税费现金流入数填列。

(5)购买商品、接受劳务支付的现金

企业购买商品、接受劳务支付的现金，包括当期由于购买商品、接受劳务所支付的现金，支付的前期购买商品、接受劳务产生的应付账款和应付票据，预付的后期购买商品、接受劳务款。企业在支付商品或劳务价款的同时，还需支付相应的增值税。支付的能够抵扣增值税销项的增值税进项税额，不在本项目中反映，单独在“支付的增值税款”项目列示。如果支付的增值税进项税额不能抵扣销项税额，则仍在本项目中反映。

企业购买商品、接受劳务支付的现金计算公式如下：

当期购买商品、接受劳务支付的现金＋当期支付的前期应付账款、应付票据＋
当期支付的预付账款－当期由于退货收回的货款或劳务款

以上各项均不包括同期支付的增值税进项税额。

例 14-3 某企业本期购买钢材一批，货款 20 万元，增值税 3.4 万元，两项合计23.4 万元一并用转账支票支付。本期偿付上期应付票据 15.21 万元，其中含增值税 2.21 万元。预付新兴公司材料款 10 万元，增值税 1.7 万元。

本期购买商品、接受劳务支付的现金计算结果如下：

当期购买商品、接受劳务支付的现金＝20(万元)

当期支付的前期应付账款、应付票据＝15.21－2.21＝13(万元)

当期支付的预付账款＝10(万元)

购买商品、接受劳务支付的现金＝20＋13＋10＝43(万元)

(6)经营租赁所支付的现金

该项目反映企业当期实际支付的因采用经营租赁方式租入设备而支付的现金，包括为当期租赁业务支付的现金、支付的前期应付经营租赁费、预付经营租赁费。

(7)支付给职工和为职工支付的现金

该项目反映企业以现金方式支付给职工的工资和为职工支付的其他现金。支付给职工的工资包括工资、奖金、各种补贴、津贴等；为职工支付的其他现金，是指企业为职工支付的其他工资性质的支出，例如，为职工支付的社会养老保险金、失业保险等社会保险基金。该项目以当期实际现金支出数填列。为本企业在建工程人员支付的工资及其他现金支出，在“投资活动产生的现金流量”部分所属“购建固定资产支付的现金”项目填列。

例 14-4 某企业本期实际支付生产人员工资 23 万元，奖金 5 万元，管理人员工资 12 万元，奖金 5.5 万元，在建工程人员工资 16 万元，奖金 3 万元。

该企业当期支付给职工和为职工支付的现金＝23＋5＋12＋5.5＝45.5(万元)

(8)支付的增值税款

本项目反映企业由于购买商品、接受劳务而实际支付的能够抵扣增值税销项税额的增值税进项税额，以及本期在税务机关实际交纳的增值税款。企业在核算该类业务时，应在“应付账款”和“应付票据”账户下分设“购货款”、“接受劳务款”和“增值税进项”明细账户，以便于将支付的货款、劳务款与支付的增值税进项税额分开填列。

例 14-5 某企业本期购买原材料一批，价款 80 万元，增值税税率为 17%，企业在收到发票和增值税税票后，一并将价款和增值税进项税额合计 93.6 万元以银行汇票付讫。购买工程用物资 20 万元，增值税随同价款一并开出转账支票支付，计 23.4 万元。又向一小规模纳税人购买生产用低值易耗品一批，价款 15 万元，款未付。当期实际向税务机关交纳增值税 5.6 万元。

企业当期支付的增值税款＝80×17%＋5.6＝19.2(万元)

企业购买的工程用物资所支付的价款及其增值税进项税额不在本项目中反映，在“投资活动产生的现金流量”部分所属“购建固定资产支付的现金”项目填列。

(9)支付的所得税款

本项目反映企业当期实际支付的所得税税款。

例 14-6 企业本期期初应交未交所得税 26 万元，根据本期实现净利润计算应交所得税 210 万元，期末应交未交所得税 16 万元。

企业本期支付所得税款＝26＋210－16＝220(万元)

(10)支付的除增值税、所得税以外的其他税费

本项目反映企业遵照国家有关规定于当期实际支付的除增值税、所得税以外的其他税费。包括本期发生并支付的税费、本期支付的前期应付未付税费、预付税费。和企业投资活动有关的税金，比如投资方向调节税，应在“投资活动产生的现金流量”部分所属“购建固定资产支付的现金”项目反映。

(11)支付的其他与经营活动有关的现金

企业支付的与生产经营活动有关的现金，除以上 10 项外，还有各项管理活动所需现金支出。比如差旅费支出、水电费支出、诉讼费支出，等等。这些支出在“支付的其他与经营活动有关的现金”项目中填列。

2.关于投资活动产生的现金流量

(1)收回投资所收到的现金

本项目反映企业当期实际收回的投资款，包括投资本金和投资收益两部分。但股票投资和债券投资所收到的分派股利、利润和债券利息不包含在内，而是在“分得股利或利润所收到的现金”以及“取得债券利息收入所收到的现金”项目反映。

例 14-7 某企业一项对外权益性投资，投资本金为 800 万元。本期将该项投资转让，转让价款计 950 万元全部到账。

该企业收回投资所收到的现金＝950(万元)

(2)分得股利或利润所收到的现金

本项目反映企业的对外投资，在持有期间因分得股利或利润而收到的现金。

例 14-8　某企业长期投资——股票投资情况见表 14-3。

表 14-3　长期投资——股票投资一览表　　单位：万元

被投资单位	A 企业				B 企业				C 企业			
收到现金合计	期初投资余额	占 A 企业股本	A 企业分配现金股利	实际收到现金	期初投资余额	占 B 企业股本	B 企业分配现金股利	实际收到现金	期初投资余额	占 C 企业股本	C 企业分配现金股利	实际收到现金
620	1 500	75%	800	600	200	5%	0	0	300	10%	200	20

该企业分得股利或利润所收到的现金＝600＋20＝620(万元)

(3)取得债券利息收入所收到的现金

本项目反映企业当期实际收到的债券投资在持有期间发行单位支付的利息。包括在现金等价物范围内的债券投资，比如国库券投资，其利息收入也包括在本项目内。

(4)处置固定资产、无形资产和其他长期资产所收到的现金净额

本项目反映企业出售固定资产、无形资产和其他长期资产所收到的现金，减去为出售这些资产所支付的有关费用后的净额。本项目包括出售固定资产、无形资产和其他长期资产净现金收入、固定资产报废、毁损变卖后净现金收入以及收到的保险赔偿收入。

例 14-9　某企业变卖不需用设备一台，转让价 30 万元，当期收到转账支票一张并办妥入账手续。设备原价 50 万元，已提折旧 18 万元，在拆卸并运输该设备时，发生并用现金支付拆卸费 0.5 万元，运输费 0.1 万元。当期该企业转让无形资产一项，收到转让款 2.2 万元，转让时该项无形资产账面净值 2.5 万元。

该企业当期处置固定资产、无形资产和其他长期资产所收到的现金净额＝30＋2.2＝32.2(万元)

(5)购建固定资产、无形资产和其他长期资产所支付的现金

该项目反映企业当期为购建固定资产、无形资产和其他资产而实际支付的现金。购建固定资产所支付的现金，包括本期购建这些资产所支付的价款和不能抵扣的增值税进项税额、支付的工程建设人员工资及其他现金支付、购买工程用物料所支付的现金(包括价款和增值税进项税额)。购建无形资产所支付的现金，包括企业本期购入或自创的无形资产所实际支付的全部现金。

例 14-10　某公司当年自行建造厂房一幢，工程成本 890 万元，增值税 150 万元，全部用银行存款支付。当年购入专利一项，购入成本 20 万元，价款已通过银行转账支付。

该企业当期购建固定资产、无形资产和其他长期资产所支付的现金＝890＋150＋20＝1060(万元)

企业在购建固定资产的活动中，也可以采用融资租赁的方式。由于融资租赁租入固定资产，属于一种长期负债筹集资金购建固定资产，所以该类现金支付在“筹资活动产生的现金流量”部分所属“融资租赁所支付的现金”项目反映。

(6)权益性投资所支付的现金

本项目反映企业当期在权益性投资上所实际支付的现金，包括股票权益性投资和其他权益性投资。

(7)债权性投资所支付的现金

本项目反映企业当期因购买除现金等价物(如国库券)以外的其他债权性投资而实际支付的现金，包括支付的投资溢价和手续费以及包含有已宣告发放的利息。

例 14-11 某公司于7月1日购入当日建设银行发行的5年期金融债券，面值600万元，票面利率5%，同期市场利率4%，该债券按照1.08比价溢价发行，手续费率按照面值的2.5%计算。公司于当年将全部款项通过银行转账支付。

该公司当期债权性投资所支付的现金＝600×1.08＋600×2.5%＝648＋15＝663(万元)

3.有关筹资活动产生的现金流量

(1)吸收权益性投资所收到的现金

本项目反映企业当期通过吸收权益性投资(如发行股票)所实际收到的现金。实际收到的现金是指扣除因吸收投资活动而发生的手续费、业务咨询费、法律公证等现金支付后的净额。如果是通过证券商或金融机构公开发行股票，还要扣除有关的宣传费、印刷费等项现金支出。

例 14-12 某公司当年通过发行股票募集资金，公开发行股份2 000万股，每股面值1元，发行价每股1.1元，代理发行的证券公司手续费和其他支付共计500万元。

该公司当期吸收权益性投资所收到的现金＝2 000×1.1－500＝1 700(万元)

(2)发行债券所收到的现金

本项目反映企业本期因发行债券而实际收到的现金。与上述吸收权益性投资收到的现金一样，该项目以发行收入扣除手续费、咨询费等项现金支出后的净额填列。

例 14-13 某大型国有集团公司为建一大型项目，经批准发行期限为5年的企业债券3 000万元。该公司与一证券经销商签署了委托代销协议，代理发行手续费为发行总额的3.5%，期间发生的咨询、公证等费用共计150万元用银行存款支付。本期该企业债券发行成功，款项全部到账。

该公司当期发行债券所收到的现金＝3 000－3 000×3.5%＝2 895(万元)

本例中出现的“咨询、公证”等费用，作为筹资活动的必要花费，在“发生筹资费用所支付现金”项目中反映。

(3)借款收到的现金

本项目反映企业当期从银行、其他金融机构或其他单位、个人借入短期、长期借款所收到的现金。

(4)偿还债务所支付的现金

本项目反映企业当期由于偿还到期债务而实际支付的现金，包括归还到期借款本金、偿还到期债券面值。归还到期借款的利息和债券利息所实际支付的现金在“偿付利息所支付的现金”项目反映，不包括在本项目中。

例 14-14 某集团公司2×13年发行的5年期企业债券，2×18年6月30日到期，企业实际支付到期债券面值2 500万元，最后一期应付利息62.5万元，共计2 562.5万元。该公司2×18年共计归还工商银行短期借款430万元，借款利息17万元。

该公司到期偿还债务所支付的现金＝2 500＋430＝2 930(万元)

(5)发生筹资费用所支付的现金

该项目反映企业由于筹资活动，比如发行股票、债券、向银行借款等，所发生的诸如咨询费、公证费、印刷费等现金支出。这些筹资费用是企业自行支付的，在筹资款到达企业之前发生的必要支出，与筹资后发生的股利或利息现金支出不同，也与筹资时委托券商或银行等金融机构支付的代理费或手续费不同，该代理费或手续费是从发行收入中扣减，不在本项目反映。

例 14-15 在例 14-13 中，由于发行债券而发生的 150 万元咨询、公证费，即为该公司当期发生筹资费用所支付的现金。

(6)分配股利或利润所支付的现金

本项目反映企业当期实际支付的现金股利以及在企业利润分配时支付的现金。

例 14-16 某公司 2×13 年“应付股利”账户期初余额 65 万元，期末余额 32 万元，当年宣告并发放现金股利 50 万元。

该公司当期分配股利或利润所支付的现金＝(65－32)＋50＝83(万元)

(7)偿付利息所支付的现金

本项目反映企业当期实际支付的借款利息和债券利息等。

例 14-17 在例 14-14 中，所发生的支付债券利息 62.5 万元和借款利息 17 万元，总计 79.5 万元，即为该公司当期偿付利息所支付的现金。

(8)融资租赁所支付的现金

本项目反映企业在采用融资租赁购置固定资产方式下，当期实际支付的融资租赁款。

例 14-18 某企业采用融资租赁方式购入设备一套，价款总计 500 万元，付款期10 年，年利率 8%。合同规定每半年计算一次应付租金，年底付清。

每年归还本金＝500÷10＝50(万元)

第一年归还利息＝500×4%＝20(万元)

第一年归还本息合计＝50＋20＝70(万元)

该公司第一年融资租赁所支付的现金＝70(万元)

(9)减少注册资本所支付的现金

本项目反映企业由于经营不善，导致连年亏损，不得不缩小经营规模。经申请，得到有关部门批准后，为减少注册资本所支付的现金。企业支付给股东的减资款在本项目中反映，但是为核销企业累积亏损而减少的注册资本，因为没有实际的现金支付，不在本项目中反映。

4.有关汇率变动对现金的影响

汇率变化对现金的影响，是指企业外币现金流量以及境外子公司的现金流量在折算成记账本位币时，所采用的现金流量发生日的汇率或平均汇率，而现金流量最后一行“现金及现金等价物净增加额”中外币现金净增加额是按照期末汇率折算的。这两者之间的差额即为汇率变动对现金的影响。

我国企业会计准则规定，企业在编制现金流量表时，应当将外币现金流量以及境外子公司的现金流量折算成记账本位币。折算外币现金流量时，应采用现金流量发生日汇率或平均汇率。同时规定，汇率变动对现金的影响作为调节项目，在现金流量表中单独列示。这是因为，由于汇率变动而增加或者减少的现金流量，既不是经营活动产生的，也不是投资活动产生的，也不是筹资活动产生的，与企业正常经济事项没有直接的关系。汇率变动造成现金流量增加，不说明企业现金循环系统良好，汇率变动造成现金流量减少，也不说明企业现金周转变坏。应该说，它是一个独立的影响企业现金流量的因素，因此要单独反映。

例 14-19 某企业2×13年出口商品一批，售价338万美元，收到美元入账当日的汇率为1:7.38。同年进口货物一批，价款160万美元，结汇日汇率为1:7.35。期末汇率即资产负债表日汇率为1:7.36。

当期汇率变动对现金的影响：

影响现金流入＝(期末汇率－期初汇率)×现金流入量＝(7.36－7.38)×338＝－6.76(万元)

影响现金流出＝(期末汇率－期初汇率)×现金流入量＝(7.36－7.35)×160＝1.60(万元)

该公司当期汇率变动对现金的影响＝－6.76－1.60＝－8.36(万元)

5.现金及现金等价物净增加额

该项目反映企业当期全部现金流入量减去流出量后的净额情况，即企业现金及现金等价物在当年的生产经营活动中的增减变化及其结果。现金及现金等价物净增加额的计算公式见表14-4。

表 14-4 现金及现金等价物净增加额的计算公式

经营活动现金流入	
减：经营活动现金流出	经营活动产生的现金流量净额
加：投资活动现金流入	
减：投资活动现金流出	投资活动产生的现金流量净额
加：筹资活动现金流入	
减：筹资活动现金流出	筹资活动产生的现金流量净额
	加：汇率变动对现金的影响
	现金及现金等价物净增加额

在“现金及现金等价物净增加额”部分，该项数额应该与资产负债表中货币资金期末与期初余额的差额以及企业确认的现金等价物期末与期初余额的差额合计相等，即与本表补充资料部分的“现金及现金等价物净增加额”数额核对相符。

6.补充资料

补充资料中应该提供将净利润调节为经营活动现金流量的有关信息。本项目通过一系列计算调整，将企业利润表中的净利润调整为经营活动产生的现金流量，从而进一步获得企业净利润数据与现金流量数据之间的关系信息，并能够对正表数据进行钩稽核对。具体方法是：将不涉及现金收支的收入、费用、成本因素剔除，比如，折旧费、本期摊销的无形资产、本期计提的预提费用等，这些内容并没有实质上引起现金的流入或流出，但是在计算企业净利润时，都予以考虑在内了。

将净利润调节为经营活动现金流量的公式如下：

净利润
＋经营性应收项目的减少(－经营性应收项目的增加)
＋经营性应付项目的增加(－经营性应付项目的减少)
＋存货的减少(－存货的增加)
＋固定资产折旧费
＋无形资产、递延资产等的摊销
＋待摊费用的减少和预提费用的增加(－待摊费用的增加和预提费用的减少)
＋各种资产处置损失、报废损失(－处置净收益)

+投资损失(－投资收益)
+财务费用
+递延税款贷项(－递延税款借项)
经营活动产生的现金流量净额

7.不涉及现金收支的投资和筹资活动

企业在一定时期内发生的影响资产、负债，但不影响现金收支的投资、筹资活动，应当在现金流量表附注(补充资料)里予以披露说明。这些投资、筹资活动，虽然本期不涉及现金收支，但会影响以后会计期间的现金流量，并可能产生重大影响。比如，融资租入固定资产业务，在业务发生时，借记“固定资产——融资租入固定资产”，贷记“长期应付款”，当期并不发生现金流出企业事项。但在第二年及以后各年的租赁期内，每年都要有一笔不小的租金支付流出企业。又如，企业用土地使用权对外投资，业务发生当年，借记“长期投资——股权投资”，贷记“无形资产”，当年并未有现金流出企业，但在以后年度，可能会有被投资企业分得的现金利润流入企业。因此，基于重大非现金投资、筹资活动对企业未来年度现金流量的影响，企业需要对这些内容予以披露。

不涉及现金收支的投资、筹资活动主要有：以固定资产偿还债务，以对外投资偿还债务，以固定资产进行长期投资，以存货偿还债务，融资租赁固定资产，接受捐赠非现金资产等。

这些内容列示在现金流量表附注(补充资料)下部，在金额上，并不要求存在钩稽或相等的算术关系。

14.2.5　现金流量表的编制程序

1.工作底稿法

所谓工作底稿法，就是在编制现金流量表时，以工作底稿为基本手段，以损益表和资产负债表的数据为基础，对其中的各个相关项目进行分析、调整后，编制调整分录，从而得出现金流量表数据。现金流量表工作底稿(简化)的格式见表14-5。

表14-5　现金流量表工作底稿

项　　目	期　初　数	调整分录		期　末　数
		借　方	贷　方	
一、资产负债表项目				
……				
……				
二、损益表项目				
……				
……				
三、现金流量表项目				
……				
……				
调整分录借贷合计				

采用工作底稿法编制现金流量表的程序如下。

(1)将资产负债表的期初数和期末数过入现金流量表工作底稿的期初数栏和期末数栏。

(2)对当期发生的经济业务进行分析、整理，编制调整会计分录。调整会计分录分为以下三类：

①有关对损益表项目进行调整的分录，通过对损益表中权责发生制下的收入、成本和费用进行调整，将它们转换为现金收付制下的收入、成本和费用；

②有关对资产负债表项目调整的分录，通过对资产负债表中权责发生制下的投资、筹资项目进行调整，将它们转换成现金收付制下的投资、筹资现金流量；

③有关对损益表和现金流量表中涉及投资、筹资项目的调整分录，通过对这些项目的调整，将损益表中和投资、筹资有关的权责发生制下的收入、费用，比如，财务费用、投资收益等，调整为现金收付制下的现金流量。

另外一些调整分录并不涉及现金收支，而是为了核对资产负债表项目的期初期末数额的变动，这些调整分录只是一小部分。

(3)将编制好的调整分录过入现金流量表工作底稿中的“调整分录”栏，并核对借贷方合计数是否相等。

(4)将资产负债表项目的期初数，加减调整分录中的调整数后，应当与先期过入到期末数栏中的数字相等。

(5)根据现金流量表工作底稿中的现金流量表项目部分，编制正式的现金流量表。

2.T形账户法

采用T形账户法，就是以T形账户作为编制手段，以资产负债表和损益表数据为调整基础，对两个报表中的项目进行分析调整，编制调整分录，进而得出现金流量表数据。运用T形账户法的编制程序如下。

(1)为所有的非现金项目开设T形账户，包括资产负债表中非现金的项目和损益表中的非现金项目，将各项目的期初数过入T形账户中。

(2)开设一个“现金及现金等价物”T形账户，借贷两方分别按照经营活动、投资活动、筹资活动分为三段，该账户的左边记录现金流入情况，右边记录现金流出情况，并将现金及现金等价物的期初期末变动数过入余额部分。

(3)以损益表项目为基础，结合资产负债表分析每一项非现金项目增减变动方向和金额，编制调整分录。

(4)将调整分录过入各个T形账户和“现金及现金等价物”T形账户，“现金及现金等价物”账户借贷方计算相抵后，其数额应该与第2步过入的期初期末变动数相符。

(5)根据“现金及现金等价物”账户中的数字编制现金流量表。

14.3 现金流量表的阅读与分析

14.3.1 现金流量表纵向结构分析

所谓现金流量表的纵向结构分析，是指同一时期现金流量表中不同项目间的比较与分析，以揭示各项数据在企业现金流量中的相对意义。其分析步骤为：

(1)计算现金流入总额、现金流出总额和现金余额；

(2)计算各现金流入项目和各现金流出项目占总现金流入额和流出额的比例；

(3)分析各类现金流入和各类现金流出小计占现金流入总额和现金流出总额的比例；

(4)计算企业各项业务，包括经营活动、投资活动、筹资活动现金收支净流量占全部现金余额的比例；

(5)按比例大小或比例变动大小，找出重要项目进行重点分析，了解现金流量的形成、变动过程及其变动原因。

14.3.1.1　现金流入纵向结构分析

例 14-20　表 14-6 是某公司 2×13 年的现金流量表。

表 14-6　某公司 2×13 年的现金流量表

编制单位：某公司　　2×13 年度　　单位：万元

项　　目	行　　次	金　　额
一、经营活动产生的现金流量		
销售商品、提供劳务收到的现金	1	134.273 7
收到的税费返还	3	22.950 0
现金流入小计	9	157.223 7
购买商品、接受劳务支付的现金	10	122.740 0
支付给职工以及为职工支付的现金	12	4.000 0
支付的各项税费	13	28.0617
支付的其他与经营活动有关的现金	18	1.800 0
现金流出小计	20	156.601 7
经营活动产生的现金流量金额	21	0.622 0
二、投资活动产生的现金流量		
收回投资所收到的现金	22	0.825 0
取得投资收益所收到的现金	23	0.402 5
处置固定资产所收到的现金净额	25	0.075 0
现金流入小计	29	1.302 5
购建固定资产所支付的现金	30	11.490 0
投资所支付的现金	31	1.000 0
现金流出小计	36	12.490 0
投资活动产生的现金流量净额	37	－11.187 5
三、筹资活动的现金流量		
吸收投资所收到的现金	38	2.500 0
借款所收到的现金	40	15.000 0
收到的其他与筹资活动有关的现金	43	0.500 0
现金流入小计	44	18.000 0
偿还债务所支付的现金	45	2.120 0
分配股利、利润或偿付利息所支付的现金	46	2.525 0
现金流出小计	53	4.645 0
筹资活动产生的现金流量净额	54	13.355 0
四、汇率变动对现金的影响	55	0
五、现金及现金等价物净增加额	56	2.789 5
补 充 资 料		
1.将净利润调节为经营活动现金流量		
净利润	57	10.357 2
加：计提的资产减值准备	58	0.019 8
固定资产折旧	59	0.73
无形资产摊销	60	0.202 5
长期待摊费用摊销	61	0.3

（续表）

项　　目	行　　次	金　　额
处置固定资产、无形资产和其他长期资产的损失（减：收益）	66	0.225
财务费用	68	0.62
投资损失（减：收益）	69	－0.402 5
存货的减少（减：增加）	71	－125 800
经营性应收项目的减少（减：增加）	72	0.59
经营性应付项目的增加（减：减少）	73	0.56
经营活动产生的现金流量净额	75	6 220
2.不涉及现金收支的投资和筹资活动		
债务转为资本	76	4.750 0
一年内到期的可转换公司债券	77	1.501 7
3.现金及现金等价物净增加情况		
现金的期末余额	79	5.500 0
减：现金的期初余额	80	2.445 0
加：现金等价物的期末余额	81	2.734 5
减：现金等价物的期初余额	82	3.000 0
现金及现金等价物净增加额	83	2.789 5

根据表14-6，现金流入纵向结构百分比分析，见表14-7。

表14-7　现金流入纵向结构百分比分析

项　　目	金　　额	部分结构百分比	总体结构百分比
经营活动现金流入	157.223 7	100%	89.1%
主营业务收入	134.273 7	85.4%	
税费返还	22.950 0	14.6%	
投资活动现金流入	1.302 5	100%	0.7%
收回投资	0.825 0	63.3%	
投资收益	0.402 5	30.9%	
处置固定资产	0.075 0	5.8%	
筹资活动现金流入	18.000 0	100%	10.2%
吸收投资	2.590 0	13.9%	
借款	15.000 0	83.3%	
其他	0.500 0	2.8%	
现金流入合计	176.526 2		100%

从表14-7的计算结果可以看出：经营活动现金流入占现金流入总量的89.1%，是其主要来源。其中，主营业务收入占85.4%，税费返还占14.6%，都比较正常；投资活动现金流入占现金流入总量的0.7%，说明企业投资活动获取的现金较少。其中，收回投资占63.3%，取得投资收益占30.9%，说明企业投资现金流入大部分为回收资金，而非获利；筹资活动占现金流入总量10.2%，也占有相当地位，其中主要来自于借款融资。综上所述，维持该公司运行、支撑公司发展所需要的大部分现金是在经营过程中产生的，这无疑是企业财务状况良好的一个标志。而收回投资、分得股利取得的现金以及银行借款、发行债券、接受外部投资取得的现金对公司的运行起到了辅助性或补充性的融资作用。

14.3.1.2　现金流出纵向结构分析

在一个企业的现金流出中，其经营活动的现金流出如购买商品、接受劳务等活动支出的现金往往要占到较大的比重，投资活动和筹资活动的现金流出则因公司的财务政策不同而存在很大的差异。一般来说，在公司正常的经营活动中，其经营活动的现金流出具有一定的稳定性，各期变化幅度不会太大，但投资和筹资活动的现金流出稳定性较差，甚至具有相当的偶发性。随着交付投资款、偿还到期债务、支付股利等活动的发生，当期该类活动的现金流出便会呈现剧增。

与现金流入结构分析类似，在某公司本期的现金流出量中，经营活动所付现金占74.6%，投资活动所付现金占 6.0%，筹资活动所付现金占 2.2%。将此现金流出量与现金流入量相结合，可以发现该公司的现金流入与流出主要来自于经营活动所得，用于经营活动所费；公司进行固定资产投资，支付投资者利润等现金需要，主要来源于外部筹资，特别是举债筹资。从总体上看，该公司的运行是健康的，发展是稳定的。但应特别注意公司以举债筹资扩大投资所带来的财务风险及其偿还能力。

14.3.1.3　净现金流量纵向结构分析

净现金流量纵向结构分析是反映公司经营活动、投资活动及筹资活动的现金净流量占公司全部净现金流量的百分比，以及公司本年度创造的现金及现金等价物净增加额中，以上三类活动的贡献程度。通过分析，可以明确体现出本期的现金净流量主要由哪类活动产生，以此可说明现金净流量形成的原因是否合理。

在对其分析中，当企业的现金净增加额为正数时，如主要是由经营活动产生的现金流量净额引起的，可以反映企业收现能力强，坏账风险小，其营销能力一般不错；如主要由投资活动或处置非流动资产引起的，可以反映出企业生产能力正在衰退，从而处置资产以缓解资金压力，但也可能是企业在调整资产结构，应结合上市公告的其他资料进行判断；如主要是由于筹资活动引起的，则意味着企业在未来将负担更多的股息或利息。除非该企业在未来产生更大的现金流量，否则将承受更大的财务风险。

当企业现金净增加额为负数，但如果企业经营活动产生的现金流量净额为正数，且数额较大，则一般是由于企业扩大投资或购置生产设备等所致，反映企业并非经营状况不佳，反而是未来可能有更大的现金流入。

通过以上分析，还可进一步推断出，对现金流量结构的总体分析可以认定企业生命周期所在阶段。总量相同的现金流量在经营活动、投资活动、筹资活动之间分布不同，则意味着不同的财务状况。

(1)当经营活动现金净流量为负数、投资活动现金净流量为负数、筹资活动现金净流量为正数时，表明该企业处于产品初创期。在这个阶段企业需要投入大量资金，形成生产能力，开拓市场，其资金来源只有举债、融资等筹资活动。

(2)当经营活动现金净流量为正数、投资活动现金净流量为负数、筹资活动现金净流量为正数时，可以判断企业处于高速发展期。这时产品迅速占领市场，销售呈现快速上升趋势，表现为经营活动中大量货币资金回笼，同时为了扩大市场份额，企业仍需要大量追加投资，而仅靠经营活动现金流量净额可能无法满足所需投资，必须筹集必要的外部资金作为补充。

(3)当经营活动现金净流量为正数、投资活动现金净流量为正数、筹资活动现金净流量为负数时，表明企业进入产品成熟期。在这个阶段产品销售市场稳定，已进入投资回收期，但很多外部资金需要偿还，以保持企业良好的资信程度。

(4)当经营活动现金净流量为负数、投资活动现金净流量为正数、筹资活动现金净流量为负数时，可以认为企业处于衰退期。这个时期的特征是：市场萎缩、产品销售的市场占有率下降、经营活动现金流入小于流出，同时企业为了应付债务不得不大规模收回投资以弥补现金的不足。

在该公司本期的净现金流量结构中，投资活动引起现金净流量减少 111 875 元，而经营活动只增加现金净流量 6 220 元，其余的现金缺口则是通过筹资活动得以弥补。筹资活动引起现金净流量增加 133 550 元，用于投资活动后尚有些许剩余。

该公司经营活动现金净流量为正数、投资活动现金净流量为负数、筹资活动现金净流量为正数，说明其正处于成长发展期。这时销售呈现上升趋势，为了扩大市场份额，企业仍需要大量追加投资，但仅靠经营活动现金流量净额无法满足所需投资，因此通过外部所筹资金作为必要补充。但这将意味着在未来将负担更多的股息或利息，承受更大的财务风险。

14.3.2 横向结构分析

所谓现金流量表的横向结构分析，是指用金额、百分比的形式，对现金流量表内每个项目的本期或多期的金额与其基期的金额进行比较分析，编制出横向结构百分比现金流量表，从而揭示差距，观察和分析企业现金流量的变化趋势。同时对这些变化做进一步分析，找出其变化的原因，判断这种变化是有利还是不利，并力求对这种趋势是否会延续做出判断。

例 14-21 表 14-8 是某公司 2×13 年、2×14 年的横向结构百分比现金流量表。

表 14-8 横向结构百分比现金流量表 单位：元

项目	2×13 年	2×14 年	增减百分比
一、经营活动产生的现金流量			
销售商品、提供劳务收到的现金	1 247 525	1 342 737	7.6%
收到的税费返还	210 483	229 500	9.0%
现金流入小计	1 458 008	1 572 237	7.8%
购买商品、接受劳务支付的现金	1 128 048	1 227 400	8.8%
支付给职工以及为职工支付的现金	38 000	40 000	5.3%
支付的各项税费	262 750	280 617	6.8%
支付的其他与经营活动有关的现金	17 200	18 000	4.7%
现金流出小计	1 445 998	1 566 017	8.3%
经营活动产生的现金流量金额	12 010	6 220	−48.2%
二、投资活动产生的现金流量			
收回投资所收到的现金	7 830	8 250	5.4%
取得投资收益所收到的现金	3 890	4 025	3.5%
处置固定资产收到的现金净额	865	750	−13.3%
现金流入小计	12 585	13 025	3.5%
购建固定资产支付的现金	67 511	114 900	70.2%
投资所支付的现金	90 000	10 000	11.1%
现金流出小计	76 511	124 900	29.4%
投资活动产生的现金流量净额	−63 926	−111 875	−75.0%
三、筹资活动的现金流量			
吸收投资所收到的现金	23 000	25 000	8.7%
借款所收到的现金	90 000	150 000	66.7%
收到的其他与筹资活动有关的现金	3 000	5 000	66.7%
现金流入小计	116 000	180 000	55.2%
偿还债务所支付的现金	20 500	21 200	3.4%
分配股利、利润或偿付利息所支付的现金	22 350	25 250	13.0%
现金流出小计	42 850	46 450	8.4%
筹资活动产生的现金流量净额	73 150	133 550	82.6%
四、汇率变动对现金的影响	0	0	0
五、现金及现金等价物净增加额	21 234	27 895	31.4%

从上表的计算结果可以看出如下情况。

(1)该公司 2×14 年度经营活动产生的现金流入、流出量均比上年有所增加，但流出量的增长幅度要略大于流入量的增长幅度，致使经营活动现金流量净额降低了 48.2%。应进一步查明现金流出相对增长过快的原因，及时对各项开支加以严格控制，加快应收账款的回收速度，以防止经营活动现金流量净额的进一步下降。

(2)该公司 2×14 年度投资活动现金流出量的增长幅度明显高于流入量的增长幅度，企业投资活动产生的现金流量净额呈现负增长趋势，说明企业投资规模有了新的扩张。其中购建固定资产支出增长较为明显，说明该公司本期注重基本建设投资，故可预测未来期的市场前景看好，刺激了公司的投资欲望，因而有可能带来新的利润增长机会。但应保证投资期限与筹资期限的相互匹配，否则有可能造成财务风险的增加。

(3)该公司 2×14 年度筹资活动产生的现金流入量有大幅增加，这主要是投资活动对现金的大量需求的结果。其中大部分的资金通过举债筹集，因此应关注公司的偿债能力，下期应适当扩展新的筹资渠道，以降低财务风险。本期筹资活动产生的现金流出量变化幅度不大，这主要是因为偿还债务以及支付利息等项支出与其相关的筹资活动相比，具有一定的滞后性。

14.3.3　现金流量表比率分析

1.赢利现金比率

赢利现金比率=经营现金净流量÷净利润×100%

这一比率反映企业本期经营活动产生的现金净流量与净利润之间的比例关系。在一般情况下，比率越大，企业赢利质量就越高，表明企业利润的实现程度越高，可供企业自由支配的货币资金增加量越大，有助于提高企业的偿债能力和付现能力；如果比率小于 1，说明本期净利中存在尚未实现现金的收入。在这种情况下，即使企业赢利，也可能发生现金短缺，严重时会导致企业破产。

2.经营活动现金流量净额与营业利润的比率

经营活动现金流量净额与营业利润比率=经营活动现金流量净额÷营业利润×100%

经营活动现金流量净额与营业利润的比率，反映企业经营活动现金流量净额与实现的账面利润之间的比例关系。该指标值越大，表明企业实现的账面利润中流入现金的利润越多，企业营业利润的质量越好。因为只有真正收到的现金利润才是“实在”的利润，而非“观念”的利润。

3.投资活动现金流量净额与投资收益比率

投资活动现金流量净额与投资收益比率=投资活动现金流量净额÷投资收益

投资活动现金流量净额与投资收益比率，反映企业从投资活动中获取的现金收益与账面投资收益的关系。该指标值越大，说明企业实际获得现金的投资收益越高，通过该比率可以反映投资收益中变现收益的含量。

4.资产的经营现金流量回报率

资产的经营现金流量回报率=经营流动产生的现金流量净额÷平均资产总额×100%

资产的经营现金流量回报率，表明每 1 元资产通过经营流动所能形成的现金净流入，反映企业资产的经营收现水平。一般来说，该指标值越高，表明企业资产的利用效率越高。同时它也是衡量企业资产的综合管理水平的重要指标。

5.到期债务本息偿付比率

到期债务本息偿付比率＝经营活动现金净流量÷（本期到期债务本金＋现金利息支出）

这一比率用于衡量企业到期债务本金及利息可由经营活动创造现金支付的程度。其分析要点为：

(1)该比率越大，说明企业偿付到期债务的能力就越强，如果该比率超过1，意味着在保证现金支付需要后，企业还能保持一定的现金余额来满足预防性和投机性需求，但若超过幅度过大，则有可能使现金的机会成本超过满足支付所带来的收益，不符合成本效益原则；

(2)如果比率小于1，说明企业经营活动产生的现金不足以偿还到期债务本息，企业必须对外筹资或出售资产才能偿还债务；

(3)如果该比率达到1，意味着经营活动现金流量刚好能用于现金支付，从理论上说，这是一个理想的保障水平，既可保证现金支付需要，又可使现金的机会成本降至最低。

这里在分析偿债能力时，没有包括投资活动与筹资活动产生的现金流入，因为企业是以经营活动为主，投资活动与筹资活动是作为不经常发生的辅助理财活动。如果企业的经营活动所取得的现金在满足了维持正常经营运转所必须发生的支出后，还不能偿还债务，而必须通过向外筹资来偿债，说明企业已陷入了财务困境，很难筹措到新的资金。即使筹措到新的资金，新债务本息的偿还最终还是取决于经营活动产生的现金流量。

6.现金偿债比率

现金偿债比率＝经营现金净流量÷长期债务总额×100%

这一比率反映企业用当期经营活动提供的现金偿还长期债务的能力。虽然企业可以用从投资或筹资活动中产生的现金来偿还债务，但从经营活动所获得的现金应该是企业长期现金的主要来源。一般来说，这一比率越高，企业偿还债务的能力就越强。

7.现金股利支付率

现金股利支付率＝经营现金净流量÷现金股利×100%

这一比率反映本期经营现金净流量与现金股利或向投资者分配利润之间的关系。比率越高，企业支付现金股利的能力就越强，按现金净流量反映的股利支付率更能体现支付股利的现金来源及其可靠程度。

8.每股现金流量

每股现金流量＝（现金净流量－优先股股利）÷发行在外的普通股股数

每股现金流量是反映每股发行在外的普通股票所平均占有的现金流量，或者说是反映公司为每只普通股获取的现金流入量的指标。它实质上是作为每股赢利的支付保障的现金流量，因而该比率越高，就越为股东所乐意接受。它通常要高于每股收益，因为现金流量中没有减去非付现成本。它在反映企业进行资本性支出和支付股利的能力方面，要优于每股收益。但该比率不能替代每股收益，它是与投资者有关比率的补充比率，其中发行在外的普通股股数应与计算每股收益时所使用的相一致。

9.每股经营活动产生的现金流量净额与每股净收益的比率

每股经营活动产生的现金流量净额与每股净收益的比率＝

每股经营活动产生的现金流量净额÷每股净收益

该比率可以衡量企业净利润的收现质量。从理论上讲，一个经营比较稳定的企业经过一个营业周期，每股经营活动产生的现金流量净额一般大于每股净收益。对于赢利企业，该指标大于1，表明企业的赢利质量较高；该指标大于0但小于1，表明公司的赢利缺乏相应的现金来支持；该指标小于0，表明公司尽管有赢利，但现金流量呈现净流出状态，赢利质量较差。若是亏损企业，该指标小于0，表明尽管企业的获利能力不够理想，但有一定量的现金基础，未来有一定的发展潜力；该指标大于0，表明企业不仅亏损，而且现金状况也很差，企业财务状况很危险，应引起管理当局、投资人和债权人的高度重视。

小结

现金流量表是反映企业在一个会计期间有关现金收支的一种会计报表，为会计报表使用者提供有关一定会计期间内现金和现金等价物流入和流出的信息，以便于了解和评价企业获取现金和现金等价物的能力，并据以预测企业未来现金流量。现金流量分析着重要掌握现金、现金流量、现金流入、现金流出以及现金净流量等概念。现金流量是指企业在一定时期内的现金和现金等价物的流出和流入的数量。现金流量可以分为经营活动的现金流量、投资活动的现金流量和筹资活动的现金流量。现金流量表的编制程序有工作底稿法和T形账户法。现金流量分析以现金流量表为主要资料，同时结合资产负债表、利润表等会计报表进行。现金流量的结构，包括现金流入结构、现金流出结构和现金净流量结构。通过结构分析，就可以掌握现金主要来自哪里、主要用于何处以及现金流入、流出和净流量如何构成等各种信息，并对其做出评价。现金流量比率是现金流量与相关项目数据相比所得的值。通过现金流量比率分析，可以对公司和企业的现金偿债能力做出更稳健的判断和评价；可以对公司和企业的现金支付能力做出判断和评价；可以对公司和企业通过净收益质量做出判断和评价。

思考题

1. 什么是现金流量？现金流量表有何作用？
2. 现金流量表的结构和内容是什么？
3. 现金流量的报告方法和金额列示方法是什么？

练习题

1. 某企业2×13年有关资料如下：

(1)本年销售商品、提供劳务收到现金2 000万元，以前年度销售商品本年收到的现金240万元，本年预收款项130万元，本年销售本年退回商品支付现金70万元，本年收回企业2×12年核销的坏账损失25万元；

(2)本年购买商品支付的现金750万元，本年支付以前年度购买商品的未付款项85万元和本年预付款项78万元，本年发生的购货退回收到的现金50万元；

(3)企业本年支付的各种职工薪酬共计300万元，其中：生产经营人员的职工薪酬为260万元，在建工程人员的职工薪酬40万元。

要求：

计算下列现金流量表项目：

(1)销售商品、提供劳务收到的现金；

(2)购买商品、接受劳务支付的现金；

(3)支付给职工以及为职工支付的现金。

2. 兴源公司简易现金流量表见表1。

表1 兴源公司简易现金流量表

编制单位：兴源公司 2×13度 单位：万元

项　目	金　额
一、经营活动产生的现金流量净额	66 307
二、投资活动产生的现金流量净额	−108 115
三、筹资活动产生的现金流量金额	−101 690
四、现金及现金等价物净变动	
补充资料：	
1. 将净利润调节为经营活动的现金流量	
净利润	B
加：计提的资产减值准备	1 001
固定资产折旧	15 639
无形资产摊销	4
长期待摊费用的摊销	116
待摊费用的减少(减：增加)	−91
预提费用的增加(减：减少)	−136
处置固定资产、无形资产和其他资产的损失	0
固定资产报废损失	0
财务费用	2 047
投资损失(减：收益)	−4 700
存货的减少(减：增加)	17 085
经营性应收项目的减少(减：增加)	−2 437
经营性应付项目的增加(减：减少)	−34 419
其他	0
经营活动产生的现金流量净额	A
2. 现金净增加情况：	
现金的期末余额	27 558
减：现金的期初余额	D
现金净增加额	C

要求：填出表中A、B、C、D四项金额。

第 15 章 所有者权益变动表的编制与阅读

学习目的

本章主要介绍所有者权益变动表的有关知识。通过本章学习应：

- ⊙ 了解所有者权益变动表的格式
- ⊙ 了解所有者权益变动表的编制方法
- ⊙ 掌握所有者权益变动表的分析

章前案例与导引

在各种金融衍生工具日益盛行、企业经营活动日趋复杂的情况下，过于谨慎的收入实现原则不利于企业经营业绩的评价，历史成本原则无法体现资产的本质属性，大量无形资产难以入账，人为操纵利润的事件层出不穷。传统的会计收益确认模式只反映已实现的收益项目，不能反映未实现的收益项目，对满足报表使用者对会计信息相关性和有用性决策需求的局限性越来越突出。因此，会计学逐渐吸收了经济学收益的某些含义，形成一种新的会计学收益概念——全面收益。

1980 年 12 月，美国财务会计准则委员会(FASB)在第 3 号财务会计概念公告中首次提出了“全面收益”这一全新概念，并将其定义为：企业在报告期内除去业主投资和分派业主款以外的交易、事项和情况所产生的一切权益(净资产)的变动。

1997 年，FASB 正式公布了第 130 号财务会计准则《报告全面收益》。全面收益包括净收益和其他全面收益。其中：净收益仍由收益表提供，只反映已确认及已实现的收入(利得)和费用(损失)；其他全面收益则涵盖那些已确认但未实现、平时不记入收益表而在资产负债表部分表述的项目，包括外币折算调整项目、最低退休金负债调整、现金流套期保值衍生物的利得或损失、可销售证券的利得或损失。

我国 2006 年颁布的《企业会计准则第 30 号——财务报表列报》对利润表结构和内容进行了较大调整，还要求企业增加一张所有者权益变动表。我国的所有者权益变动表以净收益为起点，列示了计入所有者权益的未实现利得和损失(其他全面收益)的各项内容，虽然没有明确提出全面收益的概念，但“合计数”实际上就是全面收益总额。尽管我国没有制定专门的全面收益准则，甚至没有提到全面收益，但所有者权益变动表升级为主要报表之一，报告全面收益的实质性内容，说明我国在报告全面收益方面已经取得巨大的进步。①

那么，什么是所有者权益变动表？所有者权益变动表可以提供哪些会计信息呢？

---

① 资料来源：孙燕芳，“全面收益观发展动态及其在我国会计准则体系中的应用”，《财会通讯》，2007 年第 11 期。

15.1 所有者权益变动表的内容与结构

我国2006年颁布的《企业会计准则第30号——财务报表列报》第2条规定，财务报表至少应当包括：资产负债表、利润表、现金流量表、所有者权益(股东权益)变动表和财务报表附注。在新的企业会计准则中，原来以资产负债表附表形式出现的所有者权益增减变动表，成了必须与资产负债表、利润表和现金流量表并列披露的第四张财务报表。

所有者权益(股东权益)变动表由附表变为主表，其形式和内涵也发生了根本性的变革。我国准则取消了利润分配表，并将企业净利润及其分配情况的内容列入新的所有者权益(股东权益)变动表中，不仅体现了所有者权益(股东权益)的重要性，更体现了与国际会计准则的趋同。在所有者权益(股东权益)变动表中详细列示所有者权益的变动，有助于报表的使用者了解企业的全面收益和所有者权益(股东权益)变动情况。

15.1.1 所有者权益变动表的内容

所有者权益变动表是指反映构成所有者权益各组成部分当期增减变动情况的报表。所有者权益变动表应当全面反映一定时期所有者权益变动的情况，不仅包括所有者权益总量的增减变动，还包括所有者权益项目增减变动的重要结构性信息，让报表使用者准确理解所有者权益增减变动的根源。

所有者权益变动表应当反映构成所有者权益的各组成部分当期的增减变动情况。综合收益和与所有者的资本交易导致的所有者权益的变动，应当分别列示。在所有者权益变动表中，企业至少应当单独列示反映下列信息的项目：

(1)综合收益总额，在合并所有者权益变动表中还应单独列示归属于母公司所有者的综合收益总额和归属于少数股东的综合收益总额；

(2)会计政策变更和前期差错更正的累积影响金额；

(3)所有者投入资本和向所有者分配利润等；

(4)按照规定提取的盈余公积；

(5)所有者权益各组成部分的期初和期末余额及其调节情况。

15.1.2 所有者权益变动表的结构

为了清楚地表明所有者权益各组成部分当期的增减变动情况，所有者权益变动表应当以矩阵的形式列示。一方面，要列示导致所有者权益变动的交易或事项，从所有者权益变动的原因出发对一定时期所有者权益变动情况进行全面反映，改变了以往仅仅反映所有者权益变动结果的要求；另一方面，要分别按照所有者权益各组成部分(包括实收资本、资本溢价、其他综合收益、盈余公积、未分配利润和库存股)及其总额列示交易或事项对所有者权益的影响。此外，企业还需要提供比较所有者权益变动表，即所有者权益变动表各项目还应按照“本年金额”和“上年金额”两栏分别填列。所有者权益变动表的具体格式见表15-1。

表 15-1 所有者权益变动表

编制单位：AAA 股份有限公司　　　　2×14 年度　　　　单位：万元

项目	本年金额								上年金额							
	实收资本（或股本）	资本公积	减：库存股	其他综合收益	盈余公积	未分配利润	其他	所有者权益合计	实收资本（或股本）	资本公积	减：库存股	其他综合收益	盈余公积	未分配利润	其他	所有者权益合计
一、上年年末余额	10 000	20 000	0	0	10 000	6 000	0	46 000								
加：会计政策变更																
前期差错更正																
二、本年年初余额	10 000	20 000	0	0	10 000	6 000	0	46 000								
三、本年增减变动金额（减少以“—”号填列）																
（一）综合收益总额						3 000		3 000								
（二）所有者投入和减少资本																
1. 所有者投入资本																
2. 股份支付计入所有者权益的金额																
3. 其他																
（三）利润分配																
1. 提取盈余公积					300	−300		0								
2. 对所有者（或股东）的分配						−100		−100								
3. 其他																
（四）所有者权益内部结转																
1. 资本公积转增资本（或股本）	10 000	−10 000						0								
2. 盈余公积转增资本（或股本）																
3. 盈余公积弥补亏损																
4. 其他																
四、本年年末余额	20 000	10 000	0	0	10 300	8 600		48 900								

所有者权益变动表体现了综合收益的理念。1980 年 12 月，美国财务会计准则委员会(FASB)在原第 3 号财务会计概念公告《企业财务报表要素》中首次提出了“综合收益”的概念，并将其定义为：“一个主体在某一期间与非业主方面进行交易或发生其他事项和情况所引起的权益(净资产)变动。它包括这一期间内除去业主投资和派给业主款以外的交易、事项和情况所产生的权益的一切变动。”根据 FASB 提出的综合收益概念，综合收益包括净收益和其他综合收益。净收益即是净利润，其他综合收益项目包括：外币折算调整项目、可供出售证券的未实现利得或损失、最低养老金负债调整、金融衍生产品的未实现利得或损失。这些项目都是未实现的收益，都不能包括在净收益中。

在我国《企业会计准则第 30 号——财务报表列报》中，通过所有者权益变动表体现了综合收益理念。综合收益可用公式表示如下：

综合收益＝期末净资产－期初净资产－本期所有者新增投资＋本期所有者分配

在所有者权益变动表中，第三项是净资产本年增减变动金额，包括综合收益总额和所有者投入和减少资本。综合收益总额是指企业在某一期间与所有者之外的其他方面进行交易或发生其他事项所引起的净资产变动，包括净利润和其他综合收益。净利润是企业已实现并已确认的收益，其他综合收益是指根据企业会计准则规定未在损益中确认的各项利得和损失扣除所得税影响后的净额，即直接计入所有者权益的各项利得、损失。

15.2 所有者权益变动表的编制

15.2.1 所有者权益变动表的填列方法

1.所有者权益变动表各项目的列报说明

(1)上年年末余额

“上年年末余额”项目，反映企业上年资产负债表中实收资本(或股本)、资本公积、其他综合收益、盈余公积、未分配利润的年末余额。

(2)本年年初余额

“会计政策变更”和“前期差错更正”项目，分别反映企业采用追溯调整法处理的会计政策变更的累积影响金额和采用追溯重述法处理的会计差错更正的累积影响金额。

为了体现会计政策变更和前期差错更正的影响，企业应当在上期期末所有者权益余额的基础上进行调整得出本期期初所有者权益，根据“盈余公积”、“利润分配”、“以前年度损益调整”等账户的发生额分析填列。

(3)本年增减变动金额

“本年增减变动金额”项目分别反映如下内容。

① “综合收益总额”项目，包括净利润和其他综合收益。

② “所有者投入和减少资本”项目，反映企业当年所有者投入的资本和减少的资本。其中：

“所有者投入资本”项目，反映企业接受投资者投入形成的实收资本(或股本)和资本溢价(或股本溢价)，并对应列在“实收资本”和“资本公积”栏；

“股份支付计入所有者权益的金额”项目，反映企业处于等待期的权益结算的股份支付当年计入资本公积的金额，并对应列在“资本公积”栏。

③ “利润分配”项下的各个项目，反映当年对所有者(或股东)分配的利润(或股利)金额和按照规定提取的盈余公积金额，并对应列在“未分配利润”和“盈余公积”栏。其中：

“提取盈余公积”项目，反映企业按照规定提取的盈余公积；

“对所有者(或股东)的分配”项目，反映对所有者(或股东)分配的利润(或股利)金额。

④ “所有者权益内部结转”项下的各个项目，反映不影响当年所有者权益总额的所有者权益各组成部分之间当年的增减变动，包括资本公积转增资本(或股本)、盈余公积转增资本(或股本)、盈余公积弥补亏损等的金额。为了全面反映所有者权益各组成部分的增减变动情况，所有者权益内部结转也是所有者权益变动表的重要组成部分，主要指不影响所有者权益总额、当期在所有者权益的各个组成部分之间的增减变动。其中：

“资本公积转增资本(或股本)”项目，反映企业以资本公积转增资本或股本的金额；

“盈余公积转增资本(或股本)”项目，反映企业以盈余公积转增资本或股本的金额；

“盈余公积弥补亏损”项目，反映企业以盈余公积弥补亏损的金额。

(4)本年年末余额

“本年年末余额”项目，反映企业本年资产负债表中实收资本(或股本)、资本公积、其他综合收益、盈余公积、未分配利润的年末余额。计算公式如下：

本年年末余额＝本年期初余额＋本年增减变动金额

2.上年金额栏的列报方法

所有者权益变动表“上年金额”栏内各项数字，应根据上年度所有者权益变动表“本年金额”栏内所列数字填列。如果上年度所有者权益变动表规定的各个项目的名称和内容同本年度不相一致，应对上年度所有者权益变动表中各项目的名称和数字按本年度的规定进行调整，填入所有者权益变动表“上年金额”栏内。

3.本年金额栏的列报方法

所有者权益变动表“本年金额”栏内各项数字一般应根据“实收资本(或股本)”、“资本公积”、“其他综合收益”、“盈余公积”、“利润分配”、“库存股”、“以前年度损益调整”等账户的发生额分析填列。

企业的净利润及其分配情况作为所有者权益变动的组成部分，不需要单独设置利润分配表列示。

15.2.2 所有者权益变动表的编制示例

例 15-1 AAA 股份有限公司 2×13 年年末股本 1 亿元，资本公积 2 亿元，盈余公积 1 亿元，未分配利润 6 000 万元。2×14 年实现净利润 3 000 万元，提取盈余公积 300 万元，向投资者分配现金股利 100 万元，资本公积转增股本 1 亿元。本年无会计政策变更或前期差错更正事项。

编制所有者权益变动见前表 15-1。

15.3 所有者权益变动表的阅读与分析

所有者权益变动表解释了在某一特定时间内自有资本如何因企业经营的盈亏、现金股利的发放等业务的发生而变化的过程及其结果，提供了管理阶层是否公平对待股东的最重要的信息。该表属于动态报表，其格式为兼顾水平、垂直双向反映所有者权益变动情况。该表从左到右列示了所有者权益的组成项目，自上而下反映了各个项目从年初至年末的增减变动过程。

所有者权益变动表的作用包括以下三个方面：首先，该表反映企业抵御财务风险的实力，为报表使用者提供企业赢利能力信息；其次，该表反映企业自有资本的质量，揭示所有者权益变动的原因，为报表使用者正确评价企业的经营管理水平提供信息；最后，反映企业的股利分配政策及现金支付能力，为投资者的投资决策提供全面信息。

从反映的时间看，所有者权益变动表列示两个会计年度所有者权益各项目的变动情况，便于对前后两个会计年度的所有者权益总额和各组成项目进行动态分析；从反映的项目看，所有者权益变动表反映的内容包括：所有者权益各项目本年年初余额的确定、本年度取得的影响所有者权益增减变动的收益和利得或损失、所有者投入或减少资本引起的所有者权益的增减变化、利润分配引起的所有者权益各项目的增减变化、所有者权益内部项目之间的相互转化。

所有者权益变动表各个项目之间的关系具体见下列公式：

本年年末余额＝本年年初余额＋本年增减变动金额

其中：本年年初余额＝上年期末余额＋会计政策变更＋前期差错更正本年增减变动金额

=综合收益总额+所有者投入和减少资本+利润分配+
所有者权益内部结转

对所有者权益变动表进行阅读和分析，最重要的内容是分析本年增减变动金额。在此，对所有者权益变动表进行如下分析。

1.股本变动情况的分析

股本的增加包括资本公积转入、盈余公积转入、利润分配转入和发行新股等多种渠道，前三种都会稀释股票的价格，而发行新股既能增加注册资本和股东权益，又可增加公司的现金资产，因此是对公司发展最有利的增股方式。比如，××股份公司于2×13年度通过配股方式募集资金，股本增加2 503 521 227.85元，较上年增长29.30%，同年净利润同比增长81.61%，使加权平均每股收益较上年有所增长。在分析股本增加的同时，应更加关注股本的赢利能力，可以计算、比较增股前后的股本收益率，每股赢利和每股净资产等财务指标，然后进行分析。

2.资本公积变动情况的分析

资本公积增加的原因包括资本(股本)溢价和其他资本公积。以××股份为例，在2×13年年末所有者权益变动表中，除了76.5%的股本、-10.4%的未分配利润外，资本公积占到了29.4%，并且该年因收购支付的对价小于被合并方的账面价值而直接计入所有者权益的变动和损失的金额，占资本公积本年金额变动的100%。资本公积增加的分析要注意资本公积增加来源的合法性与合理性，以及资本公积增加计算的准确性。

资本公积减少的原因主要是转增资本。比如，2×13年××股份以资本公积转增股本69 300 000.00元，占股本变动总金额的70%，转增后每股收益由0.14元上涨至0.54元。该公司每股净资产3.48元，与同期股票收盘价5.64元相比，说明该公司具有较强的投资价值。进行资本公积减少的分析，要注意转增额度的确定及其对企业未来收益的影响。主要分析指标包括转增资本前后的股本收益率、每股赢利和每股净资产等。

3.盈余公积变动情况的分析

盈余公积的增减变动情况可以直接反映出企业利润积累的情况。仍以××股份为例，2×13年从净利润中提取盈余公积16 014 818.57元，与上年同期5 075 158.5元相比，增加了216.6%，体现出了公司利润积累的实力。

4.利润分配的分析

利润分配实际上体现的是资金积累与消费的比例关系。在上述××股份未分配利润的当期增减变动额中，提取的盈余公积占利润分配总额的44.7%，派发现金股利金额占到了55.3%，较往年同期比例(14.6%与85.4%)更为合理，且每股未分配利润由往年的0.614元上升到0.728元，说明该企业有较强的继续分红的能力。

小结

所有者权益变动表是反映会计主体一定期间所有者权益各组成变动的会计报表。为了清楚地表明构成所有者权益的各组成部分当期的增减变动情况，所有者权益变动表应当以矩阵的形式列示。一方面，要列示导致所有者权益变动的交易或事项；另一方面，要按照所有者权益各组成部分(包括实收资本、资本公积、盈余公积、未分配利润、其他综合收益和库存股)及其总额列示交易或事项对所有者权益的影响。此外，所有者权益变动表各项目还应按照“本年金额”和“上年金额”两栏分别填列。为与国际会计准则接轨，我国的所有者权益变动表的起点，由净利润变更为综合收益总额，体现了全面收益的观点。如何正确理解和使用所有者权益变动表所提供的信息，需要读者掌握该表的阅读和分析技巧。

思考题

1. 简述所有者权益变动表的结构。
2. 我国现行所有者权益变动表是否能反映全面收益的观点？
3. 我国现行所有者权益变动表采用比较式列报的优点是什么？

练习题

1. X股份有限公司2×13年年末股本4亿元，资本公积12亿元，盈余公积2亿元，未分配利润5 000万元。2×14年实现净利润1.4亿元，提取盈余公积1 400万元，向投资者分配股票股利2亿元，盈余公积转增股本1亿元。本年无会计政策变更或前期差错更正事项。

要求：编制所有者权益变动表，并进行报表分析。

2. Y有限责任公司2×13年年末股本5 000万元，资本公积8 000万元，盈余公积2 600万元，未分配利润−1 000万元。2×14年实现净利润580万元，提取盈余公积58万元，并用盈余公积弥补以前年度亏损500万元。本年无会计政策变更或前期差错更正事项。

要求：编制所有者权益变动表，并进行报表分析。

参考文献

［1］ 罗伯特·安东尼，等.会计学教程与案例.第12版.王立彦，等编译.北京：北京大学出版社，2009.
［2］ 陈信元.会计学.第4版.上海：上海财经大学出版社，2013.
［3］ 陆正飞，等.会计学.第2版.北京：北京大学出版社，2012.
［4］ 财政部会计准则委员会.企业会计准则(2006).北京：经济科学出版社，2006.
［5］ 财政部会计准则委员会.企业会计准则——应用指南(2006).北京：中国财政经济出版社，2006.
［6］ 彭晓峰，等.企业财务会计学.北京：北京邮电大学出版社，2005.
［7］ Financial Accounting Standards Board (FASB). Concepts Statements. No. 1—2. http://www. fasb. org/.
［8］ 王云平，孙丽红.会计学基础.北京：经济科学出版社，2007.
［9］ 朱小平，徐泓.初级会计学.北京：中国人民大学出版社，2012.
［10］ 徐泓.基础会计学.北京：机械工业出版社，2008.
［11］ 常勋，常亮.国际会计.大连：东北财经大学出版社，2008.
［12］ 孙铮.中级财务会计.北京：首都经济贸易大学出版社，2003.
［13］ Frederic D. S, Choi Gary K, Meek. International Accounting. 5th Edition. New Jersey: Pearson Prentice Hall, 2005.
［14］ Pricewaterhouse Coopers. IFRS Manual of Accounting 2009. CCHa Wolters Kluwerbusiness, 2009.
［15］ Financial Accounting Standards Board (FASB) 网站. http://www. fasb. org/home.
［16］ International Accounting Standards Board (IASB) 网站. http://www. iasb. org/Home.
［17］ Financial Reporting Council (FRC) 网站. http://www. frc. org. uk/.
［18］ 财政部会计司编写组．企业会计准则讲解．北京：人民出版社，2008.
［19］ 中国注册会计师协会．会计．北京：中国财政经济出版社，2014.
［20］ 田昆儒．基础会计学．北京：清华大学出版社，2007.
［21］ 谢萍．会计学．北京：经济科学出版社，2007.
［22］ 韩星．会计学原理．北京：机械工业出版社，2007.
［23］ 王淑慧，魏素艳．会计学．北京：机械工业出版社，2007.
［24］ 国际会计准则委员会.国际会计准则2000(中译本).北京：中国财政经济出版社，2000.
［25］ 美国财务会计准则委员会.美国财务会计准则(中译本).北京：经济科学出版社，2002.
［26］ 葛家澍，杜兴强.中级财务会计学.北京：中国人民大学出版社，2007.
［27］ 赵春萍.财务会计与实务.北京：清华大学出版社，2008.
［28］ 李金荣.新准则下债务重组的会计处理.财会通讯(综合版)，2007(4).
［29］ 戴德明.财务会计学.第四版.北京：中国人民大学出版社，2006.
［30］ 刘永泽，陈立军.中级财务会计.第二版.大连：东北财经大学出版社，2009.
［31］ 葛家澍，林志军.现代西方会计理论.厦门：厦门大学出版社，2006.
［32］ 戴德明，林钢，赵西卜.财务会计学.第七版.北京：中国人民大学出版社，2014.
［33］ 周一虹，方文彬.中级财务会计.北京：经济科学出版社，2009.
［34］ 蒋尧明，章美珍.中级财务会计.北京：中国财政经济出版社，2008.
［35］ 陈信元.财务会计.北京：高等教育出版社，2008.
［36］ 刘治钦.中级财务会计.北京：中国财政经济出版社，2008.
［37］ 杨玉红.财务会计.上海：立信会计出版社，2008.

[38] 王国生.财务会计学.上海：立信会计出版社，2007.
[39] 杜兴强.中级财务会计学.北京：高等教育出版社，2007.
[40] 张庆龙，邵诗利.新编财务会计学.北京：中国时代经济出版社，2007.
[41] 徐玉霞.财务会计.厦门：厦门大学出版社，2007.
[42] 孙铮.中级财务会计.北京：中国财政经济出版社，2007.
[43] 李宝珍，裴淑红.财务会计学(中、高级).北京：中国市场出版社，2007.
[44] 李桂荣.财务会计.北京：清华大学出版社，2007.
[45] 何卫红.财务会计新编.北京：清华大学出版社，2007.
[46] 浦令舒.财务会计.北京：机械工业出版社，2006.
[47] 赵洪进，张云.企业财务报表阅读与分析.上海：上海财经大学出版社，2008.
[48] 侯艳蕾，张宏禄.财务报表分析.北京：中国金融出版社，2008.
[49] 企业会计准则编审委员会.企业会计准则案例讲解(2014 年版).上海:立信会计出版社,2014.

反侵权盗版声明

举报电话：（010）88254396；（010）88258888
传　　真：（010）88254397
E-mail：　dbqq@phei.com.cn
通信地址：北京市万寿路 173 信箱
　　　　　电子工业出版社总编办公室
邮　　编：100036